Zeitschrift Für Numismatik, Volume 22...

Alfred Friedrich Constantin von Sallet, Hermann
Dannenberg, Heinrich Dressel, Julius Menadier,
Kurt Regling, Numismatische Gesellschaft zu Berlin

ZEITSCHRIFT

FÜR

NUMISMATIK

HERAUSGEGEBEN VON

H. DANNENBERG,
H. DRESSEL, J. MENADIER.

ZWEIUNDZWANZIGSTER BAND.

BERLIN.
WEIDMANNSCHE BUCHHANDLUNG.
1900.

Inhalt des zweiundzwanzigsten Bandes.

Litteratur.

Nekrologe.

Druckfehler:

S. 298 nr. 54 lies: Heinrich IV. statt: Friedrich.

Pisa.

Die Leitung der olympischen Spiele, die der elische Staat
für sich in Anspruch genommen hat, und die ein so wichtiges
Moment in seinem politischen Leben gebildet hat, ist nicht zu
allen Zeiten von ihm geführt worden. Wie das olympische Fest
ursprünglich ein rein lokales Fest für die Bewohner der Landschaft der Pisatis gewesen ist, die sich dem rechten Ufer des
Alpheios von der Mündung des Ladon bis zum Meere entlang
zieht, so hat auch die Leitung der Spiele ursprünglich den Pisaten
und ihren Königen zugestanden. Inmitten der Altis in nächster
Nähe des grossen Zeusaltars war in Pausanias' Zeit noch ein
letzter Rest des alten Königshauses sichtbar, eine morsch gewordene, aber sorgsam bewahrte Holzsäule, über der zu ihrem
Schutz eine viersäulige Aedicula errichtet war[1]). Hat diese aber

---

1) Paus. V 14, 7: Ἔνϑα δὲ τῆς οἰκίας τὰ ϑεμέλιά ἐστι τῆς Οἰνομάου, δύο
ἐνταῦϑά εἰσι βωμοί, Διός τε Ἑρκείου, τοῦτον ὁ Οἰνόμαος ἐφαίνετο αὐτὸς οἰκοδο-
μήσασϑαι· τῷ δὲ Κεραυνίῳ Διὶ ὕστερον ἐποιήσαντο, ἐμοὶ δοκεῖν, βωμόν, ὅτ' ἐς
τοῦ Οἰνομάου τὴν οἰκίαν κατέσκηψεν ὁ κεραυνός. — V 20 6 Ἦν δὲ καλοῦσιν
Οἰνομάου κίονα οἱ Ἠλεῖοι, ἔστι μὲν πρὸς τὸ ἱερὸν τοῦ Διὸς ἰόντι ἀπὸ τοῦ μεγάλου
βωμοῦ, τέσσαρες δέ εἰσιν ἐν ἀριστερᾷ κίονες καὶ ἐπ' αὐτῶν ὄροφος· πεποίηνται
δὲ ἔρυμα εἶναι ξυλίνῳ κίονι πεπονηκότι ὑπὸ τοῦ χρόνου καὶ τὰ πολλὰ ὑπὸ δεσμῶν
συνεχομένῳ. οὗτος ὁ κίων ἐν οἰκίᾳ τοῦ Οἰνομάου, καϑὰ λέγουσιν, εἱστήκει·
κεραυνώσαντος δὲ τοῦ ϑεοῦ τὴν μὲν ἄλλην ἠφάνισεν οἰκίαν τὸ πῦρ, ὑπελίπετο δὲ
τὸν κίονα ἐξ ἁπάσης μόνον. — Bei der Säule des Oinomaos befinden sich die
beiden ältesten Siegerstatuen des Aegineten Proxidamas und des Opuntiers
Rexibios, beide aus Holz: VI 18, 7. — Über die Örtlichkeit vgl. Dörpfelds
Auseinandersetzung in: Olympia. Die Ergebnisse der vom Deutschen Reiche
veranstalteten Ausgrabung. Textband I 76 f.

zu einer ähnlichen Anlage gehört, wie die erst in neuerer Zeit uns
bekannt gewordenen Anaktenhäuser der Heroenzeit, so ergiebt
schon ein Blick auf die Lage des Hauses des Oinomaos mitten in
der Ebene von Olympia unfern vom Tempel der Hera und den
andern Heiligthümern, die am Fuss des Kronoshügels hier vereinigt
waren, wie verschieden die Bestimmung dieser Anlage gewesen
sein muss von dem Palast der Perseiden auf dem Felsen von Tiryns,
von dem der Pelopiden auf dem Burgberg zu Mykene, vom
Hause des Erechtheus auf der Akropolis von Athen. Wenn die
Bewohner der Landschaft zu gemeinsamer Festfeier zusammen-
kamen, hatte der Pisatenkönig hier sein Amtslokal. wie später
die Eleer an der Peripherie der Altis ein Prytaneion und ein
Buleuterion sich errichteten, von denen wenigstens das letztere
nur zur Zeit der Spiele benutzt worden zu sein scheint. Mit
dem Kultus und der Sagengeschichte der Feststätte war das Geschlecht des Oinomaos eng verflochten, so dass man schon darum
die Reste des alten Palastes bewahrte. Von dem hohen Alter der
olympischen Spiele aber haben die Funde in der Altis den sicher-
sten Beweis geliefert, Wagenrennen, Pferderennen, Wettlauf gehören zu dem Lokalfest der Pisaten in einer Zeit, da noch
Niemand an einen panhellenischen Charakter der Feier dachte,
den sie erst durch das Bündnis der Eleer mit Sparta erhalten hat.

Den Eleern ist es allmählich gelungen, die Pisaten aus
der Prostasie der Feier in der Altis zu verdrängen und die Landschaft am Alpheios sich zu unterwerfen. Die einzelnen Phasen,
die dieser Streit durchlaufen hat, liegen im Dunkel; was die einseitig gefärbte Überlieferung daraus gemacht hat, ergiebt sich aus
Pausanias' Angabe (VI 22, 2), dass die Eleer drei Olympienfeiern
nicht anerkennen wollten und als Ἀνολυμπιάς bezeichneten: Ol. 8,
wo König Pheidon von Argos die Spiele abgehalten hätte, Ol. 34,
wo der Pisatenkönig Pantaleon, und Ol. 104, wo die Arkader
sie gehalten hätten. Zuverlässiger ist offenbar Strabo VIII 355,
wonach die Eleer die ersten 26 Olympiaden gefeiert haben, dann
die Prostasie wieder an die Pisaten zurückgelangt ist, die sie

bis zur 51. Olympiade behalten zu haben scheinen[1]), zeitweise wohl gemeinsam mit den Eleern. Die Zerstörung der Pisatenstädte ist eine so gründliche gewesen, dass das spätere Alterthum die Achtzahl der Pisatenstädte nicht mehr mit Sicherheit festzustellen vermochte; es galt für streitig, ob eine Stadt Pisa, die der Landschaft den Namen gegeben, existirt hätte (Strabo VIII 356). In der Kaiserzeit bezeichnete man die Höhe, die sechs Stadien oberhalb Olympias die Ebene abschliesst, als die Stätte des alten Pisa, aber von Ruinen bekam hier Pausanias nichts zu sehen, nur einen Weinberg (VI 22, 1)[2]). Die Inschriftfunde, die bei der Ausgrabung der Altis zum Vorschein gekommen sind, haben hier Aufklärung gebracht. Wenn in dem Pachtvertrag des Theron (Olympia Textb. V, Inschriften aus Ol. n. 18) πὰϱ τᾶϱ γᾶϱ τᾶϱ ἐν Σαλαμόνα auf Ländereien in der Feldmark der alten Pisatenstadt Salnone bezogen wird, dann wird auch in dem noch der ersten Hälfte des sechsten Jahrhunderts angehörenden Dekret der Chaladrier für Deukalion τὰν δὲ γᾶν ἔχην τὰν ἐν Πίσᾳ (Inschr. aus Ol. n. 11) nur auf Ländereien in der Feldmark der Stadt Pisa bezogen werden können.

Offizieller Name für den heiligen Bezirk ist, wie die Inschriften ergeben, stets Ὀλυμπία, so wird das Heiligthum auch in Urkunden bezeichnet, die noch über Ol. 50 hinaufreichen (Inschr. n. 2), also in eine Zeit, da die Pisaten die Agonothesie noch besessen haben.

---

1) Vgl. Ed. Meyer, Geschichte des Alterthums II 543.
2) Curtius, Peloponnes II 43ff., 22ff. — G. Busolt, Forschungen zur griechischen Geschichte I (1880) S. 50—74, hat sich bemüht, die Ansicht wieder zu Ehren zu bringen, als könne eine Stadt Pisa nicht existirt haben, um auf der vorletzten Seite zuzugeben: 'Übrigens bestreite ich durchaus nicht, dass es in der Nähe des olympischen Heiligthums ein χωρίον gegeben hätte, welches wie dieses schon in früherer Zeit Pisa geheissen hätte'. Das von Busolt beigebrachte Argument, eine Stadt Pisa könne nicht existirt haben, weil in der Altis ein Haus des Pisatenkönigs vorhanden war, scheint sogar auf E. Meyer Eindruck gemacht zu haben (Gesch. des Alterthums II 286).

Πίσα, der alte Name der Ebene von Olympia, ist dem fünften Jahrhundert noch ganz geläufig, wie zahlreiche Stellen bei Pindar, vor Allen aber die Erwähnung bei Herodot[1]) beweisen. Von da ab schwindet der Name[2]).

Über den Streit zwischen Eleern und Pisaten um die Prostasie von Olympia liegt uns nur trümmerhafte Überlieferung vor, um so deutlicher lassen die wirthschaftlichen Verhältnisse der Pisatis erkennen, welche Folgen er gehabt hat. Die Bevölkerung der Pisatis, soweit sie nicht dem Schwerte erlegen oder in Sklaverei gekommen, war theils ausgewandert, wie die Dyspontier nach Epidamnos und Apollonia, theils lebte sie im Unterthanenverhältniss gegenüber den Eleern als Periöken in offenen Orten dem Landbau. Als durch den Streit um das triphylische Lepreon das alte Bundesverhältnis zwischen Elis und Sparta sich löste, und im Jahre 401 zu offenem Kriege führte, nahmen die Spartaner die bis dahin von Elis abhängigen Orte der Pisatis Letrinoi, Margalai und Amphidoloi als selbständige Mitglieder in ihre Bundesgenossenschaft auf. Die Eleer zu demüthigen, hatte man damals auch daran gedacht, ihnen die Prostasie zu Olympia abzunehmen; aber sie der Bauernbevölkerung (χωρῖται: Xen. Hell. III 2, 31) des Alpheiosgebietes zu übertragen, wagte König Agis denn doch nicht[3]). Was damals von den Spartanern erwogen wurde, ist ein Menschenalter später durchgeführt worden, aber von den Gegnern Spartas.

Das Zeitalter der Restaurationen, das den alten Gauverband der Arkader, und das Messenien wieder erstehen liess, nachdem in der Schlacht bei Leuktra die spartanische Hegemonie gebrochen war, hatte bei der Feier der 102. Olympiade (368) zum

---

1) Herodot II 7. Ἔστι δὲ ὁδὸς ἐς τὴν Ἡλίου πόλιν ἀπὸ θαλάσσης ἄνω ἰόντι παραπλησίη τὸ μῆκος τῇ ἐξ Ἀθηνέων ὁδῷ ἀπὸ τῶν δυώδεκα θεῶν τοῦ βωμοῦ φερούσῃ ἐς τὴν Πίσαν καὶ ἐπὶ τὸν νηὸν τοῦ Διὸς τοῦ Ὀλυμπίου. — ἡ μὲν γὰρ ἐς Πίσαν ἐξ Ἀθηνέων καταδεῖ πεντεκαίδεκα σταδίων ὡς μὴ εἶναι πεντακοσίων καὶ χιλίων. — Pind. Ol. 1, 18; 2, 4; 3, 9; 6, 5 u. s. w.

2) Das Vorkommen des Namens *Πίσα* in der späteren Poesie ist natürlich bedeutungslos.

3) Curtius, Griech. Geschichte III 144.

ersten Mal wieder einen messenischen Sieger gebracht, Danniskos (Paus. VI 2, 10). Das Periökenland der Eleer südlich vom Alpheios, Triphylien, schon seit dem Frieden des Agis von Elis gelöst, das mit Hülfe der Gegner Spartas den alten Besitz wieder zu erlangen suchte, hatte sich den Arkadern angeschlossen, und diese trachteten nun auch das elische Periökenland am nördlichen Ufer des Alpheios zu gewinnen.

Nach Xenophons Bericht (Hell. VII 4, 14 ff.) besetzten die Arkader die Akroreia und über der Ebene von Olympia das Kronion schon geraume Zeit vor der neuen Olympienfeier (Ol. 103; 364); ein Zug gegen die Stadt Elis liess sie bis auf die Agora derselben vordringen[1]).

Durch einen Einfall der mit Elis verbündeten Lakedämonier unter Agesilaos' Sohn Archidamas in Arkadien wurde den Eleern allerdings Luft gemacht, denn die Arkader mussten zum Schutz ihres Heimathlandes abziehen, aber zur Olympienfeier stehen sie bereits wieder am Alpheios, da ihre Besatzung das Kronion festgehalten hatte. Um die Abhaltung der Spiele zu schützen, war auch bei einer früheren Gelegenheit (Ol. 90; 420 v. Chr.) trotz der ἐχεχειρία schon einmal Heeresmacht aufgeboten worden (Thuk. V 49). Diesmal aber, wo den Arkadern noch Argiver und athenische Reiter zu Hülfe gekommen waren, kam es auf dem Boden Olympias zur Schlacht. Gemeinsam mit den Pisaten[2]),

---

1) Mit der Abhaltung der Spiele des Jahres 364 wird auch die Bronzeurkunde in Zusammenhang stehen, auf der von der Ertheilung der Ehre als πρόξενοι καὶ εὐεργέται an vier Männer, einen Magneten, einen Thebaner, einen Syrakusaner und einen Argiver berichtet wird, die dem olympischen Zeus ein goldnes Anathem gestiftet hatten, und die vielleicht den Fest-Theoren angehört haben (Olympia Textb. V n. 31). Kirchhoff, der erste Herausgeber der Inschrift, hatte erkannt, dafs weder der Dialekt noch das dem Übergang vom epichorischen zum ionischen angehörende Alphabet den elischen Urkunden entspricht, und dieselbe für eine Ehrung der Arkader an ihre Verbündeten erklärt, Dittenberger und Purgold sind ihm hierin gefolgt. Wenn dabei die Datirung andere Hellanodiken nennt, als die unten zu besprechende Pisaten-Inschrift, hängt dies damit zusammen, dafs im Hellanodikenamt bei Gelegenheit der neuen Olympienfeier ein Wechsel eingetreten ist.

2) Xenoph. Hell. VII 4, 28 παρεσκευάζοντο ποιεῖν τὰ Ὀλύμπια σὺν Πισάταις

die hier ihre von Alters her beanspruchte Prostasie zum letzten
Mal ausüben konnten, hatten die Arkader die Feier der Spiele
begonnen, das Pferderennen war beendigt. vom Pentathlon der
Wettlauf, das Ringen wurde, da der feindliche Angriff zu erwarten stand, nicht mehr im Stadion, sondern in der inneren
Altis zwischen Stadion und dem grossen Zeusaltar abgehalten,
als die Eleer schon in den heiligen Bezirk eindrangen. Die
Arkader mit ihren Verbündeten hatten sich westlich von der
Altis am Kladeos aufgestellt, aber den Eleern gelang es hier
durchzubrechen; das später so dicht mit Bauanlagen besetzte
Gebiet war damals noch grossentheils unbebaut, das Leonidaion
und wahrscheinlich auch die Palästra standen noch nicht. Bis
gegen den grossen Altar gelang es den Eleern vorzudringen,
hier aber wurden sie von dem Feinde, der von dem Buleuterion,
dem Zeustempel und den benachbarten Hallen sie beschiessen
konnte, zurückgeworfen[1]). Dann erst konnte die Feier der
Spiele zu Ende geführt werden, die Eleer aber bezeichneten sie
als Anolympias.

   Der minder ausführliche Bericht bei Diodor[2]) ergiebt, dass
die Pisaten, die den Zeitpunkt geeignet hielten, die alten Ansprüche auf die Agonothesie in Olympia wieder geltend zu machen,
mit den Arkadern ein Bündniss geschlossen hatten.

τοῖς πρώτοις ᾗ ἄσχουσιν προστῆναι τοῦ ἱεροῦ; der Pisaten geschieht bei Xen.
nur in diesem Zusammenhang Erwähnung; (vgl. VII 4, 29 αὐτοὶ δὲ (οἱ Ἀρκάδες)
σὺν Πισάταις διέθεσαν τὴν πανήγυριν).

   1) Xen. Hell. VII 4, 31 f. Xenophon, der, aus Athen verbannt, seinen
Wohnsitz in dem triphylischen Skillus aufgeschlagen hatte, also nur ein
paar Stunden von Olympia entfernt lebte, musste mit den Einzelheiten der
Altistopographie genau bekannt sein, und da er hier Ereignisse der jüngsten
Vergangenheit zu schildern hat, ist sein Bericht der eines unbedingt zuverlässigen Zeugen. Wenn gleichwohl seine Ortsangaben sich nicht völlig mit
den Fundstätten in der Altis haben in Einklang setzen lassen (siehe Dörp-
feld, Olympia Textb. II 79, und meine Bemerkungen Textb. I 141), bleibt als
Ausweg nur: entweder das in den zwei letzten Jahren der Ausgrabungen
vergeblich gesuchte Theater (Xen. ib. 4, 31) war doch vorhanden, oder in
dem θέατρον steckt eine frühzeitig in unsere Handschriften gerathene Ver-
derbniss.

   2) Diodor XV 78 und 82.

So wenig wir aus der antiken Überlieferung über die Erneuerung des Gemeinwesens der Pisaten erfahren, und so kurzen
Bestand es gehabt hat — kann es doch kaum anderthalb Jahre
gedauert haben —, so sind uns gleichwohl ein Paar Denkmäler
erhalten geblieben, die unmittelbare Auskunft darüber geben.
Das wichtigste ist eine in Olympia gefundene kleine Bronzetafel
(Olympia Textb. V, Inschr. aus Ol. n. 36).

```
ΘΕΟΣ ΎΧΑ:ΓΡΟ ΕΝΟΙ
ΘΕΑΡΟΔΟΚΟΙ: ΚΛΕΑΝΔΡΟΣ
ΣΩΚΛ    : ΓΙΣΑΤΑΝ: ΑΥΤΟ
ΙΚΑ     Ν Ο Σ:ΣΕΚΥΩΝΙΟΙ
ΥΓΟΕΛ   Ν ΟΔΙΚΑΝ: ΑΓΙΑΔ
ΑΣ:ΦΙΛ   ΛΥΚΟΜΗ  ΕΟΣ
ΒΑ ΘΥΛ   ΕΟΜ · ΧΩ
```

Θεός. [Τ]ύχα. Πρό[ξ]ενοι θεαροδόκοι Κλέανδρος, Σω-
κλ[ῆς] Πισατᾶν αὐτοὶ κα[ὶ γέ]νος Σεκυώνιοι ὑπὸ ἐλ[λα]νο-
δικᾶν Ἀγιάδας, Φιλ[ων] Λυκομή[δ]εος, Βάθυλ[λος Κλ]εο-
μ[α]χω.

Die Pisaten sind, wie die Urkunde zeigt, in die Funktionen
der Eleer eingetreten, und ernennen Proxenen, bei denen die
nach Olympia ziehenden Theorien einkehren sollen; ein staatlicher Zusammenschluss der Pisaten muss also erfolgt sein, in
welchem Umfange, lässt sich nicht ausmachen, von einem Synoikismos, so nahe ein solcher damals gelegen hätte, hören wir nichts,
sei es, dass es an einer dafür geeigneten Örtlichkeit, sei es,
was wahrscheinlicher ist, dass es an einem dafür geeigneten Be-
völkerungselement gefehlt hat.

So kurz die Urkunde ist, die in ihrer, wie es scheint durch
die Eile veranlassten Fassung, auffällige Nachlässigkeiten zeigt,
während sie mit grosser Sorgfalt auf der Bronzeplatte eingetragen ist, so giebt sie uns doch einen Einblick, wie um die Zeit
der Olympienfeier von 364, denn damals ist das Dekret aus-
gestellt, in den wider Elis und Sparta verbündeten Staaten des

Peloponnes die Parteiverhältnisse sich gestaltet hatten[1]). Schon die Herausgeber der Inschrift, Dittenberger und Purgold, hatten gesehen, dass der an erster Stelle zum Proxenos der Pisaten ernannte Sikyonier kein anderer ist, als der bei Xenophon Hell. VII 1, 45 genannte Parteigänger des Euphron. Mit Hülfe der sikyonischen Kupfermünzen, die an Stelle des Stadtnamens einen Beamtennamen tragen, hatte ich in Bd. VII 372 ff. dieser Zeitschrift nachgewiesen, dass die von Euphron eingeführte demokratische Verfassung in Sikyon auch nach Euphrons Tode fortbestanden habe; Sikyon ist dem thebanischen Bündniss treu geblieben, und die Inschrift bestätigt uns, dass der gleich Euphron auf den Kupfermünzen von Sikyon genannte Kleandros nach Euphrons Tod in Sikyon eine hervorragende politische Stellung innegehabt hat.

Nicht anders wie in Sikyon war es in dem neuen Megalopolis gegangen; auch hier war der Staatsmann, dem Arkadien seine Einigung zu verdanken hatte, und der das Bündniss mit Theben abgeschlossen hatte, dem Meuchelmord erlegen. Unter den in der Inschrift genannten Hellanodiken, also in dem Ehrenamte, das bisher die Eleer für sich in Anspruch genommen hatten, steht an zweiter Stelle $\Phi\iota\lambda[\omega\nu]$, der Sohn des Erbauers von Megalopolis, Lykomedes, dessen Vaternamen wir zugleich mit Wahrscheinlichkeit erschliessen können[2]). Die Periode der thebanischen Hegemonie hat die in Griechenland bestehenden Verhältnisse in zu gewaltsamer Weise umgewälzt, und dadurch bewirkt, dass grade die hervorragendsten Vertreter der thebanischen Politik ein vorzeitiges Ende gefunden haben. Zur Zeit der Feier der 104. Olympiade war ausser Lykomedes und Euphron auch bereits Pelopidas umgekommen. Männer, die bis dahin nur in zweiter Reihe gestanden hatten, sind in die erste gerückt, und

---

1) Falls die für die Urkunde (Olympia V n. 31) oben S. 5 erwähnte Erklärung richtig ist, wäre sie das Gegenstück zu der hier vorliegenden, und würde bekunden, wie sich Arkader und Pisaten in die Prostasie getheilt hatten.

2) Vgl. Sitzungsberichte der Numismatischen Gesellschaft zu Berlin 1896 (Juni) S. 20, und daraus Curtius in Olympia, Textb. I 50.

diese scheuen vor Massregeln nicht zurück, die mit Sitte und Herkommen der Hellenen brechen. Bei Beginn des peloponnesischen Krieges hören wir, dass die Lakedämonier und ihre Bundesgenossen, um Geldmittel für den Krieg wider Athen zu gewinnen, auch an die Tempelschätze von Delphi und Olympia denken (Thuk. I 121); der Verlauf des Krieges war günstiger, als man damals hätte erwarten können, und es geschieht dieses Auskunftsmittels weiter keine Erwähnung, wenn auch damit noch keineswegs feststeht, dass nicht doch Anleihen damals bei den grossen Heiligthümern gemacht worden sind. Die Athener haben, als die Tribute der Bundesgenossen grossentheils ausblieben, und der Schatz der Athene leer war, nicht davor gescheut, die Tempelgeräthe von der Burg einzuschmelzen und U. Köhler hat noch jüngst in dieser Zeitschrift (Bd. XXI 12) die älteste athenische Goldprägung auf diese Zeit bezogen. An solcher Verwendung des Tempelschatzes nahm Niemand Anstoss, man hatte bei dem Schatz der Athene während des Krieges fortwährend Anleihen gemacht, hatte nach dem Nikiasfrieden auch hohe Summen zurückerstattet, so konnten auch die einzuschmelzenden Tempelgeräthe zurückerstattet werden, wurde an sie doch erst die Hand gelegt, als die Stadt in Noth war. Vorausgesetzt wurde dabei allerdings eine sorgsame Rechnungslegung über die Verwendung der Tempelschätze.

Wollten die Arkader sich und den Pisaten die Vorherrschaft über Olympia erhalten, so musste, da von den Eleern neue Angriffe zu erwarten standen, dort für die Dauer eine Besatzung belassen werden; um ihre arkadische Miliz, die ἐπάριτοι, zu besolden, nahmen die Führer keinen Anstand, Tempelschätze anzugreifen, galt es doch das Heiligthum seinen rechtmässigen Besitzern, den Pisaten, damit zu erhalten und wider die Eleer zu schützen [1]). E. Curtius verdanken wir den Nachweiss, dass bei diesem Anlass die Goldmünzen mit der Aufschrift ΠΙϟΑ ent-

---

1) Xen. Hell. VII 4, 33 χρωμένων δὲ τοῖς ἱεροῖς χρήμασι τῶν ἐν τοῖς Ἀρκάσιν ἀρχόντων, καὶ ἀπὸ τούτων τοὺς ἐπαρίτους τρεφόντων.

standen sind (Zeitschrift für Num. II 274 f.). Es handelt sich
um die kleinen Goldmünzen, Trihemiobole und Obole:

Zeuskopf mit Lorbeerkranz l.

Rf. Dreitheiliger Blitz, zwischen den Zacken ⌐ I⧽ A

ᴀ́ 1, Gew. 1,55 Gr. Berlin.

Zeuskopf mit Lorbeerkranz l.

Rf. Blitz ⌐I - ⧽A.   ᴀ́ ¾, Gew. 1,03 Gr. London.

Wie die oben mitgetheilte Inschrift, so sind auch diese
Münzen ausgegangen nicht von den Eleern, sondern von dem neu-
geschaffenem Gemeinwesen der Pisaten. Ein zugehöriges Silbergeld, wie man es in Didrachmen aegineischen Fusses zu erwarten hätte, hat sich noch nicht gefunden[1]).

Von den beiden Goldmünzen ist die an erster Stelle genannte 1848 mit andern elischen Münzen aus Gastuni an
Freih. v. Prokesch-Osten gekommen, der damals als österreichischer Gesandter in Athen lebte; er hat auch sofort die
Münze richtig dem elischen Pisa zugewiesen[2]). Bompois (Médailles grecques autonomes frappées dans la Cyrénaique 1869)
hat später geglaubt, in dem Kehrseitentypus die Silphionpflanze
erkennen zu sollen, und daraufhin das Stück nach Kyrene verwiesen, wobei die Aufschrift den Anfang eines Beamtennamens
bilden sollte. Bompois' Vermuthungen hat schon L. Müller, Numismatique de l'ancienne Afrique, Supplément (1874) S. 20 f., zu-

---

1) Die in der Wiener Numism. Zeitschr. 1876, S. 1 ff. veröffentlichte Silbermünze ist unecht; vgl. v. Sallet, Zeitschr. f. Num. IV 287.

2) Denkschriften der Wiener Akademie der Wissenschaften 1854 Tf. III
84, und daraus Archaeol. Zeitung 1854 S. 116, Taf. 58 n. 10.

rückgewiesen, und gleichzeitig die kleinere Goldmünze bekannt gemacht, die durch Feuardent an die Sammlung Wigan, und von dort an das Britische Museum gekommen ist.

Die beiden Münzen halten sich streng an das landläufige Gewicht der Landschaft Elis, es sind aeginäische Obolen und Trihemiobolen in Gold. Wenn auf dem Trihemiobol das Fulmen dreizackig gebildet ist, auf dem Obol das Fulmen die gewöhnliche Gestalt zeigt, so ist, worauf mich B. V. Head hinzuweisen die Güte hatte, der Typus hier zur Werthbezeichnung verwendet, wozu bei Prägungen aus einer neu eröffneten Münzstätte, die bis dahin nie gemünzt hatte, aller Anlass war. Werthbezeichnungen gleicher Art sind in der ersten Hälfte des 4. Jahrhunderts nicht selten. So werden auf dem Kleinsilber in Theben drei boeotische Halbschilde, ein boeotischer Halbschild, und der ganze boeotische Schild verwandt, um Dreiviertelobol, Halbobol und Viertelobol zu unterscheiden (Gardner, Central Greece p. 79 n. 105—110, Tf. XIV n. 10, 11, 12). In die Zeit des heiligen Kriegs gehört das phokische Kupfergeld mit den drei Stierköpfen ΦΩΚΕΩΝ, dem Drittelstücke mit einem Stierkopf ΦΩ zur Seite gehen (Gardner, Central Greece p. 22 n. 91—96, Taf. III n. 21, 22). Auf der ältesten Reihe der athenischen Goldmünzen trägt der Halbstater (Drachme) die Eule r., der Viertelstater (Triobol) die Eule von vorn, die Hekte (Diobol) zwei einander zugekehrte Eulen, die Hemihekte (Obol) wieder die Eule r. (Köhler. Zeitschr. f. Num. XXI 6f.. Taf. I n. 1—7). Beim attischen Silbergeld des 4. Jahrhunderts hat das Tetrobolon zwei Eulen, das Diobolon zwei Eulen mit einem Kopf (Head, Attica S. 16f., Taf. V 12 u. 16), und die gleichen Typen kehren wieder zur Differenzirung der Theilstücke in dem etwas späteren Kupfergeld (Head ib. S. 20ff., Taf. VI n. 2 und 6). Für die peloponnesischen Silbermünzen aus dem Ende des 5. und der ersten Hälfte des 4. Jahrhunderts hat P. Gardner die Werthbezeichnungen gesammelt (Peloponnesus p. XX), für Elis kommt hier in Betracht das Tritartemorion mit dem dreifachen T, und das Tetartemorion mit einfachem T, in ihrer Prägezeit ziemlich

gleichzeitig mit den Goldmünzen der Pisaten (Gardner, Num.
Chronicle 1879 S. 246)[1]).

Über die Verwendung der heiligen Gelder zur Truppen-
besoldung kam es bald unter den Arkadern selbst zu erbitterten
Streitigkeiten. Die Mantineer sahen darin Tempelraub, während
die Gegenpartei behaupten konnte, sie zum Schutz des Heiligthums wider die Eleer zu gebrauchen. Religiöse Bedenken
zusammen mit der Furcht vor einer neuen Einmischung der
Thebaner in die Verhältnisse Arkadiens führten dann zu einem
Abkommen mit den Eleern. Aber die Uneinigkeit, die in die
arkadische Eidgenossenschaft hineingetragen war, liess es bald
zum offenen Bruch kommen zwischen Föderalisten und Auto-
nomisten. Bei dem Ausgleich mit Elis haben die Arkader auf
Olympia Verzicht geleistet, und damit hat denn auch die
politische Selbständigkeit der Pisaten ihr Ende erreicht[2]). Was

---

[1]) Gleiche Typen mit den Goldmünzen der Pisaten zeigt die kleine
Kupfermünze der Sammlung Margaritis, die J. de Witte (Revue numism.
N. S. XV S. 446 Tf. XVI n. 65) dem triphylischen Phrixa zugetheilt hat,
dessen Ruinenstätten auf dem linken Ufer des Alpheios eine Stunde oberhalb
Olympias liegt. Postolaka (Νομίσματα ἐν τῷ ἐθνικῷ νομίσμ. Μουσείῳ κατα-
τεθέντα 1883/4 S. 22) hatte zwei weitere Kupfermünzen, die aus den olympischen Ausgrabungen stammen, und die den dort gefundenen Münzen eigenthümliche durch die starke Feuchtigkeit des Bodens, in dem sie so lange gelegen haben, veranlasste sehr mangelhafte Erhaltung zeigen, ebenfalls dahin
gewiesen. Bei genauerer Untersuchung der von Herrn Direktor Svoronos
gütigst übersandten Abdrücke ist es H. Dressel gelungen, festzustellen, dass

hier kleine elische Kupfermünzen vorliegen, bei denen der auf der Ks.
am oberen Ende des Blitzes befindliche Stadtname F A stark verwischt ist, so
dass die darunter befindlichen Buchstaben Φ Ρ Ι den Anfang eines Magistrats-
namens bilden. Das Exemplar der Sammlung Margaritis, dessen jetzigen
Aufbewahrungsort ich nicht habe feststellen können, war offenbar nicht von
besserer Erhaltung, und hat gleichfalls nur den Beamtennamen deutlich erkennen lassen, während die obere Hälfte des Münzfeldes auf der Abbildung
leer erscheint. Die Prägstätte Phrixa muss hiernach wieder aus der griechischen Numismatik gestrichen werden.

[2]) Xenophon Hell. VII 4, 35. οἱ τὰ κράτιστα τῇ Πελοποννήσῳ βουλευόμενοι
ἔπεισαν τὸ κοινὸν τῶν Ἀρκάδων πέμψαντες πρεσβεῖς εἰπεῖν τοῖς Θηβαίοις μὴ

an Urkunden in der Altis aus der Anolympias von 364 vorhanden war, haben die Eleer zweifellos sofort beseitigt, so auch die oben mitgetheilte Proxenie-Inschrift, die bei der Nordwestecke des Pelopion im Altisboden verscharrt worden ist. Auf die Goldmünzen der Pisaten ist wohl nicht mit dem gleichen Eifer gefahndet worden, wie auf die ein Jahrzehnt später ausgegebenen Goldmünzen der Phoker aus dem delphischen Tempelschatz.

In welcher Weise Arkader und Eleer im Jahre 363 sich verglichen haben, darüber liegen uns in Xenophons Bericht keine Einzelheiten vor. M. Fränkel bezieht hierauf eine von ihm im Museum von Argos entdeckte Inschrift, die von ihm vor Kurzem in den Sitzungsberichten der Preussischen Akademie der Wissenschaften 1898, S. 636, veröffentlicht worden ist, und zweifellos als eine der geschichtlich merkwürdigsten Urkunden des Peloponnes gelten muss. Sie lautet in der Umschrift mit den von Fränkel mit gewohntem Scharfsinn gegebenen Ergänzungen[1]):

᾿Ε]κ τοῦ ἀγῶνος καταδίκαι· Λεον[...
ο]ν Β ἰα[ρ]οῦ ΧΧ. ᾿Αλεῖος χρ(υσοῖ) Β. ῎Ανα[κος? Κλεωνα-
ι]· ἀϝ(ρήτευε) Ν[ικ]αῖλας. Καταδίκαι καὶ .....
.... Τὸ κοινὸν τῶν ᾿Αρκάδων ἰα(ρὸν) Β, [τι(μὰ)] ...
5 .... Κλε]ωναί· ἀϝ(ρήτευε) Νικαῖλας. Ἀ πόλ[ις τῶν
Στυμφαλίω]ν ἰα(ρὸν) Β, τι(μὰ) Χ χρ(υσοῖ)· ᾿Αρχιτέλης. [Τὸ κοι-
νὶν τ]ῶν ᾿Αρκάδων ἰα(ρὸν) Β, τι(μὰ) Χ χρ(υσοῖ)· ᾿Ανδρόβ[ιος,
.... Τ[ὸ κοινὸν τῶ[ν] ᾿Αρκάδων ἰα(ρὸν) Β, τιμὰ Χ
.... χρ(υσοῖ)· Κ]λεωναί. Τὸ κοινὸν τῶν ᾿Αρκάδων

λίναι σὺν ὅπλοις εἰς τὴν ᾿Αρκαδίαν, εἰ μή τι καλοῖεν. καὶ ἅμα μὲν ταῦτα πρὸς τοὺς Θηβαίους ἔλεγον, ἅμα δὲ ἐλογίζοντο, ὅτι πολέμου οὐδὲν δέοιντο. τοῦ τε γὰρ ἱεροῦ τοῦ Διὸς προεστάναι οὐδὲν προςδεῖσθαι ἐνόμιζον, ἀλλ᾿ ἀποδιδόντες ἂν καὶ δικαιότερα καὶ ὁσιώτερα ποιεῖν καὶ τῷ θεῷ οἴεσθα μᾶλλον ἂν οὕτω χαρίζεσθαι· βουλομένων δὲ ταῦτα καὶ τῶν ᾿Ηλείων ἔδοξεν ἀμφοτέροις εἰρήνην ποιήσασθαι καὶ ἐγένοντο σπονδαί.

1) An dem Inschriftstein ist der obere Rand erhalten, ebenso der Rand an der rechten und linken Seite; an der linken Seite sind die Buchstaben weggescheuert, die rechte obere Ecke abgesplittert. In eckigen Klammern stehen die Ergänzungen der Lücken, in runden die der zahlreichen Sigel, wie ΧΡ, ΙΑ, ΑϜ.

10 ἱα(ρὸν) Β, τι(μὰ) Χ χρ(υσοῖ)·] Μνάμων, Κλεωναί· ἀϝ(ρήτευε)
Οἶκις.

'Α πόλις (τῶν) Σ]τ[υ]μφαλίων ἱα(ρὸν) Β, τι(μὰ) ΧΒΒΒΒ
χρ(υσοῖ). Θερσ-
ίδαμος, ...]λα[ς]. Τὸ κοινὸν τῶν Ἀρκάδων ἱα(ρὰν) Β,
τι(μὰ) ... χρ(υσοῖ)· Ὀ]ρεστάδας, Κλεωναί. Τὸ κοινὸν
τῶν Ἀρκάδω]ν ἱα(ρὸν) Β, [τ]ι(μὰ) ΧΒΒΒΒ χρ(υσοῖ). Θερσίδαμο-
15 ς. Κλεωναί?]. 'Α πόλις τῶν Στυμφαλίων [ἱα(ρὸν) Β,
τι(μὰ) ΧΧΧΧ]ΒΒΒΒΓΟ∷∷⊏⊏ χρ(υσοῖ). Πολυμ-...
... Εὐ]ξίθεος. Τὸ κοινὸν τῶν Ἀρκάδων
ἱα(ρὸν) Β, τι(μὰ) Χ]Χ χρ(υσοῖ)· Μεναλ[κί]δας, Κλεωναί. [Τὸ
κοινὸν τ]ῶν Ἀρ[κάδων ἱ]α(ρὰν) Β, τι(μὰ) ΒΒΒΟΟΟ ....
20 ....'Α πόλις τῶν Στυ[μφα-
λίων] ....

Es handelt sich hier um eine Liste von Geldleistungen, zu denen theils Privatleute (Z. 1. 2), theils politische Gemeinden, und zwar lediglich das κοινὸν τῶν Ἀρκάδων und die πόλις τῶν Στυμφαλίων herangezogen werden sollen. Die Bestimmung der zu zahlenden Summen erfolgt nicht in allen, aber doch in einer Reihe von Fällen (Z. 3, 5, 10)[1]), und wohl auch Z. 9, 13, 15 auf Grund von Entscheidungen der Stadtgemeinde Kleonä. Bezeichnet werden die zu leistenden Beiträge in Z. 1 als: Ἐκ τοῦ ἀγῶνος κατάδικαι. Unter Berücksichtigung der für jene Zeit sehr hohen Summen, von denen hier die Rede ist, glaubt Fränkel die Urkunde erklären zu müssen als 'die Liste der von den Arkadern in der 104. Olympiade, der Anolympias (364 v. Chr.), in Olympia geraubten Tempelschätze' (S. 640).

Ganz eigenartig ist der Urkunde die Berechnung der Bussgelder in ΧΡ, das heisst χρυσοῖ oder στατῆρες χρυσοῦ, und dieser Umstand allein schon würde es rechtfertigen, dass die Inschrift in unserer Zeitschrift behandelt wird. Unter Berücksichtigung der in dem Text befindlichen Lücken, die durch Abscheuerung

---

1) Hier ist die Formel stets Κλεωναί αϝ ὁ δεῖνα, die Fränkel zweifellos richtig erklärt als: ἀϝρήτευε ὁ δεῖνα, 'unter dem Vorsitz von'. In den späteren Fällen steht bloss: Κλεωναί.

des Steins an der linken Seite und unten entstanden sind, nimmt
der Herausgeber an, dass die hier verzeichneten Entschädigungs-
summen jedenfalls die Höhe von 20 000 Goldstatern erreicht
haben. Seiner Annahme, dass es sich hierbei nur um Stateren
aegineischen Gewichtes handeln könne, darf nicht entgegengehalten
werden, dass Goldstater aegineischen Gewichts in den uns erhalten
gebliebenen Münzbeständen nicht vorkommen. Die Goldmünzen
der Pisaten sind nach aegineischem Fusse geprägt, und die Goldmünzen der Phoker aus der Zeit des heiligen Kriegs[1] dürften
demselben gefolgt sein, gleich ihrem Silbergeld. Es genügt dann
aber durchaus, wenn Theilstücke des aegineischen Staters geprägt
werden, geht doch auch die Silberprägung in Phokis nicht über
das Triobolenstück hinaus.

Fraglich bleibt nur, ob wir berechtigt sind anzunehmen,
dass die Eleer im Jahre 363 die Schäden, die ihnen aus der
vorausgegangenen Besetzung Olympias durch Pisaten und Arkader
entstanden waren, nach Goldstatern berechnet haben sollten. Wo
Geldbeträge erwähnt werden in Olympia auf Inschriften der
ältern Zeit, wird durchgängig gerechnet nach dem Silbertalent,
Mine und Drachme[2], mithin nach der im Peloponnes landläufigen
Silberwährung. Wenn aber die Pisaten mit dem Herkommen
gebrochen und Gold gemünzt hatten, wird man aus dieser Thatsache doch kaum folgern können, dass nun auch ihre Gegner,
die Eleer, sich die Goldrechnung angeeignet haben sollten,
während ihre Münzprägung auch weiterhin an der überlieferten
aegineischen Silberwährung festhält.

Erst als durch die Feldzüge Alexanders des Grossen das
Perserreich zusammenbrach und die Schätze des Grosskönigs
erbeutet wurden, erfolgte das massenhafte Einströmen der Goldmünze nach Griechenland. An Antipater schickt Alexander 324
aus Susa 3000 Talente, Harpalos brachte 5000 Talente mit[3]. Die

---

1) Vgl. Eckhel, Sylloge I 28.
2) Dittenberger-Purgold, Olympia, Textb. V n. 9 (Vertrag zwischen Elis
und Heräa): τάλαντον ἀργύρου, n. 2. 3. 13. 15. 16 μνᾶ; n. 51. 56 δραχμή.
3) Über die Geldwirthschaft im Alexanderreich vgl. Droysen, Gesch.
des Hellenismus I 2, S. 293 ff.

aus den Erträgen der Bergwerke am Pangaion von Philipp bereits begonnene Goldprägung erhielt unter Alexander eine stetig wachsende Bedeutung in dem Maass, als für die makedonische Reichsmünze neue Prägstätten im Orient eröffnet wurden. Sobald man daher bei der Erklärung der oben mitgetheilten Inschrift davon ausgeht, dass die darin genannten Beträge durchgängig in Gold berechnet sind, wird man ganz von selbst in diese Zeit geführt. Sind aber unter den χρυσοῖ Alexanderstateren zu verstehen, so muss, da diese der attisch-euböischen Währung folgen, die früher genannte Summe um zwei Siebentel reduzirt werden, die auch dann freilich noch die recht beträchtliche Höhe von 6²/₃ Talenten attischen Goldes, mithin nach Hultsch's Reduktion (Metrologie S. 706) 377,000 Mark erreicht.

Wird die Inschrift in die Zeit Alexanders herabgerückt, so kann der ἀγών, der zu ihrer Abfassung Veranlassung gegeben hat, nicht länger in Olympia[1]) gesucht werden, sondern wird, worauf die wiederholte Erwähnung Kleonaes hindeutet, derjenige von Nemea sein, das zum Gebiete von Kleonae gehört hat. Nur durch das Hochthal der Phliasia von Nemea getrennt, wohnen westwärts die Stymphalier, als nächster arkadischer Nachbarkanton; dadurch erklärt es sich denn auch, dass bei dem gemeinsam mit der arkadischen Eidgenossenschaft vorgenommenen Einbruch auf die Stymphalier der Löwenantheil fällt (6860 + Stateren, gegen 6730 +, die von dem κοινὸν τῶν Ἀρκάδων verlangt werden). Ob wir es hier nun mit einem Ereigniss zu thun haben, das mit dem Kriege des Antipater wider König Agis von Sparta und seine Verbündeten (330) in Zusammenhang steht, oder ob dasselbe späteren Wirren im Peloponnes angehört, ist, soviel ich sehe, nicht festzustellen.

---

1) Von einer späteren Plünderung Olympias, bei der dort über 50 Talente geraubt wurden, berichtet Diodor XIX 87, bei dem Einbruch des Telesphoros, des frühern Nauarchen des Antigonos, in den Peloponnes, im J. 312. Telesphoros hatte sich in Elis festgesetzt, woraus ihn Ptolemaeos, der Stratege des Antigonos, vertreibt. Vgl. Droysen, Gesch. d. Hellenismus II 2, 39. Von einer Theilnahme der Arkader an diesen Kämpfen wird aber nirgends berichtet.

Man ist heute geneigt, die Bedeutung der Nemeischen Spiele zu unterschätzen, weil ihrer selten in der Literatur gedacht wird. Wenn Kassander 315 auf der Rückkehr von seinem Feldzuge wider Polysperchon die Festfeier abhält[1]), und die Argiver noch im 3. Jahrhundert so hohen Wert auf die Nemeen legen, zeigt dies doch die politische Bedeutung, die auch damals diese Spiele noch besessen haben.

Ein terminus ante quem für die Datirung der Inschrift ergiebt sich aus der Erwähnung des κοινὸν τῶν Ἀρκάδων. Denn als Alexander im Jahre 324 bei der Olympienfeier die Rückkehr der Verbannten verkünden liess, ward dem damit beauftragten Nikanor auch aufgegeben, die Landtage der Achäer und Arkader aufzulösen[2]). Mag nun auch dies Verbot, als Polysperchon den Hellenen im J. 318 die Freiheit verkündigte, wieder zeitweilig ausser Kraft gesetzt worden sein, so hindert doch so weit herabzugehen schon der Schriftcharakter[3]) der Inschrift, die im ionischen Alphabet der besten Zeit des vierten Jahrhunderts geschrieben ist.

Wenn nun auch das Ereigniss, das zur Abfassung der Urkunde geführt hat, nicht mit derjenigen Sicherheit zu bestimmen ist, die man hier wünschen möchte, so sind dagegen zwei in der Urkunde nur beiläufig gemachte Angaben um so werthvoller.

Wenn man bisher angenommen hatte, die Stadt Kleonae, deren Autonomie für das 5. Jahrhundert noch wohl bezeugt ist durch ihre alten Silbermünzen, sei nach dem Falle von Tiryns und Mykene gleich diesen zu einem abhängigen Orte von Argos herabgedrückt worden, so lehrt die oben mitgetheilte Inschrift, dass den Kleonäern eine, wenn auch, wie es scheint, durch ein Bündniss mit Argos beschränkte, politische Selbständigkeit geblieben sein muss; denn nur unter dieser Voraussetzung wird die Stellung erklärlich, in der hier Kleonae gegenüber der arka-

---

1) Diodor XIX 64.
2) Hyperides XIX 108 B (Müller, Oratores Attici II 402).
3) Den Abklatsch der Inschrift hatte mir der Herausgeber in freundlichster Weise vorgelegt.

dischen Eidgenossenschaft und gegenüber den Stymphaliern erscheint, während in der Urkunde nirgends der Argiver gedacht
ist. Für die Autonomie der Kleonäer geben übrigens auch Zeugniss die Kupfermünzen mit dem Herakleskopf r. im Löwenfell
$Rf.$ $\begin{smallmatrix} K\Lambda \\ E\Omega \end{smallmatrix}$ im feinblättrigen Kranze[1]). Kleonae besass die Prostasie
über die Nemeischen Spiele, nur dass es später diese Ehre mit
den Argivern theilen musste, ein Verhältniss, das dem der Pisaten
und Arkader in der 104. Olympiade entsprochen haben wird.
Sollte sich die Beziehung unserer Inschrift auf die damalige
Olympienfeier doch noch als richtig herausstellen, so könnte die
Stadt Kleonae zu dem Amte des Schiedsrichters zwischen Eleern
und Arkadern nur gewählt worden sein wegen ihrer Prostasie
in Nemea; erweist sich dagegen die Deutung der Inschrift auf den
Nemeischen ἀγών als die richtige, so sprechen die Kleonäer das
Urtheil über die, die sich gegen die dortige Festfeier vergangen
haben, in ihrer Eigenschaft als προστάται der geschädigten Feststätte. Auf die Theilnahme der Argiver wird man schliessen können
aus dem Umstand, dass die Urkunde in Argos zur Aufstellung
gelangt ist. Aratos hat dann, als er die Kleonäer für den achäischen Bund gewann, diesen die Prostasie eingeräumt (238), und
die Argiver davon ausgeschlossen, aber mit dem Eintritt der
Argiver in den Bund scheint dies Amt dauernd an Argos gekommen zu sein[2]).

Die Stadt Stymphalos erscheint in unserer Inschrift selbständig neben dem κοινὸν τῶν Ἀρκάδων und nicht als Mitglied
des letzteren. Es ist dies eine neue Bestätigung der Thatsache,

---

1) Siehe meine Bemerkungen Zeitschrift f. Num. IX 255; an der dort
gegebenen Zeitbestimmung muss ich auch gegen P. Gardner, Cat. of gr. coins,
Peloponnesus 154 festhalten.

2) Schol. Pind. p. 425 προίστησαν τοῦ ἀγῶνος καὶ Ἀργεῖοι καὶ Κορίνθιοι
καὶ Κλεωνᾶτοι, Curtius, Peloponnes II 588. Ein Zeugniss für die Rückgabe
der Prostasie an die Argiver nach deren Beitritt zum achäischen Bund hat
Gardner (a. O. S. 146; pl. XXVIII n. 2) erkannt in den Triobolen, die auf der
Rs. unter dem grossen A das Symbol der Preisvase tragen, auf der sich die
Aufschrift NE als Abkürzung für: NEMEIA findet.

dass sich die nordarkadischen Kantone an der Begründung der
Eidgenossenschaft in dem Synoikismos von Megalopolis nicht
betheiligt haben. Sie bilden den Kern der Föderalisten, die
sich im J. 362 an Mantinea anschliessen, wie ich auf Grund der
arkadischen Münzen früher nachgewiesen habe (Zeitschr. f. Num.
IX 29 ff.). Das κοινὸν τῶν Ἀρκάδων hat später noch mancherlei
Wandlungen durchgemacht, aber Stymphalos und sein Nachbarkanton Pheneos scheinen ihm dauernd fern geblieben zu sein,
wie denn auch im Proxeniedekret für den Athener Phylarch [1])
ihre Namen nicht enthalten sind.

R. Weil.

---

1) Die von P. Foucart, Mémoires présentés à l'Académie des Inscriptions,
Série I tome VIII 1874 p. 93 ff. herausgegebene und in die zweite Hälfte
des 3. Jahrhunderts gesetzte Inschrift (vgl. Zeitschr. f. Num. IX 39 f.) wird
jetzt von Fränkel a. O. 640 und von Dittenberger, Sylloge[2] n. 106 in die
demosthenische Zeit hinaufgerückt; Foucarts Angaben über den Schriftcharakter der Urkunde reichen für die Zeitbestimmung nicht aus, für die
eine Wiedergabe in Facsimile dringend zu wünschen wäre.

Numismatische Analekten (I).

(Hierzu Taf. I. II)[1])

---

1. Der Augusteische Vestatempel.

(Vgl. Taf. I und II n. 1—9)

Darstellungen des römischen Vestatempels kannte man bisher:

1) auf zwei Denaren des Münzmeisters Q. Cassius[2]) (Taf. I n. 1. 2);

2) auf einer in Gold und Silber ausgeprägten Münze des Nero[3]) (Taf. I n. 9. 10);

3) auf Münzen der drei Kaiser aus der Flavischen Dynastie (Gold, Silber, Bronze)[4]) (Taf. I n. 11—17);

---

1) Von einem Theil der abgebildeten Münzen verdanke ich die Abgüsse verschiedenen öffentlichen Sammlungen, besonders dem Entgegenkommen der Pariser, Londoner und Wiener Collegen.

2) Cohen, Cassia n. 11. 12; Babelon, Cassia n. 8. 9; Mommsen, röm. Münzwesen S. 635 n. 278 a. b. — Nur die Vorderseiten dieser beiden Denare zeigen verschiedene Typen, die Rückseiten mit der Tempelansicht stimmen, bis auf unwesentliche Kleinigkeiten, mit einander überein (vgl. die beiden Abbildungen).

3) Cohen (2. Ausg.), Nero n. 334. 335 (auf der Tafel sind zwei, in der Form des Daches von einander abweichende Denare abgebildet).

4) Vespasianus: Cohen n. 577 Æ (auf unserer Taf. I n. 14. 15 zwei Varietäten mit kuppel- oder kegelförmigem Dach), 578 N (Taf. I n. 11) = 579 R.

   Titus: Cohen n. 347 N (Taf. I n. 12), 351 Æ (mit Kuppeldach, wahrscheinlich aus demselben Stempel wie Vespasianus).

   Domitianus: Cohen n. 613 N (Taf. I n. 13), 615 Æ (Taf. I n. 16. 17 zwei Varietäten, die erste aller Wahrscheinlichkeit nach mit demselben Stempel geprägt wie Vespasianus).

4) auf einem Bronzemedaillon der Lucilla[1]) (Taf. II n. 1);

5) auf einem Bronzemedaillon der Crispina[2]) (Taf. II n. 2);

6) auf Münzen der Iulia Domna (Gold, Silber, Bronze) und des Caracalla (Gold und Silber)[3]) (Taf. II n. 3—8).

Auch auf einem Aureus des Postumus[4]) finden wir, fast genau nach der Münze des Caracalla wiederholt, im Hintergrunde einer Opferscene den Vestatempel dargestellt (Taf. II n. 9); doch unterliegt es keinem Zweifel, dass, trotz der Anlehnung an die Münze des Caracalla, auf dem Aureus des gallischen Gegenkaisers nicht das Heiligthum an der *sacra via* gemeint sein kann, sondern ein nach dem Vorbilde des römischen in Gallien errichteter Vestatempel zu erkennen ist[5]). Ob dann der Rundtempel auf einem mit Silber plattirten Bronzemedaillon der älteren Faustina aus der ehemaligen Sammlung Wiczay[6])

---

1) Cohen, Lucilla n. 105.

2) Cohen, Crispina n. 45.

3) Iulia Domna: Cohen n. 232 N = 233. 234 Æ (Taf. II n. 4), 237 Æ (Taf. II n. 7), 238 Æ (Taf. II n. 6), 239 N = 240 Æ. Med. (Taf. II n. 3, das Exemplar aus der Sammlung Northwick, jetzt im Kgl. Münzcabinet) = 241 Æ Med. = 242—244 Æ. — Der bei Cohen n. 236 unrichtig beschriebene kleine Bronzemedaillon ist auf unserer Taf. II n. 5 nach dem durch scharfes Reinigen etwas verdorbenen Exemplar der Kgl. Sammlung abgebildet.

    Caracalla: Cohen n. 249. 250 N vielleicht ungenau beschrieben und von einander nicht abweichend (Taf. II n. 8, das Londoner Exemplar; in der hinter dem opfernden Kaiser stehenden Figur wird man wegen der bisher übersehenen Priestermütze doch wohl den *pontifex maximus* zu erkennen haben), 251 Æ (ob von N abweichend?).

4) De Witte, empereurs des Gaules, Postumus n. 228; ungenau bei Cohen, Postumus n. 236.

5) Vgl. Dupré in der Revue numism. 1846 S. 24.

6) Wiczay (Caronni), Mus. Hedervar. II S. 157f. n. 1140 und Taf. I, 8 der Silbermünzen; dasselbe Exemplar, wie es scheint, jetzt im Besitz des Hrn. John Evans (Numism. Chronicle 1891 S. 154 und Taf. VI, 2). Dargestellt ist ein mit zwei Ochsen bespannter und von einem nebenher schreitenden Führer geleiteter Wagen rechtshin, in welchem eine verschleierte Frau (Vestalin?) neben einem Mann (Pontifex maximus?) sitzt, im Hintergrunde ein Rundtempel. Zur Deutung vgl. Evans a. a. O. und Cavedoni in der Revue numism. 1862 S. 311.

überhaupt in die Reihe der Vestatempel-Darstellungen gehört,
ist ungewiss.

Auszuscheiden sind dagegen als neuere Prägungen zwei
Bronzemedaillons der älteren und jüngeren Faustina[1]), und als
sehr verdächtige Stücke ein Bronzemedaillon der jüngeren
Faustina[2]) und ein solcher der Etruscilla[3]); die ersteren sind
den oben erwähnten Medaillons der Lucilla und Crispina nachgebildete Werke der Paduaner[4]), die letzteren dürften beide
von denselben Vorbildern abhängige moderne Fälschungen sein.

Während die Denare des Q. Cassius uns ein wenn auch
nur dürftiges Bild des republikanischen Baues um das Jahr
60 v. Chr. vorführen, geben die übrigen Münzen den Tempel
in jener Form wieder, die er infolge von Wiederaufbau oder
Restaurirung bis zu Anfang des dritten Jahrhunderts des
Kaiserreichs angenommen hatte. Ob die, wie es scheint,

---

1) Den Medaillon der älteren Faustina beschreibt Cohen n. 318 (die
beigegebene Abbildung der *Rf.* ist unrichtig; wahrscheinlich liegt ihr der
Medaillon der Crispina zu Grunde), ohne etwas über seine Echtheit zu bemerken; nach dem Abguss jedoch, den ich Herrn Babelon verdanke, ist die
Rf. sicher aus demselben Stempel, mit dem der gleich zu erwähnende Paduaner
der jüngeren Faustina geprägt ist, sodass also hier entweder selbst ein
Paduaner vorliegt oder ein mit Hülfe eines solchen gefälschtes Stück.

Den Medaillon der jüngeren Faustina hat Cohen in der ersten Ausgabe
n. 101 beschrieben, ohne zu merken, dass er ein Paduaner war; in der
zweiten Ausgabe ist er als solcher erkannt und fortgelassen (vgl. die Bemerkung Bd. III S. 153 Anm. 1). Auch der Medaillon der jüngeren Faustina
mit VESTAE, den Cohen im Nachtrag zur 1. Ausg. (VII S. 185 n. 17) beschreibt,
ist als Fälschung in der zweiten Ausg. ausgelassen; wie ich aus dem mir
ebenfalls von Herrn Babelon übersandten Abguss entnehme, ist er nichts
anderes als ein Exemplar des erwähnten Paduaners, das eine moderne Hand
mit der Aufschrift VES TAE versah.

2) Numismatische Zeitung 32 (1865) S. 201 mit sehr schlechter Abbildung auf Taf. IV, 2.

3) Cohen, Etruscilla n. 33 bemerkt zu dem Pariser Exemplar 'com-
plètement refait sinon faux' und dann 'un autre exemplaire que j'ai vu
est faux'.

4) In dem Verzeichniss der Paduaner bei Du Molinet, le cabinet de la
bibl. de Ste. Geneviève ist nur der eine Medaillon der jüngeren Faustina
(= Cohen, 1. Ausg. n. 101) aufgeführt und abgebildet (S. 106 n. XXX).

zwischen 64 und 68 fallende Prägung des Nero[1]) den nach dem grossen Brande Roms (19—27 Juli 64) wieder aufgebauten Tempel darstellt[2]), ist keineswegs sicher; viel wahrscheinlicher ist es, dass wir den Neubau erst auf den im Jahre 72/73 ausgegebenen Münzen der Flavier zu erkennen haben[3]). Unbekannt ist dann, ob das Opfer vor dem Vestatempel auf den genau mit einander übereinstimmenden Denkmünzen der Lucilla und

---

1) Der Aureus sowohl wie der Denar sind nicht datirt, dürften aber wegen ihres Gewichts und Styls nicht vor dem Jahre 64 geprägt sein: vgl. Kenner in der Numism. Zeitschr. 1878 S. 230—233, Gabrici in der Rivista ital. di numism. 1897 S. 297. 318.

2) Dass auch der Vestatempel ein Raub der Flammen wurde, ist durch Tacitus ann. XV, 41 bezeugt. Über den Umfang des Brandes vgl. Jordan, Topogr. I, 1 S. 487 ff., Hülsen in den Mittheil. d. arch. Inst. (röm. Abth.) 1894 S. 97.

3) Die Annahme der älteren Erklärer (Havercamp, Gori u. a.), welcher neuerdings auch Lanciani in den Notizie degli scavi 1883 S. 477 folgt, der Tempel der Neronischen Münze stelle das nach dem Brande neu errichtete Gebäude dar, ist nichts mehr als eine Vermuthung; auch die von Lanciani herangezogene Stelle des Tacitus (hist. I 43) *Piso in aedem Vestae pervasit* u. s. w. beweist kaum etwas für die Vollendung des Tempels durch Nero, weil das von Tacitus erwähnte Ereigniss in das beginnende Jahr 69 fällt, also mehr als ein halbes Jahr nach Neros Tode, und selbst damals der Tempel noch nicht vollendet zu sein brauchte. Eher möchte ich glauben, dass Nero, bald nachdem der Wiederaufbau begonnen, nur das Bild des projectirten Tempels auf seiner Münze darstellen liess, die Vollendung des Baues aber nicht erlebte. Zu dieser Ansicht führt mich die Thatsache, dass der Neronische Aureus und der ihm entsprechende Denar die einzige auf Vesta bezügliche Prägung dieses Kaisers ist, während wir auf den unmittelbar nach seinem Tode geprägten anonymen Denaren und dann auf den Münzen des Galba, des Otho, des Vitellius und der Mitglieder der Flavischen Dynastie eine überaus reiche Reihe von Vestadarstellungen finden, welche in den aus dem Jahre 72/73 stammenden Münzen des Vespasianus, Titus, Domitianus mit dem Bilde des Vestatempels ihren Höhepunkt und, nach einer längeren Unterbrechung, um das Jahr 80 ihren Abschluss erreicht. In dieser so auffälligen Häufung von Vestatypen während des kurzen Zeitraums von 68 bis 72 spiegeln sich doch aller Wahrscheinlichkeit nach die verschiedenen Phasen der allmäligen Vollendung des von Nero begonnenen Baues und dann schliesslich die Dedication des Heiligthums unter den Flaviern wieder. Auch Eckhel, der die Neromünze nicht erwähnt, bezieht mit den älteren Erklärern die Münzen Vespasians mit Vestatypen auf die Wiederherstellung des im Neronischen Brande zerstörten Tempels durch diesen Kaiser (d. n. VI S. 332).

der Crispina[1]) sich auf eine bauliche Änderung bezieht oder
mit irgend einem anderen Ereigniss zusammenhängt; sicher
dagegen, dass die Münzen der Iulia Domna und des Caracalla
dem Neubau gelten, der nach dem Commodianischen Brande
des Jahres 191[2]) unter Septimius Severus aufgeführt wurde.

Zu diesen, theils durch die Aufschrift *Vesta*[3]) oder *Vesta
mater*[4]), theils durch das Vestalinnenopfer[5]) gesicherten Darstellungen des Vestatempels füge ich nun hinzu das durch keine
Beischrift näher bezeichnete Tempelbild auf Bronzemünzen des
Divus Augustus (Taf. I n. 3—8):

Vf. DIVVS AVGVSTVS PATER Kopf des Augustus l. mit
der Strahlenkrone.

Rf. S C oben im Felde. Rundtempel mit cannellirten
Säulen[6]) und kegelförmigem Dach, dessen Bekrönung
eine kleine, den l. Arm auf das Scepter stützende
Figur bildet. Zu beiden Seiten des Tempels je ein
hohes, viereckiges Postament, von denen das eine einen
Stier, das andere einen Widder trägt; beide Thiere
sind im Profil dargestellt und einander zugekehrt.
(Eckhel d. n. VI, S. 127; Cohen, Augustus n. 250. 251)[7]).

Mit diesem Tempelbilde sind zwei Nominale vorhanden
(Æ I und II), deren Typen im Wesentlichen übereinstimmen;

---

1) Die Übereinstimmung der Rückseiten dieser beiden Medaillons ist
eine so vollkommene, dass ich eine Prägung mit demselben Stempel für
sicher halte; unwesentliche Verschiedenheiten, die ich bei einigen scharf
gereinigten Exemplaren wahrgenommen habe, rühren gewiss nur vom Grab-
stichel her.

2) Vgl. Herodian I 14, 4.

3) Bei Nero, Vespasianus, Titus, Domitianus, Iulia Domna.

4) Bei Iulia Domna.

5) Bei Lucilla, Crispina, Caracalla.

6) Gewöhnlich sind sechs Säulen dargestellt, auf dem n. 8 abgebildeten
Wiener Exemplar sind es nur vier.

7) Im Berliner Münzcabinet befindet sich ein auf Grund dieser Münze
gefälschtes Stück, das auch seiner Herstellung wegen hier genauer beschrieben werden mag. Der Fälscher benutzte ein echtes Exemplar der von
Nerva restituirten Grossbronze mit dem rechtshin gewandten Kopfe des
Divus Augustus (= Cohen, Augustus n. 570), von dem er die ganze Rück-

nur im Detail der Kehrseite zeigen die beiden Nominale, und dann wieder die einzelnen Exemplare des kleineren Nominals unter einander einige Abweichungen, die sich zwar alle aus der mehr oder weniger geschickten oder getreuen Wiedergabe der Vorlage durch die einzelnen Stempelschneider erklären lassen, hier aber doch besonders hervorgehoben zu werden verdienen.

Der zunächst in die Augen fallende Unterschied besteht darin, dass auf den Grossbronzen der Perspective des Rundtempels in geschickterer Weise Rechnung getragen ist, als auf der Mehrzahl der Mittelerze. Dort sind von den dargestellten sechs Säulen vier in den Vordergrund gestellt, und zwar so, dass sie bei gleichen Abständen den Durchblick auf die beiden anderen gewähren (vgl. n. 3), während auf den meisten Exemplaren des Mittelerzes die sechs Säulen, zu je drei vertheilt und dicht an einander gerückt, alle in ein und derselben Flucht erscheinen (vgl. n. 4. 5), hier also die runde Form des Gebäudes nicht durch die Säulenstellung, sondern lediglich durch das kegelförmige Dach mit seinen convergirenden Rippen zum Ausdruck kommt; nur vereinzelte Exemplare zeigen eine den Grossbronzen verwandte perspectivische Behandlung (so das Exemplar der Kestner'schen Sammlung n. 7 und auch das Londoner n. 6), oder stellen, wie das n. 8 abgebildete

---

seite bis auf einen schmalen Rand herausarbeitete, in diese Vertiefung eine dünne Bronzescheibe mit dem gefälschten Tempelbilde einliess und die Fugen dann verkittete. Aus dem Vergleich des hier abgebildeten Machwerks mit den

auf unserer Tafel wiedergegebenen echten Augustusmünzen ergiebt sich, in wie unsinniger Weise der Fälscher den Rundbau in einen rechteckigen Giebeltempel verwandelte und durch zahlreiche Standbilder ausschmückte.

Wiener Exemplar, nur vier, gleich weit von einander abstehende Säulen dar, hinter denen die runde Cella sich deutlich abhebt.

Verschieden sind ferner auf einer Anzahl Exemplare des kleineren Nominals die beiden Thiere aufgestellt, da auf einigen der Widder auf dem linken, der Stier auf dem rechten Postament erscheint, auf anderen die Anordnung umgekehrt ist (vgl. n. 4. 5 mit n. 6). Ob diese Vertauschung auch auf dem grösseren Nominal vorkommt, habe ich bei der geringen Zahl der vorhandenen Exemplare und ihrer mangelhaften Erhaltung nicht feststellen können; sie erklärt sich aber leicht dadurch, dass der Stempelschneider seine Vorlage hier dem Negativ entsprechend umzusetzen vergass.

Sonst stimmen die von mir gesehenen Exemplare in allen Einzelheiten des Tempelbildes mit einander überein: so in der Dreizahl der zum Säulenumgang emporführenden Stufen[1]), in der Palmettenverzierung des Dachrandes, in der kegelförmigen Gestalt des Daches und seiner Bekrönung durch eine Figur[2]),

---

1) Auf der Pariser Grossbronze n. 3 sind es scheinbar vier Stufen, was jedoch nur der ungeschickten, fast an Retouchirung grenzenden Reinigung mit einem scharfen Instrument zuzuschreiben ist. — Die Treppenanlage haben wir auf diesen Münzen als eine umlaufende anzunehmen, die Thierpostamente befanden sich unmittelbar an der untersten Stufe zu beiden Seiten der Tempelfront.

2) Warum man das kleine Standbild auf dem Scheitel des Daches für unzulässig erklärt (vgl. Jordan, der Tempel der Vesta und das Haus der Vestalinnen S. 15. 17), sehe ich nicht ein. Die Figur erscheint bereits auf dem republikanischen Denar, kommt dann regelmässig auf der Augustusmünze, auf der Kupferprägung unter den Flaviern und auf allen übrigen Münzen des zweiten und dritten Jahrhunderts vor, überall als Standbild mit einem Scepter in der Linken und, wie es scheint, etwas vorgestreckter Rechten, stellte also höchst wahrscheinlich Vesta selber mit Scepter und Schale vor; nur die Neromünze und die Goldprägung der Flavier haben an Stelle der Figur einen palmettenähnlichen Aufsatz. Wenn nun Jordan (a. a. O. S. 17) im Scheitel des Daches eine Öffnung verlangt, durch welche der Rauch des „ewigen Feuers" abziehen konnte, so lässt sich mit dieser Forderung das Vorhandensein des Standbildes recht wohl vereinigen; wir brauchen nur anzunehmen, dass die Figur, die wir uns natürlich aus Erz zu denken haben, auf einer hohlen, durchbrochenen Basis stand und der Rauch konnte durch dieselbe, wie durch einen Schlot, ungehindert abziehen.

in dem Fehlen des Cultusbildes[1]), endlich in der Form der
Thür, die merkwürdiger Weise nicht bis auf den Boden herab-
reicht und dadurch den Eindruck hervorbringt, als wäre sie
eine in der Cellawand befindliche Fensteröffnung. Auch die
Säulencapitelle sind überall gleichmässig behandelt, wenn auch
ihre nur skizzenhaft angedeutete Form nicht mit Sicherheit
erkennen lässt, ob römisch-jonische oder korinthische gemeint
sind; wahrscheinlicher ist es jedoch, dass die Säulen römisch-
jonischer Ordnung waren.

Dass wir in diesem Rundbau, den man bisher auf einen
der zu Ehren des Augustus errichteten Tempel bezogen hatte[2]),
nun in der That die *aedes Vestae* zu erkennen haben, beweisen
zwei marmorne Reliefbilder, welche erst in neuester Zeit richtig
gedeutet worden sind, die Sorrentiner Basis[3]) und ein in Palermo
befindliches Relief[4]). Auf beiden ist eine religiöse Handlung
vor dem Bilde der thronenden Vesta dargestellt; von dem im
Hintergrunde befindlichen Tempel sind nur einzelne Theile
sichtbar, die aber ausreichen, um die Deutung unseres Münz-

---

1) Über die Controverse, ob der Vestatempel ein Cultusbild besass oder
nicht, vgl. Jordan, Topogr. I, 2 S. 422. Auf dem republikanischen Denar
und der Augustusmünze fehlt das Cultusbild; die Neronische Münze zeigt
die thronende Vesta mit Scepter und Schale (ganz deutlich), die Prägungen
unter den Flaviern eine stehende Vesta mit denselben Attributen, alle Münzen
von Lucilla ab wiederum die thronende Göttin mit dem Scepter (oder Fackel?)
in der Linken (ob in der Rechten überall die Schale zu erkennen ist oder auch
das Palladium vorkommt, ist unsicher). Dass die Darstellung auf der Neronischen Münze vielleicht nicht unbedingt massgebend ist, habe ich oben S. 23
Anm. 3 angedeutet; das Fehlen jedoch, dann das Auftreten und der Wechsel
des Tempelbildes scheint mir entschieden gegen Jordans Ansicht zu sprechen,
dass „die Vesta auf den Münzen eine Erfindung des Künstlers zur Ver-
deutlichung des Kults" sei.

2) So allgemein in der älteren Litteratur und noch bei Eckhel (d. n. VI
S. 127), auch Richter, Topogr. (1889) S. 104; Angeloni vermuthete den Pala-
tinischen Apollotempel (l'historia Augusta, 2. Ausg. 1685, S. 16 n. 28, vgl.
S. 22 n. 28).

3) Zuletzt herausgegeben von Heydemann in den Mittheilungen d. arch.
Inst. (röm. Abth.) 1889, S. 307 ff., Taf. X.

4) Herausgegeben von Samter in denselben Mittheilungen 1894, S. 125 ff.,
Taf. VI; vgl. dazu Hülsen ebenda S. 238 ff.

bildes vollkommen sicher zu stellen. Denn was hier den Rundtempel vor so vielen anderen Tempeldarstellungen auf römischen
Münzen auszeichnet, seine auffällige Verbindung mit den beiden
Postamenten mit Stier und Widder, das kehrt auch auf den
zwei Reliefbildern als charakteristisches Merkmal wieder.
Meiner Ansicht nach kann wenigstens kein Zweifel darüber
bestehen, dass die beiden Thierpostamente — welche Bedeutung
sie auch immer haben mögen[1]) — nicht als nebensächliches Bei-
werk aufzufassen sind, sondern wegen ihrer Stellung und ihrer
imposanten Grösse als in einem gewissen architektonischen Ver-

Abbild. 1.

hältniss zu dem Rundbau stehend gedacht werden müssen,
auch ohne mit ihm verbunden zu sein. Diese Zusammen-
gehörigkeit, die auf unserem Münzbilde in so anschaulicher

---

1) Aller Wahrscheinlichkeit nach handelt es sich hier um Votivgeschenke,
die möglicherweise mit den *dona ex manibiis* zusammenhängen, welche Augustus
ausser andern Tempeln auch *in aede Vestae* stiftete (vgl. Monum. Ancyranum
IV 23—25); sie würden dann bei der später erfolgten Veränderung des Tempels
neu aufgestellt worden sein.

Weise ausgedrückt ist, dass man den Tempel zwischen den vorgeschobenen Postamenten wie durch die Öffnung einer Propyläen-Anlage zu erblicken vermeint[1]), ist auch auf der Sorrentiner Basis scharf und deutlich hervorgehoben (vgl. Abb. 1): genau an derselben Stelle wie auf den Münzen erheben sich die beiden viereckigen Postamente und ragen hinter den dargestellten Figuren so weit empor, dass sie mit den darauf befindlichen Thieren bis an den Rand des Tempeldaches hinauf-

Abb. 2.

reichen; dasselbe Grössenverhältniss zeigen die Münzen. Die Thiere selbst sind auf dem vielfach beschädigten Relief nicht vollkommen deutlich; auf dem ersten Postament (links) gestatten die Umrisse und zumal die Form des Schweifes nur

1) Ganz verkehrt ist die Auffassung des Architecten Donaldson (Architectura numismatica S. 57), der Tempel scheine „to be placed within a precinct surrounded by a lofty wall, upon the extremities of which, or on piers, are two animals".

die Deutung auf Stier oder Kuh, das Thier auf dem zweiten
sieht in der Zeichnung einem Hunde oder Wolf ähnlich,
während Heydemann dem Original gegenüber hier ein Kalb
zu erkennen glaubte, diese Deutung aber ausdrücklich als unsicher bezeichnet[1]).

Weniger deutlich ist der Zusammenhang zwischen den
Thierpostamenten und dem Tempel auf dem Palermitaner
Relief, weil auf diesem der Tempel selbst nur durch vereinzelte,
im Hintergrunde des Bildes erscheinende Säulen angedeutet
ist und die beiden Thiere sich, der Raumverhältnisse wegen,
mehr im Vordergrunde und auf so niedrigen Postamenten befinden, dass sie kaum die halbe Höhe der dargestellten Figuren
erreichen (vgl. Abb. 2)[2]); dafür sind aber hier die Thiere mit
einer Deutlichkeit als Stier oder Kuh (links) und als Widder
oder Schaf (rechts) charakterisirt, die nichts zu wünschen
lässt[3]).

Es kann demnach auch nicht dem geringsten Zweifel
unterliegen, dass das Gebäude auf der Münze des Divus
Augustus identisch ist mit dem Vestatempel auf der Sorrentiner Basis und auf dem Palermitaner Relief. Letzteres theilte
der Herausgeber aus stilistischen Gründen dem ersten Jahrhundert n. Chr. zu, mit dem Bemerken, dass es wohl auch

---

1) a. a. O. S. 310.

2) Nach einer Photographie skizzirt, die ich der Güte des Herrn
Dr. Samter verdanke.

3) Wie der Herausgeber Dr. Samter bemerkt (a. a. O. S. 127), trägt der
Stier eine Opferbinde um den Leib (auf der nicht besonders scharfen Photographie ist sie nicht zu sehen und fehlt daher auf unserer Skizze); auch
zwei von den drei Thieren des Souvetaurilopfers auf den bekannten Marmor-
schranken des römischen Forums, das Schwein und der Stier, sind mit Opfer-
binden geschmückt. — Für die Stellung der beiden Thiere (nach ein und
derselben Richtung neben einander) werden wir wohl die übereinstimmende
Darstellung beider Reliefs als massgebend zu betrachten haben und die Ab-
weichung der Augustusmünze, auf der die Thiere einander zugekehrt erscheinen, vielleicht damit erklären, dass man in der für die Herstellung der
Münzstempel bestimmten Vorlage statt der schwierigeren Darstellung von
vorn die viel leichtere und für die Charakterisirung der Thiere auch vortheil-
hafter Profilstellung gewählt hatte.

noch in Augusteischer Zeit gearbeitet sein könnte[1]), die Sorrentiner Basis, welche Heydemann vermuthungsweise in das erste Jahrhundert v. Chr. setzte[2]), kann nach Hülsens Ausführungen über den Inhalt ihrer Darstellungen[3]) nur unter oder unmittelbar nach Augustus entstanden sein; auch chronologisch stehen also die Reliefs mit unserer Münze in vollem Einklange.

Keine litterarische Überlieferung, auch nicht das bis in das letzte Lebensjahr des Kaisers fortgeführte Verzeichniss der *res gestae divi Augusti*[4]), spricht von einer Erneuerung oder Wiederherstellung des Vestatempels durch Augustus. Dagegen liegen in der Nachricht, dass Augustus *dona ex manibiis ... in aede Vestae* stiftete (vgl. S. 28, Anm. 1) und dass er *sacerdotum ... commoda auxit, praecipue Vestalium virginum*[5]), womit wohl auch die Schenkung des Amtshauses des Pontifex maximus an die Vestalinnen[6]) zusammenhängen dürfte, ganz bestimmte Anzeichen vor, die auf ein besonders reges Interesse des Kaisers für den Vestacultus schliessen lassen. Auch die rings um die Stätte der *aedes Vestae* durch Augustus vorgenommenen baulichen Änderungen lassen es in hohem Masse wahrscheinlich erscheinen, dass das älteste Heiligthum des römischen Volkes von den Augusteischen Verschönerungsplänen nicht ausgeschlossen blieb. Den Entschluss, den Vestatempel dem Geschmack seiner Zeit entsprechend umzugestalten, dürfte der Kaiser nicht lange vor seinem Tode gefasst und auch auszuführen begonnen haben; so erklärt es sich, dass, nach Vollendung des Werkes unter Tiberius, der römische Senat eine Münze mit dem Bilde des von Augustus angeordneten Baues dem Andenken des inzwischen verstorbenen Kaisers widmete.

[1]) a. a. O. S. 133.
[2]) a. a. O. S. 311.
[3]) Mitth. d. arch. Inst. (röm. Abth.) 1894, S. 238 ff.
[4]) Über die Zeit der Abfassung vgl. Mommsen, res gestae d. Augusti, 2. Ausg. S. 2.
[5]) Suet. d. Aug. 31.
[6]) Dio 54, 27.

2. Der Aventin auf einem Medaillon des Pius.

(Vgl. Taf. II n. 10. 11)

Unter den Bronzemedaillons des Pius, welche das Andenken an die Gründungs- und Entwicklungsgeschichte Roms zu feiern bestimmt waren, stellt einer der schönsten die Sage von der Ankunft der Epidaurischen Asklepiosschlange in Rom dar[1]. Mitten in einem landschaftlichen Bilde erblicken wir die göttliche Schlange wie sie, von dem gelagerten Tibergotte begrüsst, in Begriff steht das Schiff zu verlassen, um ihrer künftigen Cultusstätte, der Tiberinsel, entgegen zu eilen. Den links durch zwei Bogen angedeuteten Bau hatte man für eine der in unmittelbarer Nähe der Tiberinsel befindlichen Brücken, das rechts von Flusswellen umspülte, durch einen Baum und einige Bauwerke gekennzeichnete Gelände für die Insel selbst erklärt.

Erst neuerlich hat Chr. Hülsen den Nachweis geführt[2], dass hier unmöglich eine Brücke dargestellt sein könne. Er hebt richtig hervor, dass dieser Bogenbau die Verbindung des einen Flussufers mit der Tiberinsel nicht herstellt, weil er von beiden Seiten frei emporragt und nicht, wie das bei einer Brücke der Fall sein müsste, nach der Insel zu sich senkt, sondern in gleichmässiger Höhe in das Flussbett vorgeschoben ist, ohne die Insel zu berühren. Vielmehr hätten wir hier eine Andeutung der *navalia* zu erkennen, d. h. der Schiffshäuser, in denen die von Ostia herauffahrenden Schiffe nach der Löschung verblieben. Die Lage des *navale inferius* in nächster Nähe des *forum boarium* und unweit der Tiberinsel ist gesichert, und was die Schriftsteller, namentlich Valerius Maximus (I, 8 § 2),

---

1) Cohen, 2. Ausg., Antoninus n. 17. 18. Die beiden auf unserer Tafel abgebildeten Exemplare, deren Abdrücke ich Herrn Babelon verdanke, weichen nur in unwesentlichen Einzelheiten von einander ab; es sind dieselben, welche bei Cohen, zum Theil recht ungenau, abgebildet sind.

2) In den Dissertazioni della Pontificia Accademia Romana di archeologia VI, 1895, S. 253 ff.

über die Ankunft der Epidaurischen Asklepiosschlange in Rom
berichten, steht mit dieser Lage in vollem Einklang.

Mit der unzweifelhaft richtigen Deutung des Bogenbaus
als *navalia* lassen sich die linke Seite und der Vordergrund
des Münzbildes nun in einfacher, dem überlieferten Vorgange
vollkommen entsprechender Weise erklären. Die *navalia*, das
unter einem ihrer Bögen zur Hälfte sichtbare Schiff[1]), die auf
dem äufsersten Schiffsrande sich zum Sprunge emporringelnde
Schlange sowie der aus den Flusswellen ihr entgegengrüssende
Tibergott schildern uns Folgendes. Die römischen Abgesandten,
welche infolge einer in Rom wüthenden Seuche auf Geheiss
der Sibyllinischen Bücher i. J. 293 v. Chr. ausgezogen waren, um
das Bild des Asklepios aus Epidauros nach Rom überzuführen,
sind, von dem Gott in Gestalt einer Schlange begleitet[2]), glück-
lich wieder heimgekehrt und gelandet, das Schiff ist in die
navalia eingefahren und die Asklepiosschlange stürzt sich, vom
Tiberis bewillkommnet, von dort aus in den Fluss, um nach
der nahen Insel hinüberzuschwimmen[3]).

Diese Tiberinsel, welche fortan die Cultusstätte des aus
Griechenland übergesiedelten Heilgottes wurde, ist, wie allgemein angenommen wird und auch Hülsen noch annimmt, auf
der rechten Seite unseres Münzbildes dargestellt. Ich glaube
diese Ansicht mit derselben Entschiedenheit zurückweisen zu
müssen, mit welcher Hülsen das Vorhandensein einer Brücke
verneint hat. Die bisherige Annahme ist lediglich auf den ja
sehr nahe liegenden Gedanken zurückzuführen, dass auf einem
die Ankunft der Asklepiosschlange in Rom darstellenden Bilde

---

1) Die von Jordan Topogr. I, 1 S. 412/13 Anm. 25 erwähnte Beobachtung
H. Droysen's und A. v. Sallet's, dass zwischen der kleinen auf dem Schiff
befindlichen Figur und dem Schiff selbst 'festes Land angedeutet ist', beruht
gewiss nur auf Irrthum; von festem Lande ist nichts zu sehen.

2) Livius, epit. lib. XI: anguem . . ., in quo ipsum numen esse constabat,
deportaverunt.

3) Valerius Maximus I, 8, 2: anguis . . . in ripam Tiberis egressis legatis
in insulam . . . tranavit. — Aurelius Victor de viris ill. 22: et cum adverso
Tiberi subveheretur, in proximam insulam desiluit.

auch das Ziel, dem sie beim Verlassen des Schiffs zustrebte, die von ihr zur Wohnstätte erkorene Insel, in irgend einer Weise anzudeuten war. Dieser Gedanke hat aber den Künstler des Münzbildes nicht geleitet; denn was er auf der rechten Seite seines Bildes darstellte, ist nicht die flache Tiberinsel, sondern ein Berg. Hoch über den Flusswellen und dem gelagerten Tiberis, gleichsam als Hintergrund des ganzen Bildes, baut sich der Berg auf, unregelmässig, aus vielen über einander geballten rundlichen Felsmassen [1]), genau so, wie auf Münzen die Berge dargestellt zu sein pflegen; ein Baum, ein hoher viereckiger Thurm und zwei Gebäude [2]) deuten an, dass dieser Berg bewaldet, befestigt und bewohnt war. Von allen diesen charakteristischen Einzelheiten passt auch nicht eine einzige auf die Tiberinsel. Welcher Art auch ihre geologische Beschaffenheit sein mag, sie ist niemals eine hoch emporragende Felsenbildung gewesen, und wird sie auch nicht den nach Vertreibung der Tarquinier in den Fluss geworfenen Getreidebündeln ihre Entstehung verdanken, die Sage trifft insofern wohl das Richtige, als sie die Insel aus treibenden Gegenständen, welche an einem dort befindlichen Hinderniss hängen blieben, entstehen lässt. Menschenhände haben dann später diesem lockeren Gefüge Halt verliehen, haben die Uferränder mit Mauerwerk umgürtet und auf dem also geschaffenen Raum Heiligthümer und Tempel errichtet [3]). Dass die Insel bewaldet

---

1) Jordan (a. a. O.) ist wohl der einzige, dem aufgefallen ist, dass das hinter dem Tiberis ansteigende Land (das auch er freilich für die Insel hielt) 'als Felsen charakterisirt' ist.

2) Mit Unrecht bezieht Jordan (a. a. O.) auf die hier dargestellte Gebäudegruppe (Thurm und Tempel, wie Jordan annimmt) die Schilderung des Claudianus (in Olybrii et Probini consulatum I, 266 ff.); denn die Worte des Dichters

pariterque minantes
ardua turrigerae surgunt in culmina ripae

gelten nicht der in Romuleo procumbens insula Thybri, sondern den Tiberufern, wie sie zu seiner Zeit in der nächsten Umgebung der Insel erschienen.

3) Livius II, 5: desectam cum stramento segetem magna vis hominum simul immissa corbibus fudere in Tiberim tenui fluentem aqua, ut mediis

gewesen, dass Profanbauten oder Wohnhäuser sich auf ihr befunden, wird nirgends überliefert und ist im höchsten Maasse
unwahrscheinlich[1]), dass sie befestigt war, geradezu undenkbar.

Nicht die flache Tiberinsel ist also auf dem Medaillon des
Pius dargestellt, sondern ein Berg[2]), und zwar jener Berg,
der für den oberhalb der *navalia* stehenden und nach Süden
blickenden Beschauer den Hintergrund bildete, der steil über
dem Fluss emporsteigende, felsige Aventinus, welcher nach·
weislich befestigt, bewohnt und bewaldet war[3]). Es ist ein
nur auf der bisherigen falschen Deutung beruhender Irrthum,
wenn Hülsen annimmt, auf unserem Medaillon sei die Örtlichkeit in der Weise verkehrt dargestellt, dass man, um das
richtige Bild zu gewinnen, die Münze in einem Spiegel reflectirt
betrachten müsse[4]). Denn das Bild ist, abgesehen von der

---

caloribus solet. Ita in vadis haesitantis frumenti acervos sedisse illitos limo.
Insulam inde paulatim et aliis, quae fert temere flumen, eodem invectis
factam. Postea credo additas moles manuque adiutum, ut tam eminens area
firmaque templis quoque ac porticibus sustinendis esset. — Über die Auf-
mauerung der Inselufer und die später erfolgte kunstvolle Umschälung mit
Travertinsteinen, durch welche die Insel das Aussehen eines Schiffes erhielt,
vgl. Annali dell' Instituto 1867 S. 389 ff.

1) Vgl. Jordan Topogr. I, 1 S. 403 Anm. 14. Hülsen macht mich allerdings auf den *vicus Censori* aufmerksam, dessen Vorhandensein auf der Insel
gesichert ist (vgl. die capitolinische Basis C. I. L. VI n. 975 *Reg. XIIII*, *vico
Censori*, auch n. 451 und 821). Ob indessen dieser *vicus* eine regelrechte
Strasse mit zahlreichen Wohnhäusern war, erscheint mir sehr fraglich; hier
werden vielmehr nur vereinzelte Wohnungen für die Dienerschaft der auf der
Insel vorhandenen Tempel gewesen sein und dann eine Reihe von Verkaufsbuden,
wie sie im Alterthum wohl jeder namhafte Tempelbezirk aufzuweisen hatte.

2) Fr. von Duhn hat in den Mittheilungen des deutschen archäol. Instituts (röm. Abth.) I 1886 S. 167 ff. (dazu Taf. IX) ein im palazzo Rondinini
in Rom befindliches Marmorrelief wegen seiner vielen Berührungspunkte mit
der rechten Seite unseres Münzbildes für eine Darstellung der Tiberinsel erklärt. Da auf dem Relief der felsige Character der Örtlichkeit nicht minder
scharf betont ist als auf der Münze, wird man nach einer neuen Deutung zu
suchen haben.

3) Vgl. Jordan Topogr. I, 1 S. 146. Ovid. fast. I, 551. Richter Topogr.
S. 32. 37. 131.

4) Hülsen a. a. O. S. 254, vgl. dazu Mittheil. des deutschen arch. Inst.
(röm. Abth.) 1896 S. 221.

wohl nur der Raumverhältnisse halber etwas zu starken Ver-
schiebung des Berges nach rechts, in Bezug auf die topo-
graphische Schilderung vollkommen treu, sobald man als Standort
des Malers den östlichen Brückenkopf des pons Aemilius (*ponte
rotto*) annimmt: von hier aus erblickte er in unmittelbarer Nähe
links die *navalia* und weiterhin im Hintergrunde den stark
nach rechts überschneidenden mons Aventinus, während die
Tiberinsel seinem Gesichtskreis gänzlich entrückt war, weil
sie hinter ihm lag

3. ЄΡѠС auf Münzen des Constantinischen Zeitalters.

Die besonders für die Geschichte des spätrömischen Münzwesens so wichtigen Bezeichnungen der Prägeorte und Emissionen durch Buchstaben und Zeichen sind, trotz mancher ver-
dienstvollen Arbeit, in allen ihren Einzelheiten noch keineswegs
erklärt worden. Erst wenn das gerade für diese Untersuchungen
so reichlich vorhandene Material derart gesichtet sein wird,
dass mit den mancherlei falschen Überlieferungen der älteren
Litteratur gründlich aufgeräumt werden kann, wird man es
mit Aussicht auf Erfolg unternehmen können, das System der
Prägemarken zu analysiren und die Räthsel zu lösen, welche
sie oft in sich schliessen.

Soweit man bis jetzt die Prägemarken übersehen und
verstehen kann, bestehen sie im Wesentlichen aus dem Namen
der Stadt, in welcher sich die Prägestätte befand, und aus
der Bezeichnung der einzelnen Werkstätten (*officinae*) innerhalb dieser Prägestätten; durch die verschiedene Schreibung
oder Gruppirung dieser Angaben und durch wechselnde Beizeichen (Stern, Mondsichel, Punct, Palmzweig, Kranz u. s. w.)
werden dann die einzelnen Emissionen ein und desselben Münztypus zum Ausdruck gebracht. Dazu kommen in der Dio-
cletianischen und späteren Zeit vereinzelte Angaben besonderer
Art, welche nur zum Theil und nicht immer überzeugend gedeutet worden sind. Namen von Münzbeamten dagegen sind
bisher nicht nachgewiesen worden. Denn AEQVITI und EQVITI,

welches Missong in den Emissionsbezeichnungen auf Münzen des Probus entdeckt hat[1]), ist nicht Beamtenname, wie Mommsen vermuthete[2]), sondern, wie Mowat nun nachweist[3]), ein Name des Kaisers selbst[4]), der mit den Prägevermerken in ähnlicher Art buchstabenweise verquickt ward, wie die kaiserlichen Beinamen *Iovius* und *Herculius* sylbenweise auf den Münzen des Diocletianus und Valerius Maximianus verwendet worden sind.

Auch auf Münzen der Constantinischen Zeit kommt ein Name vor, der aber freilich in der Form, in welcher die numismatische Litteratur ihn bisher überliefert hat, als solcher nicht erkannt ist. In dem leider mangelhaften Verzeichnisse bei Cohen erscheint dieser Name in folgender Weise:

bei Licinius I (Coh. VII S. 188):

  REPU?CS (PU *en monogramme*)

bei Licinius II (Coh. VII S. 213):

  REPUCS? (PU *en monogramme*)

  RѠCQ?

  RѠCS

  RѠCT

bei Constantinus I (Coh. VII S. 228):

  REPUCS (PU *en monogramme*)

  RѠCQ

  RѠCT

bei Crispus (Coh. VII S. 339):

  REPUCQ

  RCECT

  RPUCT

bei Constantinus II (Coh. VII S. 365):

  REPUCT?

---

1) Numismatische Zeitschrift V, 1873, S. 102 ff.

2) Zeitschrift f. Numismatik XV, 1887, S. 251 f.

3) Revue numism. 1897 S. 81.

4) Aureli Victoris epitome 36, 2: cum magna pars exercitus Equitium Probum, militiae peritum, legisset.

Ausserdem Cohen Constantinus I n. 729 REDCS (CS *en monogramme*, was kaum möglich ist) und Cohen Constantinus II n. 276 REPVCS?; ob RCNSI*, das nach Cohen VII S. 403 bei Constans vorkommen soll, hierher gehört, ist fraglich.

Es unterliegt keinem Zweifel, dass diese Prägemarken sammt und sonders ungenau wiedergegeben und alle auf die vier Marken

RⱭCP RⱭCS RⱭCT RⱭCQ

zurückzuführen sind, die thatsächlich auf einigen Münzen der beiden Licinii sowie des Constantinus maximus und seiner Söhne Crispus und Constantinus iunior vorkommen. In diesen Bezeichnungen haben wir offenbar die Prägemarken R P, R S, R T, R Q d. h. *R*(omae) *p*(rima), *s*(ecunda), *t*(ertia), *q*(uarta) (*sc. officina*) zu erkennen, zwischen denen jedesmal ⴹⰈC eingeschoben ist. Der erste Bestandtheil dieses Wortes enthält, in monogrammatischer Weise zusammengezogen, die drei Buchstaben Ⳇ, P, ⲱ, so dass für das ganze Wort die Lesung ⴹPⲱC gesichert ist.

Was bedeutet aber ⴹPⲱC und wie kommt der griechische Name mitten in die lateinische Formel? Fasst man Ἔρως zunächst als Personennamen auf, so könnte man an einen Münzbeamten dieses Namens denken, der zur Zeit Constantins in der Prägestätte Rom thätig gewesen ist. Nachdem aber der Name *Aequitius* oder *Equitius*, der bisher als das einzige Beispiel eines Münzbeamten galt, eine andere Erklärung gefunden hat, erscheint es misslich, an Stelle des eben ausgeschiedenen einen anderen einzuführen, womit freilich nicht geleugnet werden soll, dass auf Münzen der späteren Kaiserzeit sich vielleicht doch noch Namen von Münzbeamten nachweisen lassen. Ist Ἔρως kein Personenname, so kann nur der Gott Eros in Betracht kommen. Dieser ist nun hier gewiss nicht genannt; aber vielleicht führt uns die lateinische Übersetzung von Ἔρως auf die Lösung des Räthsels.

Wortspiel und Buchstabenspiel waren im Alterthum ebenso verbreitet wie in der Neuzeit. Ich erinnere an die zahlreichen Acrostichen, an die Gedichte des Publius Optatianus Porfirius (unter Constantin dem Grossen) mit ihren ans Unglaubliche grenzenden Buchstabenspielereien, an einige der sogenannten *tabulae Iliacae*, auf deren Rückseiten die Buchstaben eines Namens oder Satzes derartig vertheilt sind, dafs dieser nach jeder beliebigen Richtung hin gelesen immer derselbe bleibt[1]). Auch dafür liegen zahlreiche Beispiele vor, dass man im Alterthum mit Wörtern, die rückwärts gelesen ein anderes Wort ergeben, sein Spiel getrieben hat: man denke nur an die lateinischen Worträthsel, die mit *si me retro legis* beginnen. Es wäre wunderbar, wenn man AMOR - ROMA und ROMA- AMOR gelegentlich nicht auch verwendet haben sollte[2]), und es ist nur ein Schritt weiter in dieser Voraussetzung, wenn ich vermuthe, dass auf unseren Münzen das monogrammatische ЄPѠC den erst mit Hülfe des Zwischengliedes AMOR zu ent- räthselnden Namen der Stadt ROMA bezeichnet. Dürfen wir ЄⱭC als eine formelhafte Bezeichnung und gewissermaassen als ein Buchstabenwappen auffassen, dann darf ihm auch der selbst- ständige Werth eines Bildes oder Abzeichens zugeschrieben werden und es würde, zwischen R P, R S u. s. w. eingeschoben, eine ähnliche Bedeutung haben, wie der Kranz, die Mondsichel und andere Bildzeichen, die auf Münzen der Constantinischen Zeit zwischen R P u. s. w. sich finden. Höchst wahrscheinlich hat aber auch die Wahl gerade dieser merkwürdigen Bezeich- nung eine besondere, uns unbekannte Veranlassung gehabt; denn nicht ohne Grund scheint sich ihre Verwendung auf zwei bedeutsame Typen zu beschränken, auf die Münzen mit der Um- schrift ROMAE AETERNAE (bei Licinius II, Constantinus I, Crispus, Constantinus II) und auf einen Theil der Vota-Münzen (VOT | V bei Crispus und Constantinus II; VOT X | ET XV F bei Constantinus I. II und Licinius II; VOT XX bei Licinius I und Constantinus I).

H. Dressel.

---

1) Vgl. z. B. Jahn, Griechische Bilderchroniken S. 5.

2) Die Verwendung des Wortspiels AMOR-ROMA auf zahlreichen Erzeug- nissen der modernen römischen Goldschmiedekunst beweist natürlich nichts für sein Vorhandensein im Alterthum.

Die Münzfunde von Vindonissa.

Seit dem letzten Bericht des Verfassers in dieser Zeitschrift (XX, S. 328—330) sind in der Schweiz wieder mehrere
bedeutende Münzfunde gemacht worden.

Erwähnt sei zunächst die Entdeckung von neunzehn Aurei
der Kaiser Nero, Galba, Otho, Vespasian, Titus und Domitian
und zahlreicher Bronzen zu Martigny (Anz. f. schweiz. Alter-
tumskunde 1897, S. 36—37). Bei Kreuzlingen im Thurgau
wurden 1898 rund zweihundert denarii hallenses mit der
Hand und dem quadratum supercussum (abg. Engel-Serrure II,
Fig. 1219) gefunden. Von einem grösseren Fund mittelalter-
licher Münzen im Kanton Schaffhausen 1898 meldeten die
Tagesblätter, ohne dass ein Fachmann genaue Einsicht in
den Schatz erhielt. Sodann wurden beim Abbruch der
St. Michaelskirche in Zug viele hunderte von spätmittelalter-
lichen Brakteaten aufgelesen — ein einziges Kind hat deren
90 Stück gesammelt — nebst zahlreichen andern beim Almosen-
geben verlorenen Scheidemünzen. Unter den Brakteaten waren
besonders zahlreich vertreten die Typen von Luzern mit dem
Leodegarskopf von vorn, sog. „Pläppertli" von Basel mit dem
Baselstab, Zürcher Stücke mit dem Adler im Feld oder im
Schild, theilweise in unedirten Varianten.

Der grösste Fund, der in den Jahren 1897 und 1898 gemacht wurde, geschah auf dem Gebiet von Vindonissa, dem
heutigen Dorf Windisch im Aargau. Hier hat Herr Otto
Hauser von Zürich umfangreiche Nachgrabungen veranstaltet

und beinah „bei jedem Spatenstich" Münzen entdeckt. Im
Ganzen kamen ungefähr 2000 römische Bronzestücke nebst
etwa 20 Denaren zum Vorschein; Goldmünzen wurden nicht
gefunden. Im Ganzen bestand der Fund aus römischem Reichs-
geld; dazu kamen etwa hundert Bronzen von Lyon (Divus
Iulius, Augustus und Tiberius), ein Dutzend Gepräge von
Nîmes (Augustus und Agrippa) und eine Mittelbronze von
Saragossa (Tiberius).

Die Reichsmünzen entfielen in ihrer grossen Masse auf
die Regierungen der Julier; gut vertreten waren noch die
Claudier und Flavier, während von den spätern Imperatoren
nur vereinzelte Geldstücke sich fanden. Reichlicher flossen
die Funde erst wieder für die Regierungen des Constantinischen
und des Valentinianischen Hauses. Im Folgenden eine genaue
Liste aller in diesen Funden vertretenen Kaiser, Kaiserinnen
und Prinzen[1]):

Republik (8 Denare und mehrere ganze und halbe Gross-
bronzen).

Augustus (grösstentheils geprägt unter Tiberius).

Livia (4 Expl.).

Agrippa.

Tiberius (darunter eine Restitution des Domitian).

Germanicus (geprägt unter Gaius).

Agrippina d. ä. (1 Expl. geprägt unter Gaius).

Drusus.

Tiberius und Germanicus, die Söhne des Drusus (1).

Nero und Drusus, die Söhne des Germanicus (1).

Gaius
Claudius I } Gross-Bronzen und Mittel-Bronzen.

---

[1]) Zur Durchsicht der Funde von Vindonissa standen dem Verfasser nur
vier Stunden zur Verfügung. Zum Zählen der auf jede Regierung entfallenden
Anzahl, wie zum Zählen der Exemplare jeder Klasse von Contremarken reichte
diese Zeit nicht; nur wo ein einziges Stück oder wenige von einer Sorte
vorkamen, konnte dies vermerkt werden. Bevor eine zweite Untersuchung
möglich war, hatte der Verkauf schon begonnen. Unter diesen Umständen
erschien selbst ein summarisches Verzeichniss besser als gar nichts.

Nero
Vespasianus
Titus
Iulia (1)
Domitianus
Nerva
Traianus
Hadrianus   } Gross-Bronzen und Mittel-Bronzen.
Aelius (1)
Pius
Faustina d. ä.
Marcus
Faustina d. j.
Commodus
Severus I (2 Denare)
Elagabalus (2 Denare)
Mamaea (1 Denar)
Gallienus
Valerianus II (1)
Postumus (1)
Claudius II
Quintillus (1)   } Billon.
Victorinus (1)
Tetricus I (2)
Tetricus II (3)
Aurelianus (3)
Maximianus I   Mittel-Bronzen.
Maximianus II
Licinius I
Licinius II (1)
Constantinus I   } Klein-Bronzen.
Crispus
Constantinus II
Constantius II
Constans I

Helena
Constantinopolis
Urbs Roma
Valentinianus I   }   Klein-Bronzen.
Valens
Gratianus
Valentinianus II

Ludwig der Fromme, 1 Denar mit „Metallum".

Wie ein Blick auf dieses Verzeichniss zeigt, fehlten in Windisch eigentliche Seltenheiten, indem kein einziger Kaiser von ganz kurzer Regierung vertreten ist. An Merkwürdigkeiten aber ist kein Mangel: genannt sei die Thatsache, dass alle Stücke des Gaius ziemlich wohl erhalten waren, also offenbar nur während dessen kurzer Regierung in Kurs waren und wohl vor dem Regierungsantritt des Claudius verloren gegangen sind.

Als Merkwürdigkeit sei sodann erwähnt: eine schöne hellgrün patinirte Mittelbronze des Divus Augustus mit retrograder Avers-Inschrift (Rv.: Provident(ia), Coh. I, 2. Aufl., n. 228).

Besonders charakteristisch für das in römischer Zeit in der Schweiz übliche Courant ist das überaus zahlreiche Vorkommen von halbirten Bronzen: nicht weniger als 250 halbe Stücke (Republik, Augustus, Tiberius und Claudius) befanden sich unter den Windischer Funden; dass diese Halbirung auf lokalem Mangel an kleinerer Scheidemünze beruhte und an Ort und Stelle geschah, beweist ein Stück, bei dem der Meissel die Halbirung beinahe beendet hatte, die Hälften aber noch an einer dünnen Partie aneinander haften liess. Unter diesen halbirten Mittelbronzen sind 25 Stück kontremarkirt. Weitere 145 ganze Bronzen tragen ebenfalls Gegenstempel, in der Regel je einen, manchmal auch zwei oder drei, gleichgiltig auf Avers oder Revers der Münze vertheilt. Meistens sind nur sehr stark abgeschliffene Stücke kontremarkirt, eine Ausnahme macht nur eine schöne Grossbronze Neros, die in bestem Zustand gegengezeichnet wurde.

Hier das Verzeichniss der zu Windisch vorkommenden Gegenstempel:

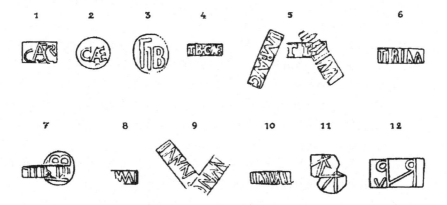

1) Im Rechteck Monogramm bestehend aus CAESAR (Abb. 1) auf einer Mittelbronze des Augustus (. . . . III vir).

2) Im Kreis CÆ (Abb. 2) auf einer Mittelbronze des Augustus von Lyon.

3) Im Rechteck IMPА //// auf einer Mittelbronze des Augustus (Maecilius Tullus III vir).

4) Im Rechteck IMP·AVG auf einer Mittelbronze des Augustus (. . . . III vir). Sehr häufig vertreten.

5) Im Oval ГIB (Abb. 3) auf einer Mittelbronze des Augustus (. . . . III vir).

6) Im Kreis TIB, zweimal übereinander geschlagen auf einer Mittelbronze des Augustus (. . . . III vir).

7) Im Rechteck TB·C·AF· (Abb. 4) auf einer Mittelbronze des Augustus von Lyon.

8) Im Rechteck TIB·IM auf einer Mittelbronze des Augustus (Otho III vir). Häufig vertreten.

9) Im Rechteck .. TI ..., darüber IMP·AVG (= n. 4) und TIB IM (ähnlich, nur grösser als n. 8) (Abb. 5) auf einer Mittelbronze des Augustus (. . . . III vir).

10) Im Rechteck TIBIM (Abb. 6) auf halbirter Mittelbronze des Augustus (Rufus III vir).

11) Im Rechteck TIB IM, über der Contremarke n. 6

(Abb. 7), auf total abgeschliffener Mittelbronze (wohl des Augustus).

12) Im Rechteck .TIB·Nc auf gelochter Mittelbronze des Augustus (.... III vir).

13) Im Rechteck TIB·Nc neben der Contremarke n. 4, auf Mittelbronze des Augustus (.... III vir).

14) Im Rechteck TIB AV.. in schlanken Lettern auf einer Mittelbronze des Tiberius von Lyon.

15) Im Rechteck undeutliche Buchstaben (vielleicht TIBI/////) auf gelochter Mittelbronze.

16) Im Rechteck barbarische Lettern ...MI (Abb. 8) auf halbirter Mittelbronze von Nîmes.

17) Im Rechteck barbarische Lettern zweimal nebeneinander (Abb. 9) auf einer Mittelbronze des Augustus (.... III vir).

18) Im Rechteck barbarische Lettern (Abb. 10) auf einer Mittelbronze des Augustus (.... III vir).

19) In Schildform eine Kombination von drei sich schneidenden Geraden (Abb. 11) auf einer Mittelbronze des Gaius mit dem Bilde des Germanicus; auf dem Avers zwei Mal, auf dem Revers ein Mal vorkommend. (1 Exempl.).

20) Im Rechteck TI N auf einer Grossbronze des Claudius I. Dieselbe Contremarke befindet sich u. a. auf einer Grossbronze des Claudius mit dem Bild des Nero Drusus, ebenfalls aus Windisch. (Sammlung des Verf.).

21) Im Rechteck vꟼЯ monogrammatisch zusammengestellt (Abb. 12); auf einer Grossbronze des Nero (Rv. Roma). (1 Exempl.).

Die Nummern 15 bis 18 sind wohl barbarische Nachahmungen echter Contremarken des Tiberius und beruhen wohl wegen des Vorherrschens der schiefen hastae auf der Legende der Gegenstempel n. 8 bis 11; die Fälscher gedachten wohl mit diesem Zeichen ihr Geld wieder kursfähig zu machen.

Am 15. Dezember d. J. wurden die hier knapp beschriebenen Funde von Windisch freihändig verkauft; 34 Stück, darunter die tadellos erhaltene Agrippina mit hellgrüner Patina, gingen in den Besitz des Verfassers über, die besten kontremarkirten Stücke behielt Herr O. Hauser, und den Rest, soweit er nicht in Händen des Verkäufers blieb, erwarben verschiedene Liebhaber. Es ist zu bedauern, dass keine einzige öffentliche Sammlung hier zu Lande Anstrengungen macht, wenigstens das in der Schweiz gefundene numismatische Material zu erwerben.

Zürich.   E. A. Stückelberg.

Einiges aus der Münzstätte Ensisheim im Elsass.

———

Herr Ernst Lehr publizirte im Jahre 1896 eine grosse Arbeit[1]) über die Ensisheimer Prägungen.

Diese in ihrer Art wirklich gediegene Arbeit bringt eine sehr reichhaltige Reihe Ensisheimer Gepräge in genauer Beschreibung.

Leider fehlt es in dieser Publikation an archivalischer Forschung, und es scheint, dass Archivalien der Ensisheimer Münze dem Herrn Verfasser, wahrscheinlich zufällig, vollkommen unbekannt geblieben sind.

Bei meinen archivalischen Studien über die Münzstätte Hall in Tyrol kam ich auf verschiedene Ensisheimica und zwar oft Sachen von hohem Interesse — die ich hiermit in kurzgefasster Form zur Publikation bringe.

Die im Haller Münzamtsarchive befindlichen wichtigsten Ensisheimica sind drei Jahresraitungen der Münze und entstammen den Jahren 1586, 1594 und 1611. Aus ihnen geht hervor, dass Ensisheim zwar eine selbständig arbeitende Münzstätte war, aber eine Münzstätte zweiter Kategorie, die in mancher Hinsicht mit Hall in Verbindung stand und auch in dieser Zeit von derselben Kammer verwaltet wurde.

———

1) Les monnaies des Landgraves Autrichiens de la Haute-Alsace par Ernest Lehr; vergl. auch Numismatique L'Alsace par Arthur Engel et Ernest Lehr 1887.

Aus diesen Akten geht auch hervor, dass zu Ensisheim manches Jahr wegen Silbernoth garnicht gearbeitet wurde, und dass dann mit den elsässischen Stempeln die Prägungen lediglich zu Hall durchgeführt wurden, und dass ferner die Prägstempel der oben angeführten Jahrgänge meistens zu Hall und von Haller Stempelschneidern ausgeführt worden sind.

Die Jahresraitung 1586 trägt den Titel: „*Fürstlicher Dürchleüchtigkhait, Erzherzog Ferdinannden zu Österreich etc. Muntzmaisterambtsverwalters zu Ennsiszheimb im obern Elsasz Michaelen Stollwagns sumarischer Extract, alles und jedes Einnemen und Aufgebens an Silber unnd Gelt von primo Janüari, fünfzehen hündert sechsundachtzigisten, auf ultimo Nouember desselben erstgemelten Jars von abberwentem Münntzmaister ambtswegen beschlosen, gehandelt, und verricht worden*", — und ist in nachstehende Absätze eingetheilt:

a) Einnemen des Feinsilbers züüermuntzen,

b) Aufgeben unnd Beschickung des Silbers in den Tigl,

c) Auf die Vorder-Osterreichisch Camer geben,

d) Silbrine Schau oder Ehrpfennyng geben,

e) Unvermünnzt Kaufsilber (Abgusz, Abschrotten, gegoszne Zain).

---

f) Einnemen aus der Munnsz an neugedruckhtem abgepregtem unnd verfertigtem Gelt (Thaler, Drey Kreutzerer, Einfach Fierer, Rappen Pfennyng, Rappen Heller),

g) Einnemen an parem Gelt (Remanemenz, umb Silber, umb silbrine Ehrpfennyng, Auf oder Überwechsel).

---

h) Ausgeben in Gelt, umb die Silber ab den Pergkwerchen (aus dem Leberthal, aus dem Rosenfelserthal, gemeine Kaufsilber, auf Tyrolische camer vom Münntz Vorrath, Zinsz unnd Innteresse, Abganng und Nachstanndt),

i) Ausgeben Ambts Besoldüngen und Dienstgelt,

k) Ausgeben in Gelt auch allerhanndt notwenndigen Münntzwerchs Gezeüg unnd Vorrath.

l) Ausgeben in Gelt zu nottürft des Münntzwerchs,

m) Ausgeben in Gelt von des Münntzmeisters Ambtswegen.

Zum Schlusse dann ein

*Inuentuarium hieuorbeschribnen schuldig verblibnen Gelt
Ressts*; ferner was

*In parem Gelt ist zü beschlüsz, unnd aüsgang des Monat
Nouembris gegenwertigen 86 Jars in der Münntz Cassa
zu nachüolgennden Sorten verhannden*, was

*auf die Pergkwerck im Leber- unnd Rosenfelserthal, gegen
Liferung Irer machennden Silber, in parem Gelt dar-
gelihen* und endlich:

*Schulden an fürgelihen Gelt auf alhiesige Münntz- unnd
andern Personen.*

Nach diesen Raitungen hat die Ensisheimer Münze im
Jahre 1586 für, theils aus den Bergwerken zu Leberthal und
Rosenfelserthal (Fron und Eigentheil; Reylerthal und Rappolt-
stein) gewonnenes, theils für gemeines Kaufsilber (der Lehenheyer,
Bach, Berg und Schlakkenhaldenwäscher auf „teutscher und
wälscher Seyten" etc.) 124 256 Gulden 55 Krz. 3¼ Heller bezahlt.

Aus diesem Silber wurden 1586 im ganzen ausgeprägt:

T h a l e r (In neu abgemünnzten und gedruckhten Ganzen-
Halben- unnd Viertheils Thalern, habe ich Münnz-
verwalter, in vorberüerter Zeit, als primo Januari bis
ultimo Nouember, dits gegenwirtigen 86 Jars, von
dem werchmeister, aus dem werch gegebner Ordnung
gemesz empfanngen 11 030 Mrk. 9 Lot) 90 103¼ Stück
mehr 68 Krz. im Werth von . . 102 117 Gld. 1 Kr.

D r e y Kreützerer (neue abgepregte drey Kreützerer, aus
dem werch empfanngen, 4115 Mrk. 12 Lot) im Werthe
von . . . . 20 154 Gld. 10 Kr.

A i n f a c h Fierer (neue einfache Fierer aus dem werch empfanngen 538 Mrk. 13 Lot) im Werthe von
2 266 Gld. 23 Kr. 2 H.

Rappen Pfennyng (in neu abgemunnzten Rappen-Pfennyng,
aus dem werch empfanngen 92 Mrk. 13 Lot) im Werthe
von . . . . 355 Gld. 30 Kr.

Rappen Heller (neue Rappenheller aus dem werch empfanngen
123 Mrk. 11 Lot) im Werthe von . . 497 Gld. 32 Kr.

Die Gesammtprägung 1586 betrug also 125 390 Gld. 36 Kr. 2 H.

In der Ensisheimer Münze wurden ferner in diesem Jahre
sechs Ehren- oder Schaupfenninge hergestellt (zu Silbrin Ehr-
oder Schaupfennyng vergossen, unnd verwerckht 2 Mrk. Silber
halten p. Mrk. 11 ₰ 19 gr. thund Feinsilber 1 feinmark 15 Lot
1 asz $3^{2}/_{4}$ gr.) welche in der Raitung mit 28 Guld. 48 Kr. verrechnet erscheinen.

Die Münze hatte 23 000 Gulden Schulden, von welchen
$5^{0}/_{0}$ gezahlt wurden; sie erlitt auch einen Schaden von
142 Gld. 52 Kr., welcher sich bei vorgenommener Einschmelzung
eines Postens Pononier (Bononier) oder Dreipazner (im Ein-
kaufs-Werthe von 1000 Gld.) herausgestellt hat.

Im Absatze „Aüsgeben Amts Besoldüngen unnd Dienstgelt" befinden sich interessante Angaben, die ich deswegen
wörtlich bringe:

	Gld.	Kr.	H.
Mein Michaeln Stellwagns Munnzverwal- ters Besoldung, von primo January bis ultimo Nouember, dits gegenwärtigen 86 Jars, thrifft aus den 200 Gld. gannzer Jars Besoldung	184	36	$4^{2}/_{4}$
Conraden Vogls Münnzwardeins Besoldung von vorgemelter Zeit thuet aus den 125 Gld. gannzen JarSold	115	23	$^{1}/_{4}$
Herrn Jacoben Berrdorffs Munnzverwalters zu Hall im Ynthal als Inhabern des alhie- szigen Munnz Eisenschneiderambts, Besol- dung von abbestimbter Zeit, thrifft aus 100 Gld.	92	18	$2^{1}/_{4}$

	Gld.	Kr.	H.
Martin Traxlmairs Werchregierers Besoldung von 48 Wochen p. 2½ Gld.	120	—	—
Simon Schuesels Tiglwarters Besoldung .	72	—	—
Cholan Steiners Munnzer Gsellens Besoldung	72	—	—
Iheremiasen Vichers Munnzer Gsellens Besoldung	72	—	—
Hannsen Ritterls Munnzer Gsellens Besoldung	72	—	—
Thoman Peckh von Püberach Schlosser Gsell hat zu unemperlich notdurfft des munnzwerchs 14 wochenlang in der Schlosserschmide und werchstat gearbeit darfür ime zalt jede wochen 1½ Gld.	21	—	—
Anndresen Staygern Radwerchszimermeistern vom vorchinen 85 Jar sein wochen u. wartgelt	87	—	—
Ferner wurde bezahlt:			
für Rothkupfer nebst Fuhrlohn	433	12	1
„ Kupfergeschirr	12	49	1
„ eine schmiedeiserne Hülse auf den einfachen „Fierer Rappenpfenning-" und Heller-Prägstock	18	—	—
„ Khohlen	164	50	2
„ Giesz u. Schmälz Tiegl	91	48	2
„ Brennholz nebst Schneid- u. Spaltlohn .	56	10	2
„ Stadionisches Eisen	21	52	2
„ Fuhrlohn dafür	1	25	—
„ abgeschweisten Stahl u. Eisen	33	18	—
„ Weinstein u. Salz	158	29	2
„ „Ynnslit" und Öll	22	25	3
„ „zu notdurfft des Probier- u. wardeinambts"	31	31	—
„ „allerhanndt notdurfft"	35	28	2

	Gld.	Kr.	H.
für Holz und „Laden" (Bretter)	16	14	—
„ „Münzwerchs Gepeu unnd gemeine erpesserungen"	4	59	1
„ „unnderhaltung der dreyer jungster Zeit der Frst. Hh. von weilend Herrn Heggizer seligen, widerheimb gefallner Lehens Behausungen, darynnen an Jezo etliche Münnz Personen wohnen"	3	21	3
„ Kvartiergeld für Münzamtspersonen . .	35	23	—
„ „Underhaltung, versehung unnd erpesserung der wassergräben, auch Tham unnd Wähl bey der Munnz	113	11	1
„ Schmied u. Schlosserwerk	5	11	1
„ Schreiner u. Glaszwerk	2	—	—
„ „Unkosten u. Zerungen uber erhebung der Silber erloffen"	233	13	2
„ „ainen neuen Karch (Karren)"	25	22	2
„ „ainen grossen starckhen unnd wolversorgten Eisenstockh"	28	4	—
„ „ain starckh graus geschmilbt Pfert bey 6 Jaren alt in den Karch, auch under dem Saum und zum Reuten zugebrauchen sambt Sattl und Zaun"	60	8	—
„ „Hey Strey und andere Fuetterung zu unnderhaltung solchen Hanndls Rosz" .	14	18	—
„ „Ausgeben an allerlei gemeinen Unseiten"	7	3	2
In Summa an Besoldungen . . .	2 538	28	2

Die totalen Einnahmen der Ensisheimer Münze

im Jahre 1586 betrugen . . . . 142 676   7 $^2/_4$

die Ausgaben dagegen . . . . 129 588   16 $^1/_4$

Es verblieb also ein Reingewinn von 13 087   51 $^1/_4$

Die zweite ausserordentlich ausführlich geführte Ensisheimer Raitung gehört dem Jahre 1594 an und führt nachstehenden Titel:

„Münzambts Raittung im Obern Elsass
der fürstlichen Durchleichtigkhait Ertzherzog Ferdinanden zu
Österreich meines genedigsten Herrn Müntzverwalter zue
Ensisheim Christoph Heid von Heidenvürg alles und
jedes meines einements unnd ausgebens an silber unnd gelt
vom primo Januari ampts ultimo Decembris obenuermelten
fünfzehendhundert 94. Jars von gedachts Münzmaisterambts
wegen beschehen verhanndelt und verrichtet worden —", und
hat nachstehenden Inhalt:

Einnemen und Empfanng aller der Silber ab den perg-
    werckhen und annstern zum vermunzen ankhomen:
        Einnemen des Silbers so im Inuentario des jüngst ab-
        geloffnen 1593 Jars per Remenet verblieben.
        Einnemen deren Silbern ab und aus dem Leberthalisch
        an pergwercks deutsch- und welscher Seiten.
        Einnemen Silber ab dem Pergwerckh und Schmelzer-
        werckhs des Rosenfelserthalls.
        Einnemen Silber ab dem Perg und Schmelzwerckh zur
        Planntschier.

Einnemen und Empfanng der erkhauften Pagamenten
    Körnt- und dann Kauf und Pruch Silber.
    (a. hochhaltig Silber, b. rinnghaltig Silber.)

Einnemen deren fein Silber so aus der Munz Arbait um
    allerlay abgüsz abschroten und Zisalien das abstenndt
    94st Jars mir widerumben geliefert worden.

Einnemen Silber von aller hanndt Münzkräz.

Silber ausgab in Tigel zum vergüeszen allerhandt Mintz-
    sorten die Schickhungen das ganntz obrent 94ten Jars.
    Silberausgab und verschickung in Tigel.
    Ausgab an fein Silber zue Silberinne Raitpfennig.

Inuenntarium des Silberrests so zue Aufganng des is
    5hundert 94ten Jars unvermünzt verbliben.
    Abgusz.
    Abschrotten.

Zisalien.

Proben Silber.

Tigel und güssz Rechnung das ganntz 1594te Jar was in Tigel gesetzt und daraus vergossen.

Summa was herwiderumben an Zainen und abgüszen aus dem Tigel vom Tigelwarter gelüfert und empfangen worden, betrifft in allem wie heruor unterschidliechermassen fürgeschrieben worden an fein Silber.

Werckh Raitung dies ganntz 1594ar Jars, über alle gegossene Zain unnd ausgemüntzte geltssorden.

Inn das Werckh geben. — Aus dem Werkh empfangen.

Innemen des new gemüntzt gelt in Tallern.

„	„	„	„	„	„ Dreyern.
„	„	„	„	„	„ Doppelfirern.
„	„	„	„	„	„ Firern.
„	„	„	„	„	„ Rappenpfenning.
„	„	„	„	„	„ Hallerpfenning.

Empfanng in gelt usz dem Wexl der Neuen gemüntzten Thaler; Hierent gegen volgt die Ausgabe der erst vermelter Taller empfang, wie solliche umb Silber und sonst ausgab verrechnet worden:

Ausgabe in Thalern und dauon empfangener wexl.

Münzambts verwannter besoldungen.

Dreyer sorten einnam und vergleichung.

Einam in Geldt und auswexl der neuen Münzsorten.

Ausgab in Dreyern und davon empfangner wexl.

Zinsrichtung (Zinsen v. Schulden d. Münze).

Ausgab in Doppelfierern und davon empfanngener wexl.

Ausgab umb die Silber aus dem Leberthal theitscher und welscher seiten.

zu Sannct Johans fund Grueb in Eggerich.

zue der Treu am rebenen Berg,

zu der Gotsgab in Rauchenhall,

zue Sanct Bartolomeo in Maria Kirchen,
zum Hans Rappoltstain in Eggerich,
zum Bachofen in Ortlpach,
an die Herrn Stadionischen Schmelzconsorten in
    Leberthal,
dem Dawit Schira,
zue lechenseyer Schlakken-Halde und Pachwäscher
    auch anndere dergleichen schmelzende Personen
    auf teitscherseiten als

        Claus Simon
        Hans Baltzer
        Samuel Ruepp
        Hans Lagäs
        Anndres Prun
        Sewastian Michel
        Mantschel Zimerman
        Dieterich Langrammé
        Jacob Claus

auf welscher Seiten: zue Sannct Anna Fundgrueb im Meisloch
                    zum heiligen Geist welscher Seiten
                    vom Finckenstrich

Umb Silber aus dem Rosenfelserthal beschehene Ab-
    zalung.
    Die Herrn Stadionische und Schmelzconsorten daselbst.

Umb die Silber aus dem Planntschür Bergwerkg ge-
    schene Bezalung.
    Von der Herrn Grueb.

Umb erkhaufft Pagament freye kauff unnd pruch
    Silber.
    Ausgab umb hochhaltente Pagament
       „   „ niterhaltente   „

Ausgab Extraordinari unnd dann auf sonderbevelch
    beschechen.

Ausgab auf ambts und Münzergesellen Besoldung.

   Besoldung.

   Uberschichten.

Ausgabe an Zins unnd Interesse aus dem Münzambt
   des hirzue aufgenomnen Haubtguets.

Ausgab und bezalung über erkhauffte Heiser und
   Unterhaltung.

Ausgabe umb Stahel und Eisen.

   „   „   Kupfer und Zin.

   „   „   Kohlen.

   „   „   Saltz und Weinstain.

   „   „   Öll und Unschlit.

   „   „   Papier in die Schreibstubn.

   „   „   Zeug in den Probiergaden.

   „   „   Tigel und ander gemain Hafnersarbeit.

   „   „   Kalch und Ziegl.

   „   „   Maurer Arbait.

   „   „   Prennholz.

   „   „   Pauholz und Tiln.

   „   „   Zerung so die abgeordneten Hern Comisarien auf
              die Pergwerkh und Münzhandlung aufgangen.

   „   von wegen des Minz Krätz Schmelzens.

   „   „   „   „ Wassergrabens unkostens.

   „   umb allerhanndt gemaine notturfft.

Wie schon oben gesagt wurde, ist die Haid'sche Raitung
ungewöhnlich ausführlich, was aus den Titeln der einzelnen
Absätze, die ich deswegen sämmtlich anführte, bestens ersichtlich ist und ein klares Bild der damaligen Münzamtsrechnungs-
führung bietet. Das Detail der Raitung umfasst nicht weniger
als 245 doppelseitige Folioblätter und ist sehr präzise geführt.

   Aus derselben ist ersichtlich, dass im Jahre 1594 zu Ensisheim an Silber eingenommen wurde:

	Mrk.	Lot	afs	gr
von Leberthal	3 837	14	3	$2^7/_8$
„ Rosenfelserthal	3 980	15	3	$^5/_8$

	Mrk.	Lot	afs	gr
von Planntschier	170	10	2	3
„ Pagament und Bruchsilber (Münzen, meist fremde) hoch und niederhaltig in Summa	11 081	8	2¼	—
An Abgüszen, Abschroten und Cisalien in Summa . . .	7 471	14	1	¹/₁₆
„ Münzkrätz	60	—	—	1½

Zur Summa wird bemerkt „inmassen
alliches alles hievor undter-
schidlichen einkhomen und zue
gelt vermünzt worten thuet
alles in fein Silber zusamen
benanntlichen . . . . 26 712 3 — ⁵/₁₆

Aus diesem Silberquantum wurden Doppelthaler, Thaler
und deren Untertheile ('/₂ Th., '/₄ Th.), dann Dreyer, Doppel-
und einfache Vierer, Rappenpfenninge und Hellerpfenninge
unter nachgenannten Schrott, Korn und Anzahl ausgemünzt:

„Thaler gannze, tupelte, halbe so auch orth oder Viertls Taler
deren ein Taler achtundsechzig Khreizer gültet seindt
alhie zu ennsisheimb in Irer frst. Dcht. Erzherzog Ferdinanden zu osterreich meines genedigsten Herrn Münztruckhwerkh vom gannzen obrennten 94ᵗᵉⁿ Jar uff hegst-
gedachten Irer frst. Drcht. gnedigist anbeuolchene Münz-
ordnung Baide in Korn und schrot gemünzt getruckht auch
aufgeprägt unnd durch Irer fürstl. Dht. Werckhregirer
Martin Draxlmair in gegenwertigkhait und beisein des
verortneten Münzgwarteins Conraten Vogls jedes mals
nach beschehener verfertigung der werckh und güsz in
neuen ausgemachten und abgeprägten Stückhen mir offt-
benannten Münzmaisterambtverwalter innmassen hieuor
in der werckhrechnung fol: 75 begrüffen, in Collnischen gewicht gelifert und zuegeireget worden 16 620 Mr. 12 Lot —

die haben vermig und Inhalt vorgedacht Minzgwarteins werckh-
proben und gegenregister am Korn per Mark fein gehalten zue 14 lot.

und dieweil dann vorgedachter werkhregierer und die Münzergesellen innhalt gegebener Ordnung und beuelchs auch
ires zuegestellten und im werkh habenden justificierten
Richtpfenning auf ein geschickht Collnische Markh acht
und ein achttheil eines Talers ausgeraithet auf stückhlen
und schroten allen so betreffen hieuor beschriebene
16 620 Mrk. 2 lot empfangens gelt als benanntlichen

135 043$^1/_2$ Thaler.

Als aber die werkh wie vorgemelt durch mich den Münz-
maisterambtsverwalter in beisein vilgedachts Minzquarteins
des werkhregierers und der minzergesellen wie sich gebürt
gleich alsbald zelt seint in denselbigen werkhen befundten
worden . . . .   135 925$^1/_4$ Thaler.

Dadurch hat also — weil die Münze leichter ausfiel —
das Münzamt ein gutes Geschäft gemacht, denn es konnte
einen Überschuss von 881$^3/_4$ Thalern aufweisen, womit die
Cammer ausserordentlich zufrieden war, trotzdem dass da
eigentlich leichte Münze, also nach den damaligen Begriffen
falsche Münze in Cirkulation gesetzt wurde.

Ähnliche Aufzählmanipulation finden wir in der Raitung
auch bei den sonstigen hergestellten Geprägen verzeichnet und
verrechnet.

Die „Dreyer" oder „drey Khreuzersorten" wurden im
Werthe von 20 Stück auf einen Gulden ausgebracht und zwar
total 9025 Mrk. 4 lot schwarzer ungesottner Platen, wovon die
Mark vor dem Sieden 7 Lot 3 as. fein hielt; nach dem Weisssude betrug das Quantum 8807 Mrk. 9 Lot und hatte ein Korn
von 7 Lot 5 gl. fein. Aus jeder Mark dieses Silbers hätten
sollen 96$^2/_3$ Stück Dreyer „bis uff die gebür schön uszbreitet
geschroten und durchgeschniden werden sollen so betreffend
vorgemelte 8807 Mrk. 9 Lot weisz gesoten Platen an gelt

machen 42 569 G. 52 Kr." — es wurden aber 42 767 G. 51 Kr. „uszgezelt".

Die Doppelvierer, wovon 37$\frac{1}{2}$ Stück einen Gulden oder sechzig Kreuzer galten, wurden nach der österreichischen Rappenmünzordnung in Korn und Schrot ausgebracht. Hierzu wurden 486 Mrk. 14 Lot schwarzer Platten verwendet, welche nach dem Weisssude 469 Mrk. 14 Lot ergaben und ein Korn von 7 Lot hielten. Aus diesen Platten hätten auf die Mark 175$\frac{1}{2}$ Stück ausgebracht werden sollen, also im Ganzen 2198 Gld. 54 Kr. 2$\frac{1}{2}$ ₰; es wurden aber Doppelvierer im Werthe von 2266 Gld. 40 Kr. wirklich ausgebracht.

Zu einfachen Vierern, deren 75 Stück einen Gulden galten, wurden 230 Mrk. 3 Lot Schwarzplatten, welche 5 Lot 14 gr. fein hielten, vergossen; dieselben ergaben nach dem Sude 204 Mrk. 14 Lot und hielten fein 6 Lot. Aus diesen Weissplatten hätten auf die Mrk. 306$\frac{1}{2}$ Stück, also insgesamt im Werthe von 837 Gulden 15 Kr. 1$\frac{1}{2}$ pf. ausgebracht werden sollen, wurden aber wirklich im Werthe von 850 Gulden 19 Kr. 1 pf. ausgemünzt.

Zu Rappenpfenningen oder Rapendln, deren 150 Stück auf einen Gulden gingen, wurden 711 Mrk 14 Lot im Korn von 5 Lot 2 pf. Schwarzplatten, nach dem Sude 654 Mrk. 15 Lot im Korn von 5 Lot 5 pf. vermünzt. Es hätten sollen auf die Mark 548 Stück ausgebracht werden, also von dem ganzen Gewicht im Werthe von 2392 Gulden 42 Kr. 1$\frac{1}{2}$ pf., wurden aber 2409 Gulden 27 Kr. 4 pf. ausgebracht.

Zu Hallerpfenningen, deren 300 Stück einen Gulden galten, wurden 17 Mark 10 L. im Korn von 4 L. 14 gr. Schwarzplatten, nach dem Sude 16 Mark im Korn von 5 Lot vermünzt. Es hätten sollen auf die Mark 1086 Stück ausgebracht werden, aus dem ganzen Plattenquantum also Hallerpfenninge im Werthe von 57 Gulden 59 Kr. 2 pf., wurden aber wirklich nur Hallerpfenninge im Werthe von 56 Gulden 36 Kr. 3 pf. ausgebracht.

Das Münzamtspersonal (die Münzverwandten) des Ensisheimer Münzamtes war im Jahre 1594 nachstehend zusammengestellt und besoldet:

„Herrn Jacob Perdolffen (nämlich Bertorf) Münzmaister zue
  Hall im Inthal zalt vom Eisenschneider Ambt die Besoldung, so er auf das alhiesig vorländisch Münztruckhwerkh
  in seine Verwaltung hat von diesem abgeloffenen 94te Jars
  vermig beiliegenter quitung mit Nr. 30“ zht. 100 G. — Kr.

Christoph Haid von Haidenvürg erhielt als „vor-ländtscher“ Münzverwalter an	Besoldung	300	„	—	„
Conrad Vogl der „Müntzgwartein“	Besoldung	150	„	—	„
Martin Draxlmaier „der Werckgregierer“ Be-soldung		130	„	—	„
„Neun Jars Verehrung“		6	„	—	„
Simon Schiessel „Thigelwarter“	Besoldung	98	„	48	„
„Neun Jars Verehrung“		6	„	—	„
Jeremias Vischer „Munzergeselln“	Besoldung	91	„	52	„
„Neun Jars Verehrung“		5	„	—	„
Hanns Viserl „Münzergeselln“	Besoldung	91	„	52	„
Neujahrsgeld		3	„	—	„
Hanns Spor „	Besoldung	91	„	52	„
Neujahrsgeld		4	„	—	„
Georg Hackhl „	Besoldung	83	„	12	„
Neujahrsgeld		3	„	—	„
Carlo Iriger „	Besoldung	91	„	52	„
Neujahrsgeld		4	„	—	„
Sevastian Laderl „	Besoldung	83	„	12	„
Neujahrsgeld		3	„	—	„
Jacob Kaltschmit „	Besoldung	76	„	48	„
Neujahrsgeld		3	„	—	„
Jeronimus Daxlmann „ 40. Wochen Besoldung		64	„	—	„
An Überschichten wurde den Münzern in Summa bezahlt		49	„	3	„
An Zins und Interessen von Schulden wurde bezahlt		1150	„	—	„
Für Commissionen bei der Münze und Berg-werken wurde bezahlt		72	„	50	„

Das Silberschmelzen besorgte Meister Martheis Grembser, das Abtreiben Hans Thyra.

Es wurde auch ein besonderer neuer Doppelthalerstempel (toppetel Thaler als ani verehr pfennig und zur lustseregn gemacht und ausgegebn werde) und zwar vom freyburger (Breisgauer) „Sigelschneider Womurter" geschnitten, und diesem hiefür, vom Münzverwalter Haid, 8 Gulden bezahlt.

Auch Almosen und für Gebete zahlt Haid aus der Münzkasse und zwar 17 Gulden 20 Kr.

Die Gesammteinnahmen der Ensisheimer Münze 1594 betrugen . . . . 226 121 G. 33 Kr. 2⁵/₈ pf.

Die Gesammtausgaben . . . . 214 688 „ 5 „ 1⁷/₈ „

Es erübrigte also ein Netto-Rest von 11 433 G. 28 Kr. ½ pf.

Die letzte mir bekannte Raitung von der Ensisheimer Münze ist jene des Jahres 1611, sie trägt die Aufschrift:

„Zehente Müntzambts Raitung".

Mein Petern Ballde, der Römischen Kayserlichen Mayestath, und für: Mt: zue Österreich etc. meines aller: und genedigisten Herrn Müntzverwalter allhie zue Ensisheimb, alles: und jedes meines Einnements, und wider Aufgebens, an Silber: und Gelt vom ersten January, vurt den letsten Decembris abuermelten gantzen is 11 Jars, von gedachts Müntzhanndels Ambts wegen, beschehen und verrichtet worden — und enthält im allgemeinen nachstehende Verrechnungen:

An Silbereinnahmen:	Mark	Lot	q.	gr.
verblieb Petern Ballde vom Jahr 1610 ein Rest von	78	7	—	1⁷/₈
die Münzkrätze betrug	12	4	—	—
aus dem Leberthal „deutscher" Seiten lieferte				
Schmelzverwalter zu Urbeisz Reinhard Teuchtlfinger	790	6	3	1½
Schmelzverwalter zu Rappoltstein David Schüra	475	11	3	2³/₄

	Mark	Lot	q.	gr.
die Gewerken zu „Eisenthür" und „himmlisch Heer"	9	8	3	—
die Gewerken zu Treier	9	4	3	1
Daniel Münch	54	7	2	$1^1/_4$
Samuel Sturpp	22	2	3	$3^3/_4$
Adam Balzer	6	10	2	1
aus dem Leberthal „welscher" Seiten lieferten				
die Schmelzverleger zu Sct. Anna in Grisloch Anthony Wagl und Georg Söllner	49	13	—	$2^1/_2$
aus dem „Rosenfelserthal" lieferte				
der Schmelzverwalter Georg Parthey	2 114	14	1	$^1/_2$
aus dem Bergwerk „Plantschier" lieferte				
der Bergmeister zu Mürbach und Lüders Joachim Fisch . . .	700	10	1	$2^1/_2$
und von verschiedenen Parteien wurde				
angekauft	5 239	2	1	$2^1/_4$
Die Abgüsze in der Münz lieferten .	30	4	3	4
das Abschrotten überliesz	1 309	3	2	$1^1/_2$
die Cisalien	—	2	—	—
also zusammen . .	11 173	3	—	$3^1/_2$

welches Silberquantum dann nachstehend verwendet wurde:

	Mark	Lot	q.	gr.
„Item zur Talern gannz- halb- und viertls stuckh wol auch doppl Taler, Sechser- und Zechner habe ich mit wissen und beysein, des hiesigen Münzwardeins, inhalt der vorderösterreichischen Münzordnung, laut Tügl- und Schickpuchs, underschiedlichermaln in Tügl setzen: und eintragen lassen 12 689 Mrk. 9 lot $2^1/_2$ gr. hält jede Mrk. (Cöllnische) fein 14 lot thuet fein"	11 103	6	1	3

	Mark	Lot	q.	gr.

„Item zue Dreyren, hab ich obsternendts
1611 Jar mit gleichen Wissen vorge-
dachts Münzwardeins, im Tügel ver-
schickht 16 Mrk. — lot — q. halt ïede
Mark 7 lot 16 gr. bringet feinsilber .   7   14   —   —

„Item zue Auszalung, obgemeltes Jar 5 Mrk.
2 lot Talerschroten zusamen ge-
schmälzt, und daraus meinen genedigen
Herrn, den K. M. Ö. fünf Ordinari
Camer Räthen fünf feine Marckh Silbrine Raitpfennüg, verfertiget und
überlifert. Hält p. Mrk. 14 lot. tuet
feinsilber   5   —   2   —

Summa gantze Silberaufgab Anno 1611: 11 116   4   3   3

Aus diesem Silber wurde im Jahre 1611 ausgemünzt laut
aufgestellter Rechnung:

an Thalern und deren Theilen 90 596 ThalrStück recte
90 924 Taler 17 Kr., weil das Werk leichter ausfiel
(wozu Balde zu bemerken gut findet „demnachaber die Werke,
durch unnsz obgenannte (nämlich Balde und Wardein H. Conrad
Vogel) iederzeit mit Fleisz auszgezelt worden, hat sich
im obsteenden 11 150 Mrk. 6 lot befunden 90 924 Taler 17 Kr.
— was selbstverständlich zu Gute des Prägertrages zufiel) —
welche Thaler dann zu Rechnung gebracht

die Summe von 103 047 Gulden 29 Kr.

ergaben.

Dann an Dreykreüzerern, „deren 20 Stk. sechzig Kreüzer
gelten"

52 Gulden 30 Kr. recte wieder 53 Gulden 36 Krz.

Bei der Ensisheimer Münze war 1611 nachstehendes Per-
sonal angestellt, welches beigeschriebene Besoldung erhielt:

	Gulden	Kr.	₰
Peter Ballde Münzverwalter (seit 1602)	300	—	—
Hanns Conrad Vogel Wardein	150	—	—

	Gulden	Kr.	₰
Hanns Molnenstern alter Eisenschneid (Provision)	46	28	—
Hanns Fliesz neuangenommener Eisenschneid (Eisenschneider, Stempelschneider)	50	—	—
Hieronimus Dräxelmair Werkregierer .	130	—	—
Hanns Hart Tiegelwarter	91	52	—
Jeremias Vischer Münzergesell	101	52	—
Hanns Spon Münzer	91	52	—
Sebastian Läd Münzer	91	52	—
Anna Dräxlmairin alte Werkregiererin (Provision)	41	36	—

Die Proben nahm gewöhnlich Hans Sanntmayr, Cammerschreiber, oder Balthasar Schürer, geschworener Probierer, vor, die neue „Wasserkunst" (Wasserleitung) hat der Kunstmaister am Bergwerk Assel hergerichtet; für Stahl und Eisen wurde dem Georg Hueber, Eisenverwalter zu Sebenthal, gezahlt; Kohle lieferten Caspar Arnoldt und Hanns Marthin aus Ober-Pürbach (Maszmünster Herrschaft); Weinstein lieferte Valtin Meistermann von „Westhalden" (etwa Westphalen?), Öl Peter Tierry, Schreib-Papier Hanns Ströll, Buchbinderarbeiten Martin Haberboscher, Cammerkanzleidiener; Tigel- und Hafnerarbeit Zacharias Bungier, „Tiglmann" aus St. Gallen, und Meister Jacob, Hafner zu Ensisheim.

„Zerungen in pergwerckhsz commissionen erhielten:

Hugo Ballde, vorderösterreichischer Cammersecretär,

Hanns Erhart von Falkhenstein, V. Ö. Kammer-Rath,

Hanns Sanntmayer, V. Ö. Cammerschreiber,

Hanns Krinz, Georg Mathis und Leonhard Fux, Schmelzer aus dem Schwarzwald,

Dr. Johann Georg Biedermann, V. Ö. Cammerrath,

Otto Mann, Würtembergischer Bergwerkverwalter.

Die Münze hatte namhafte Schulden, und zwar schuldete sie
1611 dem Dr. André Harsch . . . .   600 fl.

    Johann Geischl . . . .   1 000 „

    Dr. Johann Herkher . . . .   600 „

    dtto.   . . . .   1 000 „

    Johann Bratwayn, V. Ö. Cammerrath .   2 000 „

    Hanns Theobald von Reynach . . . .   1 000 „

    Hanns Gitterhofer . . . .   420 „

dem Schultheysz und Rath zu Reinfelden .   3 000 „

    Herrn Philip Louro „wegen eines hoch-
        würdigen Provincial Capituls" . .   3 000 „

dem Hanns Balthasar Struppen von Frey-
        burg . . . .   3 000 „

    Sebastian Wilhelm Lugiger von Colmar   2 000 „

    und noch einmal dem obengenannten
        Dr. Harsch . . . .   1 000 „

und endlich dem Endingener Bürger Hanns Misz-
        bacher . . . .   1 620 „

             in Summa . . .   20 240 fl.

von welchen durchweg 5 % Zinsen gezahlt wurden.

Prag.   E. Fiala.

Die Münzprägung in Neuenburg in den Jahren 1713, 1714 und 1715.

(Hierzu Tafel III u. IV)

Die letzten Neuenburger Münzen sind am Ende des 18. und Anfange des 19. Jahrhunderts geschlagen worden, nachdem die Münzung über 70 Jahre geruht hatte. Während diese „grofse Lücke" von 1715—89 durch schweizer Gelehrte eine genaue und aktenmässige Bearbeitung erfahren hat[1]), ist es gewiss dem Mangel an Material zuzuschreiben, dafs der von mir hier zu behandelnde kurze Zeitraum bisher nur ganz ungenügend bekannt geworden ist. Die Berichte des Neuenburger General-prokurators im hiesigen Geheimen Staatsarchive und die gleich-falls hier befindlichen grossen Sammlungen preussischer Münzen haben es mir möglich gemacht, manches Neue herbeizubringen und die Münzverhältnisse jenes Ländchens in etwas aufzuklären. Das wäre aber ohne freundliche Unterstützung von verschiedener Seite sehr schwer gewesen. Darum möchte ich hier meinen Dank dafür aussprechen den Herren: Münzwardein Brinkmann, Killisch v. Horn und Archivar Dr. Granier in Berlin, sowie dem Herrn Professor W. Wavre in Neuchatel.

I. Darstellung.

Die Stände von Neuenburg-Valengin hatten 1707, als die letzte Herrscherin aus dem Hause Orleans-Longueville, Herzogin

---

1) Eugène Demole, Genève et les projets monétaires du Gouvernement de Neuchatel 1722 (Musée Neuchatelois 1885, p. 76 et 89). — W. Wavre, la „grande lacune" dans le monnayage de Neuchatel de 1714 à 1789 (Musée Neuchatelois, 1893, nov. et dec.).

Maria von Nemours, gestorben war, von 15 Bewerbern um die Nachfolge dem Könige von Preussen Friedrich I. als Nachkommen der Familie Châlons-Orange, der ehemaligen Lehnsherren des Landes, den Vorzug gegeben[1]). Aber erst 1713 wurde dessen Besitzergreifung im Frieden zu Utrecht von Frankreich anerkannt. Es ist wahrscheinlich, daſs die Verhandlungen über eine Münzung in Neuchatel besonders als ein Mittel der geltend zu machenden Souveränität in Berlin begünstigt wurden; gewiss hegte man schon vor 1712 die Absicht, den von Maria von Nemours ausgeübten Münzschlag wieder aufzunehmen.

Das schweizer Münzwesen hatte insofern mit dem deutschen Ähnlichkeit, als man zu einer Centralisation desselben erst verhältnissmässig spät gelangte und daher gegen diejenigen Länder, die schon eine einheitliche Münze besassen, im Nachtheil war. So lange in Deutschland jeder Fürst, vom Kaiser nicht oder nur wenig gehindert, sein Münzregal gebrauchte, wie es ihm gefiel, so lange es in der Schweiz jeder Kanton ähnlich machte, war wenig Aussicht auf gedeihliche Entwickelung eines nationalen Münzwesens. Gegenseitige Münzverbietungen wechselten ab mit Münzeinungen, die aber nie von bleibendem Erfolge waren[2]). Diese Zersplitterung hatte nothwendig Schwäche zur Folge: da man keine allseitig anerkannte nationale Handelsmünze hatte, die früheren vielmehr zu blossen Rechnungsmünzen geworden waren (livre, Florin, Thaler), so war man auf die des Auslandes angewiesen, in den westlichen Gegenden auf die französischen.

Ein anderer Umstand kam dem entgegen. Wir wissen, dass Frankreich, um sich die Mittel für die andauernden Kriege zu verschaffen, endlich seit 1690 zu den Reformationen geschritten war, die darin bestanden, dass die vorhandenen Gold-

---

1) Herm. Schultze, Die staatsrechtliche Stellung des Fürstenthums Neuenburg. Jena 1854.

2) Darüber besonders Albert Escher, schweizerische Münz- und Geldgeschichte, I, Bern 1881 und A. Geigy, Gedruckte schweizerische Münzmandate, Basel 1896. Einleitung.

und groben Silbermünzen im Nennwerth allmählich herabgesetzt,
dann plötzlich eingezogen und nach kurzer Zeit zu einem höheren Nennwerth mit einer Marke versehen wieder ausgegeben
wurden[1]). Es war nun ein sehr vortheilhaftes Geschäft für
Wechsler, à la hausse zu spekuliren, die herabgesetzten Münzen
aufzukaufen und sie nach der Einziehung und Wiederinkurs-
setzung in erhöhtem Nennwerth und mit gefälschter Marke in
den Verkehr zu bringen oder einfach in die Länder zu schaffen,
denen gute Handelsmünzen fehlten. So nahmen denn, wie schon
früher in der Schweiz, so seit dem Beginn des 18. Jahrhunderts
auch in Deutschland der Louisdor und Louisblanc immer mehr
überhand, bis sie zuletzt in den meisten Gegenden den ganzen
Handel beherrschten.

Da die Reformationen den Nennwerth höchst schwankend
machten, so sah man sich genöthigt, die französischen Münzen
von Zeit zu Zeit zu taxiren. Solche Münztarifirungen waren in
der Schweiz eben wegen der durch den Mangel eines einheitlichen Münzsystems fehlenden eigenen grossen Handelsmünze und deshalb nothwendigen Einströmens fremder etwas
längst Bekanntes[2]). In Genf bestand die Thätigkeit der Münz-
verwaltung seit dem 16. Jahrhundert zum grössten Theile in
solchen Taxirungen fremder, besonders französischer Sorten[3]).

Diesem Beispiele folgte man in Neuenburg. Das Land war
vielfach auf den Verkehr mit seiner Nachbarschaft angewiesen,
vor allem mit Frankreich und den beiden damals wohl mäch-
tigsten schweizer Städten Bern und Genf. Es produzirte zwar
nur wenig Viktualien für den Export, war vielmehr selbst auf
das Getreide Burgunds angewiesen, trieb aber einen lebhaften
Handel mit eigenen, französischen und anderen fremden Weinen,

---

1) A. Hanauer, études économiques sur l'Alsace, I, les monnaies. Paris,
Strasbourg 1876, S. 473 ff.

2) In Westfalen herrschten lange ähnliche Verhältnisse, man erliess viele
Seiten lange Münztarife. H. Grote, Osnabrücksche Geld- und Münzgesch.
(Münzstudien IV).

3) Eugène Demole, histoire monétaire de Genève. Genève et Paris, I,
1887, und Escher, a. a. O. S. 118 ff.

um deren freien Absatz es oft mit Bern in Streit gerieth[1]). Die Erzeugnisse der damals gerade aufblühenden Industrie werden meist nach Bern gegangen sein, einem Hauptknotenpunkt der Handelswege von England, Holland und Deutschland nach Italien und Südfrankreich[2]). Aus alledem begreift sich, dass der kleine Staat in seiner Münzpolitik auf die mächtigeren Nachbarn Rücksicht nehmen musste; wir werden sehen, wie sich das Gegentheil einmal hart bestrafte.

Um bei einer Reformation nicht mit zu viel unterwerthigem Gelde belastet zu werden, sah sich der Staatsrath seit April 1712 wieder genöthigt, am Anfange jedes Monats zu bestimmen, in welchem Werth die Staatskassen die einzelnen Sorten anzunehmen hätten. Der Werth der Gold- und groben Silbermünzen sollte etwas über den Handelskurs gesetzt werden, weil man sonst nur kleine einnehmen und bei der Sendung nach Berlin ein Procent Verlust entstehen würde[3]).

Die Vertretung der Rechte des Landesherrn, also auch des Münzregals, lag dem Generalprokurator Jonas de Chambrier ob, einem, wie man in Berlin wusste, treuen und eifrigen Diener des Königs. Seine Berichte bilden für unsere Untersuchungen ein Haupthülfsmittel. Das zu ergreifende Münzsystem war wohl schon während der ersten Verhandlungen über die Wiedereröffnung der Münze festgestellt worden. Wir sehen in ihm den Versuch, drei Münz- oder Rechnungssysteme, das schweizerische, das süddeutsche und das französische, zu einem einzigen neuen zu verbinden.

Die spezielle Schweizermünze, der Batzen, zuerst am Ende des 15. Jahrhunderts in Bern geprägt, war im Süden und Westen Deutschlands acceptirt worden, wofür sich der süddeutsche Kreuzer in der Schweiz einbürgerte. Hier wie dort galt seit dem 16. Jahrhundert der Gulden 15 Batzen oder 60 Kreuzer, ein

1) Charles-Godefroi de Tribolet, histoire de; Neuchâtel et Valangin, Neuchâtel, 1846, S. 63, 71 und später.
2) Büsching, Erdbeschreibung, IV, Hamburg 1773, S. 666 f.
3) S. Aktenbeilage 2.

Batzen also 4 Kreuzer. Wie alle kleinen Münzen der früheren Jahrhunderte im Realwerth sanken, so war es auch mit diesen der Fall. Bern z. B. münzte[1])

1560 die Batzen zu   77 Stück aus der 7 löthigen Mark
   „   Kreuzer „ 176   „   „   „ 3   „   „
1717   „   Batzen „   92   „   „   „ 4   „   „
   „   Kreuzer „ 216   „   „   „ 2   „   „

Hierzu kamen die sowohl als wirkliche wie auch als Rechnungsmünze schon lange bekannten Sols[2]). Escher sagt (S. 160f.), dass Freiburg 1713—17 Schillinge schlug, die besonders in der Ostschweiz sehr gebräuchlich waren, dass sie auf dem alten fränkischen System (20 solidi auf ein Pfund) basirten und der Gulden in Freiburg zu 16 Batzen oder 40 Schillingen oder 60 Kreuzern gerechnet wurde. Da diese Sols aber 94 bis 115 Tausendstel fein waren und 1,20—1,70 gm wogen, so waren sie kaum besser als die in anderen Kantonen geschlagenen Kreuzer (s. S. 79). Die Freiburger Sols wurden früher auch schon Kreuzer genannt, denn ein Mandat Berns, Freiburgs und Neuenburgs vom 26. März 1588 spricht von „sols de Frybourg, que vulgairement lon appelle Crützer"[3]). Mit diesem Kreuzer-Sol haben wir es nun nicht zu thun.

Für uns kommt vielmehr nur der französische Sol in Betracht. In Frankreich waren livre und sol schon längst Rechnungsmünzen geworden und wurden als Werthgrade für Louisdor und Louisdargent gebraucht, die 1640 auf 10 und 3 livres gesetzt wurden. Da 1 livre gleich 20 sols war, so hatte der Louisdargent 60 sols.

Ziehen wir nun noch eine Nachricht heran, so wird das Verhältniss klar. Als Genf 1710 zum ersten Male seine 21 Solstücke schlug, sollten diese gleich 10 sols tournois oder 5

---

1) Escher, a. a. O. S. 87, 184, 185, 188.

2) Man muss beide scharf auseinanderhalten, was bisher nicht immer geschehen ist, denn der Rechnungssol galt doppelt so viel als der gemünzte (Kreuzer-Sol).

3) A. Geigy, a. a. O. S. 90.

Berner Batzen sein und dem 20 Kreuzerstück anderer Kantone entsprechen; Kreuzer gab es in Genf nicht[1]). Wir haben demnach:

1 Thaler   = 30 Batzen = 120 Kreuzer
1 Louisdargent   = 60 sols

also $^1/_6$ Thaler oder Louisd. = 5 Batzen = 20 Kreuzer = 10 sols. Der deutsche Reichsspeziesthaler war zwar reichhaltiger als der Louisdargent, aber beide hatten gleichen Nennwerth, weil der deutsche kaum mehr zu erhalten, der französische Thaler aber durch die grosse Nachfrage im Werth gestiegen war.

Nach dem bisher Gesagten lässt sich nunmehr das Neuenburger System begreifen:

1 Pistole = $3^1/_3$ Thaler

1 Thaler = 2 Halbthaler = 4 Viertelthaler =

$$6 \begin{cases} 20 \text{ Kreuzer} \\ 5 \text{ Bätzner} = 12 \\ 10 \text{ Sols} \end{cases} \begin{cases} 10 \text{ Kreuzer} \\ = 60 \\ 5 \text{ Sols} \end{cases} \begin{cases} 2 \text{ Kreuzer} \\ = 120 \text{ Kreuzer} \\ \text{Halbbatzen} \end{cases}$$

Pistole und Thaler (Halb-, Viertelthaler) entsprachen ziemlich den alten französischen Pistolen und den gleichzeitigen Louisdargents. —

Am 30. November 1712 wurde mit dem Neuenburger Rath Josué Gaudot ein Kontrakt aufgesetzt, der am 20. Februar 1713 des Königs Genehmigung fand[2]). Neben Gaudot, der zur Instandsetzung der Münze 1200 Francs und als Vorschuss auf ein Jahr 6000 Francs[3]) zinsfrei erhielt[4]), fungirten als Mitunternehmer zunächst der Graveur Jean Patry, der zugleich Münzmeister war, ferner dessen Sohn Jean François und als Wardein Pierre Chevrier, alle drei aus Genf; der dortige Rath hatte sie am 3. Dezember 1712 dazu ermächtigt[5]). Die Initialen des Münz-

---

1) Demole, hist. mon. I 109, und Genêve et les projets mon. S. 89 ff. Der Genfer Sol war also auch ein Kreuzer-Sol.

2) Mittheilung des Herrn Prof. Wavre nach dem Archiv zu Neuchatel.

3) 1 Franc war gleich 20 Sols. Escher a. a. O. S. 213 und Praun, gründliche Nachricht von dem Münzwesen, Leipz. 1784, S. 205.

4) Aktenbeil. 1.

5) Demole, hist. mon. I 148, 174, und Genêve et les projets mon.

meisters I·P· finden wir auf den meisten Stücken von 1712 und
1713. Die Stempel wurden jedoch nicht von ihm angefertigt,
sondern aus Berlin gesandt[1]).

Demole scheint anzunehmen, dass aus Berlin nur die Patrizen kamen, die Stempel selbst aber in Neuenburg gemacht
wurden. Denn als man 1722 wieder die nöthigen „poinçons
d'effigie" geschickt erhielt, bemerkt er dazu[2]): „Le poinçon en
effigie présente en relief une tête ou un buste; en enfonçant ce
poinçon dans le coin de service, on produit une empreinte en
creux qui se traduira en relief sur la monnaie". Gewiss waren
Patrizen oder Punzen etwas längst Bekanntes — schon im
12. Jahrhundert verwandte man sie für einzelne Zeichen[3]),
dann gebrauchte sie in Berlin der berühmte Medailleur Faltz
um 1700[4]) —, aber ich möchte es doch zum wenigsten ungewiss lassen, ob sie in unserem Fall angewandt wurden. Jedenfalls waren sie auch noch später der Berliner Münzstätte unbekannt. In Österreich wurden die „Punzen oder Patres, von
welchen die Prägstöcke eingesenket zu werden pflegen", erst
seit 1718 allgemein benutzt[5]). Obgleich dann um 1730 die
erhabene Gravirung ziemlich verbreitet war[6]), so hören wir in
Berlin doch erst 1739 bei Gelegenheit der Pistolenmünzung davon. Damals meldete der Münzmeister Neubauer, Medailleur
Barbiez habe eine „Erfindung" gemacht, das Portrait erhaben
einzugraviren und diesen Stempel in einen ungeschnittenen zu
stossen, dem dann noch etwas nachgeholfen werde; jener erhabene Stempel heisse Punze[7]). Da nun schon Neubauers Vater
preussischer Münzbeamter gewesen war, so darf man wohl annehmen, dass die Punzen in der Berliner Münze bis dahin un-

1) Aktenbeil. 1 und 3.
2) Genève et les projets mon. p. 7.
3) Menadier, deutsche Münzen IV, Berlin 1898, S. 5 f.
4) Hirsch, des teutschen Reiches Münzarchiv, VIII, S. 84.
5) Joh. Newald, Beitrag z. Gesch. des österreich. Münzwesens im ersten
Viertel des 18. Jahrh. Wien 1881, S. 60 ff.
6) Hirsch a. a. O.
7) Geheimes Staatsarchiv Berlin, Münzdepartement, Tit. XLI 2.

bekannt geblieben waren. Hätte man sie 1722 gebraucht oder durch den fremden Graveur der Neuenburger Münzen kennen gelernt, so würde man das Verfahren wohl beibehalten haben.

Die von Berliner Graveuren geschnittenen Stempel sind jedenfalls direkt angefertigt worden, wofür schon ihre Mannigfaltigkeit spricht. Zunächst finden wir auf einem der frühesten Stücke, einem Halbbatzen von 1712 (Nr. 15 unseres Verzeichnisses), die Buchstaben G M. Es ist dieses wohl eine Probemünze und der Stempel von dem Medailleur Gottfried Wilhelm Metelles geschnitten, der 1690—1711 an der Münze in Minden, von da bis 1724 an der zu Königsberg thätig war. Die Stempel der 1714 und 1715 geschlagenen echten Thaler und Halbthaler sind durchweg von Lüders, dem Graveur der Berliner Münze, angefertigt.

Die meisten Sorten mit dem Bilde und Titel Friedrichs I. tragen aber als Graveurzeichen eine Ranke, zwei Halbbatzen (Nr. 14) eine Biene und ein Kleeblatt, der Silberabschlag einer Pistole von 1712 (Nr. 2) ein R. Da nun weder der Name eines preussischen Graveurs mit R beginnt[1]), noch die anderen Zeichen auf preussischen Münzen jener Zeit vorkommen, so möchte ich annehmen, dass diese Stempel von einem fremden Medailleur geschnitten sind[2]).

------

1) Das R findet man nur noch ein einziges Mal auf einer preussischen Münze und zwar auf einem Berliner Zweidrittelthaler von 1714. A. Weyl, Katalog der Henkelschen Sammlung Nr. 1286.

2) Welchen Graveur der Buchstabe R bedeutet, darüber möchte ich eine Vermuthung aussprechen, die durch eine Aktenangabe vielleicht zur Wahrscheinlichkeit wird. Als 1720/21 über die Prägung von Reichsthalern in Königsberg verhandelt wurde, legte der Graveur Lüders am 2. Januar 1721 dem Könige Zeichnungen für die Stempel vor, zu denen dieser schrieb: soll Reifshausen in Engelandt graviren lafsen (Geh. Staatsarch. Berlin Münzdep. Tit. XVIII 2). Demnach hatte dieser wohl schon für Preussen gearbeitet. Der König meinte aber offenbar den Graveur Karl Christian Reisen zu London, der daselbst um 1725 starb (Allgem. Künstlerlexicon. I. Suppl. Zürich 1767, S. 230). Da schon im Frühjahr 1712 um die Stempel gebeten wurde, sie aber erst nach einem Jahre in Neuchatel eintrafen, so spricht dieser Umstand auch für einen entfernten Wohnort des Graveurs (Aktenbeil. 2 und 3). Übrigens wurde aus der Prägung der Königsberger Thaler nichts.

Was die Münzinstrumente angeht, so verwandte man auf deren Instandsetzung ziemlich hohe Kosten; jedenfalls wurde mindestens ein Balancier angeschafft[1]), während man für die kleineren Sorten wohl die von früher her vorhandenen Hammer- oder Klippwerke in Stand setzte. Dass Walzen- oder Taschenwerke gebraucht wurden, machen die schön und eben ausgeprägten Münzen unwahrscheinlich. Rändelungsmaschinen hatte man auch; wo wir bei den grösseren Stücken auf glatten Rand stossen, haben wir es mit Probemünzen oder falschen zu thun. —

Wenn auch alle Münzen mit den Jahreszahlen 1712 und 1713 das Bildniss und den Titel Friedrichs I. tragen, so hat deren Prägung doch wohl erst nach dem Tode dieses Königs († 25. Febr. 1713) begonnen, denn Chambrier erwähnt in seinem Bericht vom 28. März 1713[2]), als er um Verhaltungsmassregeln bat, nichts von einer schon begonnenen Münzung; auch hat Friedrich I. den Kontrakt erst fünf Tage vor seinem Tode unterzeichnet und es begann die Ablieferung der Münzen erst im Juni 1713[3]). Wahrscheinlich wegen der sonst doppelten Gravirungskosten und wohl auch aus Pietät wurde die Fabrikation mit den schon vorhandenen Stempeln ausgeführt.

Ende März 1713 waren aus Berlin die Stempel für die Pistolen[4]), Thaler, Halbthaler und Viertelthaler eingetroffen, während die für die kleineren Sorten noch fehlten, mit deren Schlag laut Münzkontrakt begonnen werden sollte; wahrscheinlich entweder, weil daran Mangel war oder weil man durch deren höheren Schlagschatz auf die Kosten kommen wollte.

1713 wurde der Kanzler de Montmollin nach Berlin berufen, um die Grundsätze für die Verwaltung mitzuberathen. Aus einem Schreiben des Generalprokurators an ihn vom 25. Ok-

1) Aktenbeil. 1 u. 3.
2) Aktenbeil. 3.   3) S. S. 77.
4) Es ist dieses die erste preussische Pistolenmünze oder, wenn man lieber will, die erste Pistole mit dem Bilde eines preussischen Herrschers; man nannte sie damals schon in Neuenburg Friedrichsdor. S. Aktenbeil. 6.

tober[1]) erfahren wir, dass nunmehr endlich mit der Prägung begonnen war, diese aber sehr langsam voran ging, wofür Chambrier die Schuld mangelnder Erfahrung und den wohl für den Silberkauf zu knappen Geldmitteln zuschrieb. Es waren damals erst 3000 Mark an Halbbatzen, d. h. etwa dreiviertel der stipulirten Quantität dieser Sorte, gemünzt. Aber das Land konnte sie nicht festhalten; sie gingen kaum ausgegeben über die Grenze nach Burgund, wo man die neuen schön geprägten Stücke wegen ihrer Ähnlichkeit mit den trente deniers sehr gern nahm[2]). Auch die ersten Viertelthaler wurden damals fertig.

Ausser diesen kontraktmässigen Sorten hatte Patry auf Wunsch von Münzliebhabern mit dem Stempel der Halbbatzen Goldstücke geprägt, die einen Louisdor werth waren und Chambriers Beifall fanden. Dieser liess sogar Doppelpistolen mit dem Stempel der Viertelthaler anfertigen und wollte auch ein paar Quadrupel und Achtpistolenstücke mit dem der Halbthaler und Thaler schlagen lassen. Natürlich waren das nur Spielereien, da die goldene Handelsmünze der französische Louisdor bleiben musste. Von diesen Goldabschlägen ist bisher nur einer, die Doppelpistole, zum Vorschein gekommen (Nr. 1).

Im März 1714 begab sich als Gouverneur, d. h. als Stellvertreter des Königs, der General François de Langes, Baron de Lubières, mit detaillirten Instruktionen nach Neuenburg[3]). Auch auf das Münzwesen hatte er zusammen mit dem Generalprokurator und einigen Kommissaren zu achten. Aus seinen Berichten entnehmen wir, dass einige begüterte Bürger Vorschläge zur Übernahme einer neuen Münzung machten, von denen besonders wieder der des Herrn Gaudot Berücksichtigung fand[4]). Dieser wollte aus 200 000 Speciesthalern 200 000 Thaler münzen, von dem Schlagschatz von 1 Procent sollte der König

---

1) Aktenbeilage 4.
2) Ein 30 denierstück von 1710 bildet G. Hoffmann, les monnaies royales de France, Paris 1878, Tafel 103 ab.
3) Instruktionen Berlin, 23. Dez. 1713 und 13. Mai 1714.
4) Aktenbeilage 5 und 6.

die Hälfte oder Dreiviertel, den Rest der Generalprokurator als Münzinspektor erhalten [1]).

Es bedeutete das lediglich eine Münzverschlechterung; es war die alte Zauberei, aus einem Geldquantum durch Ummünzen ein grösseres zu erzeugen, was aber ganz natürlich zuging: man verwandelte eine Quantität Münzen in eine grössere derselben Sorte, indem man mehr Kupfer zusetzte, also den Münzfuss verschlechterte; oder, wie es meist geschah, man vermünzte die Quantität in eine schlechtere Sorte, die schon nach dem Münzfuss mehr Kupfer enthielt, und gewann so einen höheren Nennwerth. Dann blieb zwar der Münzfuss jeder Sorte erhalten, aber die besseren wurden vernichtet, die noch übrigen gewannen ein Aufgeld, das ganze System fiel über den Haufen: man hatte endlich nur noch Scheidemünzen und war genöthigt, zu fremden groben zu greifen. Solche Kalamitäten haben die meisten europäischen Länder und auch die Schweiz erlebt. Ich will hier nur erwähnen, dass Bern von etwa 1701 bis 1717 für 120 000 Pfund oder für 900 000 Batzen Scheidemünze geprägt hat [2]).

Der Plan Gaudots scheiterte wohl an dem Widerstande des Königs, der aber doch am 20. Februar 1714 befohlen hatte, auch einige Sorten mit seinem Bildniss zu prägen; nämlich im Ganzen für 6 bis 8000 Thaler Pistolen, Thaler, 20- und 10-Kreuzerstücke; die Stempel dazu sollten in Berlin geschnitten werden, es sei auf annehmbare Bedingungen mit dem Unternehmer ein Kontrakt zu schliessen [3]). Wieviel von diesen Sorten geprägt sind, ist nicht bekannt, die meisten der erhaltenen Stücke sind Probemünzen, einige spätere Falschmünzen. Da Pistolen, 20- und 10- Kreuzer von Friedrich Wilhelm I. bisher nicht zum Vorschein gekommen sind, kann man annehmen, dass solche überhaupt nicht geprägt wurden.

---

1) Lubières Bericht darüber an den König vom 27. Aug. 1714.
2) Escher, a. a. O. S. 188.
3) Mittheilung Wavres. S. auch Tribolet, a. a. O. S. 111.

Dagegen haben wir über die Quantität der nach dem ersten Kontrakt gemünzten Stücke recht genaue Angaben[1]).

Nach Vertrag mit Gaudot sollten gemünzt werden:			Nach einer Berechnung von 1714 hat Gaudot geliefert:			
Sorten	écus blancs	Stück	Bruttogewicht	Auf d. Brutto-mark Stück	Im Ganzen Stück	Datum der Ab-lieferung
Pistolen		1000			1032	22. Februar 1714
Thaler	2000	2000			1622	Mai 1714
Halbthaler	3000	6000			7764	30. April 1714
Viertelthaler	3000[2])	12 000	353 M. 20 onces	36	12 708	28. Okt. bis 30. Dez. 1713
20-Kreuzer	8000	48 000	1314 Mark	50[3])	65 700	8. Jan. bis 15. Mai 1714
10-Kreuzer	2000	24 000	256 M. 4 onces	101	25 856	März 1714
Halbbatzen	8000	480 000	4137 M. 3 onces	120	496 440	5. Juni bis 19. Dez. 1713
Kreuzer	2000	240 000	1258 Mark	210	264 180	30. Dez. 1713 bis 8. März 1714.

Aus dieser Tabelle geht unzweifelhaft soviel hervor, dass die Pistolen, Thaler, Viertel- und Halbthaler durchaus nicht gemünzt werden sollten, um den Bedarf des Landes an guten Handelsmünzen zu decken, denn ihr Betrag war dazu ein gar zu minimaler; diese Prägung war offenbar nur angeordnet, um

---

1) Nach dem Archiv zu Neuchatel, Mittheilung Wavres. — Die obigen Zahlen findet man zum Theil schon in der bisherigen Literatur. G. E. v. Haller, schweizerisches Münz- und Medaillenkabinet. Bern 1781, II, 269 f., hat die Kontraktzahlen richtig, führt aber noch 6000 Stück Drittelthaler auf. Bei Tribolet, a. a. O. S. 111, findet man 8000 Halbthaler, 16 000 Viertelthaler und auch die 6000 Drittelthaler. Escher, a. a. O. S. 129, führt dieselben Zahlen wie Haller auf, hat aber die Halbthaler weggelassen. Leodegar Corragioni, Münzgesch. der Schweiz, Genf 1896, S. 139, endlich hat auch die Drittelthaler des Kontrakts, bringt die wirklich ausgemünzte Quantität aber wie oben angegeben. — Bezüglich der Drittelthaler können wir gewiss einen Irrthum annehmen, da die Urkunden sie nicht erwähnen und sie auch nicht in das System passen.

2) Im Kontrakt steht irrthümlich 8000.

3) Wavre schreibt 51, Haller 50, welche Zahl mir wegen des Münzfusses die wahrscheinlichere zu sein scheint (s. S. 79); auch hat Corragioni 50 zu Grunde gelegt.

die Souveränität geltend zu machen. Die Münzunternehmer
haben sich niemals um den Schlag solcher groben Münzen,
sondern nur um den kleinerer bemüht; wir können annehmen,
dass die Billonmünzen auch dieses Mal nur geprägt wurden,
weil man sonst gar keinen Unternehmer bekommen haben
würde. Die Kosten für die Münzung der Gold- und groben
Silbersorten musste der Gewinn an den kleinen einbringen, wie
wir denn auch sehen, dass, je geringhaltiger die Münzen werden,
um so mehr die stipulirte Quantität überschritten wird. Leider
können wir den Münzgewinn nicht berechnen, da Angaben über
die Silberpreise fehlen.

Dagegen ist der Münzfuss nach dem Kontrakt und wie er
befolgt wurde, von Haller überliefert, dessen Angaben es wahrscheinlich machen, dass ihm die Probirergebnisse vorgelegen
haben. Aus der danach zusammengestellten Tabelle erkennt
man (S. 79), dass die groben Münzen sowohl im Schrot wie im
Korn den Münzfuss nicht ganz erreichten; in Folge der Ab-
nutzung ergeben heutige Wägungen noch niedrigere Zahlen.
Die Billonmünzen bestanden zwar im Durchschnitt, da man
aber annehmen kann, dass sie nicht Stück für Stück, sondern
wie damals überall nur al marco justirt wurden, so werden sie
den Händen der Kipper kaum entgangen sein. Den Münz-
unternehmern war das natürlich recht gleichgültig; bestanden
ihre Fabrikate nur die staatliche Prüfung und gelang es ihnen,
sie im Lande oder jenseits der Grenze unterzubringen, so hatten
sie weiter keine Verpflichtungen oder Gefahren. Immer aber
drangen sie auch in der Folge auf Herstellung kleiner Sorten,
die allein ihnen Gewinn versprach. Doch damit kamen sie bei
Friedrich Wilhelm I. an den unrechten Mann. —

Von 1715 bis 1789 ist in Neuchatel nicht gemünzt worden;
die oft beantragten Prägungen kamen nie zur Ausführung[1]).
Einen dieser Pläne, über den 1719 — 1722 verhandelt wurde,
hat Demole genau und aktenmässig dargestellt[2]); wir verweisen

---

1) W. Wavre, la grande lacune u. s. w. a. a. O.
2) Demole, Genève et les projects monétaires etc.

Münzsorte	Gewicht eines Stückes	Feinheit	Die feine Mark ist ausgemünzt im Nennwerth von Thaler:	Befund.
Pistole	5 den. 5 gr. oder 6,63 gm[1])	21⅛ Karat oder $^{910}/_{1000}$	—	—
Thaler	22 den. oder 28,05 gm	10 den. 8 gr. oder $^{841}/_{1000}$ Remedium 2 gr.	10,13	Kaum 21 d. 20 gr. schwer. Im Korn erschöpfen sie das Remedium. — Andere Angabe: Die Thaler von 1713 sind schwer 21 d. 22 gr., fein 10 d. 5⅓ gr.
Halbthaler	10 den. 21 gr. oder 13,83 gm	Wie vor	10,25	Schrot richtig, Korn wie vor; nur 880 Stück haben 10 den. 18 gr. — Andere Angabe: Gewicht 10 d. 22 gr., fein 10 d. 4 gr.
Viertelthaler	5 den. 9 gr. oder 6,84 gm	Wie vor	10,37	Schrot und Korn wie vor. — Andere Angabe: 36 auf 1 Mark, also 5 d. 8 gr. schwer, fein 10 d. 6 gr.
Zwanzigkreuzer (Fünfbätzner)	3 den. 20,16 gr. oder 4,88 gm (50 Stück auf 1 Mark)[2])	9 den. oder $^{750}/_{1000}$ Remedium 2 gr.	11,11	Meist richtig.
Zehnkreuzer	1 den. 21,62 gr. oder 2,42 gm (101 Stück auf 1 Mark)	Wie vor	11,22	Im Korn um 1 gr. zu gut.
Doppelkreuzer (Halbbatzen)	1 den. 14,40 gr. oder 2,03 gm (120 Stück auf 1 Mark) Remedium 4 Stück	1 den. 20 gr. oder $^{153}/_{1000}$	13,09	½ gr. vom Remedium im Korn nicht erschöpft. 117—121 Stück auf die Mark. Remedium der ganzen Quantität nicht über 480 Stück.
Kreuzer	21,94 gr. oder 1,16 gm (210 Stück auf 1 Mark) Remedium 4 Stück	1 den. 12 gr. oder $^{125}/_{1000}$ Remedium 2 gr.	14	Im Durchschnitt schrotmässig. Erschöpfen das Remedium in Korn.

1) In Neuchatel galt die Pariser Mark Troyes; sie wog 244,753 gm (Grote, Münzstudien III, S. 9 u. 44) und wurde eingetheilt in 192 deniers oder 4608 grains. Die feine Mark hatte als Feinheitsgrade beim Gold 24 carats, beim Silber 12 deniers oder 288 grains.
2) Nimmt man nach Wavre 51 Stück, so wiegt das Stück 3 d. 18,35 gr. oder 4,79 gm, der Münzfuss ist dann 11,33 Thaler.

auf ihn, wollen aber doch kurz einige der Hauptpunkte erwähnen, weil dadurch die Münzverhältnisse des Landes klarer
werden. Nachdem andere Vorschläge abgewiesen waren, trat
Patry mit einem über Prägung von Billonmünzen auf. Die
monetäre Lage Neuenburgs war eine recht schwierige. Schon
1714 hatten Bern und Genf die Scheidemünzen Freiburgs,
1717 die von Luzern, Basel und Sitten verrufen[1]). Diese flossen
nun ungehindert nach Neuenburg ab. Ich glaube, man scheute
sich hier, einen gleichen Verruf zu erlassen, weil das gute Verhältniss mit den drei verburgrechteten katholischen Kantonen
Luzern, Freiburg und Solothurn, das seit der Besitzergreifung
durch Preussen 1707 sehr erkaltet war, wieder hergestellt und
nicht neuer Grund zum Unwillen gegeben werden sollte[2]). Deshalb beabsichtigte der Staatsrath von Neuchatel, der Vorstellung
des Generalprokurators folgend, sich durch eine eigene Münzung
kleiner Sorten zu wehren. Aber der König war nicht dafür,
denn kleine Münze mache kein Land reich, vertreibe vielmehr
die grobe und erfülle nicht den beabsichtigten Zweck. Friedrich
Wilhelm, durch die traurigen Münzverhältnisse unter seinem
Vater belehrt, war ein Feind der Scheidemünzfabrikation geworden, hatte er doch kurz nach seiner Thronbesteigung den
kurmärkischen Ständen versichert, keine schlagen lassen zu
wollen[3]). Jedenfalls, so meinte er jetzt sehr richtig, müsse
man sich erst davon versichern, dass sie in den Nachbarkantonen,
besonders in Bern und Genf, durch welche beiden Städte er
seine Einkünfte aus Neuenburg einzog, freien Kurs haben
würden. Endlich aber am 24. Juni 1722 unterzeichnete er auf
wiederholtes Drängen des Staatsrathes den Vertrag mit Patry
und Sohn, die für 100 000 livres tournois Fünfbätzner, für je
6000 Batzen und Halbbatzen schlagen sollten. Wenn der Kurs
in der Nachbarschaft frei bliebe, könnten noch einmal so viel

---

1) Über die Münzen von Sitten und Freiburg Escher, a. a. O. S. 92 f.
und S. 160. — S. auch Geigy, a. a. O. S. 50, d. Verrufungen Zürichs i. J. 1714.

2) Herm. Schultze, a. a. O. S. 128 f.

3) Acta Borussica, Behördenorganisation. I. Berlin 1894, S. 380.

gemünzt werden.   Die Hälfte des Quantums hatten die Unternehmer ausser Landes unterzubringen.

Daran nun, dass der Staatsrath den Befehl des Königs, erst mit Genf und Bern über den Kurs zu unterhandeln, ausser Acht gelassen hatte, scheiterte der Plan.   Genf hatte nämlich 1709 eine neue Münze, das 21-Solstück, das gleich 5 Berner Batzen war, eingeführt[1]) und bis 1721 davon nur für etwa 100000 Thaler oder jährlich 8000 Thaler geprägt.   Indem nun eine plötzliche Neuchateller Ausgabe dieser Sorte im Nominal von 33333 Thalern drohte[2]), die Patry wohl gerade in Genf bewerkstelligen wollte, musste der Münzschlag dieser Stadt nothwendiger Weise gehemmt werden.   Dazu kam, dass die Unternehmer es dieses Mal aus guten Gründen unterlassen hatten, den Genfer Rath um Erlaubniss für diese Arbeit anzugehen.   Um nun den befreundeten König nicht zu beleidigen, verbot der Rath der Zweihundert am 3. Juli 1722 nicht nur 21-Solstücke und kleinere Münzen von Neuenburg, sondern alle derartigen fremden.   Friedrich Wilhelm war klüger gewesen als der Staatsrath; ohne das Verbot den Genfern übel zu nehmen, liess er vielmehr nach Neuenburg schreiben, dass der Staatsrath allein verantwortlich gewesen wäre, wenn nach vollendeter Ausprägung die Unterbringung der Münzen sich nicht hätte bewerkstelligen lassen[3]).

Diese und ähnliche Pläne mussten eben scheitern, weil man das zu prägende Quantum der kleinen Münzen im Verhältniss zur Bevölkerungsziffer zu hoch trieb, weil eine Ausgabe in der Nachbarschaft deren Interessen entgegenlief und ein übertriebener Scheidemünzschlag den Ansichten des Königs von einer gesunden

---

1) S. S. 70 f. — Das Fünfbatzenstück war von Bern schon seit Mitte des 17. Jahrhunderts geschlagen worden, es entsprach zuerst dem halben Gulden. Während dann aber an seine Stelle der Viertelthaler (7½ Batzen) trat, wurden die Fünfbätzner schlechter.   Diese münzten seit 1709 Sitten, Genf und 1695 und 1713 auch Neuchatel nach.   Escher, a. a. O. S. 92, 128, 187 ff.

2) 1 Thaler = 60 sols, also 2000000 sols oder 100000 livres = 33333 Thaler (s. S. 71), nicht 70000, wie Demole rechnet.

3) S. auch Demole, hist. mon. I 148, und Wavre, la grande lacune, S. 247.

Münzpolitik widersprach. Sie scheiterten wie so viele andere Scheidemünzprägungen jener Zeit an dem die Nachfrage weit übersteigenden Angebot. Hätte man sich wie in Genf damit begnügt, von Zeit zu Zeit mässige Summen zu fabriziren, so würde ein Münzschlag damals und in der Folgezeit vielleicht möglich gewesen sein.

II. Münzverzeichniss.

Wie man aus der Darstellung ersieht, sind alle Münzen erst nach dem Tode Friedrichs I. geprägt, weshalb die Anordnung nach Bild und Titel beider Herrscher gewählt ist. Alle preussischen Könige kamen mit ganz geringen Ausnahmen auf den Münzen von der rechten Seite zur Abbildung, also wie auf den heutigen Münzen des deutschen Reiches; eine dahingehende Angabe ist darum nicht jedesmal nöthig. Die Münzen von Neuenburg dreht man, um die Rückseite anzusehen, nicht um die vertikale Axe wie die gleichzeitigen preussischen und heutigen Reichsmünzen, sondern nach französischem Beispiel um die horizontale. Ausnahmen machen Nr. 2 und 7 und die 1714 und 1715 geprägten.

Die gebrauchten Abkürzungen sind folgende:

K für Königliches Münzkabinet zu Berlin,

M „ Sammlung der Königlichen Münze zu Berlin,

Killisch für die Sammlung des Herrn Killisch von Horn
    zu Berlin,

A für von Arnim, von Thalern des churf. brandenb. u.
    königl. preuss. regierenden Hauses. Berlin 1788.

H „ A. Weyl, die Paul Henckelsche Sammlung brandenb.-
    preuss. Münzen und Medaillen. Berlin 1876.

Noch ein Wort über das Wappen auf unsern Münzen. Seit Neuenburg im Anfange des 16. Jahrhunderts an die Familie Orleans-Longueville gekommen war, führten die Münzen, zuletzt in vier Feldern, die Wappen von Longueville und Neuenburg. Als Preussen auf das Land Ansprüche erhob, nahm es das Neuenburger Wappen, wahrscheinlich 1703, in das grosse preussische

Wappenschild auf[1]). Unsere Münzen zeigen es in derselben Anordnung wie unter dem Hause Longueville; aber während im
zweiten und dritten goldenen Felde der rothe Pfahl mit den
drei silbernen Sparren als Wappen Neuenburgs bleibt, erblicken
wir im ersten und vierten Felde auf rothem Grunde einen goldenen Schrägbalken, das Wappen von Chalons. Die preussische
Souveränität bezeichnet ein Mittelschild mit dem preussischen
Adler. Auf dem oberen Rande des ganzen Wappenschildes liegt
die Königskrone.

A. Mit Bild und Titel Friedrichs I.

a) Doppelpistole.

1. 1713 FRID·D·G·REX·BOR   SVVM = CVIQVE
   & EL·S·PR·AR·NEOC   Fünffeldiges   gekröntes
   & VAL·[2])   Wappen von Neuenburg,
   Brustbild mit Lorbeerkranz   tingirt, im Mittelschild der
   und antikem Schuppenpanzer.   gekrönte preussische Adler.
   Am Arm eine Ranke.   Unten 1713

   Reif gestrichelt, Rand schräg gekerbt.
   M. (Taf. III)

b) Pistole (in Silber)[3]).

2. 1712 FRID·D·G·REX·BOR&   SVVM = CVIQVE·
   EL·S·PR·AR·NEOC·&·   Wie Nr. 1, unten 1712
   VAL·
   Kopf mit Lorbeerkranz, unten R
   Rf. gestrichelt, Rd. glatt.
   K. (Taf. III)

---

1) Maximilian Gritzner, das brandenb.-preuss. Wappen. Berlin 1895,
S. 133 ff. und H. Grote, Münzstudien II, S. 608 ff.

2) Fridericus Dei Gratia Rex Borussiae Et Elector, Supremus Princeps
Arausiae Neocomi Et Valengini.

3) Nach gütiger Mittheilung Wavres ist diese Münze neuerdings in der
Schweiz in Gold zum Vorschein gekommen.

3. 1713 FRID·D·G·REX·BOR·&   Wie Nr. 2.
EL·S·PR·AR·NEOC·&
·VAL·

Bild wie Nr. 2, aber unten I·P·

Rf. und Rd. wie Nr. 1, so auch die folgenden bis Nr. 6.

K; M; Killisch; A 173a (H 5409 mit &·EL·). (Taf. III)

c) Thaler.

4. 1713 FRID·D·G·REX·BOR·   SVVM = CUIQVE·
ET·EL·S·PR·AR·NEOC·   Fünffeldiges   gekröntes
ET·VAL· Ranke.·   Wappenschild von Neuen-

Büste mit Lorbeerkranz und   burg, im Mittelschild der
römischem Panzer. Unten I·P·   gekrönte preussische Adler,
                                 unten herum 1713

K; M; Killisch; A 378a H 5410. (Taf. III)

d) Halbthaler.

5. 1713 FRID·D·G·R·BOR·ET·   Wie Nr. 4, nur CVIQVE
EL·S·PR·AR·NEOC·
ET·VAL·

Bild wie Nr. 4, unten I·P·

K; M; Killisch; A 378b; H 5412.   (Taf. III)

e) Viertelthaler.

6. 1713 Wie Nr. 1.   Wie Nr. 1.

K; M; Killisch; H 5413.

f) Zwanziger.

7. 1713 FRID·D·G·REX·BOR   SVVM CVIQVE·
&E·S·PR·AR·NEOC &
VAL·   Wappen wie Nr. 1, aber
                              nicht tingirt, daneben CR
Büste mit Lorbeerkranz und   = 20, unten 1713
Gewand, unten kein Buchstabe.

Gew. 5,60 gr., Rf. u. Rd. wie Nr. 2. Feine, wohl Probeprägung.

K. (Taf. III)

8. 1713 FRID·D·G·REX·BOR·   (O. b.) SVP·PR·AR·NEOC·
     ET·ELECT·   ET·VAL·1713·Ranke·
     Bild wie Nr. 7, unten I·P· Bild wie Nr. 7, daneben
                                 CR = 20
   Gew. 4,92gr, Rf. und Rd. wie Nr. 2, so auch die folgenden bis Nr. 18.
                  K; Killisch; H 5414.

9. 1713 Wie Nr. 8, aber ··I·P: Wie Nr. 8.
         K; M; Killisch; H 5415. (Taf. III)

10. 1713 Wie Nr. 8, aber statt Wie Nr. 8, aber Schluss der
     der Buchstaben unten   Schrift 1713·I·P·
     eine Ranke.
              Killisch.

    g) Zehnkreuzer.

11. 1713 Wie Nr. 8, aber ohne Wie Nr. 8, nur CR = 10
     Gewand.
         K; M; Killisch; H 5416. (Taf. IV)

    h) Halbbatzen.

12. 1712 F·D·G·R·BOR·EL·S·PR· ✶SVVM✶CVIQVE✶1712✶·I·
     AR·NEOC·&·VAL·   P· Ranke
     Wappen wie auf Rückseite von Verziertes Kreuz mit Adlern
     Nr. 1, aber Adler nicht gekrönt. in den Winkeln.
             K; M. (Taf. IV)

13. 1712 Wie Nr. 12, aber Krone Wie Nr. 12, aber Schrift näher
     unten schmäler.   dem Kreuze.
             K. (Taf IV)

14. 1712 Wie Nr. 12.   Wie Nr. 12 aber { a) Schriftschluss keine
                          Ranke, sondern Biene.
                          Killisch; H 5407.
                        b) Schriftschluss Klee-
                        blatt. Killisch; H 5408.

15. 1712 Wie Nr. 12, aber AR Wie Nr. 12, aber Schluss der
     NEOC· und Wappen   Schrift 1712✶GM
     nicht tingirt.
             Killisch.

16. 1713 Wie Nr. 12.   Ähnlich wie Nr. 12, Jahres-
                                        zahl 1713 (?)
         Killisch (sehr abgenutzt).

    i) **Kreuzer.**

17. 1713 (O. r. b.) FRID · D · G ·   SVP · PR · AR · NEOC · ET ·
        REX · BOR · ET · ELECT ·   VAL · 1713 · I · P · Ranke ·
   Wappen wie auf Nr. 15.   In achtbogiger, nach innen
                                        mit vier Blumen besetzter
                                        Einfassung ein verziertes
                                        Kreuz.
              K; M. (Taf. IV)

18. 1713 F · D · G · R · BOR · & · EL · S ·   AR · NEOC · & VAL · 1713 · I ·
        PR ·   P · Ranke ·
      Killisch (H 5417 ohne & · auf der Hauptseite).

    II. **Mit Bild und Titel Friedrich Wilhelms I.**
       a) **Thaler.**

19. 1714 FRID: WILH: ⚌ D · G ·   —
        REX · BORUSSIÆ ·
   Brustbild mit Lorbeerkranz,   Wappen wie auf Nr. 1, aber
   Panzer und Gewand.   Mittelschild gekrönt. Da-
                                       neben 17 ⚌ 14
          Rf. gestrichelt, Rd. schräg gekerbt.
              K; A 383. (Taf. IV)
   Wohl eine in Magdeburg geschlagene Probemünze, da die
   Hauptseite die der damals dort geprägten Thaler.

20. 1714 FRID · WILH · D · G · REX ·   —
        BOR · & EL · S · PR · AR ·
        NEOC · & VAL ·
   Brustbild mit Panzer u. Ordens-   Wie Nr. 19, aber 17 der
   band, das vom Gewand mit   Jahreszahl Doppelschlag,
   Ordensstern halb bedeckt ist;   der erste zu weit am Rande
   unter dem Arm L (Punkt hinter   stehende ist künstlich be-
   VAL auf dem Gewand).   seitigt.

Rf. und Rd. wie Nr. 19.

K. (Taf. IV)

Probemünze, Schrötling sehr gross und oval.

21. 1714 Wie Nr. 20.   —

Wie Nr. 19.

Rf. und Rd. wie Nr. 19.

K; M; A 381 (H 5418 mit L· und VAL).

22. 1714 Wie Nr. 20, Punkt hinter   Wie Nr. 19.

VAL besser sichtbar.

Rf. gestrichelt, Rd. glatt.

K; Killisch; A 382; Haller 2112.

23. 1714 Schrift wie Nr. 20.   —

Bild ähnlich wie Nr. 20, aber mit Lorbeerkranz und im Mantel von Hermelin. Unten K. Der Punkt hinter VAL steht nicht auf dem Gewande wie bei den drei vorigen.	Wie Nr. 19, aber Wappen nur halb tingirt.

Rf. und Rd. wie Nr. 22.

Falschmünze, sehr roher Stempelschnitt [1]).

K. Gewicht 30,36 Gr.   (Taf. IV)

24. 1715 Schrift wie Nr. 20.   —

Brustbild mit Panzer und Ordensband, vor dem Arm L	Wappen wie auf Nr. 19, aber herzförmig, daneben 17=15

Rf. gestrichelt, auf der *Rf.* mit Binnenlinie, Rd. gewölbt und gerade gekerbt.

K.

---

1) Dieser Thaler und wohl auch der unter Nr. 24 verzeichnete sind offenbar ein Produkt des Berliner Goldarbeiters Krüger. Wie eine schriftliche Bemerkung im Exemplar des Königlichen Münzkabinets zu Berlin „von Arnim, Von Thalern etc." sagt, liess der Rendant Francke zu Berlin durch den Krüger falsche Thaler anfertigen. Francke sei später in Dresden verhaftet und nach Spandau gebracht worden. Wo die Thaler geprägt sind, sei unbekannt geblieben, auch habe sich nie ein Stempel dazu gefunden. Die Berliner falschen Thaler mit Jahreszahl 1730 und 1731 tragen denselben Buchstaben K wie diese Neuchateller.

Dieser Thaler hat dasselbe Gewicht ungefähr wie die Thaler von 1714 (29,18 gr.), aber jene haben 41, dieser nur $37^1/_2$ mm Durchmesser; er ist mit demselben Stempel wie die Halbthaler (Nr. 27) geprägt.

25. 1715 Wie Nr. 24, aber unten K.   Wie Nr. 24.
     Rf. gestrichelt, Rd. wie Nr. 24.
        M.
     Falschmünze, s. Note zu Nr. 23.

   b) Halbthaler[1]).

26. 1715 Wie Nr. 24, L schwach   Wie Nr. 24.
   sichtbar, Armpanzer mit
   fünf Reifen; das F be-
   rührt den Arm.
     Rf. wie Nr. 24, Rd. schräge gekerbt.
       K; A 385.

27. 1715 Wie Nr. 26, aber L gut   Wie Nr. 24.
   sichtbar, Armpanzer mit
   sechs Reifen; F 1 mm
   vom Arm ent- fernt.
     Rf. wie Nr. 24, Rd. glatt.
     K; M; A 385.   (Taf. IV)

III. Aktenbeilagen.

Die folgenden Akten sind entnommen dem Geheimen Staatsarchiv zu Berlin, Rep. 64, R. IV, Neufchatel XXXV—XXXVIII.

1.

Bericht des Procureur général Chambrier über den Beginn der Münzprägung. Aus dem Manual des Staatsraths des Fürstenthums Neuchatel. Neuchatel, 26. April 1712. Urschrift.

Je ioints icj Sire, les conditions[2]) dont on a pû convenir

---

1) Die Hauptseite ist dieselbe wie die der Berliner Huldigungshalbthaler von 1714, sie wurde für die Königsberger vom Graveur Metelles nachgemacht. H 3597, 3598.

2) Dabei der Aktenvermerk: „Liegen bei d. actis wegen des Münzwesens." Dort habe ich sie aber nicht finden können.

pour battre des Especes et de la Monoie dans ce Pays au Coin de Vostre Maiesté, sj Elle les approuve ie la supplie tres humblement de me le faire scavoir incessanment, afin qu'on puisse finir le Traitté et se mettre en train, pour quoy il faudra encor bien du temps, il n'a pas esté possible de faire de meilleures conditions, parce que le fin est trop cher presentement et le sera pendant que la france mettra un si haut prix a ses espéces; Je dois encor adiouter qu'il conviendroit qu'il plust à Vostre Maiesté de faire envoier au plustot les Coins Matrices et poinçons et s'il falloit trop de temps pour les avoir tous ensemble, au moins ceux des pistoles, demybats et pieces de cinq bats, especes que lon fabriquera les premieres, Et en attendant quils viennent, Sj vostre Maiesté approuve ces conditions, Elle est suppliée de le faire scavoir, afin qu'on dispose toutes choses de maniere qu'arrivant on puisse travailler, aureste sil couste 1000 ou 1200 francs pour mettre la monnaie et outils en estat, cela restera toujours Surtout le Gros Balancier et on doit esperer qu'apres cette fabrication on fera des traittés pour dautres par lesquels on se dedomagera.

2.

Tarifirung fremder Münzsorten in Neuchatel. Zum Bericht Chambriers vom 26. April 1712. Aus den Bemerkungen über den Auszug des Staatsrathsmanuals der ersten Hälfte des Monats März 1712.

Article 56.

Le haut prix des especes en france et les frequens changemens qu'on y fait, ont obligé le Conseil d'Estat a resoudre, qu'au commencement de chaque mois on regleroit sur quel pied elles seront prises a la Thresorerie, afin qu'elle ne s'en trouvast pas chargée dans le temps des rabbais[1]). Il est pourtant de l'interet de Sa Maiesté que l'on prenne a la Thresorerie les Especes d'or et les gros d'argent (comme cela se faisoit sous

---

1) Rabais des monnaies = la diminution que le gouvernement fait sur la valeur pour laquelle la monnaie a cours. (Dictionaire de l'acc. franç. VI edit.).

les regnes passes) a un prix un peu plus haut que le Cours
public, parce qu'hors de cela on n'y portera que de monoies, sur
lesquelles il y a 1 β % a perdre quand on fait des remises a la
Cour.

3.

Bericht des Procureur général Chambrier über die
Münzprägung. Aus dessen Memoire, Neuchatel, 28. März 1713.
Urschrift.

5) Le Roy de Glorieuse Memoire ayant sur les memoires
envoyés d'icy Iugé apropos de faire battre Monoie, on a fait
les Traittes necessaires pour cela que iay aussy eu lhonneur
denvoyer il y a quelques mois. Je diray en tout respect qu'il
est du service de Sa Maiesté quil luy plaise aussy de donner
Ses ordres la dessus, parce que les lieux où on doit fabriquer
sont preparés, l'entrepreneur avec quj on est convenu de 1200
francs pour mettre en Estat et fournir les Balanciers et les
outils necessaires, y fait non seulement travailler, mais a mesme
desia receu cette somme, outre cette de 6000 francs qu'on de-
voit luy prester pour un an sans interet.

J'ay desia receu les Coins matrices pour les pistoles, les
Escus, les demy et les quarts, et i'avois representé plusieurs fois
qu'il seroit necessaire d'avoir aussy au plustot ceux des 10 β
5 β Sols et six deniers afinque la fabrication ne fut pas retardée,
mais comme la mort du Roy de Glorieuse Memoire est arrivée
du depuis, je ne sçay pas ce qu'il plaira a Sa Maiesté d'ordonner
et sj Elle fera envoyer d'autres Coins de toutes les especes
contenues dans ledit traitté; auquel cas ie diray que l'Entrepreneur prie que cela se fasse au plustot et que l'effigie ne soit
pas gravée si profonde. Je ne scay pas aussy sj Sa Maiesté
veut, que comme ce Convenant est fait sous la Regne du Roy
de Glorieuse Memoire, on fabrique les especes dont les coins
sont icj, avec ces coins; mais quoy qu'il plaise au Roy d'ordonner, il est de Son service que les coins matrices soyent in-
cessamment envoyés et surtout ceux des petites especes, parce- que
c'est par elles que lon doit commencer au contenu du traitté. —

4.

Der Procureur général Chambrier an den Kanzler des Fürstenthums Neuchatel de Montmollin über die Münzung daselbst.   Neuchatel, 25. Oktober 1713.

Urschrift.

J'envoyeray, Monsieur, des pieces de 13 Sols fabriquées icy par le premier ordinaire et quoy que vous ne me parliés que d'un Cent pour la reyne, J'en mettray 200 dans la pensée qu'on en sera bien aise a la cour, outre qu'il n'y a rien a perdre.   Nostre monoye va bien lentement puis quon n'y a encor fabriqué que des ¼ bats et encor seulement 3000 Marcs quj ne font que les trois quarts de ce que porte le traitté.   Je crois qu'on y manque d'experience et des fonds necessaires; jauroy soin d'envoyer 5 ou six pieces de chaque espece quon fabriquera; ayant mesme vû des pieces de la valeur d'un Louisd'or que quelques personnes curieuses ont fait marquer au Coin des demj bats, J'en ay fait frapper deux que i'envoyeray aussj bien que deux autres pieces d'or frappées au coin des pieces de 15 β quj sont du poids, titre et valeur d'un double Louisd'or chacune.   J'ay crû que cela ne deplaiseroit pas au Roy. J'ay mesme fait dessein de faire frapper 2 pieces de 4 pistoles au coin des demj Éscus et deux pieces de 8 pistoles, piece au coin des Escus, a moins que Sa Maiesté ne le veuille autrement et ce pour les envoyer.   Au reste nos especes seront fort belles et fort recerchées (sic), puisque nos demybats disparoissent tous d'abord quils sont passés en delivrance et cependant nous nen voyons pas abondance dans le pays ce quj fait croire qu'on les remarque en Bourgogne pour des pieces de 30 deniers, auxquelles ils ressemblent assés pour la forme et la matiere.

5.

Aus der Instruction für den Gouverneur von Neuchatel Generalmajor Baron de Lubières.   Berlin, 13. Mai 1714.

Konc. Gez. Ilgen. Kameke.

24) Pour ce quoi est de la monoye, on a fait à Sa Maj.

plusieurs propositions pour cela, le procureur Gral en ayant envoyé depuis peu d'un anonyme avec ses reflexions et le Chatelain de Boudry Pury en ayant fait aussy icy de son côté, et quoique celles de ce dernier paroissent les plus avantageuses, offrant d'eriger la monnoye en ferme, ce qui rapporteroit quelque chose à Sa Majesté, Elle n'a pourtant pas voulu Se determiner la dessus, et Son intention est, que le Sr. de Lubiere examine avec ses commissaires ces propositions pour envoyer ensuitte son avis la dessus.

6.

Aus einem Briefe des Gouverneurs Baron v. Lubières an einen Minister, wahrscheinlich v. Ilgen. Über Münzkontrakte.
Neuchatel, 15. August 1714.

— Au reste, on vous envoye des monoyes fabriques icy par Mr. Dalançon presidt. qui part pour Berlin et qui doit passer par Berne. Mr. le tresorier a joint a cela 100 frederic dor frapés icy pour Mr. Georgy. A propos des monoyes ie vous envoye le projet donné par Mr. Pury nostre amy et Mr. Godeau; vous verres de quoy il est question, c'est la meme chose que ce quil avoit proposé a Berlin. Mr. Godeau separement m'en a fait de plus avantageuses, il propose de faire fabriquer 200 000 escus, pour cela il veut doner au Roy demy pour cent, il dit qu'il revient au procu. Gnal un demy pour cent aussy que si on veut se faire contenter dun quart il y aura 3 quarts pour S. M. et 1 quart pour le procu. Gnal. Il doit me doner ses conditions par ecrit que ienvoyeray.

Dr. Frhr. von Schroetter.

Braunschweiger Pfennige des Herzogs Lothar von Sachsen.

Hierzu Taf. V.

Nachdem es mir gelungen, braunschweiger Pfennige des Grafen Ekbert II. († 1090) nachzuweisen[1]), konnte es nicht länger zweifelhaft sein, dass auch seine Erben und Nachfolger, sein Schwager Heinrich der Fette von Nordheim († 1101) und dessen Tochtermann Lothar von Süpplingenburg, der nach dem Aussterben des Billungergeschlechtes im Jahre 1106 die sächsische Herzogswürde erlangte und nach dem Erlöschen des salischen Königstammes im Jahre 1125 zum römischen König erkoren wurde. in Braunschweig das Münzrecht besessen und auch thatsächlich ausgeübt haben, und durfte man der Hoffnung Raum geben, dass über kurz oder lang ein Fund braunschweiger Gepräge derselben ans Tageslicht fördern und die in unserer Kenntniss des braunschweiger Münzwesens klaffende Lücke schliessen werde. Das ist nunmehr geschehen. Aus einem im vergangenen Jahre im Lande Wursten gefundenen Münzschatze hat mir nämlich vor kurzem die Commerz- und Discontobank in Berlin die beiden folgenden Pfennige vorgelegt:

1. DVX L . . . . . . VS.
Brustbild des Herzogs von von vorn mit einem Lanzenfähnchen in der rechten und einem Blumenscepter in der linken Hand.

✠ BRVNESWI . . .
Kreuz, belegt mit einem zweiten Kreuz, von dessen Armen zwei in ein Kreuz und zwei in eine Lilie enden.

---

1) Menadier, Ein braunschweiger Pfennig des Grafen Ekbert II. Berl. Münzbl. 1041, Deutsche Münzen I, 83. Dannenberg, Die deutschen Münzen der sächsischen und fränkischen Kaiserzeit, II nr. 1579, 1580. Menadier, Der ältere braunschweiger Pfennig des Grafen Ekbert II. Berl. Münzbl. 1838, Deutsche Münzen IV, 9.

2. ✠ BRVN . . . . . . | . . . . ☦ . . . .

Brustbild des Herzogs von | Kreuz, belegt mit einem
vorn mit der rechten Hand | zweiten Kreuz, dessen vier
ein Schwert schulternd und | Arme in ein Kreuz enden.
mit der linken einen Kreuz- |
stab haltend. |

Der Namen der Stadt Braunschweig, der auf beiden Pfennigen
hinlänglich gesichert ist, erscheint auf dem ersten, der Regel
entsprechend, auf der Kehrseite das Kreuz umgebend, auf dem
andern aber seltsamer Weise das Bild des Fürsten auf der
Hauptseite begleitend. Auf diesem ist zudem die kehrseitige
Umschrift fast vollständig zerstört, so dass eine feste Bestimmung
des Münzherrn auf Grund derselben unmöglich ist. Seiner
ganzen Erscheinung nach aber steht derselbe dem erstern Pfennige
so nahe, dass er unbedenklich demselben Fürsten beigelegt
werden darf, und bei diesem hat ein glücklicher Zufall gefügt,
dass trotz der Verreibung des grössten Theiles des Namens, von
ihm neben dem Herzogstitel ausser der belanglosen lateinischen
Endung VS auch noch der Anfangsbuchstabe L erhalten ist,
durch den allein schon der Herzog Lothar als Münzherr desselben
gegen allen Zweifel gesichert ist. Mit dem Bilde des Herzogs
und den Attributen desselben erinnern diese Pfennige an die
der Grafen Dietrich III. von Katlenburg († 1106)[1]) und Hermann
von Winzenburg († 1122)[2]) und mit dem kehrseitigen Gepräge
schliessen sie sich jenen niedersächsischen Kreuzpfennigen an,
als deren ältester der erwähnte Pfennig des letzten Katlenburger
anzusehen ist, deren Nachfolger wir in den breiten Dünnpfennigen
geistlichen, wahrscheinlish bischöflich hildesheimer Ursprungs
aus dem vierten Jahrzehnt des zwölften Jahrhunderts besitzen,
denen wir auch die Kreuzbracteaten der ältern Gattung beizu-
gesellen haben mit den einfachen Hasten anstatt der Buchstaben

1) Menadier, Gittelder Pfennige. Ztschr. f. Num. XVI, 279. — Dbg. II
nr. 1590.
2) Menadier, Gittelder Pfennige Ztschr. f. Num. XVI, 294. — Dbg. II
S. 633.

der Umschrift, sowie den hildesheimer Schriftbracteaten des Fundes von Mödesse[1]) und die hannoverschen Pfennige der welfischen Herzöge aus dem Ende des zwölften Jahrhunderts, zu denen vor allen aber auch der lang bekannte Pfennig mit der den Königskopf umgebenden Umschrift: OTVS REX zählt. Dass als solcher nicht König Otto IV, wie es ursprünglich geschehen[2]), anzusehen ist, sondern nur König Lothar, bedarf wohl keines besondern Beweises mehr, sondern darf als unbestritten und allgemein anerkannt werden[3]); aber auch mein Zweifel[4]) an dem Goslarer Ursprung des Pfennigs dürfte nunmehr als begründet erachtet werden, da wir ihn im Gegensatz zu den Goslarer Apostelpfennigen des Königs Lothars mit den braunschweiger Kreuzpfennigen des Sachsenherzogs in Verbindung bringen können. Der Kreuzpfennig des OTVS REX dürfte gleichfalls in Braunschweig geprägt sein, wennschon der Goslarer Domheilige Judas in der kehrseitigen Umschrift genannt wird.

Als Fundgenossen dieser braunschweiger Kreuzpfennige haben mir zunächst zwei bisher unbekannte halberstädter Kreuzpfennige vorgelegen, nämlich:

3. . . . . . PHANVS
    Brustbild des heiligen Stephan von vorn mit einem Kreuzstabe in der rechten Hand; unter den Ellenbogen im Felde beiderseits ein Stein.

. . . .
Kreuz, belegt mit einem zweiten Kreuz, dessen vier Arme in ein Kreuz enden.

---

1) P. J. Meier, Der Münzfund von Mödesse. Archiv f. Bract. II, S. 273 nr. 63, 64.

2) Dannenberg, Unedierte Mittelaltermünzen. Berl. Bl. f. M. S. u. W. IV 1868) S. 205 Taf. 49 nr. 13.

3) P. J. Meier, Der Münzfund von Mödesse. Archiv f. Bract. II, S. 234.

4) Menadier, Die Goslarer Pfennige des zwölften Jahrhunderts. Berl. Münzbl. 1302, Deutsche Münzen II.

4. ... St . OIAV͝A
Brustbild des Heiligen im
Kirchenportal unter einem
Bogen, der zwei Kuppel-
thürme verbindend von
einem Spitzthurm gekrönt
wird.

✠ // // CC . R // CIƆ
Kreuz mit einer Kugel in
jedem Winkel.

Merkwürdiger sind jedenfalls zwei weitere dynastische Gepräge, für deren genauere Bestimmung die theilweise zerstörten
und anscheinend verwilderten Umschriften leider keinen Anhalt
bieten:

5. u. 6. ✠ S/SH .. NIV.
✠ S/S ..... IN ♂A.
Brustbild eines weltlichen
Herrn von vorn, mit der
rechten Hand das Schwert
schulternd und mit der
linken einen spitz-ovalen
Schild tragend, über dem
im Felde

ein Kreuz (5)
eine Lilie. (6)

✠ HGOC V
.... NAH ....
Die Brustbilder der beiden
Heiligen Simon und Judas
unter einem Stern.

Am zahlreichsten sind natürlich die Goslarer Pfennige:

7. ✠ HEINRICS REX
Brustbild des Königs von
vorn zwischen zwei Pflan-
zenstengeln.

✠ S/SIMONIV ♂A
Die Brustbilder der beiden
Heiligen Simon und Judas
unter einer Palmette.
4 Stück.

8. ✠ HGVE ..... RVS.
Brustbild des Königs nach
rechts; vor ihm die Lanze.

✠ S/SSIMONV ♂A.
Die Brustbilder der beiden
Heiligen Simon und Judas
unter einer Kugel-Kreuz-
stab.   4 Stück.

9. ✠ HV... RCNAHVS.   ✠ S/SSIMONV ↄA.
    Stadtmauer mit drei Thür-   Die Brustbilder der beiden
    men bewehrt.   Heiligen Simon und Judas
                               unter einem Kreuzstab.
                                                2 Stück.

Ein besonderes Interesse aber bieten ein halberstädter
Pfennig als Gegenstück zu dem von Dannenberg unter Nr. 631
veröffentlichten Pfennige des santersleber Fundes mit dem Bilde
des heiligen Pabstes Sixtus:

10. ✠ S-S .... V͠.   ...... SIXTVS.
    Der Heilige Stephanus   Der Heilige Sixtus stehend,
    stehend mit ausgestreckten die rechte Hand segnend
    Armen.   erhoben und mit der linken
                               ein Buch haltend.

sowie zwei quedlinburger Pfennige:

11. u. 12. ✠ ELECCIO MEI.   ✠ DEXT(ERA DEI).
                              ✠ QVIDEL(IGEB)V.
    Brustbild der Äbtissin von Eine dreithürmige Kirche
    vorn, das Haupt etwas   von der Stadtmauer um-
    nach links wendend und   schlossen.
    mit der rechten Hand einen
    an der linken Schulter
    ruhenden Kreuzstab hal-
    tend; im Felde links ein
    Pflanzenstengel.

                                    vgl. Dbg. 621.

                                    Menadier.

Der Bracteatenfund von Trebbin.

(Tafel VI.)

Im April dieses Jahres (1899) hat der Ackerbürger Hermann Jung zu Trebbin beim Ausgraben eines Fundaments in einer Tiefe von 1,25 m einen irdenen Topf mit einem kleinen Münzschatze gehoben. Derselbe ist mir zunächst durch verschiedene kleine Probesendungen bekannt und nach seiner Beschlagnahme durch die Polizeiverwaltung der Stadt von dieser auf meine Bitte zur Prüfung zugesandt worden. Vorgelegen haben mir 661 Pfennige und 28 durch absichtliches Durchschneiden hergestellte Halbstücke, welche sich in der folgenden Weise auf die einzelnen Gepräge vertheilen:

Pfennige des Erzbischofs Wilbrand von Käfernburg.

(1235—1254.)

1. a. ✠ WILLEBARN' . EPISCOP
   b. ✠ WILLEBARN' . EPISCOPV~
   c. o WILLEBARN' . EPISCOPV~
   d. ☉ VILLEBARN' . EPISCOPV~
   e. o VILLEBARN' . EPISCOPV~
   f. ✠ VILLEBARN' . EPISCOPV~
   g. ✠ VILLEBARN'☉EPISCPV~o

Brustbild des Erzbischofs mit zweispitziger Mitra von vorn, mit der rechten den Krummstab und mit der linken Hand den Kreuzstab haltend . . . . 118$^{9}/_{2}$ Stück

(vergl. Leuckfeld, Fernere historische Nachricht von

unterschiedenen alten und raren silbern Bracteaten oder
Blechmüntzen einiger vormahls gewesenen magdeburgi-
schen Ertz-Bischöffe (1723) nr. 6. 9.

Leitzmann, Brakteaten des Erzbisthum Magdeburg.
Num. Ztg. IX (1842) S. 127 nr. 65.)

12 = 9 gr; 8,62 gr; 8,47; 8,45 gr.

Stumme Pfennige mit dem Bilde des Erzbischofs.

2. Der Erzbischof mit zweispitziger Mitra, stehend von vorn
(mit der rechten den Krummstab und) mit der linken Hand
den Kreuzstab haltend, unter einer zwei Kuppelthürme ver-
bindenden gebrochenen Bogenlinie (rechte Hälfte) $^1/_2$ Stück

3. Der Erzbischof mit zweispitziger Mitra, stehend von vorn,
mit jeder Hand einen Kreuzstab haltend, von einem Sechspass umschlossen . . . . 1 Stück

0,66 gr.

4. a. Der Erzbischof mit spitzer Mitra, stehend von vorn, mit
der rechten den Krummstab und mit der linken Hand
den Kreuzstab haltend; zu beiden Seiten je zwei durch
einen Bogen verbundene Thürmchen über einander.

b. Innerhalb der Bogen beiderseits eine Kugel . 21$^3/_2$ Stück

12 = 8,4 gr.

5. Der Erzbischof mit spitzer Mitra, auf einem Bogen sitzend
von vorn, mit jeder Hand einen Kreuzstab haltend, von
einem Sechspass umschlossen . . . . 45 Stück.

(vrgl. Leitzmann S. 165 nr. 110)

12 = 9,05 gr; 8,65 gr.

6. Der Erzbischof mit spitzer Mitra, auf einem Faltstuhl mit
Löwenköpfen und -Füssen sitzend von vorn, mit der rechten
den Krummstab und mit der linken Hand ein Buch
haltend . . . . 1 Stück.

0,75 gr.

7. Brustbild des Erzbischofs mit spitzer Mitra von vorn, mit
der rechten den Krummstab und mit der linken Hand ein

7*

Buch haltend, unter einem von drei Thürmen gekrönten
Giebel . . . . 133 ^{3}/$_2$ Stück.
       12 = 8,75 gr; 8,35 gr; 7,9 gr; 7,5 gr.
8. a. Brustbild des Erzbischofs mit spitzer Mitra von vorn,
    mit dem Krummstab zu seiner rechten und dem Kreuz-
    stab zu seiner linken Seite, unter einem mit vier Kuppel-
    thürmen gekrönten Giebel.
    b. Zu beiden Seiten im Felde ein Ringel . . 44^1/$_2$ Stück.
       (vrgl. Leitzmann S. 140 nr. 103.)

Pfennige mit d. Bilde d. Erzbischofs u. d. Heiligen Moritz.

9. a. Der heilige Moritz stehend von vorn, gekrönt, mit der
    linken ein Schwert emporhaltend, und mit der rechten
    Hand den Erzbischof segnend, der knieend ihm beide
    Hände entgegenstreckt; zwischen ihnen ein Kreuz, über-
    wölbt von einem thurmgekrönten Bogen und in der Höhe
    ein schwebendes Kreuz.
    b. Unter dem obern Kreuze zwei Ringel . . . . 7 Stück.
       3 = 2,14 gr.
10. Der heilige Moritz und der Erzbischof nebeneinanderstehend
    von vorn, jener mit der rechten die Palme und mit der
    linken Hand das Schwert haltend, dieser mit spitzer Mitra
    versehen, die rechte zum Segen erhoben und mit der linken
    Hand den Krummstab haltend . . . . 36^4/$_2$ Stück.
       12 = 8,4 gr.
11. Die Brustbilder des heiligen Moritz und des mit spitzer
    Mitra versehenen Erzbischofs über einer Leiste zu Seiten
    eines Kreuzstabes unter zwei thurmgekrönten Bogen, die
    durch einen kreuztragenden Giebel verbunden sind. 88 Stück
       12 = 8,15 gr; 8,15; 7,8; 7,6 gr.

     Pfennige mit dem Bilde des Heiligen Moritz.

12. Der heilige Moritz stehend von vorn, mit der rechten einen
    Kreuzstab und mit der linken Hand eine Fahne haltend;
    im Felde beiderseits ein kleines Kreuz . . . 79^4/$_2$ Stück.
       12 = 8,5 gr; 8,2 gr.

13. a. Das Brustbild des heiligen Moritz mit einer Fahne in jeder Hand auf einem flachen Bogen unter einem Giebel, der mit drei Kuppelthürmen und zwei Doppelkreuzstäben besetzt ist.

b. In den Winkeln über den Fahnen je eine Kugel. 80 $\frac{1}{2}$ Stück.

$$12 = 8,5 \text{ gr}; \ 8,35 \text{ gr}.$$

Markgräflich brandenburgische Pfennige.

14. Der Markgraf auf einer Zinnenmauer über einem flachen Bogen sitzend von vorn, mit der rechten ein Schwert schulternd und mit der linken Hand eine Fahne haltend; im Felde eine Raute und ein Ringel . . . . . . 1 Stück.

$$0,58 \text{ gr}.$$

15. Der Markgraf zwischen zwei Kuppelthürmen stehend, mit der rechten das Schwert und mit der linken Hand eine Fahne haltend; im Felde neben den Thürmen beiderseits eine Kugel und links ein Ringel . . . . 5 Stück.

(vrgl. Bahrfeldt, Münzwesen der Mark Brandenburg nr. 392.)

$$2 = 1,04 \text{ gr}.$$

16. Das Brustbild des Markgrafen von vorn über einem Bogen, mit jeder Hand eine Fahne haltend . . . . . . 1 Stück.

$$0,67 \text{ gr}.$$

17. Der Kopf des Markgrafen in dem Thore einer Mauer, über der zwischen zwei Fahnen sich ein Zinnenthurm erhebt; seitwärts zwei Kreuzchen. | Ein Thurm mit drei Geschossen auf einem Bogen stehend zwischen zwei kleineren Thürmen mit Adlerschilden, im Felde zu Seiten des Thurmdaches zwei Kreuzchen . . . . . 1 Stück.

(vrgl. Bahrfeldt nr. 266.)

$$0,83 \text{ gr}.$$

Der Schatz enthielt also nur eine einzige zweiseitige Münze und diese eingeschlossen überhaupt nur 8 markgräflich brandenburgische Pfennige. Alle übrigen 681 Stücke waren Magdeburger Hohlpfennige. Gehörte Trebbin doch zu jenem Gebiete, welches mit Jüterbock als Hauptort unter dem Erzbischof Wichmann magdeburger Besitz geworden war. Von diesen Bracteaten trägt ein Theil das Bild des Erzbischofs, ein anderer das des Stiftsheiligen Moritz, ein dritter die Bilder beider neben einander. Da aber dadurch keine örtliche Scheidung derselben begründet wird, und da Vorarbeiten für eine solche auf stylystischer Grundlage noch nicht vorliegen, muss man zunächst auf sie verzichten. Die Zeit der Verscharrung des Fundes wird durch die Pfennige mit dem Namen des Wilbrand von Käfernburg bestimmt, welcher dem Erzstifte in den Jahren 1235—1254 vorstand. Wahrscheinlich ist sie schon in den ersten Jahren desselben erfolgt, da der Schatz von den zahlreichen verschiedenartigen Schriftmünzen dieses Kirchenfürsten nur eine einzige und wohl die älteste Gattung enthielt.

Menadier.

Der Münzschatz der St. Michaeliskirche zu Fulda.

(Tafel VII.) [1]

In der altehrwürdigen Krypta der St. Michaeliskirche zu
Fulda, welche noch aus der Zeit Karls des Grossen herstammt,
ist im September des Jahres 1897 in zwei irdenen Gefässen ein
umfangreicher Münzschatz gefunden worden. Auf Ersuchen seiner
Exc. des Herrn Staats- und Cultusminister Dr. Bosse hat sich
der Bischof bereit finden lassen, den gesammten Fund dem
Kgl. Münzkabinet zuzusenden und mir genügende Zeit zu gewähren, ihn gründlich bis in alle Einzelheiten zu prüfen und
zu bearbeiten. Die Arbeit selbst war zwar äusserst zeitraubend
und geradezu augenmörderisch,. da es sich um die zumeist roh
geschnittenen und liederlich geprägten Dünnpfennige aus der
Wende vom elften zum zwölften Jahrhundert handelt, auf denen
vielfach bei der geringen Stärke das Gepräge der einen Seite
infolge des Durchschlagens des gegenseitigen Stempels zerstört
ist. Aber eben diese Zeit, für welche die ostelbischen Münzfunde versagen und der einheimischen Funde bisher äusserst
wenige sind, ist in unseren Münzladen am geringsten vertreten,
und gerade die letzten Jahre haben uns wiederholt gelehrt, dass
die alte Annahme eines Aussetzens der Münzthätigkeit zu dieser
Zeit eine irrige gewesen ist, wir vielmehr noch eine wesentliche
Bereicherung der erhaltenen Münzdenkmale zu erhoffen haben.
Und darüber hinaus hat gerade dieser Fund vor jedem Münzschatz irgend eines andern Fundortes von vornherein die Gewähr
einer ganz besondern Förderung unserer Kenntnisse für sich,

---

1) Diejenigen Münzen, welche abgesehen von den in den Text ein-
gefügten zinkographirten Skizzen auf der Tafel abgebildet sind, sind durch
einen Stern gekennzeichnet.

da er für das hessische Gebiet völlig allein steht und ohne jeden
Vorgänger ist.

Der Schatz ist in zwei irdenen Töpfen gefunden, von denen
der eine beim Auffinden durch die Hacke des Arbeiters zer-
trümmert, der andere aber voll erhalten zu Tage gefördert ist.

Das Glanzstück ist ein Armring von Goldblech, dessen Umfang etwa 186 mm., dessen Durchmesser 62 mm. und dessen Höhe
36 mm. sind. Er besteht aus zwei Theilen, von denen das kleinere,

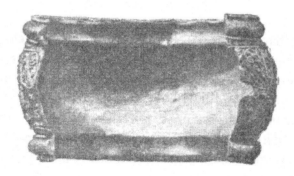

54 mm. lange, bewegliche Verschlussstück (Abb. umsteh.) in der
Mitte der einen Seite eine vorspringende Zunge, und an den
Enden der andern Seite zwei Ösen besitzt. Wie vermittelst
dieser das Öffnen und Schliefsen des Ringes vorgenommen ist,
ist nicht vollständig klar, da die entsprechenden Glieder des
Hauptstückes nicht erhalten sind. Wahrscheinlich ist dies je-
doch mit Hülfe einer Feder an der Zunge erfolgt, während die
Ösen durch Aufnahme eines Dornes zur dauernden Befestigung

beider Theile gedient haben unter Zulassung der Beweglichkeit.
Den Abschluss des Ringes bilden oben und unten zwei glatte
Wülste, welche zu beiden Seiten durch einen aufgelegten Draht
eingefasst sind. Von diesen durch schmale Bänder mit einem
wellenförmigen Ornament getrennt, ist der Körper des Ringes
mit sieben Rauten und in diesen, wie in den Dreiecken zwischen
ihnen mit Rankenwerk geschmückt. All dieser Zierrath besteht
aus aufgelötheten Golddrähten, welche den Eindruck eines
Flechtwerkes hervorrufen, aber nur in Nachahmung desselben

an der Oberfläche schräg gekerbt sind. Diese Technik zeigen
auch die jüngsten Stücke des jetzt im Kgl. Kunstgewerbemuseum
befindlichen ehemaligen Schatzes der Kirche zu Enger bei Herford
und dürfte dem elften Jahrhundert angehören.

Zwei kleine Bleistücke von unregelmässiger Form sind ohne
besonderen Alterthumswerth. Sie haben vielleicht zum Ver-
löthen gedient und sind nur zufällig in den Schatz hineingerathen.
Einen festen Bestandtheil desselben bildet sicher ein Viertel
eines kleinen Silberkönigs im Gewichte von 45 gr.; es ist das
Bruchstück eines gegossenen Barrens, wie sie bis an das Ende
des Mittelalters hindurch neben den geprägten Pfennigen für
den Grosshandel in Verwendung gewesen sind, und zwar, so
viel ich weiss, das älteste Exemplar eines Barrens von Halb-
kugelform an Stelle der früher üblichen Stangenform. Der
Pfennige selbst sind mehr als 2000. Sie vertheilen sich auf
die einzelnen Münzherrschaften in folgender Weise:

Fulda.

1.   2.

1. S DOIIAC   . FVLDA
   Brustbild des Heiligen   Kreuz.   2 St.
   nach links mit dem
   Krummstab in der rech-
   ten Hand.

$$2 = 1,2 \text{ gr.}$$

2. ✠ S BONIF ACIVS   . FVLDA
   Brustbild des Heiligen   Kreuz (von der Umschrift durch
   nach rechts.   keinen Reif getrennt). 1 St.

0,6 gr.

(Menadier, Ein russischer Fund deutscher Pfennige aus dem
Ende des 11. Jhrdt.: D. M. IV. 219 nr. 86. Dbg. III nr. 1919.)

4.   3 b.   3 a.

3. ✠ S BONIFAC[IVS]   ✠ FVLD[AC]IVITAS.   5 St.
   ARCHIEPC

4.* ✠ C .. ЯAƧVIƆAℲINOꓭꓷ.   ✠SA[TI]VIƆAℲVℲ.
(rückläufig)   (rückläufig).   3 St.

Der stehende Heilige von   Kreuz mit einer Kugel in jedem
vorn mit einem Buche   Winkel (von der Umschrift
in der rechten und dem   durch einen innern glatten
Krummstab in der   und äussern geperlten Reifen
linken Hand.   getrennt).

8 = 5,53 gr.

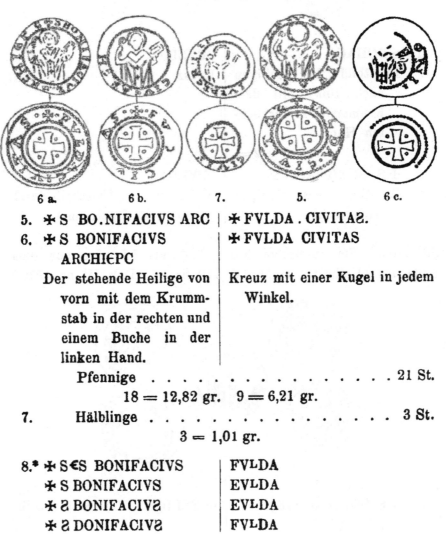

6 a.   6 b.   7.   5.   6 c.

5. ✠ S BO.NIFACIVS ARC | ✠ FVLDA . CIVITAƧ.
6. ✠ S BONIFACIVS | ✠ FVLDA CIVITAS
       ARCHIЄPC

Der stehende Heilige von   Kreuz mit einer Kugel in jedem
vorn mit dem Krumm-   Winkel.
stab in der rechten und
einem Buche in der
linken Hand.

Pfennige . . . . 21 St.
18 = 12,82 gr.   9 = 6,21 gr.

7.   Hälblinge . . . . 3 St.
3 = 1,01 gr.

8.* ✠ SЄS BONIFACIVS | FVLDA
    ✠ S BONIFACIVS | EVLDA
    ✠ Ƨ BONIFACIVƧ | EVLDA
    ✠ Ƨ DONIFACIVƧ | FVLDA

Brustbild des Heilgen in halber Wendung nach rechts, mit der rechten Hand den Krummstab schulternd und mit der linken ein Buch haltend.

in den Winkeln des Kreuzes; das L unter demselben.

Pfennige . . . . 155 St.

60 = 44 gr.

9. Hälblinge . . . . 5 St.

5 = 1,64 gr.

8 a. 8 d. 8 b. 8 c. 9.

10.

10.* S DO NIF

Brustbild des Heiligen nach rechts mit der rechten Hand ein Kreuz haltend.

.FV·IDA

in den Winkeln des Kreuzes.

10 St.

10 = 7,17 gr.

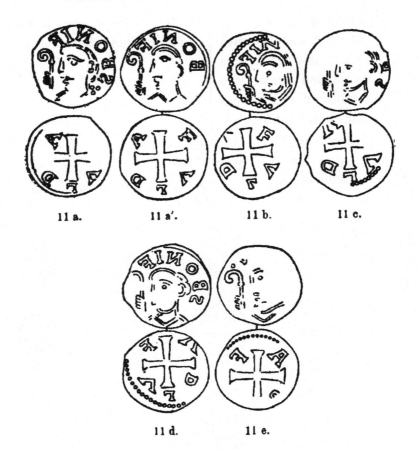

11 a.   11 a'.   11 b.   11 c.

11 d.   11 e.

11.* ꟻИOꓭꓢ (rückläufig)	FVꞀDA
. .	FVꓕDA
[ꟻИО]Oꓢ (rückläufig)	FVꞀDA
ꟻИOꓭꓢ (rückläufig)	AꓷꞀVꟻ (rückläufig)
. ꟻИOꓭꓢ (rückläufig)	
Brustbild des Heiligen nach links, mit der rechten Hand den Krummstab haltend.	in den Winkeln des Kreuzes.
	47 St.

40 = 27,25 gr.

(Grote, Münzen des Mittelalters. Münzstudien II 930 Taf. 36 nr. 10; Dannenberg, Die deutschen Münzen der sächsischen und fränkischen Kaiserzeit I nr. 873.)

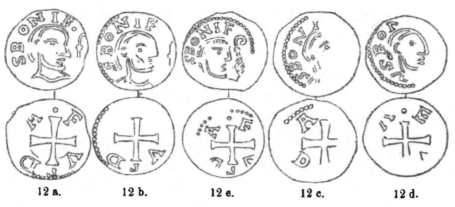

12 a.   12 b.   12 e.   12 c.   12 d.

12 f.   12 f'.

12. S BONIF.	. FVᴦDA
S BONIF	. FVᴦDA
. . . . .	[. FVᴦ]ᴅA
. . . . .	. EV[ᴸD]A
S B⊙NIF	. FVᴦDA
S BONIF	. ADᴸVꟼ (rückläufig)

Brustbild des Heiligen nach rechts, mit der rechten Hand den Krummstab haltend.   in den Winkeln des Kreuzes.

68 St.

40 = 27,25 gr.

13. S DONIFACIVS .	✠ FVᴸDA
S DONIFACIVS	. FVᴸDA
S ONIFACIVS	. FVᴸDA
S DONIFACVS	FVᴸDA

| Brustbild des Heiligen nach rechts, mit der rechten Hand den Krummstab haltend. | in den Winkeln des Kreuzes. 207 St. |

60 = 43,1 gr; 44,13 gr; 44,3 gr.

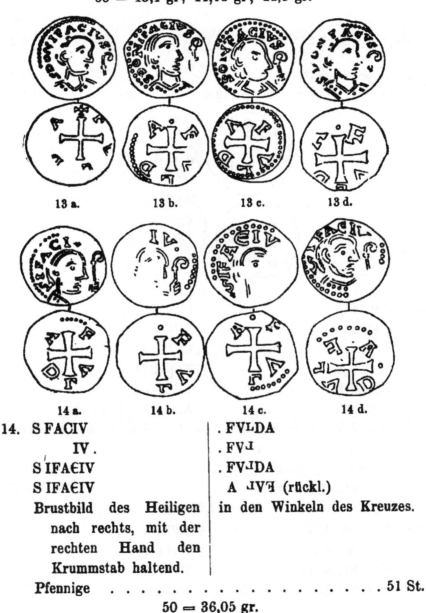

13 a.   13 b.   13 c.   13 d.

14 a.   14 b.   14 c.   14 d.

14. S FACIV   . FVLDA
        IV .   . FVJ
    S IFAEIV   . FVJDA
    S IFAEIV   A JVF (rückl.)
    Brustbild des Heiligen   in den Winkeln des Kreuzes.
        nach rechts, mit der
        rechten Hand den
        Krummstab haltend.
    Pfennige . . . . 51 St.

50 = 36,05 gr.

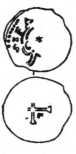

15.

15. Hälblinge . . . . 2 St.
2 = 0,63 gr.

16.

16. S DONIFAC . Brustbild des Heiligen nach rechts, mit der rechten Hand den Krummstab haltend.	. FVⁱDA in den Winkeln des Kreuzes. 25 St.

24 = 16,7 gr.

(Russischer Fund nr. 87; Dbg. III nr. 1920.)

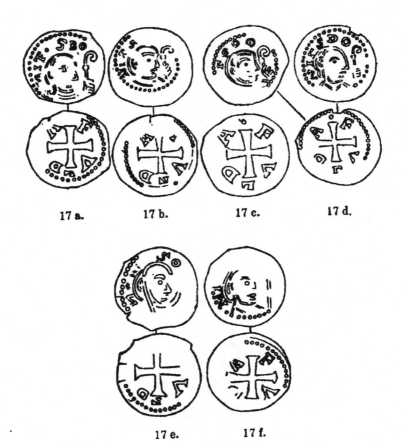

17 a. 17 b. 17 c. 17 d.

17 e. 17 f.

17. S BONIF·
     S[BO]NIF
     S DƟNIF
     S DONIF

     Brustbild des Heiligen
     nach rechts, mit der
     rechten Hand den
     Krummstab haltend.

·FVᒐDA
AᗡLVᒐ (rückl.)
·FVᒐDA
·FVᒐDA

in den Winkeln des Kreuzes.

51 St.

50 = 37,2 gr.

12—17. Verriebene Bonifaciuspfennige . . . . 361 St.
60 = 44,6 gr; 43,2 gr; 43,2 gr; 41,8 gr; 44,9 gr; 44,45 gr.

18.

Abt Erlholf. 1114—1122.

18.* ER . . . . . VS   FVDA

Brustbild des Abtes nach | in den Winkeln des Kreuzes.

links mit dem Krumm-

stab in der rechten

Hand.   1 St.

0,62 gr.

Herzfeld.

19 a.   19 c.   19 b.

19.* ✠ SCS(LV) · LLV∞A   ✠ HERVELDIA.

✠ RCSLV(L)LGOI

✠ . . . SIP . . . VS

Brustbild des heiligen | Kreuz   17 St.

Lullus nach rechts mit

dem Krummstab in der

rechten Hand.

12 = 10,17 gr.

20.   22.   23.   21.

20.* ✠ SCS LVLLVS EPS   ✠ HERSVELDIV
Brustbild des heiligen   Kreuz mit einem Stern im
Lullus nach rechts mit   dritten Winkel.
dem Krummstab in der
rechten Hand.
      Pfennige . . . . 3 St.
            3 = 2,15 gr.

21.   Hälblinge . . . . 2 St.
            2 = 0,75 gr.

22. ✠ RCS LVLV∞I   ✠ HERVELDIA ·
Brustbild des heiligen   Kreuz mit einem Stern im
Lullus nach rechts mit   dritten Winkel   3 St.
dem Krummstab in der
rechten Hand.
            3 = 2,51 gr.

23. ✠ HERS NLDIV   ✠ HERSV NLDIV
Brustbild des heiligen   Kreuz mit einem Stern im
Lullus nach rechts mit   dritten Winkel   19 St.
dem Krummstab in der
rechten Hand.
            18 = 12,5 gr.

8*

24.

24.* ✠ KAROLVS · IMP | ✠ S⁄CS LVLLVS
Brustbild des Kaisers von | Brustbild des heiligen Lullus
vorn mit einem Lilien- | von vorn mit einem Krumm-
scepter zur rechten. | stab zur rechten   15 St.

15 = 11,46 gr.

Erfurt.

Erzbischof Adalbert I. 1111—1137.

25 a.   25 b.   25 c.

25. ✠ ADEL[BERTϞ ЬC] | ...E...RT
Brustbild des Erzbischofs | Kirchengebäude mit einem ho-
von vorn mit einem | hen Giebel zwischen zwei

Krummstab in der rech-
ten und einem Lilien-
stab in der linken Hand.

Kuppelthürmen, in dessen
Thore ein $\mathfrak{M}$..   11 St.

$$10 = 8{,}89 \text{ gr.}$$

Menadier, Der Denarfund von Gera nr. 2. Ztschr. f. Num. XV,
181. Dbg. 1662.

26.

26. Umschriftlose Hälblinge desselben Typus . . . . . 14 St.
$$12 = 4{,}82 \text{ gr.}$$

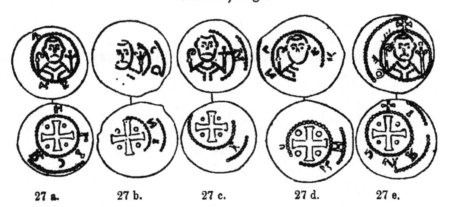

27 a.   27 b.   27 c.   27 d.   27 e.

27. Die Umschriften verrieben bis auf einzelne Buchstaben.

Brustbild des Erzbischofs
von vorn mit einem
Krummstab in der rech-
ten und einem Lilien-
stab in der linken Hand.

Kreuz mit einer Kugel in jedem
Winkel.

Pfennige . . . . 54 St.
$$12 = 11{,}22 \text{ gr}; \ 11{,}02 \text{ gr}; \ 10{,}66 \text{ gr}; \ 10{,}97 \text{ gr.}$$

28.

28.   Hälblinge . . . . 1 St.

0,47 gr.

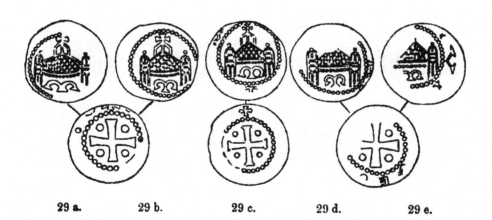

29 a.   29 b.   29 c.   29 d.   29 e.

29. Die Umschriften verrieben bis auf einzelne Buchstaben.

Kirchengebäude mit einem Dachreiter zwischen zwei Kuppelthürmen, in dessen Thore ein 𝔐	Kreuz mit einer Kugel in jedem Winkel.

Pfennige . . . . 12 St.

6 = 5,37 gr.

Dbg. 1837.

30.

30. Hälblinge . . . . 9 St.
6 = 2,53 gr. (0,5. 0,5. 0,42. 0,4. 0,36. 0,35.)

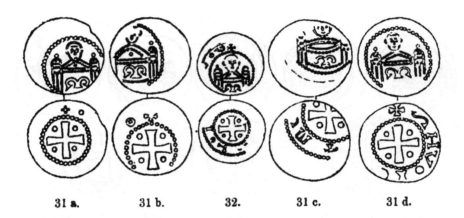

31 a.   31 b.   32.   31 c.   31 d.

31. Die Umschriften verrieben bis auf einzelne Buchstaben.

| Kirchengebäude mit einem Kopfe auf dem Dachgiebel zwischen zwei Kuppelthürmen, in dessen Thore ein ℳ. | Kreuz mit einer Kugel in jedem Winkel. |

Pfennige . . . . 13 St.
12 = 10,46 gr.

32. Hälblinge . . . . 3 St.
0,39 gr; 0,38 gr.

Bamberg. (?)

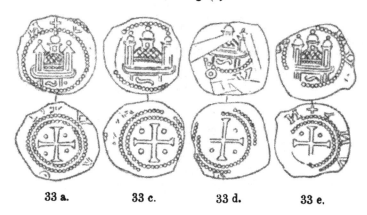

33 a.   33 c.   33 d.   33 e.

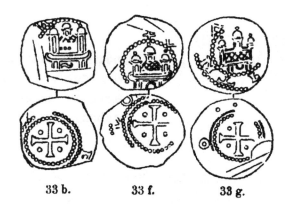

33 b.   33 f.   33 g.

33. Die Umschriften verrieben bis auf einzelne Buchstaben.

Dreithürmige Kirche, de-	Kreuz mit einer Kugel in jedem
ren Portal auf den	Winkel 22 St.
meisten Exemplaren in	
einen Haken verun-	
staltet ist.	

12 = 9,42 gr.

Schratz, Ein Jubiläums-Münzfund fränkischer und regens-
burgischer Denare (Fund von Unternbibert): Bl. f. Mfr.
S. 1503 nr. 7 Taf. 98 nr. 2.

Dbg. 1752.

Würzburg.
Bischof Meinhard II. 1085—1088.

34.

| 34. ✠ DEXTERA (DEI) Hand Gottes. | Monogramm, bestehend aus den vier durch die Arme eines Kreuzes verbundenen Buchstaben: H D C X   1 St. |

0,44 gr.

Iversen. Der Fund von Piep: Berl. Bl. f. M. S. u. W. K. VI. S. 284 nr. 4. Taf. 71.5.

Dbg. 1247.

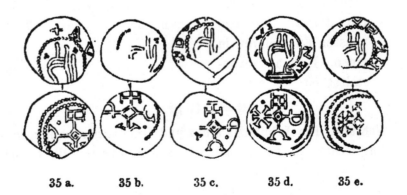

35 a.   35 b.   35 c.   35 d.   35 e.

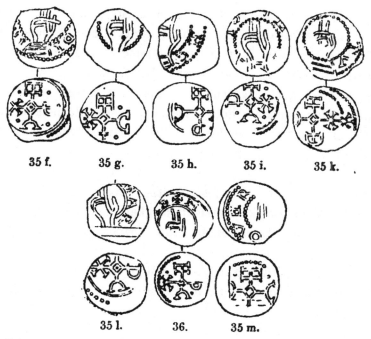

35 f.   35 g.   35 h.   35 i.   35 k.

35 l.   36.   35 m.

35. Die Umschrift verrieben bis auf einzelne Buchstaben, welche auf den verschiedenen Exemplaren von einander abweichen.

Hand Gottes.	Monogramm der vier Buchstaben: HDCX

      Pfennige . . . . 26 St.

           12 = 9,57 gr; 8,55 gr.

36.   Hälblinge . . . . 2 St.

          0,3 gr; 0,32 gr.

Buchenau (Ztschr. f. Num. XXI. 312.) behauptet von dem unvollständigem Exemplar des sädtischen Museums zu Reval, dass das Monogramm nach Dannenbergs Zeichnung deutlich die Buchstaben H E R P enthalte, welche sich ungezwungen zu H E R (B I) P (O L I S) ergänzen liessen. Völlig zwanglos könnte man das wohl unter keinen Umständen bezeichnen; dazu kommt, dass Dannenberg selbst und Iversen das R für fraglich erklären; das hier vorliegende Stück, und die sich ihm anschliessenden zahlreichen Pfennige

mit sinnlosen Umschriften bieten an Stelle des fraglichen R
ein unzweifelhaftes X; auch ist statt eines P sicher das
auch schon von Iversen angenommene und von Dannenberg zugelassene D zu lesen. Die Ergänzung zu Herbipolis ist somit ausgeschlossen; sie zu ersetzen wüsste ich
nur unter der Bedingung, dass der vierte Buchstabe nicht
als ℧ sondern V zu lesen wäre; man würde dann mit
einem DUX H(ERBIPOLENSIS) zu thun haben.

An dem Würzburger Ursprung dieser Münzen wird
man auch ohne dies festzuhalten haben. Deshalb ist es
auch wohl trotz der Aussichtslosigkeit, den Umschriftresten
der grossen Masse einen Sinn abzugewinnen, gestattet,
die wenigen Buchstaben des Hälblings: ✦ M......D und
des letzten Pfennigs: .....A R D auf den Namen des
Bischofs Meinhard II zu beziehen, dem sie ja, sobald sie
würzburgisch sind, angehören müssen. Dazu fügt sich
gut, dass Buchenau dem Bischof Meinhard schon einen
Pfennig hat zuschreiben können, der als Prägebilder die
Rechte Gottes und das bischöfliche Brustbild trägt.

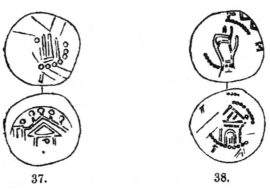

37.   38.

37. Die Umschriften verrieben bis auf einzelne Buchstaben.
    Hand Gottes. | Tempel   1 St.
                             0,9 gr.

38. ✦ VVO....
    Hand Gottes. | .....
                      | Kapelle   1 St.
                           0,84 gr.

Ostfränkische geistliche Münzstätte.

39.   40.   41.

42.   44.   43.

39. ✝ VV . . . .   ✝ . . . . . RS
Brustbild des Bischofs   Tempel   1 St.
nach rechts mit dem
Krummstab in der rech-
ten Hand.
                    0,87 gr.

40. . OVO . . . . IOV
Brustbild des Bischofs   Kirche von einer Stadtmauer
nach rechts mit dem   umgeben   1 St.
Krummstab in der rech-
ten Hand.
                    0,88 gr.

41. . . . .

Brustbild des Bischofs nach links mit dem Krummstab in der rechten Hand.

. . . .

Kirche von einer Mauer umgeben   1 St.

42. . . VIO . .

Brustbild des Bischofs nach links, vor ihm der Krummstab.

. . . VID . . .

Stadtmauer mit drei Thürmen bewehrt.   1 St.

43. . ИН . . . И . . .

Brustbild des Bischofs nach links mit dem Krummstab in der rechten Hand.

РИ . . . V . . .

Stadtmauer mit drei Thürmen bewehrt.   1 St.

0,79 gr.

44. Umschriften verrieben bis auf einzelne Buchstaben.

Brustbild des Bischofs nach rechts mit dem Krummstab in der rechten Hand.

Drei Thürme auf einem Bogen, unter dem eine Lilie   1 St.

0,79 gr.

Der Denarfund von Gera nr. 4. Ztschr. f. Num. XV, 181.

Dbg. 1795.

0,62 gr.

45.

45. . . . .

Brustbild des Bischofs
nach links, vor ihm der
Krummstab.

. . . .

Kreuz mit einem Stern in jedem
Winkel   1 St.

0,91 gr.

46. ✠ . . . . . .

Brustbild des Bischofs
nach rechts mit dem
Krummstab in der rech-
ten Hand.

. . . . . RC

Kreuz mit einer Kugel in jedem
Winkel und der durchbrochenen Mitte   1 St.

0,76 gr.

Neustadt a. d. Saale.

Bischof Eginhard. 1088—1104.

47.

47.* . . GINARDVS I . . .

Brustbild des Bischofs in
halber Wendung nach
links mit dem Krumm-
stab in der rechten
und einem Palmenzweig
in der linken Hand.

✠ . . I . . . OVA

Mauer mit einem hohen Thurm
inmitten des Vordergrundes
und zurücktretenden kleineren Seitenthürmen   1 St.

0,87 gr.

48.　　　　49.

48. ...H..✠.....

Brustbild des Bischofs
von vorn mit dem
Krummstab in der rech-
ten Hand.

✠..RET...ИA

Mauer mit einem hohen Thurm
inmitten des Vordergrundes
und zwei zurücktretenden
kleineren Seitenthürmen . 1 St.

0,75 gr.

49. ✠.......Я.Ⴒ

Brustbild des Bischofs in
halber Wendung nach
links mit dem Krumm-
stab in der rechten
Hand.

........VA

Mauer mit einem hohen Thurm
inmitten des Vordergrundes
und zurücktretenden kleineren Seitenthürmen　　1 St.

0,9 gr.

Ostfränkische weltliche Münzstätte.

50.*.......

Brustbild des behelmten
Grafen in halber Wen-
dung nach links mit
einer Fahne in der
rechten Hand.

..ATI...

Liegendes Kreuz mit durchbrochenen Tförmigen Armen
und durchbrochener Mitte,
in dessen Winkeln die dünnen Arme eines stehenden
Kreuzes　　　　1 St.

0,81 gr.

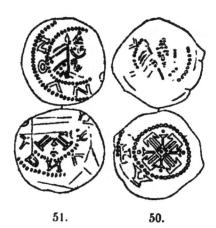

51.   50.

51. ... NVON

Brustbild des behelmten
Grafen von vorn mit
einer Fahne in der
rechten Hand.

... VOVИCV..

Liegendes Kreuz mit durchbrochenen Tförmigen Armen
und durchbrochener Mitte,
in dessen Winkeln die dünnen Arme eines stehenden
Kreuzes.   1 St.

0,92 gr.

Diese Pfennige besitzt die Kgl. Münzsammlung in
München schon seit längerer Zeit aus einem fränkischen
Funde.

52.

52. Statt der Unterschrift eine schindelförmige Verzierung. Kreuzartige Figur.

...OH...
Liegendes Kreuz mit durchbrochenen Tförmigen Armen, in dessen Winkeln die dünnen Arme eines stehenden Kreuzes

0,61 gr.

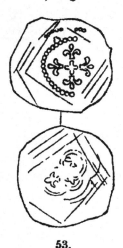

53.

53. Umschriften unkenntlich. Vier Lilien um ein kleines Kreuz gestellt.

Unkenntliche Figur.

Regensburg.

Kaiser Heinrich.

54. ✠ HEINRICVS....P
Brustbild des Kaisers von vorn, in der erhobenen rechten Hand der Reichsapfel, über der linken Schulter im Felde ein Kreuz.

[✠ RA]TISPONA
Bild der Stadt: eine mit zwei Thürmen bewehrte Mauer, in deren Mitte eine Kirche 4 St.

4 = 3,52 gr.

54 a.   54 b.   55.

Diese in dem Typus der Kehrseite vollständig einem
Pfennige des Erzbischofs Hermann III von Köln (vgl.
nr. 105) nachgebildeten Stücke mit dem Ortsnamen
RATISPONA beweisen den regensburger Ursprung auch
des typengleichen Pfennigs aus dem russischen Funde
(D. M. IV. 197 nr. 8) mit dem Namen Kaiser Heinrich's IV auf beiden Seiten, der mit einem Gewichte von
0,99 gr. den Durchschnitt der vorliegenden Stücke nur
wenig übertrifft und eben wegen des Gewichtsunterschiedes
im Vergleich zu den kölnischen Pfennigen von Dannenberg
(III. S. 858 nr. 1940) bereits als kölner Pfennig in Zweifel
gezogen ist. Die Stücke lehren, nach welchen Vorbildern
im letzten Viertel des zwölften Jahrhunderts der Münz-
typenwechsel in Regensburg erfolgt ist und belegen den
weitreichenden Einfluss der kölner Pfennige schon jener
Zeit.

55. .... ꝏ .. ИƆИΛ   ✠ ...... ONA
Brustbild des Kaisers von   Dreithürmiges Kirchengebäude
    vorn; in der erhobenen   1 St.
    rechten   Hand   den
    Reichsapfel, über der
    linken   Schulter   im
    Felde ein Kreuz.

                    0,71 gr.

56.

56. ✠ . . . . . . ⚭   . . . . . . V I V

Brustbild des Kaisers von   Dreithürmiges Gebäude von

vorn.   einer Mauer umgeben 1 St.

0,86 gr.

Russischer Fund nr. 108. Dbg. III. 1941.

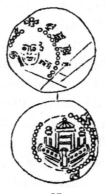

57.

Bischof Gebhard IV. 1089—1106.

57. ✠ GEBI . . . . V.   . RA . IS . . . .

Brustbild des Bischofs   Bild der Stadt: eine mit zwei

von vorn, mit der rech-   Thürmen bewehrte Mauer,

ten Hand den Krumm-   in deren Mitte eine Kirche

stab schulternd.   1 St.

0,91 gr.

Russischer Fund nr. 107.

Dbg. 1931.

9*

Mainz.

Kaiser Heinrich IV. 1084—1105.

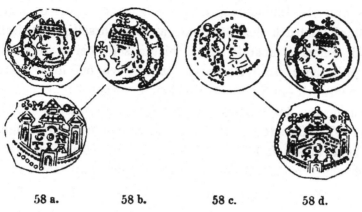

58 a.   58 b.   58 c.   58 d.

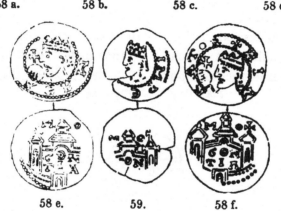

58 e.   59.   58 f.

58. ✠ H · IMPERATOR

Brustbild des Kaisers nach links mit dem Reichsapfel in der rechten Hand.	Bild der Stadt: die bogenförmige Mauer mit einem Thore vor, der Kirche hinten und zwei kreuztragenden Thürmen seitwärts. Im Felde in drei Zeilen

M o GON TIA

Pfennige . . . . 11 St.

11 = 9,9 gr.

vrgl. Dbg. 799.

59.   Hälbling . . . . 1 St.

1 = 0,32 gr.

Cappe bildet einen gleichartigen Pfennig mit dem Namen des Kaisers H E I N . . . . in der Umschrift der Hauptseite. Dannenberg nr. 799 einen andern, der nach einem Staniolabdruck den Stadtnamen der kehrseitigen Aufschrift mit einem C anstatt des T bieten soll: bei ersterem liegt wohl sicher ein Irrthum vor, aber auch bei dem letzteren möchte ich ein Versehen annehmen. Auch ist Dannenberg's Zuweisung des Pfennigs an den Kaiser Heinrich V (1111 bis 1125) zu Gunsten seines Vaters nach Maassgabe des Pfennigs des Erzbischofs Rudhard (1088—1109) aufzugeben, der ein gleichartiges Brustbild des Kaisers trägt (vgl. unter nr. 62).

Erzbischof Siegfried. 1060—1084.

60. H . . . RIV . . . .

Brustbild des Kaisers nach links mit dem Reichsapfel in der rechten Hand.

✚ SIG . . R . . . .

Brustbild des Erzbischofs nach rechts mit dem Krummstab in der rechten Hand 1 St.

Hälbling zu Dbg. 811.

0,67 gr.

61.

Erzbischof Wezilo. 1084—1088.

61. ✚ WZC . . . OAR

Brustbild des Erzbischofs nach links mit dem Krummstab in der rechten Hand.

. . OGONCIA

Einthürmiges Kirchengebäude 1 St.

vrgl. Dbg. 814.

0,92 gr.

62.

Erzbischof Rudhard. 1088—1109.

62. ✠ HEINRICVꙄ IMP

Brustbild des Kaisers nach links mit dem Reichsapfel in der rechten Hand.

| ✠ RVODHΛDVS EPS |
| ✠ . . . . DVꙄ PꙄ |

Brustbild des Erzbischofs nach rechts mit dem Krummstab in der rechten Hand　　2 St.

0,87 gr.　0,93 gr.
Russischer Fund nr. 93.　Dbg. 1911.

63. . . . . CVS . . .

Brustbild des Kaisers nach links mit einem Lilienscepter in der rechten Hand.

✠ RVOD . . . . . .

Brustbild des Erzbischofs nach rechts mit dem Krummstab in der rechten Hand　　1 St.

Hälbling 0,47 gr.

64 a. 64 b. 64 c. 64 d. 64 e.

64 f. 64 g. 64 h. 64 i. 64 k.

64 l. 64 m. 64 n. 64 o. 64 p.

64. RVTHARD

Brustbild des Ersbischofs
nach links mit Bischof-
stab in der Hand.

MOƆV NCIA

Bild der Stadt: die in scharfen
Winkeln gebrochene Mauer mit
einem flachen Thurme vorn, der
kreuztragenden Kirche hinten
und zwei Standarten seitwärts.

Zahlreiche Stempelverschiedenheiten finden sich

in der erzbischöflichen Gewandung	in der Verwendung der Kugeln und Ringel an den Mauer- flächen, namentlich je nach- dem über dem vordern flachen Thurme
	fünf Ringel
	vier Ringel
	drei Ringel
	angeordnet sind.

Pfennige . . . . 267 St.

60 = 12,5 gr; 60 = 43,4 gr; 60 = 46,7 gr.

Einzelgewichte bis zu 1 gr.

vrgl. Dbg. 816.

65.   Hälblinge . . . . 30 St.

0,36 gr; 0,37 gr; 0,38 gr; 0,40 gr; 0,41 gr; 0,42 gr; 0,46 gr.

66 a.   66 b.   66 c.   66 d.

67 a.   67 b.   67 c.

66. RVTHARD	MOᐁV ИCIA
67. RVTHARD	ΛIC . . . . . AM (rückläufig)
Brustbild des Erzbischofs nach links mit dem Krummstab in der rechten Hand.	Bild der Stadt: anstatt der Standarten erheben sich über den seitlichen Mauerecken Lilienstäbe.

Es finden sich Stempelverschiedenheiten der gleichen Art wie bei dem vorbeschriebenen Pfennig . . . . . 18 St.

18 = 14,55 gr.

68 a.   68 b.

68. ✠ ROT . . DVS D	✠ MOGO . C . A
ARDVS . D	. . . . . GOИ . . .
✠ RV	✠ MO . . . .
THARDV	. . . . OGOИ . . .
TA RCV	. . . . TIA
Brustbild des Erzbischofs mit Imfel nach links mit dem Krummstab in der rechten Hand.	Dreithürmiges Kirchengebäude 6 St.

6 = 5,2 gr.

Dbg. 817.

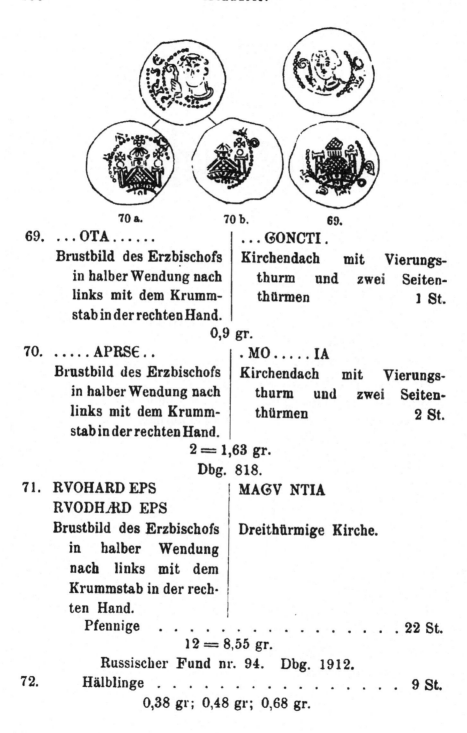

70 a.   70 b.   69.

69. ...OTA...... | ...GONCTI.

Brustbild des Erzbischofs | Kirchendach mit Vierungs-
in halber Wendung nach | thurm und zwei Seiten-
links mit dem Krumm- | thürmen   1 St.
stab in der rechten Hand. |

0,9 gr.

70. .....APRSE.. | .MO.....IA

Brustbild des Erzbischofs | Kirchendach mit Vierungs-
in halber Wendung nach | thurm und zwei Seiten-
links mit dem Krumm- | thürmen   2 St.
stab in der rechten Hand. |

2 = 1,63 gr.

Dbg. 818.

71. RVOHARD EPS | MAGV NTIA
RVODHÆRD EPS |

Brustbild des Erzbischofs | Dreithürmige Kirche.
in halber Wendung |
nach links mit dem |
Krummstab in der rech- |
ten Hand. |

Pfennige . . . . 22 St.

12 = 8,55 gr.

Russischer Fund nr. 94. Dbg. 1912.

72.   Hälblinge . . . . 9 St.

0,38 gr; 0,48 gr; 0,68 gr.

73 a. 74. 73 b.

Erzbischof Adalbert I. 1111—1137.

✠ A . . . . T . . RC . P .	MO . TINCIA
. . . . . LRToARCH . .	. . . ONCI .
. . A . . . . T . . RCH ∽	. oGO . . . .
. . . . ToARCH . .	✠ MOG . . . . .
Brustbild des Erzbischofs mit Imfel nach links mit dem Krummstab in der rechten Hand.	Bild der Stadt: die Mauer mit vier Thürmen 4 St.

4 = 3,54 gr.

Dbg. 819.

✠ . . . . CEPS	✠ MOG . . . .
Brustbild des Erzbischofs mit Imfel nach links mit dem Krummstab in der rechten Hand.	Dreithürmige Kirche 1 St.

0,58 gr.

75.   76.

75. ✚ AИ . . . . . . CES
Brustbild des Erzbischofs
mit Imfel von vorn,
in der rechten Hand
den Krummstab, in der
linken das Evangelien-
buch.

✚ AI . . . . OƍOM (rückläufig)
Bild der Stadt: die Mauer mit
vier Thürmen   1 St.

0,86 gr.

76. ✚ ADE . . . . EPS
Brustbild des Erzbischofs
mit Imfel von vorn,
in der rechten Hand
den Krummstab, in der
linken das Evangelien-
buch.

. . OGVN ·
Bild der Stadt: die Mauer mit
vier Thürmen   1 St.

Hälbling zu Dbg. 820.
0,36 gr.

Ohne Namen des Münzherrn.

77.

77. ✠ MARTIN . .
Brustbild des heiligen
Martin von vorn, über
den Schultern: A T.

✠ M . . . . . . IA
Thurmgebäude mit zwei Seiten-
flügeln   1 St.

0,92 gr.
Dbg. 824.

Worms.

König Heinrich II. 1002—1024.

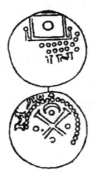

78.

78. (✠ HE)IN(RICVS)
Kreuz mit einer Kugel in
jedem Winkel und einer
Mondsichel im obersten.

(AITA)MЯO(W) (rückläufig)
Kirche mit einer Kugel in der
Mitte   2 St.

2 = 1,78 gr.

Das Kreuz der Wormser Pfennige ist seit Heinrich II. durchgängig ein liegendes; das den Scheitelpunkt bildende Kreuz zu Beginn der Umschrift steht nicht über einem Kreuzarme, sondern über der Mondsichel zwischen zwei Kreuzarmen: auf den älteren ottonischen Pfennigen dagegen findet sich in der Regel ein stehendes Kreuz und nur vereinzelt ist es als liegend charakterisirt. Die bisherigen Abbildungen sind darnach umzuordnen.

Kaiser Heinrich III.

79. (HEINRICVS R)EX
    Brustbild des jugend-
    lichen Königs von vorn
    mit dem Reichsapfel
    in der rechten und dem
    Scepter in der linken
    Hand.

(✠) HEIN(RICVS I ·)
Kreuz mit einer Kugel in jedem
Winkel und einer Mondsichel
im obersten   1 St.

0,89 gr.
Dbg. 846.

Ohne Namen des Münzherrn.

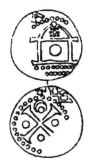

80.

80. ✠ W(ORMATIA)
    Kreuz mit einer Kugel in
    jedem Winkel und einer
    Mondsichel im obersten.

(✠ WORMATI)A
Kirche mit einer grossen Kugel
    in der Mitte   4 St.

4 = 2,82 gr.

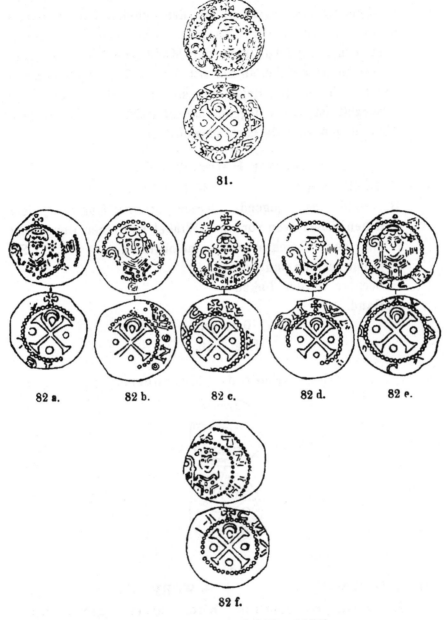

81.

82 a.   82 b.   82 c.   82 d.   82 e.

82 f.

Bischof Eppo. (1090—1105).

81.   ✠ E(DBO EPI)SCOPVS | ✠ S · CA WORMATIA
      Brustbild des Bischofs von | Kreuz mit einer Kugel in jedem

vorn, mit dem Krumm-
stab in der rechten, die
linke Hand segnend
erhoben, über dieser
im Felde ein Stern.

Winkel und einer Mondsichel
im obersten.   1 St.

0,96 gr.

Catalogue de la collection de Chr. J. Thomsen. II. 2. 5445.
Dbg. 852.

82. Beischläge mit verwilderten Umschriften . . . . . 7 St.
6 = 4,54 gr.

Bischof Arnold II. 1110—1120.

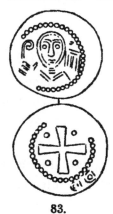

83.

83. ✠ A
        RH
          . . . V
. . . . .

Brustbild des Bischofs
von vorn mit dem
Krummstab in der
rechten und dem Buch
in der linken Hand.

✠ Λ . . . . P. C
    RN
      OLD
        DV

·Kreuz mit einer Kugel in jedem
Winkel.   28 St.

24 = 20,3 gr.

Da ich keinen zweiten geistlichen Fürsten des Namens
Arnold ausfindig zu machen weiss, der als Münzherr dieser
Pfennige in Betracht kommen könnte, wage ich, sie ver-

suchsweise dem Bischof von Worms beizulegen, obschon sie das Wormser Münzmal, die Mondsichel, nicht tragen.

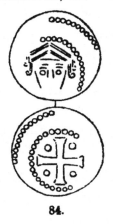

84.

König Heinrich V. (1106—1125).

84. Umschriften vollständig verrieben.

| Gekröntes Brustbild. | Kreuz mit einer Kugel in jedem Winkel.   2 St. |

2 = 1,72 gr.

Diese Königspfennige sind unzweifelhaft in derselben Münzstätte geprägt, wie die voraufbeschriebenen geistlichen; ist es zulässig, die einen nach Worms zu weisen, kann man auch die andern nicht von dort ausschliessen.

Lorsch.

85.

85. . . . ICLV   . . N . . . . . W

Brustbild des Abtes von   Kreuz mit einer Kugel in jedem
vorn zwischen Krumm-   Winkel und einer Mondsichel
stab und Kreuzstab   im obersten.   1 St.
und drei auf Säulen
ruhenden Bogen. Im
Abschnitt: ABBAS.

0,9 gr.

Russischer Fund nr. 98. Dbg. 1916.

P. Joseph: Der Weinheimer Halbbrakteatenfund (Sep.-
Abdr. d. Neuen Heidelb. Jahrb. VII S. 7) hält es für
unmöglich, die Entstehungszeit dieses Pfennigs, der sehr
an den Pfennig des Abtes Marquard (1149—1150) er-
innere, an den Anfang des zwölften Jahrhunderts zu
setzen; er zieht vor, ihn in die Mitte desselben zu verweisen, und wirft die Frage auf, ob nicht dem ihn ent-
haltenden russischen Funde, dessen Vergrabungszeit von
mir in die Wende vom elften zum zwölften Jahrhundert
verlegt worden, Reste eines zweiten jüngeren Fundes
beigemischt gewesen seien. Der vorliegende Fund löst
diesen Zweifel und bestätigt das Ergebnis des russischen
Fundes.

Die Umschriftreste gestatten freilich nicht die Ergänzung zu dem Namen eines der als Münzherr dieser
Pfennige etwa in Betracht kommenden lorscher Aebte:
das widerstreitet aber nicht der Verweisung nach Lorsch
angesichts der zahlreichen Pfennige des Fundes mit un-
deutbaren Umschriften.

Unbestimmte Münzstätte in der Umgebung von Worms.

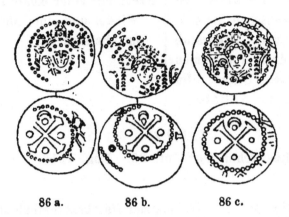

86 a.   86 b.   86 c.

. Umschriften verrieben bis auf einzelne Buchstaben.

Brustbild des Bischofs von vorn mit dem Krummstab in der rechten Hand in dem Portal einer dreithürmigen Kirche.	Kreuz mit einer Kugel in jedem Winkel und einer Mondsichel im obersten. 8 St.

6 = 4,86 gr.

Russischer Fund nr. 99. Dbg. 1944.

87.

. . . . . VONO	. . . .
Brustbild des Bischofs von vorn im Portal einer Kirche, zu seiner rechten der Krummstab.	Kreuz mit einer Kugel in jedem Winkel und einer Mondsichel im obersten. 3 St.

3 = 2,19 gr.

88.   89.

88. Umschriften verrieben bis auf einzelne Buchstaben.

Brustbild des Königs nach | Kreuz mit einer Kugel in jedem
links. | Winkel und einer Mondsichel
| im obersten   1 St.

0,71 gr.

89. Umschriften verrieben.

Tempeigiebel. | Kreuz mit einer Kugel in jedem
| Winkel und einer Mondsichel
| im obersten   1 St.

Speier.

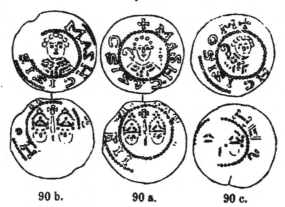

90 b.   90 a.   90 c.

90. ✠ MAƧH . CAZISO . . . . | HE . . . . FIЯ . VII
MASHCIZIS . . . | . I . . . HO . II
. . . . H CIZISOM | HE . . . .

Brustbild des Bischofs von vorn mit dem Krummstab in der rechten Hand.	Die beiden königlichen Brustbilder von vorn zu Seiten eines Kreuzstabes 3 St.

$$2 = 1,32 \text{ gr.}$$

91 a.   92.   91 b.

… V … … A … IC . III … Brustbild des Bischofs von vorn mit dem Krummstab zur rechten Hand im Ruderschiff.	✶ … … Ƶ … … IA … … · Zu Seiten eines Kreuzstabes das Brustbild des Kaisers von vorn und des Bischofs nach rechts 2 St.

$$2 = 1,5 \text{ gr.}$$

+ ∞ … … oΛo . Brustbild des Bischofs von vorn im Ruderschiff.	✶ oIo … ᴐoIoИ Dreithürmiges Bauwerk 1 St.

0,72 gr.

Dbg. 1644.

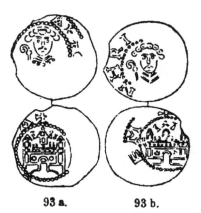

93 a.   93 b.

93. + AH . . . . | ✱ . . . . A
     . . . . NHRI | ✱ . . . . EM .
Brustbild des Bischofs von | Dreithürmiges Bauwerk   3 St.
     vorn mit dem Krumm- |
     stab in der rechten |
     Hand. |

3 = 2,4 gr.

Pfälzische geistliche Münzstätte.

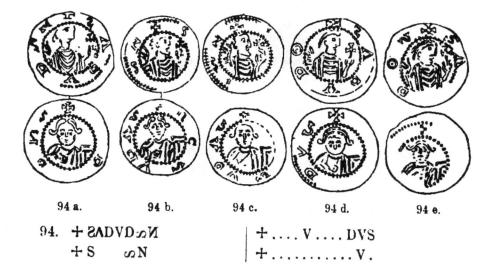

94 a.   94 b.   94 c.   94 d.   94 e.

94. + ꙅAԀVꙂN + . | + ... V . . . . DVS
     + S   ꙅN | + ... V .

+ . . . . I ∞ N .   + ... ∞VDΛ∞

+ ƷΛDVDꙨ   + . RC . . . ∞ V . . Λ∞

+ ƷΛ . . . DꙨ∞   D   DИ∞

Brustbild nach rechts, die | Brustbild von vorn, die rechte
   rechte segnend erhe- | auf der Brust, und mit der
   bend und mit der lin- | linken Hand ein Buch haltend
   ken Hand einen Kreuz- | 5 St.
   stab haltend.

5 = 4,27 gr.

H. Ph. Cappe: (Beschreibung der Münzen von Goslar.
nr. 52b, Taf. V, 47) und Dannenberg (II nr. 1583) verlegen diese Pfennige, deren Umschriften die Namen der
Heiligen Simon und Judas tragen sollen, nach Goslar;
ich kann ihnen darin nicht beipflichten.

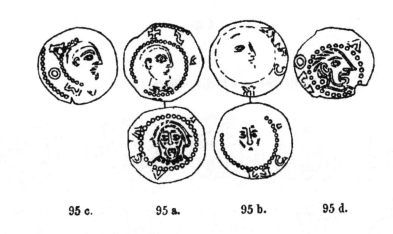

95 c.   95 a.   95 b.   95 d.

95. + ƷC . . . . A   . . . . . Λ C . . .

     ΛƆꙨ . . R . . . . ꙨM . . . .

     + Λ . . . . M Ꙩ A   C

     Brustbild nach rechts. | Brustbild von vorn   12 St.

6 = 3,6 gr.

96.

96. Umschriften bis auf einen Buchstaben verrieben.

Brustbild des Bischofs von vorn mit einem Krummstab in der rechten und Buch in der linken Hand.	Bärtiges Brustbild von vorn mit einem Kreuzstab in der rechten Hand. 1 St.

St. Gallen.

97 a.   97 b.

97. . . . .

Brustbild des Abtes von vorn mit dem Krummstab in der rechten Hand.	Vor einem breitschenkligen Kreuz das Lamm Gottes nach links gewandt. 2 St.

0,47 gr; 0,48 gr.

Typenähnliche Pfennige des Fundes von Steckborn (Dbg. II. 1689) zeigen das Lamm Gottes nach rechts gewandt.

98 a.   98 b.

98. . . . .

| Brustbild des Abtes von vorn mit dem Krummstab in der rechten und segnend erhobener linken Hand. | Dreithürmiges Kirchengebäude 2 St. |

0,43 gr; 0,48 gr.

99.

99. . . . .

| Hand mit einem Kreuzstab; im Felde links ein A. | Unkenntliches Gepräge   1 St. |

0,43 gr.

100.

100. Eine Hand auf einem breit-schenkligen Kreuze, in dessen Winkeln Ro-setten.	Ein Vogel	1 St.

0,44 gr.

Schweizer weltliche Münzstätte.

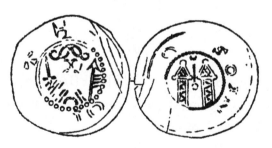

101.

101. .....ꓷ I V ... T .. Brustbild eines weltlichen Herrn, mit der rechten das Schwert schulternd und mit der linken eine Fahne haltend.	. S . O II ..... Zwei Thürme zu Seiten eines Zweiges 1 St.

0,8 gr.

Verdun.

Bischof Richer. 1089—1107.

102. (RI) CHE RVS ЄP | M(A) RIA VIR GO

     in vier Zeilen im Felde. | in vier Zeilen im Felde   2 St.

Dbg. 1431.

vrgl. Russischer Fund nr. 19.

Metz.

Bischof Poppo. 1070—1107.

103.

103. OPPO [E]PΛS | [S]TEPHANV[S]

    MЗ⌐LI[S] auf einem Hori- | Kopf des Heiligen nach links

    zontalstreifen zwischen | 1 St.

    zwei Sternen.

0,32 gr.

Mit dem Fortfall des P am Anfang des bischöflichen Namens bildet dieser Pfennig ein Gegenstück zu dem von mir dem Abte Poppo von Prüm zugeschriebenen Johannispfennig des Fundes von Ladinoje Pole.

vrgl. Menadier. Ein Johannispfennig des Abtes Poppo von Prüm: D. M. III. 81.

Trier.

Erzbischof Egilbert. 1079—1101.

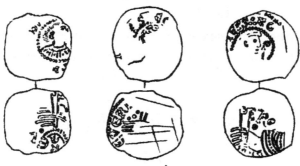

104 a.   104 b.   104 c.

104. ∴ EG[ILBER]TV[SA...] | [T]REV[ERIS CIVITAS]
IEPS.

Brustbild des Erzbischofs | Hand mit 2 Schlüsseln, deren
nach rechts mit einem | Bärte die Buchstaben P und
Krummstab in der rech- | E bilden.   3 St.
ten Hand.

Alle drei Stücke rühren von verschiedenen Stempeln her.
3 = 1,48 gr.
vrgl. Dbg. 480. Russischer Fund nr. 14.

Koblenz.

Erzbischof Bruno v. Trier. 1102—1124.

105 a.   105 b.   105 c.   105 d.

105. BRVNNO EPS | CONFLVENTA
Brustbild des Erzbischofs | Dreithürmige Kirche   4 St.
von   vorn   mit   dem |

Krummstab in der rech-
ten und dem Buch in
der linken Hand.

Die einzelnen Stücke zeigen Stempelverschiedenheiten
in der Gewandung des Erzbischofs, hinsichtlich der Grösse
des Buches und in der Durchbildung des Daches.

$$4 = 3{,}05 \text{ gr.}$$

vrgl. Dbg. 457.

Köln.

Erzbischof Hermann III.　1089—1099.

106.

106. ✠ HERIMA[N]VS ARCHE	✠ AINCTA COLO[N..
Brustbild des Erzbischofs von vorn mit dem Krummstab in der rechten Hand; über der linken Schulter im Felde ein Kreuz.	Eine mit Thürmen bewehrte Mauer, in deren Mitte eine Kirche　　　　1 St.

1,47 gr.

vrgl. Dbg. 412. Russischer Fund nr. 4.

107. ✠ HREM	✠ SANCTAC . . . . .
Brustbild des Erzbischofs nach links mit (dem	Eine mit drei Thürmen be- wehrte Mauer, in deren

Krummstab in der rech- | Mitte ein Baldachin   ½ St.
ten und) dem Buche
in der linken Hand.

Dbg. 4156. Russischer Fund nr. 5.

108.

108. ✚ AI | ✚ CAT . . . . .
Eine mit zwei Thürmen | Eine mit drei Thürmen be-
bewehrte Mauer, in de- | wehrte Mauer, in deren Mitte
ren Mitte eine Kirche. | ein Kopf von vorn   1 St.

0,58 gr.

Der Pfennig vereinigt die Kehrseiten zweier verschiedener Pfennige des Erzbischofs Hermann III; der
voraufgehenden nr. und des im russischen Funde nr. 6
vertretenen. Dies sowie das geringe Gewicht kennzeichnen
ihn als Nachmünze.

Duisburg.

109. ✚ H[EINRIC]HVS RP | DIVSBVRG
      [HEINRIC]HVS RP |
Brustbild des Kaisers nach | in vier ein Kreuz umgebenden
rechts (vor ihm ein | Perlenkreisen, in deren Au-
Scepter). | ssenwinkeln Palmetten ½ St.

Dbg. 1515.
prager Fund nr. 26.

Unbestimmte niederrheinische Münzstätten.

110.

110. + MCONADNES	+ HC NRATVES
Kirche.	Kreuz, in dessen Winkeln je zwei Horizontallinien 6 St.

6 = 2,58 gr.

Prager Fund nr. 18.

111.	. . . .
Um ein kleines Kreuz vier von Perlenreifen umschlossene Ringel mit einem H.	Kreuz mit einer Kugel in jedem Winkel 2 St.

Prager Fund nr. 20.   Dbg. 1852.

112—114.	. . . .
Brustbild des Königs von vorn mit einem Kreuzstab zur rechten und der Lanze zur linken Hand.	Breitschenkliges durchbrochenes (durch Zwillingsfäden gezogenes) Kreuz in Winkeln je
	ein Perlenreif 3 St.
	Prager Fund nr. 21.
	ein glatter Ringel 7 St.
	Prager Fund nr. 22.
	eine Kugel 1 St.
	Prager Fund nr. 23.

115 a.   115 b.   115 c.

115. ✠ HENRICVS . . . | S — CA COL
Brustbild des Königs von | Mauer mit drei Thürmen be-
vorn. | setzt.   3 St.

116. ✠ . . . IIΛVTES | ✠ . . . . . SIV
Brustbild des Bischofs | Kreuz mit einem Ringel in
von vorn mit dem | jedem Winkel   1 St.
Krummstab zur rechten |
und Buch zur linken |
Hand. |

0,41 gr.

117.

117. . . . . . RI | ✠ . . . . . REVI
Kirche mit einem Giebel | Kreuz mit einem Ringel in
zwischen zwei Thürmen. | jedem Winkel   1 St.

0,61 gr.

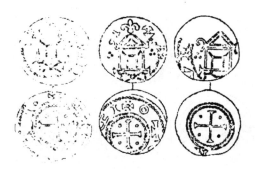

118 a.   118 b.   118 c.

118. ✝ NOЄVRI   │ ✝ O ✝ O REI
        Kirche auf Unterbau.   │ Kreuz mit einer Kugel in jedem
                                  │   Winkel.   10 St.

10 = 7,02 gr.

Maestricht?

119.

119.* ✝ ND   ·I   │ Ein gewappneter Krieger nach
        Kirche von einer Mauer   │ rechts schreitend, mit der
        umgeben.   │ rechten das Schwert zückend,
                                  │ mit der linken Hand Schild
                                  │ und Lanze haltend; hinter
                                  │ ihm im Felde links eine
                                  │ zweite Lanze.   1 St.

0,84 gr.

120.   122.   121.

123.

120.* Ein Thurm mit zwei seit-
lichen Langbauten auf
einer mit fünf Bogen
einen Fluss überspan-
nenden Brücke.

Ein barhäuptiger Krieger im
Kettenpanzer nach links
schreitend, mit der rechten
eine Lanze haltend und mit
der linken das Schwert
fassend; im Felde zerstreut
mehrere Ringel. Über dem
rechten Arm ein Vortrage-
kreuz, sowie neben den
Knieen: S N   3 St.

3 = 1,9 gr.

121. Ähnliche Darstellung.

Ähnliche Darstellung, aber das
S N nicht kenntlich, die rechte
gebogen, die Lanze steht frei,
im Felde auch vor dem Ge-
sichte des Kriegers ein Ringel.
3 St.

3 = 2,38 gr.

122. Ähnliche Darstellung, aber seitwärts neben den Brückenbogen zwei Kreuze.	Ähnliche Darstellung, aber S N neben der Lanze. 1 St.

6,9 gr.

123. Unkenntlich.	Ein barhäuptiger Krieger nach rechts schreitend, in der rechten eine Lanze, mit der linken Hand den Schild haltend, neben dem Knie S 1 St.

Diese Pfennige zeigen eine nahe Verwandtschaft mit den 1864 zu Thourotte im Departement der Oise gefundenen Geprägen des Bischofs Otbert von Lüttich (1091—1119) und Heinrichs von Limburg, des Herzogs von Niederlothringen (1102—1118), die Bild und Namen beider Fürsten tragen[1]), sowie den zwar roheren, aber in den Typen gleichartigen Maestrichter Pfennigen, welche der Namen der dargestellten Münzherren entbehren und lediglich den Münzort auf der einen Seite nennen[2]). Gleichwie ich in der in Vorderansicht sich bietenden Figur dieser Pfennige, welche ausser dem Kreuzstab ein Schwert trägt, nicht mit Dannenberg den heiligen Servatius, sondern nur einen weltlichen Herrn, also zunächst den niederlothringer Herzog anzuerkennen vermag, so trage ich auch Bedenken die gepanzerte und

---

[1]) Dannenberg, Die deutschen Münzen d. s. u. fr. K. III. No. 1474 und 1475 bringt die Pfennige nach Chestret de Haneffe, Numismatique de la principauté de Liège. Taf. 4 No. 61 und 62. Unbekannt ist ihm geblieben die von Serrure gelieferte Beschreibung des Fundes von Thourotte (Bull. mensuel de num. et d'arch. I. S. 163 II. Taf. 9 und 10). Dieselbe bietet gleichwie andere Abhandlungen desselben Münzforschers, namentlich die Besprechung der Sammlung Vernier, manche wichtige Ergänzung für das genannte Sammelwerk.

[2]) Dbg. 1502.

mit Schwert, Schild und Lanze ausgerüstete Figur der
vorliegenden Pfennige als einen Heiligen anzusprechen,
obgleich das mehrfach neben den Knieen auftretende S
und N darauf hinweisen könnte, und sich in dem heiligen
Nazarius ein Kriegsmann uns bieten würde, dem die
hier auftretenden Attribute mit vollem Rechte zustehen
würden, und ziehe ich vielmehr vor, auch in ihm einen
weltlichen Herrn zu sehen. Leider ist die andere Seite
der vier letzten Pfennige völlig umschriftlos und gestatten
auch die geringen Umschriftreste des ersten keine Ergänzung, so dass wir wie des Namens des Münzherrn,
so auch des Namens der Münzstätte entrathen müssen.
Letztere ist jedoch durch das Münzbild als eine Stadt
gekennzeichnet, welche an einem mächtigen Strome gelegen, eine über demselben hinüberführende grosse
steinerne Bogenbrücke besitzt. Als solche kommt
Maestricht sicher zunächst und vielleicht allein in Betracht.

Flandrische Münzstätte.

124.

124.* + ΜΝΝƎΝΙΝΝΕΙ | + ΙϹΜΟΕΤΗΕϹΡ
Kopf nach links. | Kreuz, in dessen Winkeln ein
                            | V ein A und zwei Rosetten.
                            | 1 St.

0,5 gr.

125.

125.* + FRE ... + I ...Λ.(rück-   + ... V
läufig).

Kopf von vorn unter einem   Kreuz, in dessen Winkeln ab-
Schirm oder Baldachin.   wechselnd ein S und ein
    Ringel.   1 St.

0,53 gr.

126.

126. + ... A V   .... IΛ ..

Brustbild des Bischofs   Kreuz mit einer Kugel in je-
mit Krummstab nach   dem Winkel.   1 St.
rechts.

Russischer Fund nr. 25.   Prager Fund nr. 1.

Utrecht.

Bischof Konrad I. 1076—1099.

127 b.   127 a.

127. +CV(O)NRAD....   + AN.........C
+ C.......VS PI   + TRA[IE] C
+ CVON....VS PI   +.........OR.

Brustbild des Bischofs | Mauer mit drei Thürmen be-
von vorn mit dem | setzt.   3 $^2/_2$ St.
Krummstab in der rech- |
ten und einem Kreuz- |
stab in der linken Hand. |

3 = 2,03 gr.
vrgl. Dbg. 550.

128 a.   128 b.   128 c.

128. + CONRADVS PC   + TRAIECTVM
Kopf des Bischofs nach | Kirche mit einem Giebel zwi-
rechts, vor ihm ein | schen zwei Kuppelthürmen
Krummstab. | auf einem dreifachen Bogen.
          4 St.

4 = 2,9 gr.
Dbg. 1547.

129 a.   129 b.   129 c.   129 d.   129 e.

129.	+ CVONRADVS EPS	+ TRAIECTVM
	Brustbild d. Bischofs n. r. mit d. Krummstab in der rechten Hand.	Kreuz mit einer Kugel in jedem Winkel. 5 St.

Die einzelnen Stücke zeigen vielfache Verschiedenheiten in der Behandlung des Kopfes.

$5 = 3,07$ gr.

Dbg. 553.

Deventer.

Bischof Konrad I. 1076—1099.

130.	[C]ONR[ADVS]	+ [ΔIRTИƎV]AD
	Brustbild d. Bischofs n. r. mit d. Krummstab in der rechten Hand.	Kreuz mit einem Stern in der durchbrochenen Mitte. ½ St.

Prager Fund nr. 4.   Dbg. 575a.

Leeuwarden.

Bischof Konrad I. 1076—1099.

131 a.   131 a.   132.   133 b.   133 c.   133 a.

131. ✠ CON RVDΛS
✠ CONRADVS
Brustbild des Bischofs von
vorn, mit einem Kreuz-
stab in der rechten und
einem Krummstab in
der linken Hand.

✠ LIN TAR VN
✠ LIN . . . . . . IIN
Gekröntes bärtiges Brustbild mit
einem Kreuzstab in der rechten und der Lanze in der linken Hand. Im Felde ein Ringel
über der linken Schulter. 2 St.

$$2 = 0,79 \text{ gr.}$$

In der ehemaligen Sammlung Thomsens wird unter
Nr. 4051 ein gleichartiges Stück mit der kehrseitigen
Umschrift: LINTVRDV verzeichnet. Alle diese Formeln
müssen als Verstümmelungen von LINTANVVRDE gelten,
unter welchem Namen Leeuwarden in den alten Fulder
Urkunden auftritt.

Staveren.

Bischof Konrad I. 1076—1099.

132. ✠ CONRADVS
✠ CONRADAS
Brustbild des Bischofs von
vorn, mit einem Kreuz-
stab in der rechten
und einem Krummstab
in der linken Hand.

✠ STAΛIИ . . . .
✠ STA . . . . . . NoVI
Gekröntes bärtiges Brustbild
mit einem Kreuzstab in der
rechten und der Lanze in
der linken Hand. 6 St.

$$6 = 3,17 \text{ gr.}$$

Die Umschriftreste der Kehrseiten sind nach Analogie der für die voraufgehenden Pfennige angenommenen
Bestimmung als Verstümmlungen von Staverern zu
erklären, welcher Stadt Dannenberg (Nr. 1887) bereits
eine Gattung der im prager Funde (Nr. 9) zu Tage
getretenen Pfennige des Grafen Otto von Zütphen zugewiesen hat.

Zütphen.
Graf Otto. † 1113.

133. + CONRADVS

+ OTVS ERИA.

+ OTVS EDИA.

+ OTVS EDVИΛ

Brustbild des Bischofs von vorn, die rechte Hand segnend erhoben, mit der linken den Krummstab haltend.

Gekröntes bärtiges Brustbild mit einem Kreuzstab in der rechten und der Lanze in der linken Hand. Im Felde eine Kugel

(a. b.) über der lichten Schulter

(c.) neben der rechten Schläfe.

6 St.

6 = 3,11 gr.

vrgl. Dbg. 1553.

Der erste Bestandtheil der kehrseitigen Umschrift ist wohl sicher als der Namen des Grafen Otto von Zütphen anzusprechen. der seit dem Jahre 1059 in Urkunden bezeugt und im Jahre 1113 gestorben, von mir bereits als der Münzherr verschiedener Gepräge des prager Fundes wahrscheinlich gemacht worden ist (D. M. IV. 240 fg.). Gegenüber jenen ungemein leichten Münzen mit einem Durchschnittsgewichte von 0,31 gr. sind die hier vorliegenden Pfennige als die älteren zu bezeichnen, worauf ausser den Gewichtsverhältnissen auch der Umstand hinweist, dass diese die Brustbilder des Kaisers und des utrechter Bischofs, jene dagegen bereits das des Grafen selbst bieten.

Van der Chijs (de munten der Bischoppen van de heerlijkheid en de stad Utrecht, Taf. 4 nr. 7) bringt einen gleichartigen Pfennig mit der Umschrift: + VENTIIADV, welche Dannenberg, (I. nr. 579) wohl mit Recht: D(A) + VENT(R)IA zu erklären vorschlägt. In Deventer dürfte daher auch wohl das ursprüngliche Mustergepräge der gesammten Gattung entstanden sein.

Unbestimmte westfälische Münzstätte.

134. Namen der Stadt Köln | ✠ OD ✠ DO ✠ IVI ✠ IIII
im Felde. | Kreuz mit einer Kugel in jedem
| Winkel.   1 St.

1,5 gr.

135 a.   135 b.   135 c.   135 d.

135 e.   135 f.   135 g.   135 h.

135. Spätere Nachmünzen derselben Gattung.   18³/₂ St.
18 = 15,3 gr.

Die Blume an Stelle des mittleren o auf dem ersten
Pfennige und der Stern auf den drei folgenden haben
wohl sicher die Bedeutung amtlicher Kennzeichen ihrer
Münzstätten; jedoch ist es mir zweifelhaft, ob wir
jene für die lippische Rose erklären und diese mit dem
Schwalenberger Hause in Verbindung bringen dürfen.

Münster.

136.   137.

136. [✠ MIR]VORDEPORTA | ✠ O[DDO ✠]IVIPIING
Dreithürmige Kirche. | Kreuz mit dem Soester Münz-
  | zeichen im ersten und einer
  | Kugel in den drei übrigen
  | Winkeln.   1 St.

1,34 gr.

vrgl. Russischer Fund nr. 57. Dbg. 767a.

137. [✠ MIMIGAR]DEPO[TA] | ✠ ODDO ✷ ☐ ✷ .. VD
Dreithürmige Kirche mit | Kreuz mit einer Kugel in jedem
einem Kreuz im Portal. | Winkel.   1 St.

1,45 gr.

Ich habe als Umschrift des ähnlichen Pfennigs des
russischen Fundes (D. M. IV. 210 nr. 56) angegeben:
MIMIGARDEPORTA; ich hätte statt dessen schreiben
sollen: MIMIGARDEPO(R)TA. Insoweit ist es berechtigt,
dass Dannenberg (III. 800 nr. 7676.) meine Angabe be-
streitet; dass er aber darüber hinausgeht und als Umschrift: MIMIGARDEFOI angiebt, beruht auf einem Irrthum. PORTA als Schlussglied des Namens wird durch
die vorliegenden Pfennige von neuem bestätigt; dass das
die Latinisirung der sonst gebräuchlichen Namensendung
(MIMIGARDE)FORD ist, oder sein soll, leuchtet ohne
weiteres ein, mag die dabei angewandte Etymologie nun

richtig oder irrig sein und das FORD vielmehr Furth
bedeuten; umso auffallender ist die Namensbildung auf
den Pfennigen mit dem Soester Münzmal, in welcher
mit Unterdrückung des Mittelgliedes die deutsche und
lateinische Form der Endung mit einander verbunden sind.

Bischof Burchard von Holte.   1097—1118.

139.   138 a.   138 b.   140.

138. ✠ BVRGHARDVS EPS | ✠ M. . . . AGARDE . ORD ·
Brustbild des Bischofs von | Dreithürmige Kirche mit Portal.
   vorn mit dem Krumm- | 2 $^{12}/_2$ St.
   stab in der rechten
   Hand.

2 = 2,65 gr.
Prager Fund nr. 32.

139. ✠ VAGHARDVS VOS | ☐ V ☐ D ✠ ☐ ☐ V ☐ ☐ ✠
                           | ☐ o D ☐ D o ☐ ☐ V ☐ o o
                           | ☐ o D ☐ o ✠ ☐ ☐ V ☐ ☐ ✠
                           | ☐ ☐ I ☐ N I ☐ V C ☐ o D o
140. ✠ ARNARDVS VOS | ☐ o D ☐ o ✠ ☐ ☐ V ☐ ☐ ✠
Brustbild des Bischofs von | Kreuz mit einer Kugel in jedem
   vorn mit dem Krumm- | Winkel.   35 $^3/_2$ St.
   stab in der rechten
   Hand.

35 = 47,8 gr.

Dortmund.

König Heinrich IV. 1056—(1084) 1106.

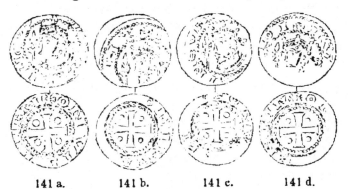

141 a.   141 b.   141 c.   141 d.

141. ✚ HENEREINCVS I
.............HX
✚ IIV........IOX
Brustbild des Königs nach
links, vor ihm die
Lanze.

✚ ONVI.. EHEN
✚ ONIHVA.....
ON.... EHEIN
Kreuz mit einer Kugel in jedem
Winkel.   4 St.

4 = 3,32 gr.

vrgl. Russischer Fund nr. 55. Prager Fund nr. 30.

Herford.

König Heinrich IV. 1056—(1084) 1106.

142.

142. ✚ REX HENRICVS
Brustbild des Königs

✚ REX HE[NRICVS]
Brustbild des Königs von vorn

nach links; vor ihm | über der Stadtmauer vor
die Lanze. | einem mit drei Thürmen ge-
                          | krönten Langhause.   2 St.
                2 = 1,85 gr.

Da der typengleiche Pfennig der Kgl. Münzsammlung
zu Kopenhagen (Thomsen 6294. Dbg. 732) auf der Kehrseite die Umschrift: ✢ HCRVO[RDIA] trägt, ist auch
der vorliegende dieser Münzstätte zuzuweisen; im Gegensatz zu jenem nennt er auf beiden Seiten als Münzherrn
sicher einen REX HEN[RI]CVS; dass als dieser aber
Heinrich IV. und nicht etwa sein gleichnamiger Sohn
Heinrich V. zu gelten hat, ergiebt sich aus der Gleich-
artigkeit des Königsbildes auf diesem Herforder und den
voraufgehenden Dortmunder Pfennigen, die auch in dem
vor dem Tode Heinrichs IV. verscharrten russischen
Münzschatze vertreten gewesen sind.

Recklinghausen?

König Heinrich IV. 1056—(1084) 1106.

143.

143. ✢ H[EINRICV]S REX | . . . . . □LINCH
Brustbild des Königs von | Kreuz mit einer Kugel in jedem
  vorn, mit der rechten | Winkel.   ¹/₂ St.
  Hand die Lanze schul- |
  ternd. |

Das Bildniss des Königs gleicht demjenigen auf dem
Dortmunder Pfennige mit dem Namen des Kaisers Ludwig
des Frommen (Dbg. 766); der westfälische Ursprung des
Pfennigs wird ausserdem bezeugt, durch das Quadrat

innerhalb der kehrseitigen Umschrift; da dies aber in der Mitte und nicht zu Beginn der Umschrift zu stehen pflegt, darf man das LINCH derselben schwerlich auf Lingen beziehen, sondern wird man es vielmehr zu [REKE] LINCH(usen) zu ergänzen haben, welcher Ort in Kölner und Werder Urkunden schon des neunten und zehnten Jahrhunderts genannt wird. Freilich besitzen wir in den uns erhaltenen Pfennigen einen Beweis für die dauernde Thätigkeit einer Münzschmiede der Erzbischöfe von Köln daselbst erst seit der Zeit Konrads von Hochstaden (1237 bis 1261); doch kann das schwerlich mit durchschlagendem Erfolg gegen die vorgeschlagene Ergänzung des Namens geltend gemacht werden.

Unbestimmte geistliche Münzstätte.

144.

144. . RVO ... OⱱƆ	+ M . . D . .
Brustbild des Bischofs von vorn mit einem Kreuz-stab in der rechten und dem Krummstab in der linken Hand.	Kreuz mit einer Kugel in jedem Winkel. ⅓ St.

Die beiden Buchstaben der kehrseitigen Umschrift gestatten eine Ergänzung zu: M(IN)D(A) und ich weiss neben ihr keine zweite in Vorschlag zu bringen: aber unter den minder Bischöfen befindet sich kein RVO(DHARD)V(S), wie ihn die Umschrift der Hauptseite nennt, so dass von dieser Ergänzung doch wohl Abstand genommen werden muss.

145.   146 a.   146 b.   146 c.   146 d.

145.* ✠ IO . . DΛᏟVSᴚV

Brustbild des geistl. Herrn
von vorn mit dem
Krummstab in der rech-
ten und einem Kreuz-
stab in der linken
Hand.

✠ · C · T · S · Ə · D · I · ᴜ · ᴕ

Kreuz mit einem Sterne im
zweiten und einer Kugel in
den drei übrigen Winkeln.
          1 St.

0,72 gr.

146.* ✠ ROTH . . . .
. . . HᔆVDRHT . .
✠ ᏮOTH IV
. . ᴚA . . . .
. . . .

Brustbild des geistl. Herrn
von vorn mit dem
Krummstab in der rech-
ten und einem Kreuz-
stab in der linken
Hand.

✠ · I · I · D · I · C · ᴔ · Є · I · I ·
T · N · H · I   Ə ·
✠ · ᴑ ·   · D Ꙅ · R ·
✠ · D   · H ·
          ᴚ

Kreuz mit einer Kugel in jedem
Winkel.   5 St.

1,03 gr; 0,81; 0,92 gr; 0,74; 0,71 gr.

147.

147.   Э
+ . . . . . .

Brustbild des geistl. Herrn
von vorn mit einem
Kreuzstab in der rech-
ten und dem Krumm-
stab in der linken
Hand.

. . . .

· E · ꓷ · Iꖋ · R ·

Kreuz mit einer Kugel in jedem
Winkel.   2 St.

0,82 gr; 0,86 gr.

Der Namen des geistlichen Herrn, den die verschiedenen Pfennige in mannigfachen Verstümmlungen
bieten, ist gleichfalls sicher als Rudhard zu bezeichnen.
Unter diesem jedoch den Bischof von Paderborn oder Abt
von Corvei dieses Namens zu sehen, wie ich längere Zeit angenommen habe, ist schwerlich zulässig, da die Pfennige wohl
zu jung sind, um seiner vom Jahre 1036 bz. 1046 bis 1050
währenden Regierungszeit angehören zu können. Leider
weichen die einzelnen Buchstaben der kehrseitigen Umschriften dieser Pfennige auf den verschiedenen Exemplaren
von einander ab und widerstreben der Zurückführung auf
einen Ortsnamen. Einen westfälischen Ursprung dieser Gepräge anzunehmen, legen zwar Pfennige von Dortmund,
Helmershausen, Nordheim und Gittelde (Dbg. 760. 761.
1121. 1593—1595. 1599—1602. 1590) nahe, auf denen die
Umschrift ebenso durch zwei Reifen von dem Kreuze im

Felde getrennt ist; doch hat einerseits keiner derselben
mit ihnen die Punkte zwischen den einzelnen Buchstaben
gemeinsam und zeigen sich anderseits gewisse Ähnlich-
keiten der Mache zwischen ihnen und den fulder und hersfelder Pfennigen. Es ist daher nicht jede Möglichkeit zu
leugnen, dass sie entweder von dem Abte Rudhard von
Fulda (1075—1096) oder auch Rudhard von Hersfeld
(1059 — 1072) herrühren können, obgleich die bisher bekannten Pfennige des letztern weit roher sind.

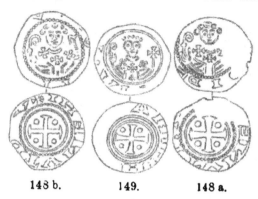

148 b.   149.   148 a.

148. ..... IDE .... ƎИVTII ...
...V...II...V   ✠ IHƎИVTD .. V
Brustbild des Bischofs von   Kreuz mit einer Kugel in jedem
  vorn mit dem Krumm-   Winkel.   3 St.
  stab in der rechten und
  einem Buch in der
  linken Hand.

0,69 gr; 0,74 gr; 0,66 gr.

149. ..... IΛII   ... ΛIII H H ...
Brustbild des Bischofs von   Kreuz mit einer Kugel in jedem
  vorn mit dem Krumm-   Winkel.   1 St.
  stab in der rechten und
  einem Kreuzstab in der
  linken Hand.

0,62 gr.

150 a.   150 b.

150. ✠ OЯ...CZ3I
Brustbild des Bischofs von
vorn mit dem Krumm-
stab in der rechten
Hand.

✠ VO ✛ GNOV
Kreuz mit einer Kugel in jedem
Winkel.   4 ¹/₂ St.

4 = 3,02 gr.

151.

152.

151.* ✠ SSSNCЯVN . EH ⚹ A
Brustbild des Bischofs von
vorn mit dem Krumm-
stab in der rechten
und einem Buch in der
linken Hand.

✠ ATERENANCVS
Kreuz mit einer Kugel aussen
und einem Ringel innen in
jedem Winkel.   2 St.

0,92 gr; 0,94 gr.

12*

152.* ✠ S⁄SMVIICVCOSEA-   ✠ MLSAETANCHS
          EN↻A

Brustbild eines Herrn im   Kreuz mit einer Kugel aussen
  geistlichen Gewande   und einem Ringel innen in
  von vorn mit einer   jedem Winkel.   1 St.
  Lanze in der rechten
  und einem Scepter in
  der linken Hand.

                0,87 gr.

153.

153.* ✠ MCOVРNACONEREX   ✠ S⁄SIERCONV↻A
Die sitzende Abtissin von   Kreuz belegt mit einem zweiten
  vorn, die rechte Hand   Kreuze, dessen Arme in klei-
  segnend erhoben, mit   nen Kreuzen enden.   12 St.
  der linken einen Kreuz-
  stab haltend.

              6 = 5,56 gr.

Goslar.

König Hermann v. Salm. 1081—1088.

154. ✠ HERI[MANNVS R]EX Brustbild des Königs von vorn mit einem Kreuz in der rechten und einem Blüthenscepter in der linken Hand.	[✠ S/SSIONS/S]IV ↻A Die Brustbilder der beiden Apostel unter einem Stern. 1 St.

Russischer Fund nr. 66.

König Heinrich IV. 1056—1084 (1105).

155 a.   155 b.   156 a.   156 b.   157.

155. ✠ REX HEINRVS ✠ REX HEINRIVS Brustbild des Königs von vorn mit der Lanze in der rechten und einem Blüthenscepter in der linken Hand.	✠ S/SSIONV ↻A ✠ S/SSIMON ↻A Die Brustbilder der beiden Apostel. 18 St.

18 = 13,5 gr.

156. ✠ REX HEINRIVS | ✠ S/SSIMONIV◠A
(✠) HE . . . . |
Brustbild des Königs von | Die Brustbilder der beiden
vorn mit einem be- | Apostel unter einem Kreuz.
wimpelten Kreuzstab in | 9 St.
der rechten und einem |
Kugelkreuzstab in der |
linken Hand. |

9 = 6,96 gr.
Dbg. 680a.

157. ✠ REX HIN . . . . . | . . . . S/SIV . .
Brustbild des Königs von | Die Brustbilder der beiden
vorn mit einem Kreuz- | Apostel.   1 St.
stab in der rechten und |
einem Kugelkreuzstab |
in der linken Hand; |
über der rechten Schul- |
ter im Felde ein S. |

1,25 gr.

158.   159.

158. [✠ RE]X[HEINRI]CVS | ✠ S/SSION [IV ◠A]
Brustbild des Königs nach | Die Brustbilder der beiden
links; vor ihm die | Apostel.   2 St.
Lanze. |

2 = 1,55 gr.

159. [✠ RE]XHENRI[VS] | ... IIONIV ↺A
Brustbild des Königs von | Die Brustbilder der beiden
vorn innerhalb einer | Apostel unter einer Lilie. 1 St.
mit drei Thürmen be- |
setzten Mauer. |

1 gr.

Philippi, Fund von Aschen. Mitth. d. hist. Ver. zu
Osnabrück 1892. S. 428. nr. 5. Dbg. 1584.

160.   161.

160. ✠ REX . . . . . VS | ✠ S/SIONE ↺A
Lilie innerhalb einer mit | Die Brustbilder der beiden
drei Thürmen besetzten | Apostel unter einem Kugel-
Mauer. | kreuz.   3 St.

3 = 2,21 gr.

vrgl. Dbg. 696 u. 696a.

161. [✠ REX H]ENR . . . | . . . . . . NIV ↺A
Stadtmauer mit drei Thür- | Die Brustbilder der beiden
men besetzt. | Apostel.   1 St.

0,81 gr.

König Heinrich V. 1105—(1111) 1125.

162.

162.   E X H...
Der König nach rechts rei-
    tend mit einem Lilien-
    scepter in der erhobe-
    nen rechten Hand.

✠ . . . . ONIVᴄA
Die Brustbilder der beiden
    Apostel unter einer spitz-
    ovalen Figur mit Kreuz. 1 St.

0,73 gr.

vrgl. Menadier: Die goslarer Pfennige des zwölften Jahrhunderts. D. M. II. S. 27.

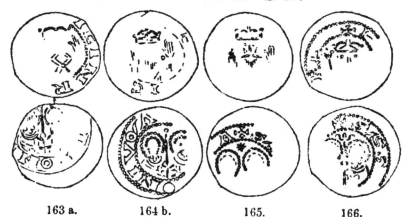

163 a.   164 b.   165.   166.

163.   ✠ HEINRICVS R X
Brustbild des Königs vorn,
    mit der rechten ein
    Scepter haltend, die
    linke Hand erhoben.

✠ S/SSI.ON...ᴄΔ
Die Brustbilder der beiden
    Apostel zu Seiten eines Scep-
    ters.   2 St.

2 = 1,85 gr.

164. ✠ HE .... C .. REX
Brustbild des Königs von
vorn, mit der rechten
ein Scepter haltend, die
linke Hand erhoben.

✠ S/SSI . ONIV ↄA
Die Brustbilder der beiden
Apostel zu Seiten eines Pal-
mettenstabes.   2 St.

$$2 = 1,7 \text{ gr.}$$

165. ✠ H ......
Brustbild des Königs von
vorn mit erhobenen
Händen.

✠ S/S .... A
Die Brustbilder der beiden
Apostel unter einem Stern.
                  1 St.

0,89 gr.

166. ✠ ...... RICVS
Brustbild des Königs von
vorn mit einem bewim-
pelten Kreuzstab in der
linken Hand.

✠ S/S ...... ↄA
Die Brustbilder der beiden
Apostel.   1 St.

1,17 gr.

Quedlinburg.

Abtissin Agnes I.

167.

167. ✠ ANGNES [ABATI]SSA
Brustbild der Äbtissin von
vorn mit rechts ge-

....
Dreithürmige Kirche.   2 St.

neigtem Kopfe, in der
linken Hand ein offenes
Buch haltend. Im Felde
links: FIDES.

$$2 = 1{,}49 \text{ gr.}$$

Dbg. 620.

Mit der Aufschrift der Vorderseite bildet dieser Pfennig einen merkwürdigen Vorläufer der schönen Hohlpfennige der zweiten quedlinburger Äbtissin des Namens Agnes, der Markgräfin von Meissen (1184—1203), welche die Umschrift: SPES · FIDES · CARITAS tragen (Cappe, Beschreibung der Münzen des Stifts Quedlinburg. Taf. 5 nr. 49. 50). Das Gepräge der Kehrseite ist dasselbe, wie das der gittelder Pfennige des Erzbischofs Hartwig von Magdeburg (1079—1102) und seines Vogtes, des Grafen Dietrich II. († 1085) oder III. († 1106) von Katlenburg (Menadier, Ztschr. f. Num. XVI. 252. Dbg. 690.) Dadurch wird auch die Zeit dieser ersten Agnes bestimmt, deren Namen weder in Urkunden auftritt, noch von den Jahrbuchschreibern aufbewahrt ist.

Magdeburg.

168.

168. ✠ · HV · S I · ΛЯICI · ΛS. | ✠ SES MΛVRICIΛS
Brustbild des Erzbischofs | Fahne von drei Sternen um-
von vorn mit dem | geben.　　　　　　2 St.

Krummstab zur rech- |
ten. |

$$2 = 1,42 \text{ gr.}$$

vrgl. Russischer Fund nr. 84.

Münzen unbestimmter Herkunft.

169 a.   169 b.

. ✶·H Ǝ Ɔ Ǝ Z | Monogrammartige oder Haus-
                        | markenartige Figur.   2 St.

$$2 = 1,82 \text{ gr.}$$

170.   172.   171.

. Brustbild eines Bischofs | Ein von drei Thürmen gekrön-
nach links mit dem | ter Giebel.   1 St.
Krummstab in der rech- |
ten Hand. |

$$0,74 \text{ gr.}$$

Russischer Fund nr. 116.

171. . . . . . | Kreuz mit einer Kugel in einem
   Steile Thurmspitze mit | Winkel.   2 St.
   niedrigem Unterbau. |

Russischer Fund nr. 122.

172 Gekröntes Brustbild nach | Sphärisches Viereck mit einem
   links mit einem Lilien- | Kreuz in der Mitte.   1 St.
   scepter in der rechten |
   Hand. |

0,56 gr.

Die Hauptseite ist englischen Pfennigen der Könige Ethelred II. und Knut nachgebildet.

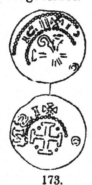

173.

173. ✠ IƆ . O . . . . ICII | ✠ . . O . . . . ИƧI
   Kreuz mit einem Krumm- | Kreuz mit einer Kugel in jedem
   stab belegt. | Winkel.   1 St.

174.

174. SI . . . . DIVS | ✠ IV . . . . . .
   Kopf eines geistlichen | Kreuz mit einer Kugel in
   Herrn nach rechts. | jedem Winkel.   1 St.

Dänemark.

König Olaf III. Hunger (1086—1095).

175.

175. ✠ OLAF (REXD) | ✠ OLA . . . . .
Gekröntes Brustbild von | Brustbild des Königspaares von
vorn. | von vorn nebeneinander.

¹/₂ St.

vrgl. déscription des monnaies de Chr. J. Thomsen III. 10327.
10328. A. Engel et R. Serrure, Traité de numismatique
du moyen-age II S. 853, Fig. 28.
Prager Fund nr. 60.

In der Beschreibung des Prager Fundes habe ich
die hergebrachte Zuweisung dieses Pfennigs an den König
Olaf von Schonen (1137—1147), den Gegenkönig des
Erich Lamm, noch als möglich beibehalten, aber bereits
dagegen geltend gemacht, dass die Zusammensetzung des
Fundes vielmehr auf den König Olaf III. Hunger als
Münzherrn hinweise. Da der vorliegende Münzschatz
aber jedenfalls noch älter ist, als jener russische, und es
sehr unwahrscheinlich ist, dass gerade dieser dänische
Pfennig wiederholt vereinzelt grösseren Fundmassen älterer
deutschen Münzen und gar noch altdeutschen Fundortes,
beigemischt sein sollte, so haben wir entschieden den
älteren König Olaf III. Hunger an Stelle des jüngern
schonischen Gegenkönigs gleichen Namens als den Münzherrn anzuerkennen. Ihm ist der Pfennig thatsächlich
auch schon zugeschrieben von H. Hildebrandt, Sveriges
mynt under medeltiden (Stockholm 1887) S. 33 nr. 420.

Wird diese letzte Bestimmung zugestanden, so ist unter den in dem Schatze vertretenen Münzherren. der Abt Erlholf von Fulda als letzter im Jahre 1114 ans Regiment gekommen, und haben wir in diesem Jahre den „terminus post quem" der Schatz abgeschlossen und vergraben sein muss. Dass dies nicht viel später erfolgt sein wird, lässt sich daraus schlussfolgern, dass die Fundmasse keinen einzigen Pfennig des Dietrich von Zütphen enthält, welcher im Jahre 1118 dem Burkhard von Holte auf dem Bischofsitze von Münster folgte, obgleich dieser letztere in ihr mit 37 ganzen Pfennigen und 15 Pfennighälften vertreten ist. Und wenn man auch hierin vielleicht dem Zufall einen entscheidenden Einfluss zuschreiben könnte, so führt doch das Verhältniss der besonders zahlreichen und mithin dem Spiel des Zufalles einigermassen entrückten mainzer Pfennige des Fundes zu einem gleichen Ergebniss, indem den mit 358 Stücken vertretenen elf verschiedenen Geprägen des Erzbischofs Rudhard nur vier verschiedene Pfennige und Hälblinge des ihm im Jahre 1111 folgenden Erzbischofs Adalbert I. mit sieben Exemplaren gegenüberstehen. Nach dem Tode des Erzbischofs Rudhard müssen ausser den genannten nur noch die Pfennige Arnolds geprägt sein, welcher erst im Jahre 1110 zum Wormser Bisthum gelangte, falls die Bestimmung zu Recht besteht. Nahezu alle übrigen Münzherren dürfen als seine jüngeren oder älteren Zeitgenossen bezeichnet werden. Abgesehen von den einzelnen in den Schatz versprengten Pfennigen des Kaisers Heinrich III. und des Königs Heinrich II. müssen der Inthronisation Rudhards jedoch auch die Pfennige des 1088 gestorbenen Bischofs Meinhard II. von Würzburg sowie seiner beiden eigenen Vorgänger, der Erzbischöfe Wezilo und Siegfried voraufliegen. Die zeitliche Folge der Gesammtheit der Münzherren ist nach Massgabe

ihres Todes:	ihres Regierungsantrittes:
Adalbert I. v. Mainz . . 1137	Erlholf v. Fulda 1114
Bruno v. Trier 1124	Adalbert v. Mainz . . . 1111
Agnes v. Quedlinburg . . ?	Arnold II. v. Worms . . 1110

Erlholf v. Fulda 1122

Arnold II. v. Worms . 1120

Burkhard v. Münster . . 1118

Otto von Zütphen . . . 1113

(Heinrich V., König . . 1111)

R u d h a r d v. Mainz . . 1109

Richer v. Verdun . . . 1107

Gebhard IV. v. Regens-
burg 1106

Heinrich IV., Kaiser . . 1105

Eginhard v. Würzburg . 1104

Poppo v. Metz 1103

Egilbert v. Trier . . . 1101

Hermann III. v. Köln . 1099

Konrad v. Utrecht . . . 1099

Eppo v. Worms . . . . ?

Wezilo v. Mainz . . . 1088

Meinhard II. v. Würz-
burg 1088

Hermann v. Salm . . . 1088

Siegfried v. Mainz . . . 1084

(Heinrich IV., König . 1084)

Heinrich III., Kaiser . . 1056

Heinrich II. 1024

Heinrich V., König . . . 1105

Bruno v. Trier 1102

Agnes I. v. Quedlinburg . ?

Eppo v. Worms . . . . ?

Gebhard IV. v. Regens-
burg 1089

Hermann III. v. Köln . . 1089

Richer v. Verdun 1089

Eginhard v. Würzburg . 1088

R u d h a r d v. Mainz . . 1088

Meinhard II. v. Würz-
burg 1085

Heinrich IV., Kaiser . . 1084

Wezilo v. Mainz 1084

Hermann v. Salm . . . 1081

Burkhard v. Münster . . 1079

Egilbert v. Trier 1079

Konrad v. Utrecht . . . 1076

Otto v. Zütphen . . . . ?

Poppo v. Metz 1070

Siegfried v. Mainz . . . 1060

Heinrich IV., König . . 1056

Heinrich III., Kaiser . . 1046

Heinrich II. 1002

Demnach sind die Jahre von 1070 bis 1115 etwa als der Zeitraum zu bezeichnen, in welchem diejenigen Münzen des Fundes, welche die Namen der Münzherren tragen, im wesentlichen geprägt sind, und demselben Zeitraume haben wir auch die übrigen Pfennige, die den Namen der prägenden Fürsten nicht mehr erkennen lassen, oder ihn überhaupt nicht geführt haben, mit wenigen Ausnahmen zuzuschreiben. Insbesondere gilt dies für die Hauptmasse des Fundes, den mehr als tausend fulder Bonifaziuspfennigen; es kann kaum einem Zweifel unterliegen, dass für diese ein gleichartiges Verhältniss anzunehmen ist, wie für die nächst ihnen am zahlreichsten vertretenen mainzer Gepräge: der vereinzelte Pfennig des Abtes Erlholf (1114—1122) ist sicher der jüngste unter ihnen und die vielen Bonifaziuspfennige sind sämmtlich älter als dieser und mögen wohl ein halbes Jahrhundert der fulder Münzprägung vertreten, die bisher nur in wenigen einzelnen Stücken uns bekannt geworden war und nun auf einmal in dieser Massenhaftigkeit uns vor Augen tritt.

Auch die herzfelder Pfennige, von denen kein einziger den Namen des prägenden Abtes trägt, erfahren hierdurch eine ziemlich feste Zeitbestimmung. Die breiten Lulluspfennige zeigen sich in ihrer unschönen Erscheinung als engverwandt mit den breiten fulder Pfennigen, die den Kopf des heiligen Bonifazius von der Seite tragen: sie sind äusserst beredte Denkmäler für den traurigen Niedergang in den schweren Zeiten des dreissigjährigen Bürgerkrieges unter Heinrich IV. Vor ihnen zeichnen sich die Pfennige mit dem Bilde und Namen des Kaisers Karl des Grossen aus: sie sind sicher älter als jene und ich glaube ihre Verlegung in das Jahr 1075 als höchst wahrscheinlich bezeichnen zu dürfen. Zur Begründung dieser Vermuthung muss ich jedoch etwas weiter ausholen [1]).

Von den quedlinburger und altaicher Jahrbüchern, sowie denen des Lambert von Hersfeld wird übereinstimmend, und zwar auf Grund der um die Mitte des neunten Jahrhunderts begonnenen hersfelder Jahrbücher das

initium Herveldensis monsterii [2])

unter dem Jahre 736 verzeichnet. Es war Sturm, welcher als Sendling des Bonifacius damals in die Buchonia eindrang und die erste dürftige Niederlassung als Stützpunkt für die Verbreitung des Christenthums an der Fulda gründete. Bonifacius indessen fürchtete für die Sicherheit des Ortes vor den allzu nahen heidnischen Thüringern und Sachsen und rief unter Auf-

---

1) Für die folgenden Ausführungen vergleiche man im Allgemeinen: Ph. Hafner, Die Reichsabtei Hersfeld bis zur Mitte des dreizehnten Jahrhunderts. Hersfeld 1889. H. Hahn, Bonifaz und Lul. Leipzig 1883.

2) M. G. H. sc. III 34.

gabe der hersfelder Gründung weiter stromaufwärts die Abtei
Fulda unter Sturms Leitung ins Leben, welche dauernd von
ihm begünstigt und mit ausserordentlichen Rechten ausgestattet,
nach seiner Ermordung ihm auch die letzte Ruhestätte wurde.
Als aber Lullus, der gegen das Jahr 705 in Wessex geboren
und im Kloster Malmesbury erzogen, auf der Heimkehr von
einer Pilgerfahrt nach Rom um das Jahr 732 sich dem grossen
Landsmanne in Mainz angeschlossen hatte und von diesem stets
durch besonderes Vertrauen ausgezeichnet und auf sein Betreiben
vor seinem letzten Auszuge zu den Friesen im Jahre 754 zu
seinem Nachfolger bestimmt war, in seinem nunmehrigen Bestreben, die erzbischöflichen Rechte gegen Fulda geltend zu
machen, infolge des Misstrauens, das man ihm in Rom ent-
gegenbrachte, sowie der Ungnade, in welcher er bei dem König
Pipin gestanden zu haben scheint, scheiterte und alle Ansprüche
an Fulda fallen zu lassen im Jahre 765 gezwungen wurde, griff
er auf die alte hersfelder Ansiedlung zurück, welche nach dem
Berichte seiner Lebensbeschreibung:

> locus Herveldensis tradente B. Bonifatio in proprium cessit
> S. Lullo[1])

in seinen Besitz übergegangen sein soll, und gründete auf seinem
Eigen ein neues Kloster, wie König Karl der Grosse selbst be-
kundete:

> quod cenubium aliquo infra regna nostra vasto in loco qu.
> d. Heirulvisfelt super fluvium fulda monasterium aedificasset
> in sua proprietate in hon. b. apost. Simonis et Thatei[2]).

Gewiss hat der Erzbischof dabei nicht etwa nur aus persön-
lichem Rachegefühl, um der ihm entwundenen Abtei Fulda
und dem ihm verfeindeten Abte Sturm Abbruch zu thun, sondern aus dem höhern Beweggrunde gehandelt, für die Verbreitung
des Christenthums in dem Grenzgebiete ein Kloster zu eigener
Verfügung zu haben. Jedenfalls hat er seiner wahrscheinlich
unmittelbar nach Pipins Tode im Jahre 769 vollzogenen Stifts-

---

1) Vita S. Lulli. Acta Sanctorum. Oct. VIII. 1083.
2) Sickel, A. K. n. 34.

gründung von Anbeginn an das Wohlwollen des neuen Königs gewonnen, der bereits am 25. Oktober 770 eine Schenkung zu seinen Gunsten vollzog und dieser ersten in schneller Folge zahlreiche andere Schenkungen hinzufügte, insgesammt 428 Hufen und 289 Mansen. Auf dem Reichstage zu Quierzy in der Pfalz, auf dem die gewaltsame Bekehrung der Sachsen beschlossen wurde, übertrug Lullus sodann am 5. Januar 775 die neue Abtei dem königlichen Schutze, und Karl fügte nunmehr den ausgedehnten Landschenkungen hinzu die gewichtigen Vorrechte der freien Abtswahl, die Befreiung von der bischöflichen wie von der gräflichen Gewalt und der Berufung an den König bei Streitigkeiten innerhalb des Konvents.

Nach dem im Anfang des neunten Jahrhunderts verfassten breviarium S. Lulli betrug der Gesammtbesitz des Klosters 675 Mansen mit 1107 Hufen, die sich auf 195 Ortschaften vertheilten; besonders werthvoll war der ihm in weiten Gebieten Thüringens zugewiesene Zehnte, der in der Folgezeit der Gegenstand eines erbitterten Streites mit dem Erzbisthum Mainz wurde; geradezu Diöcesanrechte scheinen ihm anfänglich im Hassegau und Friesenfeld zugestanden zu haben, bis diese Landschaften dem neugegründeten Bisthum Halberstadt zugewiesen wurden. Dementsprechend bestand der Konvent auch aus 150 Mönchen.

Einen hervorragenden Schatz gelang es dem Erzbischof, seiner Stiftung zu verschaffen, als er im Jahre 780 die Gebeine des heiligen Wigbert von Fritzlar, dessen Abt er gewesen war, nach Hersfeld überführen konnte.

S. Wigbertus abbas totus hic praesens (est) corpore
verdrängte auch alsbald die beiden Apostel Simon und Judas Thaddaeus, deren Namen die Abtei ursprünglich führte, aus ihrer Ehrenstellung. In seine Ehre wurde ein halbes Jahrhundert später die neue grosse Stiftkirche erbaut; so berichten die quedlinburger Jahrbücher zum Jahre 831:

Bun et Raban abbates fundamentum ecclesiae sancti Wigberti
foderunt 6 Idus Iulii secunda feria [1]);
und zum Jahre 850:

basilica sancti Wicberti confessoris dedicata est 5 Kal. Nov. [2]).

Daher konnte denn auch in einer Urkunde vom 24. Juli 1020 von der Abtei Hersfeld gesprochen werden als

de monasterio Herolfesfeldensi sancti Wichberti [3])

und das Bild des heiligen Wigbert zum Siegelbilde der Stadt Herzfeld werden; ja, es konnte geschehen, dass die Abtei ihre alten Apostelreliquien preisgab und dem Kaiser Heinrich III. für seine Stiftung in Goslar überliess, wie der Chronist mit den Worten meldet:

dusse sulve Keiser in einem scrine da he hadde van Hersvelde gaff der kerken 2 sculderen der hilgen apostelen Simonis unde Iude gepulverisirt [4]).

Aber ausser den Gebeinen des heiligen Wigbert wandte Lullus seiner Stiftung die sterblichen Überreste eines zweiten Heiligen zu, als er kurz vor seinem am 16. Oktober 786 erfolgten Tode sich nach Herzfeld begab, das er sich zur letzten Ruhestätte erkoren hatte. Mögen ihm immerhin die persönlichen Gegner wegen seiner Feindschaft mit dem Abt Sturm die Heiligkeit bestritten haben, so ist doch sicher, dass Lullus alsbald nach seinem Tode als heilig gegolten hat und gefeiert worden ist. Schon in dem im Beginn des neunten Jahrhunderts abgefassten breviarum S. Lulli heisst es:

monasterium, — quod construxit sanctus Lullus archiepiscopus Moguntinus.

Zum Jahre 851 wird von den Jahrbüchern die

translatio sancti Lulli in coena Domini [5]),

die Überführung seiner Gebeine in die Krypta der neuerbauten S. Wigbertskirche erwähnt, welche einer feierlichen Erhebung derselben gleichkam. Und Kaiser Heinrich III. sagt in einer Urkunde von sich aus, dass er der Abtei eine Schenkung gemacht habe

---

1) M. G. H. ss. III, 45.
2) M. G. H. ss. III, 46.
3) Lacomblet, Niederrheinisches Urkundenbuch I, 96.
4) M. G. H. II, 593.
5) M. G. H. III, 47.

ob spem patrocinii Lulli et Wicberti electorum Dei[1]).

'Es bietet daher auch nichts Auffallendes, dass dem heiligen Wigbert, den wir schon lange als herzfelder Münzheiligen durch einen Denar aus der ersten Hälfte des elften Jahrhunderts kennen und dessen Namen und Bild auch ein Hohlpfennig aus dem Ende des zwölften Jahrhunderts bietet, auch hierin der heilige Lullus mit den vorliegenden Fundstücken zur Seite tritt. Um so mehr aber gilt dies für den Umstand, dass die eine Gattung dieser Lulluspfennige mit dem Namen und Bilde des heiligen Erzbischofs die des grossen Kaisers vereinigt. Das Bild Karls findet sich durchweg erst weit später auf Münzen; selbst in Aachen wurde das Bild desselben erst durch das Gesetz Friedrichs I. vom 9. Januar 1166 zum Münztypus erhoben, nachdem der Kaiser unmittelbar zuvor, nämlich am 29. Dezember 1165 heilig gesprochen war[2]); von den Pfennigen der voraufliegenden Zeit aber bietet, soweit sie uns bisher bekannt gewesen, nur ein einziges dem niederelbischen Gebiet entstammendes Gepräge sein Bild in Verbindung mit der Umschrift: KIERL REX[3]). Es muss demnach eine ganz ausserordentliche Veranlassung gewesen sein, die zugleich des Kaisers und des Erzbischofs Bild auf die herzfelder Münzen gebracht hat. Und da kann ich mich nun nicht des Gedankens erwehren, dass eben das Jahr 1075 diese Veranlassung geboten habe, dass die Pfennige im Jahre des zweihundertjährigen Jubiläums der freien Reichsabtei zu Ehren ihrer beiden Gründer geprägt seien. Mag man noch so sehr einwenden, dass uns über Jahrhundertfeiern aus jener Zeit nichts überliefert ist: so bezeugen doch eben die Pfennige selbst, dass man sich um die Zeit des Ablaufes des zweiten Jahrhunderts der Stifter der Abtei erinnert und eine ausserordentliche Ehrung derselben ins Werk gesetzt hat. Es versteht sich von selbst, dass man in jedem Stift durch Nekrologien und sonstige Verzeichnisse über

---

1) Wenck, Hessische Landesgeschichte III, 54.
2) J. u. A. Erbstein, Der älteste Aachener Denar mit dem Brustbilde Karls des Grossen: Aus Dresdener Sammlungen. I (Dresden 1881), 1 fg.
3) Dbg. 1848.

die Zeitverhältnisse der Gründung unterrichtet war; ganz besonders hat dies aber für das damalige Herzfeld Gültigkeit, in welchem der Geschichtsschreiber Lambert thätig war und kurz zuvor seine Jahrbücher zu schreiben begonnen hatte. Eine grosse Jubelfeier wird allerdings schwerlich stattgefunden haben: das Stift hatte unter den Drangsalen des Sachsenkrieges schwer zu leiden, und kurz zuvor war auf dem Tage zu Erfurt am 10. März 1073 der langandauernde Zehntenstreit zwischen Hersfeld und Mainz zu Gunsten des Erzbisthums entschieden und die Abtei in ihren Einkünften und damit in ihrer ganzen Machtstellung arg geschädigt. Aber um so näher lag für den Abt und seinen Konvent der Vergleich ihrer Zeit des Darniederliegens mit dem Glanze zur Zeit der Gründung, und wie dieser in dem Werke Lamberts zum Ausdruck gelangt ist, so könnten auch die Pfennige eine gleiche Absicht verfolgt haben. Aber noch ein Umstand ist zu erwähnen, welcher dieser Vermuthung zur grössten Wahrscheinlichkeit verhilft. Hartwig, der der Abtei von Herzfeld von 1072 bis 1088 vorstand und von mir als der Münzherr dieser Jubelpfennige in Anspruch genommen wird, ist hinterdrein im Jahre 1085 als kaiserlicher Gegenbischof auf den Erzstuhl in Magdeburg befördert; um diese Zeit vollendeten sich 150 Jahre, seitdem König Otto I. zu Ehren des Apostels Petrus, des heiligen Moritz und des heiligen Innocenz die königliche Abtei in Magdeburg errichtete, aus der sich später das Erzstift entwickelte[1]), und da treten nun in Magdeburg Pfennige auf, welche die Umschrift: OTTO IM(P) AVGV tragen und durch ein Stück desselben Gepräges mit der Umschrift: (HART)EVIG als Pfennige eines Erzbischoft Hartwich bezeugt sind[2]). Ich habe als diesen ursprünglich den Grafen Hartwich von Ortenburg angenommen, welcher dem Erzbisthum von 1079—1102 vorstand und gegen den der herzfelder Abt gleichen Namens vom König Heinrich IV. als Gegenbischof eingesetzt wurde, ohne die Veranlassung be-

---

1) A. v. Mülverstedt, Regesta archiepiscopatus Magdeburgensis I, 63—84.
2) Dbg. 655.

zeichnen zu können, welche die Denkpfennige hervorgerufen[1]), glaube aber nunmehr mit der Zutheilung in das Jahr 1085 oder 1086 und an den Gegenbischof die richtige Lösung gefunden zu haben. Die zu Ehren Kaiser Otto's I. geprägten magdeburger und die herzfelder Karlspfennige erklären sich gegenseitig: der Erzbischof Abt Hartwig, der Förderer Lamprechts, scheint geschichtliche Erinnerungen besonders gepflegt zu haben.

1) Menadier, Denkpfennige des Erzbischofs Hartwig von Magdeburg (1079—1102) zu Ehren des Kaisers Otto des Grossen: D. M. IV, 186. — Dannenberg (III, S. 792, nr. 1894) sagt irrig von mir aus, dass ich richtig bemerkt habe, dass eine Hundertjahrsfeier Ottos III. unbedingt abzuweisen sei; ebenso irrt er hinsichtlich der Umschrift: ich halte meine Lesung seinem Widerspruche gegenüber aufrecht.

Menadier.

Die Familie der Kaiserin Sulpicia Dryantilla.

Sulpicia Dryantilla war nach den Münzen, die ihren Namen und ihr Bildniss tragen und die, wie es scheint, ausschliesslich in Pannonien gefunden sind, die Gattin eines der im 3. Jahrhundert n. Chr. von den Donauheeren mit dem Purpur bekleideten Feldherrn, und zwar, wie Eckhel[1]) wahrscheinlich gemacht und neuere Entdeckungen bestätigt haben[2]), die des Regalianus. Sonst war nichts über sie bekannt. Kein Schriftsteller, keine Inschrift erwähnt sie. Auch ihr Name selbst schien über ihre Herkunft nichts lehren zu können. Ihr Cognomen, Dryantilla, hatte sich bis vor Kurzem überhaupt sonst noch nicht vorgefunden. Das ist nun anders. Die wiederholten österreichischen Expeditionen im südwestlichen Kleinasien haben uns ein Denkmal kennen gelehrt, auf dem eine Dryantilla genannt wird, in welcher wir allem Anschein nach eine Stammmutter der Kaiserin zu erkennen haben. Ich meine das Heroon, das eine vornehme Lycierin, Licinia Flavilla, in Oenoanda ihren Eltern und Vorfahren errichtet hat. Auf der Eingangswand dieses Quaderbaus hat die Stifterin die ganze Genealogie ihrer Familie einschliesslich aller Nebenlinien einmeisseln lassen. Die Inschrift, von der Petersen und seine Begleiter[3]) im Jahre 1882 nur einen

---

1) Eckhel 7, 463. Vgl. Cohen ed. 2 VI S. 11.

2) Th. Rhode, Wiener numismat. Zeitschrift 25, 1894 S. 426, archäolog. Mitth. aus Oesterreich 16, 1893 S. 241. Auch die neuerdings gefundenen Münzen der Dryantilla sind nämlich in derselben Weise aus älteren umgeprägt, wie die des Regalianus.

3) Reisen im südwestlichen Kleinasien II (1889) S. 180 ff.

kleinen Theil zu Gesicht bekommen hatten, ist fast vollständig
im Jahre 1895 von Heberdey und Kalinka copirt worden (Heberdey und Kalinka, Zwei Reisen im südwestlichen Kleinasien,
in den Denkschriften der k. k. Akademie der Wiss. 45, 1897
S. 43—46). Wir erfahren da, dass eine entfernte Verwandte
der Stifterin[1]), Claudia Ammiana Dryantilla, die Tochter eines
Claudius Agrippinus und der Aelia Platonis, die Enkelin des
Lyciarchen Claudius Dryantianus aus Patara, den römischen
Senator Sulpicius Pollio geheirathet hatte[2]). Eine Dryantilla
mit einem Senator Sulpicius vermählt — wir werden kaum irren,
wenn wir die Kaiserin Sulpicia Dryantilla unter der Nach-
kommenschaft dieses Ehepaares suchen. Und zwar dürfte
Sulpicia Dryantilla die Enkelin, oder allenfalls die Urenkelin
des Ehepaares gewesen sein. Claudia Dryantilla und Sulpicius
Pollio scheinen in den letzten Jahrzehnten des 2. Jahrhunderts
n. Chr. gelebt zu haben[3]). Die Mutter der Claudia Dryantilla,
Aelia Platonis, war die Nichte[4]) jenes Opramoas, dessen Grab-
mal uns ebenfalls die österreichischen Expeditionen kennen gelehrt haben, und der nach den Inschriften dieses Grabmals unter
Hadrian und Antoninus Pius florirte[5]). Dass eine Nichte der
Claudia Dryantilla, die dritte Tochter ihres Bruders Ti. Claudius
Dryantianus Antoninus, im Jahre 204 erwachsen war, werden
wir weiter sehen, und zugleich wahrscheinlich machen, dass

---

1) Claudius Dryantianus, der Grossvater der Claudia Dryantilla, war
vermählt gewesen mit einer Cousine der beiden Eltern der Stifterin, die
selbst Geschwisterkinder gewesen waren.

2) Col. III Z. 5 ff.: ἀπὸ τῆς Κλαυδίας Ἀμμιανῆς Δρυαντίλλης καὶ Σουλπικίου
Πωλλίωνος συνκλητικοῦ Σου[λ]πίκιος Ἰοῦστος ὁ ἀνθυπατεύσας Λυκίας καὶ
Παμφυλίας καὶ Σουλπίκιος Πωλλίων ὁ πρεσβεύσας σὺν τῷ ἀδελφῷ καὶ Σουλπικία
Ἀγριππεῖνα ἡ γαμηθεῖσα [Σ]οσσίῳ Φάλκω[ν]ι ὑπατικ[ῷ].

3) Ein C. Sulpicius Pollio war Arvalpriester unter Caracalla. Aber
es ist nicht sicher, ob dies der Gemahl der Claudia Dryantilla war, oder ihr
gleichnamiger Sohn.

4) Inschrift des Opramoasdenkmals (s. Anm. 5) col. XVII A, Z. 6 (S. 45
der Ausgabe von Heberdey).

5) S. Reisen im südwestlichen Kleinasien II S. 82 ff. (Loewy). Heberdey, Opramoas, Inschriften vom Heroon zu Rhodiapolis. Wien 1897.

dieser Claudius Dryantianus selbst bereits im Jahre 175 verehelicht war. Eine Tochter der Claudia Dryantilla und des
Sulpicius Pollio kann nun Sulpicia Dryantilla schon deshalb nicht
gewesen sein, weil die Kinder des Ehepaares in der Inschrift
des Heroons anscheinend vollständig aufgezählt werden, ohne dass
Sulpicia Dryantilla darunter erscheint, wohl aber kann sie, wie
gesagt, eine Enkelin des Ehepaares gewesen sein, eine Tochter
eines der beiden Söhne des Paares, Sulpicius Iustus oder Sulpicius Pollio des Jüngeren[1]) (war dies der Fall, so wird Sulpicia
Dryantilla nicht mehr jung gewesen sein, als ihr Gemahl seine
kurze Rolle als Augustus spielte), oder auch eine Urenkelin
jenes Paares. — Für die Geschichte ist es nicht ganz ohne Bedeutung, dass Regalianus, einer der Usurpatoren unter Gallienus,
eine Frau aus einer alten und zum mindesten seit einigen
Generationen dem Reichsadel angehörigen Familie hatte. Eine
Tochter des älteren Sulpicius Pollio und der Claudia Dryantilla,
also, wenn unsere Vermuthung richtig ist, eine Tante oder eine
Grosstante der Sulpicia Dryantilla, war mit einem Sosius Falco
vermählt[2]), dem Abkömmling eines der ältesten und angesehensten
Adelsgeschlechter jener Zeit[3]); einem Sosius Falco war im Jahre 193
die Kaiserwürde angeboten worden[4]). War Regalianus seiner
Gemahlin nicht gänzlich unebenbürtig, so war er selbst Senator[5]).

---

1) Diese beiden Söhne waren ebenfalls in den Senat getreten und hatten,
wie wir aus der Inschrift erfahren (s. S. 200 Anm. 2), zufälligerweise beide die
Heimathsprovinz ihrer Mutter, Lycia et Pamphylia, der eine als Proconsul,
der andere als dessen Legat verwaltet.

2) S. S. 200 Anm. 2.

3) Die Sosii Falcones jener Zeit stammten in direkter Linie von
Q. Sosius Senecio, Consul im Jahre 99 und zum zweiten Mal im Jahre 107,
ab. Vater desjenigen Sosius Falco, der im Jahre 193 Consul war, war
Q. Pompeius Senecio Sosius Priscus, Consul im Jahre 169, der in seinen
38 Namen eine Art Liste seiner Ahnen zur Schau trug (s. meine Inscr.
selectae n. 1104 u. f.; vgl. Prosopogr. Imp. Rom. III p. 66 n. 459, p. 70 n. 492).

4) Dio 73, 8; vit. Pert. 10, 6; vgl. Prosopogr. Imp. Rom. III p. 254 n. 557.

5) Was in den „Triginta Tyranni" des sog. Trebellius Pollio über die
Herkunft des Regalianus berichtet wird (Trig. tyr. 10, 8), wird man auf sich
beruhen lassen müssen.

— Gallienus hat, wie glaubwürdig überliefert wird, die Senatoren von den Kommandos ausgeschlossen[1]). Aber natürlich hat diese Massregel nur nach und nach durchgeführt werden können. Die Usurpation des Regalianus wird gerade einer der Fälle gewesen sein, die Gallienus zu jener Massregel veranlassten.

Es scheint übrigens, dass schon einmal, im Jahre 175 n. Chr., ein Mitglied derselben Familie wegen seiner nahen Beziehungen zu einem Empörer und Thronräuber im ganzen Reiche genannt worden ist. Der Bruder der älteren Dryantilla, Ti. Claudius Dryantianus Antoninus, also ein Grossonkel oder auch Urgrossonkel der Sulpicia Dryantilla, ist meiner Meinung nach jener Schwiegersohn des Avidius Cassius[2]), des bekannten Heerführers und Rebellen unter Marc Aurel, der an einer Stelle der Kaiserbiographien (vit. M. Anton. 26, 12) Druncianus, an einer andern aber (vit. Avid. Cass. 9, 3) Druentianus genannt wird, wofür wahrscheinlich an beiden Stellen Dryantianus einzusetzen ist, wie dies O. Hirschfeld schon vor einiger Zeit erkannt hat[3]). Die Zeit stimmt vollkommen. Eine Tochter des Claudius Dryantianus, und zwar die jüngste der drei, die er hatte, Claudia Dryantilla Platonis[4]), nahm im Jahre 204 in Rom an den Saecularfestlichkeiten Theil, nach Ausweis der im Jahre 1890/1 gefundenen Acten; sie gehörte zu den hundertundzehn Matronen, die unter anderm am zweiten Tag des Festes ein Gebet an die

---

1) Aur. Vict. Caes. 33; vgl. Mommsen, Staatsrecht III 896 A. 2.

2) Prosopogr. imp. Rom. I p. 186 n. 1165.

3) Vgl. Prosopographia imp. Rom. I p. 187 (Z. 10 v. o.). Wahrscheinlich ist derselbe Mann auch Cod. Iust. 9, 8, 6 gemeint, wo der Name in den Handschriften in verschiedener Weise verderbt ist (*Depicianus, Depitinianus* u. s. w.), aber bemerkenswerther Weise eine *Driantianus* bietet.

4) Inschrift des Heroons von Oenoanda Col. II Z. 79 ff.: ἀπὸ τοῦ Δρυαντιανοῦ Ἀντωνείνου Κλαύδιος Κά[σ]σιος (die ersten Entdecker hatten hier ΚΑΙΣΙΟΣ gelesen, s. Reisen im südwestl. Kleinasien II S. 182, aber Heberdey u. Kalinka geben ΚΑΙ·ΣΙΟΣ, wonach ΚΑΣΣΙΟΣ nicht unwahrscheinlich ist) Ἀγριππεῖνος καὶ Κλαυδία Οὐ[ε]ττία (so wohl eher als Ὀ[ρε]στία) Ἀγριππεῖνα καὶ Μαικιανὴ Ἀλεξάνδρα (so) καὶ Κλαυδία Δρυάντιλλα Πλατωνὶς ὑπατική.

Juno zu sprechen hatten[1]). War die jüngste Tochter im Jahre
204 verehelicht, so stimmt es, wenn der Vater es im Jahre 175
war. Ferner stimmt dazu, dass eine andere Tochter des Claudius
Dryantianus, die zweite, das Cognomen Alexandra hatte; so (oder
nach der Überlieferung Alexandria[2]) hiess die Tochter des
Avidius Cassius (vit. Marc. Anton. 26, 12, vit. Avid. 9, 3), nach
meiner Meinung die Mutter der Kinder des Dryantianus. (Es
scheint auch, dass der Sohn des Claudius Dryantianus neben
dem väterlichen Gentilicium Claudius den Namen Cassius hatte,
s. S. 202 Anm. 4, ich denke von seinem mütterlichen Grossvater).
Schliesslich erklärt sich so der auffallende Umstand, dass in der
genealogischen Inschrift von Oenoanda der Name der Gemahlin
des Claudius Dryantianus mit Stillschweigen übergangen wird[3]).
Wenn auch Marc Aurel selbst Tochter und Schwiegersohn seines
Gegners gänzlich unbehelligt liess (vit. M. Anton. 26, 12, vit.
Avid. Cass. 9, 3), ja ihnen, wie es heisst, sogar seinen besonderen

---

1) Act. lud. saecular. Sever. fr. V v. 4 (Eph. ep. VIII p. 288): C[l.]
Dryantilla Plato[nis]; dann muss der Name des Ehegatten gefolgt sein, wie bei
den Namen vorher und nachher (*Cornelia Asiana Nummi Faustiniani* u. s. w.).
Bis jetzt hat man in *Plato* ... den Namen des Mannes gesucht. Auffallend
ist nur, dass Claudia Dryantilla Platonis in der Inschrift von Oenoanda
ὑπατική genannt wird (s. S. 202 Anm. 4), während die Ehemänner jener 110
Matronen höchstens von Ritterrang gewesen zu sein scheinen (s. Mommsen,
Eph. a. a. O. S. 300). Wahrscheinlich ist Claudia Dryantilla Platonis erst
nach dem J. 204, etwa durch eine zweite Heirath, zur *consularis femina* geworden.

2) *Alexandra* hatte Casaubonus einsetzen wollen; aber *Alexandria* ist
an sich gänzlich unverdächtig. Möglicherweise ist der Irrthum auf Seiten
der Inschrift, in der an dieser Stelle, nach Heberdey und Kalinka,
herumcorrigirt und in der auf jeden Fall Ἀλέξαννδρα (so) falsch geschrieben ist.

3) S. 202 Anm. 4. Es widerspricht dies durchaus dem sonstigen Gebrauch
der Inschrift, in der z. B. bei Männern, die mehrfach verheirathet waren,
die Namen der verschiedenen Gattinnen gesetzt und die Kinder aus den verschiedenen Ehen getrennt aufgeführt werden. Ein Beispiel der Auslassung
der Frau liegt freilich noch vor, Col. IV Z. 6—8: ἀπὸ τοῦ Φλαυίου Τιτιανοῦ
τοῦ καὶ Ἀλκιμέδοντος υἱὸς Φλάυιος Λόγγος κτλ. Ob es mit dieser Auslassung
auch eine besondere Bewandtniss gehabt hat, muss natürlich dahingestellt
bleiben.

C. Iulius Demosthenes   Licinius Musaeus
(Procurator Augusti   (Urgrossvater der Stifterin des
unter Trajan)   Denkmals, der Licinia Flavilla)

Iulius Antoninus)—   Licinia Maxima

Cl. Dryantianus)— Iulia Lysimache

Cl. Helena

Claudia Ammiana Dryantilla
)— Sulpicius Pollio

Cl. Agrippinus
)— Aelia Platonis

Ti. Claudius Dryantianus Antoninus
)— [(Avidia) Alexandria?]

Claudia   Maeciana   Claudia   Sulpicius   Sulpicius   Sulpicia
Vettia   Alexandr(i)a   Dryantilla   Iustus   Pollio   Agrippina)— Sosius Falco
Agrippina   Platonis
    ὑπατική
[im Jahre 204
bei den Sae-
cularfeierlich-
keiten in Rom]

Claudius
Cassius
Agrippinus

.... ? .... ? ....

[SVLPICIA DRYANTILLA]

Schutz versprach (vit. Avid. 9, 4), so mochte man in Lycien es doch für gerathen halten, den Namen der Tochter des Aufrührers, die ja kein Kind des Landes gewesen war, in den Familiengenealogien, wenigstens wenn es sich um eine zu veröffentlichende Genealogie handelte, mit Stillschweigen zu übergehen. — Ich füge den aus der Inschrift von Oenoanda sich ergebenden Stammbaum, soweit er hier in Betracht kommt, bei (vollständig bei Heberdey und Kalinka); in eckigen Klammern stehen die aus anderen Quellen eingetragenen Namen und Notizen.

Charlottenburg, Juli 1899. H. Dessau.

Unabhängig von mir hat grossentheils dieselben Beobachtungen über die Familie der Dryantilla Hr. Groag gemacht und in dem soeben ausgegebenen Jahreshefte des oesterreichischen archaeologischen Instituts veröffentlicht. Einen werthvollen Beitrag dazu hat W. A. Kubitschek mit einem vollständigen Verzeichniss der Münzen der Dryantilla geliefert (Jahresh. des oesterr. arch. Inst. II S. 210 ff.).

November 1899. H. D.

Miscellen.

Pirro Ligorio als Münzfälscher.

Unter den 'auctores qui de antiquitatibus urbis scripserunt' führt Martinelli in seiner Roma ex ethnica sacra (Rom 1653 S. 423) auch den berüchtigten Neapolitaner Pirro Ligorio auf und druckt dabei die folgende Notiz ab, die Pompeo Ugoni in sein Handexemplar von Ligorio's Buch delle antichità di Roma eingetragen hatte (dieselbe Notiz auch bei Marini Arvali S. 114f.):

Pirro Ligorio, mi disse Jacomo Card. Sauello, il quale l' haueua conosciuto, ch' era un antiquario, che faceua professione di cercare li vestigi antichi delle fabriche di Roma, e di disegnarli: si dilettaua delle medaglie antiche, & ne fece improntare molte di nuouo, dandoli una ruggine verde, ò altro fuco, acciò paressero antiche, delle quali ne fece, ò contrafece gran quantità, che hanno ingannato molti. Tali medaglie stampò anche de Papi e Cardinali, tanto de tempi antichi, come de tempi bassi, & questo mi disse il detto Jacomo Card. Sauello un giorno, ch' io giouane li portai una medaglia di Jacomo Card. Sauello Cardinale antico di questa casa, che fù Papa Honorio IV dicendomi, non è antica, deue essere di Pirro Ligorio, & mi significò ch' era huomo manuale & non di lettere, come si può vedere da questo libretto, al quale non est tutum credere.

Es verlohnte sich wohl, diesen Fälschungen nachzugehen und festzustellen, welches die numismatischen 'Ligoriana' sind; speciell über die Münzen handeln Band 1. 5. 6 der in der Bibliothek zu Neapel befindlichen Sammelhandschrift des Ligorio und Band 19. 21. 22. 27 der Turiner Collectaneen, beide mit

zahlreichen Zeichnungen (vgl. Henzen in den Monatsberichten
d. k. Preuss. Akad. d. Wissenschaften zu Berlin 1856, S. 42ff.
und Dessau in den Sitzungsberichten derselben Akademie 1883
S. 1080). Vermuthlich geht manches Falsificat, das heute mit
dem allgegemeinen Namen 'Paduaner' bezeichnet wird, auf Ligorio
zurück. Welcher Art seine Fälschungen waren, deutet die Notiz
Ugoni's an: eine sehr grosse Anzahl antiker Münzen, wahrscheinlich Kaisermünzen, die er mit 'grüner Patina oder anderer
Schminke' versah, dann Münzen und Medaillen von Päpsten und
Cardinälen älteren oder jüngeren Datums, darunter die Medaille
des Cardinals Jacomo Savello, nachmaligen Papsts Honorius IV
(1285—1287). Dass Ligorio uns ausserdem noch ganze Serien
von Fälschungen 'auf dem Papier' hinterlassen hat (vgl. Dessau
a. a. O. S. 1078 Anm. 3) brauche ich wohl kaum zu erwähnen.

H. Dressel.

Litteratur.

Die Inschriften und Münzen der griechischen Städte
Dalmatiens von Josef Brunšmid; mit 7 Lichtdrucktafeln. Wien 1898 (Alfred Hölder), 8° (aus den Abhandlungen des archäol.-epigr. Seminars der Universität Wien,
herausgegeben von O. Benndorf und E. Bormann, Heft XIII).

Der den Münzen gewidmete zweite Theil dieser Abhandlung giebt, nach einer Übersicht über die Litteratur sowie
über die vom Verfasser benutzten Quellen und Sammlungen, eine
Zusammenstellung der Münzen von Pharos, Di..., Herakleia,
Issa, Korkyra melaina, von Skodra und des Königs Genthios,
von Lissos, der Daorser, von Rhizon, des Königs Ballaios und
seiner Nachfolger. Jedem Abschnitt ist eine kurze Einleitung
vorausgeschickt, welche die numismatischen Hauptpunkte der betreffenden Prägestätte zusammenfasst. Der fleissigen und um-
sichtigen Arbeit Brunšmid's wären wohl bessere Abbildungen zu
wünschen gewesen, als sie ihm die Anstalt von Max Jaffé in
Wien geliefert hat; solch verschwommene und durch unrichtige
Beleuchtung noch unklarer gewordene Lichtbilder nützen weder
dem Numismatiker noch dem Archäologen, sie erfreuen den Autor
nicht und schädigen den Verleger.   H. Dressel.

Catalogue of greek coins in the Hunterian collection
by George Macdonald, vol. I Italy, Sicily, Macedon,
Thrace and Thessaly. Glasgow (James Maclehose and sons)
1899, 4°; mit 30 Lichtdrucktafeln.

Die luxuriöse Ausstattung verdankt die vorliegende Publication dem Umstande, dass sie eine Gabe des Hrn. James

Stevenson an die Universität Glasgow ist. Durch die grosse Anzahl ihrer Tafeln (die allerdings nicht auf der Höhe der sonst in England hergestellten Lichtdrucke stehen) sowie durch den engen Anschluss an die Anordnung der numismatischen Cataloge des British museum bedeutet sie einen grossen Fortschritt gegenüber der i. J. 1782 erschienenen Descriptio derselben Sammlung von Combe. Hr. Macdonald hat sich der Neubearbeitung mit Liebe hingegeben und, obgleich er von Hause aus nicht Numismatiker ist, seine Aufgabe mit vielem Geschick gelöst; einige Versehen, die mir beim Durchblättern des Buches aufgefallen sind (S. 13 Velecha: head of ram statt Pferdekopf; S. 21 Alba Fucentis; S. 151 Salapia in Etruria; S. 151 n. 8 gehört ohne Zweifel nach Paestum, u. dgl. m.), sind dem Guten gegenüber, das die Publication auszeichnet, belanglos, und wir wollen nur wünschen, dass uns Hr. Macdonald die in Aussicht gestellten zwei weiteren Bände des Cataloges recht bald liefert. H. Dressel.

Catalogue of the greek coins of Galatia, Cappadocia and Syria, by Warwick Wroth; with one map and thirty-eight autotype plates. London 1899, 8°.

Dem Fleiss der Londoner Collegen verdanken wir einen neuen Catalogband der im British museum vorhandenen Münzen, welcher die kleinasiatischen Landschaften Galatien und Cappadocien, sowie Syrien (mit Ausschluss der Seleuciden) umfasst. Der von Warwick Wroth bearbeitete Band ist, gleich den übrigen englischen Catalogbänden, mit einer allgemeinen Einleitung über die einzelnen Prägestätten und die Dynasten, sowie mit einer Karte und den üblichen Verzeichnissen versehen; auf 38 guten Lichtdrucktafeln sind die wichtigsten Münzen in der gewohnten übersichtlichen Anordnung abgebildet. Herr Wroth hat dieses Mal eine weniger glänzende Reihe zu bearbeiten gehabt, als es die zuletzt von ihm beschriebenen Münzen von Troas, Aeolis und Lesbos waren, und zum Teil war seine Arbeit auch eine leichtere, da ihm für einzelne Partieen grundlegende Unter-

suchungen zur Verfügung standen, wie z. B. für die Cappa-
docischen Könige die Monographie von Th. Reinach; dass er bei
der mit gewohnter Genauigkeit ausgearbeiteten Beschreibung
der Münzen diese Hülfsmittel überall mit gesunder Kritik ver-
werthet hat, ist sein bleibendes Verdienst.   H. Dressel.

S. Ambrosoli, monete greche. Milano (U. Hoepli) 1899, 8°
    (mit 200 Abb. im Text und zwei Karten).

    Ein recht brauchbares Handbüchlein, das mit seinen vielen
Abbildungen, seinem ausführlichen Legendenverzeichniss und
durch die eigenartige Anordnung des Stoffes manchem Anfänger
nützen wird; die Karten sind nicht übersichtlich genug.

                                                   H. Dressel.

C. F. Trachsel: Die Münzen und Medaillen Graubündens, be-
    schrieben und abgebildet von —. 8°. 413 S., mit 13 Tafeln.
    Berlin 1866—1869, Lausanne 1895—1898, im Selbstverlag
    und bei B. Benda.

    Im Verhältniss zu andren Ländern war die Münzkunde der
Schweiz bisher stark zurückgeblieben. Schon vor 32 Jahren,
als er noch hier in Berlin lebte, entwarf daher der Verfasser,
ein Sohn dieses schönen Landes, den Plan, das Versäumte bezüglich eines der grössten und interessantesten Theile seines
Vaterlandes, des Kantons Graubünden, nachzuholen. Der ersten
1866 ausgegebenen Lieferung folgten bis 1869 nur noch zwei,
dann trat aber eine lange Unterbrechung bis 1895 ein, welche
für die Vollendung fürchten liess, in schneller Folge jedoch ist
seitdem Lieferung auf Lieferung erschienen, so dass mit der dreizehnten das Werk zum Abschluss gekommen ist.

    An die Spitze gestellt sind einige antike Münzen: die von
Friedländer zweifelnd nach Chur verwiesene celtische Goldmünze
mit rückläufigem CVR (Berl. Bl. f. Mzkde. III 169), die Nachahmung einer Massaliotischen Silbermünze mit Artemiskopf und
Löwen, für deren Hergehörigkeit nur ihr öfteres Vorkommen in
dortiger Gegend angeführt wird, und die Grossbronzen Hadrians
mit EXERCITVS RAETICVS. Das Mittelalter, mit dem wir es

hauptsächlich zu thun haben, ist nicht stark vertreten, fast nur durch Gepräge der Hauptstadt Chur. Sie beginnen mit den bekannten Denaren von Ludwig dem Frommen und Otto dem Grossen (OTTO CAESAR), worauf die bischöflichen mit denen Ulrichs I (1002—1026) anheben, denen aber noch der seines Nachfolger Hartmann I (1026—1039) hätte angeschlossen werden sollen; die von mir selbst bei seiner Beschreibung (Nr. 987 d. deutschen Mz. d. sächs. u. fränk. Kaiserzeit) hervorgehobenen Bedenken hinsichtlich seiner Zutheilung rechtfertigen seine gänzliche Übergehung um so weniger, als ja unter Nr. 14 bis 16 und 18 lediglich nach Welzl von Wellenheims Münzverzeichniss andere Stücke aufgenommen sind, welche ganz sicher mit Chur nichts zu thun haben, sondern nach Worms oder Lorsch und dem Erzbischof Konrad I von Mainz gehören. Noch mehr zu bedauern ist bei der Seltenheit und geringen Zahl dieser alten Denkmäler, dass zwei andre gleichfalls von mir (a. a. O. Nr. 986 und 1680) veröffentlichte Pfennige des genannten Ulrich keine Aufnahme gefunden haben, während doch sogar blosse Stempelverschiedenheiten seines mehr bekannten Pfennigs mit monogrammatischem OV und Kirche vorgeführt werden. Richtig ist dagegen die von Cappe für ein Gepräge Ottos III ausgegebene Nr. 8 auf meine Angabe hin als übereinstimmend mit Nr. 10 (meine Nr. 988 a. a. O.) bezeichnet. Im Nachtrag auf S. 382 werden unter Nr. 16 a, b, c (Taf. 13) die Halbbrakteaten des Steckborner Fundes mit den Namen Oudalricus und Bruno den betreffenden Churer Bischöfen (1167—1199 und 1179—1180) zugetheilt; es genügt, auf die Einwendungen hinzuweisen, die ich a. a. O. Bd. II S. 677 gegen eine so späte Zeitbestimmung geltend gemacht habe. Als besonders interessant ist hervorzuheben Nr. 17, der schüsselförmige Denar des Bischofs Heinrich II (1180—1193), ganz im Style der Mailänder Barbarossas und daher wichtig für die Erkenntniss des Handelsverkehrs. Zugleich aber spricht er wohl ziemlich deutlich gegen die Gleichzeitigkeit der oben besprochenen so ganz andersartigen Steckborner Halbbrakteaten.

Nachdem dann lange Zeit in Chur nichts als stumme Hohl-
münzen mit dem Kopfe des Steinbockes als des Graubündneri-
schen Wappenthieres geprägt worden[1]), erscheinen die ersten in-
schriftlich gesicherten Münzen erst wieder unter Bischof Ortlieb
(1458—91) und setzen sich nun in langen Reihen (Nr. 38—322)
fort bis Johann Anton (1755—77). Obwohl die ferneren Ab-
schnitte des Buches grösstentheils die neuere Zeit zum Gegenstande haben, mögen sie doch in Kürze hier aufgeführt werden.

1. Abtei Disentis. Kleine Münzen der Äbte Gallus und
   Marianus, 1716—1742. (Nr. 323—328.)

2. Der Gotteshausbund, münzt 1540—1570 (mit domus
   Dei Curie). (Nr. 329—392.)

3. Stadt Chur, münzberechtigt seit 1489. Datirte Münzen
   von 1529 bis 1766. (Nr. 392—775.)

4. Die Freiherren von Haldenstein (bei Chur). Thomas I,
   der 1612 das Münzrecht erhielt, hat von demselben um-
   fangreichen Gebrauch gemacht (Nr. 776—836), kaum
   minderen seine Nachfolger (Nr. 837—993) bis auf Thomas
   von Salis 1770.

5. Die ältere Linie dieser Familie, die Freiherren, spätere
   Grafen von Schauenstein und Ehrenfels, gelangten erst
   1709 in Besitz des Münzrechts. Ihre Gepräge s. Nr. 994
   —1045.

6. Die Grafen von Trivulzio kommen als Besitzer der Herrschaft Misox (Misocco) in Betracht, wo zuerst Johann
   Jacob das 1487 erlangte Münzrecht (in Roveredo? im
   unteren Misoxthale) ausgeübt hat, nach ihm sein Nachfolger (Johann) Franz. Ihre Münzen und Medaillen s.
   Nr. 1046—1109.

7. Fürst Ferdinand (Joseph) von Dietrichstein hat als Besitzer der Herrschaft Tarasp im untern Engadin 1686—
   1698 die unter Nr. 1110—1112 beschriebenen Münzen
   mit dominus in Trasp schlagen lassen.

8. Das Veltlin, seit 1797 der Schweiz entfremdet, tritt nur

---

[1]) Von denen aber gewiss ein guter Theil als Wienerisch anzusehen ist.

mit falschen Münzen und einem Quatrino des Anton
Beccaria (1113—1115) auf.

9. Die Münzen des Kantons Graubünden aus userm Jahrhundert, von 1807 bis 1842 geschlagen (Nr. 1116—1141),
sowie

10. verschiedene auf Graubünden bezügliche Medaillen, Jetons und Marken (Nr. 1142—1206)

machen den Beschluss des fleissig gearbeiteten, mit 13 Tafeln
Abbildungen von des Verfassers kunstfertiger Hand ausgestatteten Werkes.

Wir sind dem Herausgeber für dasselbe zu um so grösseren
Dank verpflichtet, als er zu dessen Vollendung vorzugsweise
die letzten Lebensjahre verwendet hat, in denen die meisten von
uns sich der Ruhe überlassen; erst in seinem 83sten Jahr hat er
es zum Abschluss gebracht. Mögen die numismatischen Studien,
welche die Würze seines Lebens gebildet haben, ihn bis an sein
hoffentlich noch fernes Ende begleiten und erfreuen. H. D.

H. Buchenau, Untersuchungen zur mittelalterlichen Münzgeschichte der Vögte von Weida, Gera und Plauen und
anderer thüringischer Dynasten. Beilage zum Jahresbericht
des Grossherzogl. Sophienstifts zu Weimar. Ostern 1899. 8°.
30 S. mit 1 lithogr. Tafel und 5 Textabbildungen.

Ziemlich weit von Quedlinburg liegt das Städtchen Gera,
das Kaiser Otto III. im Jahre 999 seiner Schwester Adelheid,
Äbtissin von Quedlinburg, schenkte. Nicht aus so früher Zeit,
wohl aber etwa von den Jahren 1190—1270 besitzen wir eine
Reihe grosser Brakteaten mit dem Bilde einer sitzenden Äbtissin,
welche wegen ihrer Fundorte und ihrer Fabrik, die von der
Quedlinburgischen sichtlich abweicht, dagegen oft der des benachbarten Stiftes Naumburg ähnlich sieht, im allgemeinen Ein-
verständniss für Erzeugnisse der Münzstätte Gera angesehen
werden. Die recht ansehnliche Reihe derselben, welche v. Posern
auf seiner Tafel XVI, XVII und Taf. XLV 7—9 abbildet, hat
später noch durch Stübel, Menadier und v. Höfken beträchtliche

Vermehrung erfahren. Lassen sie uns auch über Münzherrn
und Prägort im Dunkeln, — denn mehr als ein blosses A(bba-
tissa) oder ein wiederholtes VA (venerabilis abbatissa) trägt
keiner von ihnen —, so ist es doch dem Hrn. Verf. gelungen,
ihnen etwas mehr abzugewinnen, als wir bisher von ihnen
wussten. Er macht nämlich darauf aufmerksam, dass auf ihnen
ausser den verschiedenen Zeichen der Abtswürde, namentlich
ausser dem Palmzweig fast regelmässig ein Zweig mit lanzett-
förmigen Blättern erscheint, entweder im Felde oder auch in
einer oder beiden Händen der Äbtissin. Der Unterschied
zwischen Palme und diesem Zweige ist besonders auffällig auf
Taf. XVI 1, 2, 7, 10 und XLV, 7 a. a. O., er konnte daher auch
v. Posern nicht entgehen, wie aus seiner Beschreibung dieser
Münzen hervorgeht, in der er diesen Zweig als solchen schlechthin
oder als Baumzweig bezeichnet und in Gegensatz zur Palme bringt;
dabei vergreift er sich nur meines Erachtens insofern, als er
zwischen Palme und Blattstengel unterscheidet und mit letzterem
Namen den nur auf einer Seite befiederten, also von der Seite
gesehenen Palmzweig belegt. Mit Recht schliesst nun der Herr
Verf. aus dem Fehlen dieses eigenthümlichen Zweiges auf sämmtlichen in Quedlinburg selbst geschlagenen Münzen, dass derselbe
eine nur für Gera sich eignende Bedeutung besitzen müsse, und
die findet er darin, dass die Vögte von Weida, die Ahnen der
jetzigen Fürsten Reuss, welche die Vogtei und Gerichtsbarkeit zu
Gera innegehabt und daher zufolge der gewöhnlichen Entwickelung dieses Rechts allmählig Stadt und Land an sich gebracht
haben, einen Zweig dieser Art zwar nicht als Wappen, wohl aber
als redendes Sinnbild geführt haben. Zum Beweise dessen beruft
er sich auf die in Abbildung beigegebenen Siegel der Stadt Gera,
Heinrichs I. von Plauen (1297—1303), mit ꙅ · HEIIIRIꙨI ·
ꓕDVOꙨꙎTI · DE · PLꙎWE und das der Stadt Weida (an
einer Urkunde von 1333); sie alle zeigen die fragliche Pflanze,
die beiden ersten mit ihren Zweigen den Reussischen Löwen
umgebend, das letzte in Baumgestalt über der mit zwei Thürmen
besetzten Stadtmauer. Es liegt nun wohl nahe wegen der

grossen Bedeutung, welche bis zur Einführung des Indigos der Anbau der Weidpflanze für Thüringen hatte, in welchem sogar fünf Städte als „Weidstädte" benannt werden, hier an eben diese an den Stadtnamen Weida anklingende Pflanze zu denken, und der Verf. hat auch selbst diesen Gedanken gehegt, er hat ihn dann aber aufgegeben, weil einerseits weder Gera noch Weida als Weidstädte bekannt sind, und andrerseits der Farbenweid althochdeutsch *weit* heisst, wogegen der im althochdeutschen *wida* genannte Weidenbaum dem im Mittelalter und schon im Jahre 800 genau so lautenden Namen des heutigen Weida besser entspricht als der Farbeweid. Da die Form der auf den gedachten Siegeln dargestellten Pflanze sich ohne allen Zwang als eine Weide auffassen lässt, und der Zweig auf unseren Münzen dem nicht entgegen steht, so werden wir mit dem Verf. in ihm eine Hindeutung auf das Vogteirecht des gedachten Hauses sehen müssen, das sich gegen die Mitte des XIII. Jahrhunderts in die Linien Weida, Gera und Plauen spaltete. Wir haben es also hier wieder mit einem redenden Sinnbilde zu thun, das neben dem eigentlichen Wappen geführt wurde, wofür die Siegel und Münzen der Herren von Minzenberg, der Grafen von Falkenstein und des Grafen Adolf von Dannenberg angezogen werden, aber noch andere Beispiele bekannt und u. a. bei Engel u. Serrure tr. de num. I 163, II 478 und Longpérier cat. Rousseau S. 51 angeführt sind. Auf Grund dieser Darlegungen werden dann für die Vögte von Weida auch einige andere Brakteaten gleichen Fundortes und gleicher Fabrik mit den gedachten äbtischen, aber mit dem Bilde eines weltlichen Herrschers beansprucht, so insbesondere v. Posern XVII 4, 12, von denen dieser Schriftsteller bereits einen solchen Ursprung vermuthet hatte, dann aber auch Arch. f. Brakt. III Taf. 39 Nr. 13, wo ein Gekrönter mit verästeltem Zweig und doppeltem Reichsapfel dargestellt ist. — Fraglicher dürfte die Zuweisung eines grossen schüsselförmigen Brakteaten meissnisch-lausitzer Fabrik an unser Weida sein, den Schlegel in seinem Schediasma den Grafen von Käfernburg zugesprochen hat; der auf ihm erschei-

nende Baum (?) mit sieben kleeblattförmig auslaufenden Zweigen
hat doch mit einer Weide keine Ähnlichkeit; trotz aller Unge-
schicklichkeit hätte der Stempelschneider doch schwerlich sich
so weit von der Wahrheit entfernt. Eben derselbe Zweifels-
grund steht wohl dem Versuche entgegen, einen grossen Brakteaten derselben Mache mit drei Blättern auf Grund der Umschrift ИVИV, angeblich numus Vidensis, hierher zu beziehen;
sind die Blätter auch sicher nicht die Hannöverschen Kleeblätter,
wofür sie Leitzmann (num. Z. 1839 S. 159) angesehen hat, so
haben sie doch mit Weidenblättern, wie sie besonders auf den
vorgedachten drei Siegeln und den Brakteaten erscheinen, ebensowenig Ähnlichkeit; am ersten könnte man sie für Lindenblätter
halten, denn sie sind herzförmig und spitzauslaufend, erinnern
also insofern an den von den unten angebrachten Weidenzweigen
stark unterschiedenen Lindenzweig in der Linken der Äbtissin
auf Nr. 6 Taf. XVII v. Posern, der noch der Erklärung harrt.
Da die Grafen von Käfernburg einen Baum mit herzförmigen
Blättern als Helmkleinod geführt haben (S. 21), so könnte man
vielleicht an eine Käfernburgische Nachprägung denken, wie denn
auch Buchenau den Brakteaten bei Cappe K. M. II Taf. X 83 mit
gekröntem Reiter mit Löwenschild wegen seines Beizeichens
diesen Grafen und ihrer Münzstätte Königsee zuschreibt, nur
scheint das Beizeichen nicht ein Baum über einer Zinnenmauer
zu sein, sondern, wie es auch im Erbsteinschen Verzeichnisse
der Dresdener Dublette Nr. 1416 heisst, ist diese angebliche
Mauer wohl eher eine dreizinkige Krone. — Unbedenklich wird
man der Verweisung des grossen schüsselförmigen Radbrakteaten
bei v. Posern Taf. X 14 und XXIII 10 an die Lobdeburgsche
Prägstätte Roda, und von Taf. X 15 ebenda an Altenburg statt
nach Erfurt beitreten können, ebenso wie der Bemerkung, dass
der grosse Brakteat ähnlicher Fabrik mit ЯΛΙΙЯΛΙΙ und zwei
Kronen (v. Posern XIX 21) nicht in Gotha, sondern in Görlitz
zu Hause ist. Dass nicht dasselbe von dem nur wenig von
diesem unterschiedenen Brakteaten Taf. XXIV 16, 17 a. a. O. gesagt ist, beruht wohl nur auf einem sehr verzeihlichen Übersehen,

sie alle sind doch von dem bekannten Brakteaten mit GORLIZ um die böhmische Krone (Taf. XLV 16 a. a. O.) kaum zu trennen.

Es wird sodann die 1122 als vicus auftretende Stadt Plauen zur Untersuchung gezogen, wo die Vögte von Weida zuerst als Lehnsträger der an der oberen Weser ansässigen, den Dobnagau verwaltenden Grafen von Eberstein auftreten; die Münze daselbst ist nach Ansicht des Hrn. Verf. in der ersten Hälfte des XIII. Jahrhunderts noch Ebersteinisch, im Jahre 1279 aber im Besitz des Vogtes gewesen. Von dieser Erwähnung aus wird dann vorgeschlagen, zwei Brakteaten des Zwickauer Fundes hierher zu verlegen, und zu dem Ende das A—V—B der Nr. 7 Taf. 48 Bl. f. Mzfde., wenn nicht etwa Albertus venerabilis burggravius, so doch advocatus venerabilis Blawensis zu lesen, und das rückläufige Ӕ—Ꙅ—V—И—Т der Nr. 5 Taf. 49 ebenda zu Albertus comes venerabilis (von Eberstein, 1214, 1215 erwähnt) numus Toberensis (d. h. des Dobnagaus) zu deuten, wobei auf das ähnliche Rodensis nummus und Salensis numus verwiesen, aber auch die Möglichkeit einer Ergänzung zu numi typus offen gelassen und auf die ähnliche Umschrift VTCA des angeblichen Brakteaten des Burggrafen Dietrichs III. von Altenburg[1]) hingedeutet wird. Dem Gewagten dieser Erklärungen, die ja vielfach den Ergänzungen solcher Anfangsbuchstaben anhaftet, hat sich wohl auch der Herr Verf. nicht verschlossen, es ist aber um so schwerer ein Bedenken hier zu unterdrücken, als ja in beiden Fällen zwischen den angegebenenen Buchstaben ein Zeichen sich findet, das ebensowohl ein O als ein Ringel sein kann, ersterenfalls also ist ӔOVB und ӔOТИVꙄ und nicht ӔVB bez. ADVИТ zu lesen. — Dem Widerspruche gegen die Erklärung der Nr. 3 Taf. 49 Bl. f. Mzfnde. als eines gräflich Dohnaschen Gepräges wird man dagegen nur beipflichten können; von den geographischen Bedenken abgesehen ist was der Münzherr in der Linken hält doch keinesfalls ein Hirschgeweih. — Auf denselben Grafen Albrecht von Eberstein werden ferner zwei

---

1) Erbstein, num. Bruchst. Taf. I, 2.

von mir in den Bl. f. Mzfnde. S. 606 Nr. 2 und S. 607
Nr. 12 veröffentlichte und im Archiv f. Br. III Taf. 35 Nr. 6 u. 5
abgebildete Brakteaten bezogen, und deren Ā—Ɵ—ᴖ—B zu
Albertus Ebersteinensis comes Blawensis ergänzt. — Endlich
werden noch die bekannten sicheren Brakteaten des Oberhof-
meisters Heinrich berührt: 1) der mit H·ADVOCATVS·DE·PL
(Z. f. N. V 256, Bl. f. Mzfnde. Taf. 55 Nr. 1), 2) u. 3) die beiden
mit HADPNℳ (Num. Z. 1869 S. 89)[1]) und 4) der mit rückläufigem ADORVᴖN (Dresd. Dubl. 1875 Nr. 1398). Das Ende der
herrschaftlichen Prägung im Plauenschen Vogtlande fällt ins Jahr
1306, wo Heinrich der Ältere seine Münze zu Plauen dem „Land-
volke und den Kaufleuten" daselbst für 600 Mk. Silber verkaufte.

Man sieht, welche Fülle von Belehrung und Anregung hier
auf beschränktem Raume geboten wird.   H. D.

F. Friedensburg, Schlesiens neuere Münzgeschichte (XIX. Bd.
   des codex diplomaticus Silesiae, herausg. v. Verein f. Gesch.
   und Alterthum Schlesiens). Breslau, E. Morgensterns Buchhandlung, 1899. 4°. 264 S.

„Nachdem der Verein für Geschichte und Alterthum Schlesiens
in den Jahren 1887 und 1888 meine Münzgeschichte Schlesiens
im Mittelalter herausgegeben hatte, erwies sich die Bearbeitung
des gleichen Gegenstandes für die neuere Zeit als begriffsmässig
und sachlich nothwendiger Abschluss dieser Studien. Der vorliegende Band, die Frucht mehr als zwanzigjähriger eifriger Be-
schäftigung mit der schlesischen Münzkunde, ist bestimmt, diesen

---

1) Während sich die vier ersten Buchstaben leicht und sicher zu
Heinricus advocatus Plauensis ergänzen, ist eine Deutung der beiden letzten,
für die sich moneta nova zunächst bietet, meines Wissens noch nicht unter-
nommen. Sollten dieselben aber nicht numus Misnensis bedeuten? also
ähnlich wie Florenus episcopi oder praesulis oder capituli Cameracensis,
Florenus Aurasicensis, Eltevillensis, Lubicensis, wie Turonus und Anglicus
Francofurtensis —, wie hier Florenen, Turnosen, Englische, wie Häller und
andere Namen zur Bezeichnung nachgeprägter Münzsorten gebraucht werden,
so konnte das wohl auch stattfinden bei einer so auffallenden Münzsorte wie
diese Meissner waren. Übersetzt doch Buchenau selbst (S. 26) die Münz-
inschrift Salensis numus durch „Münze nach Währung der Saalgegend".

Abschluss zu bilden: in ihm und seinem Vorgänger besitzt
Schlesien eine vollständige, durchweg auf urkundlicher Grundlage
beruhende Darstellung seiner gesammten Münzgeschichte, die
von den Tagen Boleslaw Chrobrys bis über die Freiheitskriege
hinausreicht; ein Besitz, wie ihn zur Zeit noch kein anderes
deutsches Land aufweisen kann."

Mit diesen Worten führt sich das vorliegende Werk ein,
und wir müssen dieselben, mit einer sogleich zu erwähnenden
Einschränkung, für durchaus zutreffend erklären. Das Buch,
das im Allgemeinen mit dem Jahre 1526 beginnend, die schlesische Münzgeschichte auf Grund der Münzen selbst und der
über sie vorhandenen schriftlichen Überlieferungen mit wohl-
thuender Kritik ausführlich behandelt, erstreckt sich über das
heutige preussische Schlesien hinaus auf das früher mit ihm
eng zusammenhangende Land Krossen und die österreichisch gebliebenen Fürstenthümer Teschen, Troppau und Jägerndorf, ausgeschlossen sind aber die lausitzer Gebietstheile und die schon
im XV. Jahrhundert an Polen gekommenen Lande Auschwitz und
Zator. Ein Verzeichniss der so ungemein zahlreichen schlesischen Gepräge dieses Zeitraums wird hier nicht gegeben, dies
vielmehr einem späteren Bande vorbehalten, so dass insofern
die an den Eingang gestellten Worte bezüglich der Vollständigkeit zur Zeit eine Einschränkung erleiden. Es sind aber hier
schon die einzelnen zur Ausprägung gelangten Münzwerthe eingehend besprochen, auch die sonst in derartigen Münzgeschichten
bei Seite gelassenen Medaillen und münzähnlichen Zeichen in
den Kreis der Betrachtung einbezogen, was um deshalb besonders dankenswerth ist, weil die betreffende Litteratur theils
sehr dürftig, theils weithin zerstreut ist.

In dem hier beschriebenen Rahmen sondert sich nun die
Arbeit in zwei Theile. In dem ersten, dem allgemeinen, wird
von dem Münzrecht, von der Münze und den Münzern, von
den Rechnungswerten und den Münzsorten gehandelt, und dann
die allgemeine Münzgeschichte gegeben, der im zweiten die besondere folgt. Es ist bei der Fülle des in gedrängter Über-

sicht vorgeführten Stoffes nicht leicht, hier Einzelnes herauszu-
greifen [1]), dennoch sei es versucht. Da ist denn von Wichtigkeit, dass nur die Silbergruben von Tarnowitz und die Gold-
bergwerke des Altvaters und bei Reichenstein in Betracht kommen,
wichtig um deshalb, weil die Münzordnungen vielfach den Münzherren nur die Verarbeitung der selbstgewonnenen Ausbeute
gestatteten. Münzberechtigt waren unbestritten die schlesischen
Herzöge, aber seit dem thatkräftigen, eifrig auf Vermehrung
seiner Macht bedachten Kaiser Ferdinand I. war ihr Recht viel-
fachen Angriffen ausgesetzt, und insbesondere verbot er es im
Jahre 1546 durchaus widerrechtlich dem altersschwachen Friedrich IV. von Liegnitz. Was die Städte anbelangt, so war ihre
Rolle eine bescheidenere als im XV. Jahrhundert, wenngleich
Breslau zeitweise noch eine schwungvolle Prägung betrieben hat;
in der traurigen Kipperzeit aber zwang die Noth, sie theils auf
Grund alter Rechte zum Münzschlage zuzulassen, theils ihnen
neue Münzbriefe zu ertheilen. Aber trotzdem arbeitete der Zeit-
geist mehr und mehr der Zusammenfassung auch der Münz-
hoheit in der Person des Kaisers als des Oberlehnsherrn in die
Hand, und unter der preußischen Herrschaft verschwand vollends
der letzte Rest einer ständischen Münze.

Von Interesse ist namentlich auch der Abschnitt von der
Münze und den Münzern. Wir erfahren hier, dass anfangs die
Prägung nach alter Weise mit zwei eisernen Stempeln vor sich
ging, von denen das „Obereisen" durch Hammerschläge dem
auf das untere in den Ambos eingelassenen, den „Stock", ge-
legten Schrötlinge das Gepräge gab, dass man seit dem Ende
des XVI. Jahrhunderts anfing, sich der Walzenprägung zu be-
dienen, und später zum Balancier überging. Es wird uns ferner
das Münzpersonal vorgestellt, dasselbe war nicht nach deutschem
Brauche zu einer Innung der „Hausgenossen" geeinigt, aber

_____

1) Auf eins aber kann ich mich nicht enthalten aufmerksam zu machen:
auf die in einer Breslauer Urkunde von 1545 vorkommende Verdeutschung
von Remedium durch „Irregriff"; sollten wir uns diese hübsche deutsche
Wortbildung statt des Fremdwortes nicht aneignen?

äufserst zahlreich, so dass z. B. zu Schweidnitz im Juni 1621 nicht weniger als 264 Personen an der Münze beschäftigt waren. Merkmale, welche sich auf den Münzmeister beziehen, finden wir schon seit 1422 auf den Breslauer Hellern, Anfangsbuchstaben seines Namens ab und zu seit dem XV. Jahrhundert, regelmässig aber erst seit dem XVII., wir wissen aber nicht immer, welchen der leitenden Münzbeamten sie angehen. — Es wird dann die Art des Münzbetriebes näher erörtert, denn ausser der eigenen Verwaltung durch den Münzherrn kommt sehr häufig die Verpachtung vor, und zwar entweder gegen festes Pachtgeld (per Arrende) oder auf „Raitung", d. h. so, dass der Unternehmer von dem vermünzten Metall eine bestimmte Abgabe entrichtet; in allen Fällen aber sind Weiterungen die fast unausbleiblichen Folgen. Und die zahllosen Münzordnungen namentlich des XVI. Jahrhunderts, welche besonders darauf ausgingen, ein festes Verhältniss des Goldes zum Silber und des Thalers zur Scheidemünze herzustellen, dienen fast nur zur Erläuterung des von Grote[1]) zur Charakterisirung dieser in unserm gesammten Vaterlande gepflogenen Verhandlungen also formulierten Satzes: „Wer sich abquält, in diesen voluminösen Kongressdebatten und Gutachten etwas anders als Unsinn zu finden, der quält sich vergeblich! Das Vorurtheil, dass so viele angebliche Sachkundige doch wohl Sachkunde von Handel, Verkehr und Geldwesen gehabt haben müssen, ist ebenso natürlich als im vorliegenden Falle irreleitend."

Einen breiteren Raum nimmt sodann die Schilderung der Kipperzeit ein, welche dieselben traurigen Erscheinungen wie im übrigen Deutschland hervorrief und zu der Erkenntniss führte, dass kein Heil sei ausser bei einer einheitlichen Landesmünze und Schliessung der ständischen Münzstätten. Die wurde dann auch unterm 26. Juni 1623 angeordnet. Allein nach einer Pause von etwa 20 Jahren nahmen die Fürsten ihre Prägung wieder auf, zuerst Teschen, dann 1651 Liegnitz, Brieg, 1653 der

---

1) In seiner Geschichte des deutschen Geld- und Münzwesens, S. 155 Bd. I Münzstudien.

Bischof von Breslau. Aber diese Prägungen erfreuten sich keines langen Bestandes mehr und schon 1717 war Breslau alleinige Münzstatt. Man mag die Einzelheiten, die aus den Quellen zu einem anziehenden Bilde sehr anschaulich verarbeitet sind, und uns mit Genugthuung erkennen lassen, wie weit wir doch die traurigen Verhältnisse einer nicht allzufernen Vergangenheit überwunden haben, in dem inhalt- und gehaltreichen formvollendeten Werke nachlesen, sie finden sich zusammengefasst im ersten und näher ausgeführt im zweiten Theile, das folgende Kapitel enthält: der Oberlehnsherr, die Fürstenthümer Liegnitz, Brieg und Wolau, die Fürsteuthümer Sagan, Krossen, Münsterberg-Öls, Würtemberg-Öls, Braunschweig-Öls, Münsterberg, die Herrschaft Reichenstein, das Fürstenthum Neisse, die Grafschaft Glatz, die Fürstenthümer Oppeln und Ratibor, die Fürstenthümer Teschen, Troppau, Jägerndorf und die Städte (Breslau, Brieg, Glogau, Goldberg, Krossen, Liegnitz, Löwenberg, Schweidnitz, Striegau).

Ein Anhang bringt ausser einigen Nachträgen und Berichtigungen sowie dem Register 1) ein Verzeichniss schlesischer Münzpersonen, 2) drei Münzurkunden von 1546, 1622 und 1625, und 3) eine Valvationstabelle von 1615.

Mit zuversichtlicher Erwartung sehen wir dem Erscheinen des Schlussbandes entgegen.   H. D.

———

Luschin v. Ebengreuth, Die Chronologie der Wiener Pfennige des XIII. und XIV. Jahrhunderts. Ein Beitrag zur Methodologie der Münzgeschichte. Wien 1899. 8°. 68 S. Mit 2 Tafeln. (Aus d. Sitzungsber. d. Kais. Akad. d. Wissensschaft. Bd. 140).

Zu den besonders dunklen Partien der deutschen Münzkunde des Mittelalters gehört die österreichische, bestritten ist die Anfangszeit der Prägung, und der fast völlige Mangel an Schriftmünzen erschwert die Zutheilung aufs Äusserste; wir sehen uns gegenüber einer Fülle von kleinen, allerdings mit zwei Stempeln geschlagenen, in der That aber wegen schlechter

Prägung meist einseitig erscheinenden Pfennigen, deren Bilder von grösster, durch die erst 1359 aufgehobene alljährliche Erneuerung der Münze bedingter Mannigfaltigkeit, ähnlich wie etwa die grossen schlesischen Brakteaten, deren Deutung und Beziehung auf einen bestimmten Fürsten fast keine Handhabe zu bieten scheinen. Dennoch ist es dem Hrn. Verf. unter Beihülfe einiger anderer Forscher, in langer, mühevoller Arbeit, durch aufmerksame Beobachtung der Münzfunde und Prüfung von Schrot und Korn, verbunden mit sorgsamem Quellenstudium gelungen, von diesen Münzen, den „Wiener Pfennigen", nicht nur die verwandten und oft mit ihnen vermischten fremden Elemente, die steirischen und kärnthischen auszuscheiden, sondern auch den wenigen Schriftmünzen des XIII. und XIV. Jahrhunderts aus dem so grossen Vorrathe einige andere als „Leitmünzen" anzureihen. Es sind aber jene redende Pfennige nur ein kürzlich (aus dem Funde von Ranna) zu Tage gekommener Pfennig des letzten Babenbergers, Friedrichs des Streitbaren (DVX FRIDERICVS), der aus der Zeit der Reichsverwaltung durch Friedrich II. (mit F. IMPATOR), der mit Königskopf *Rs.* grossem R, wohl ein Denkmal der Verwaltung durch König Rudolf 1276—1282, endlich der mit Stechhelm zwischen R—V, von Herzog Rudolf 1356—1365. Ausserdem hat der Hr. Verf. als wichtige Leitmünze die in grossen Mengen auf uns gekommenen stummen Pfennige mit dem Kopfe eines Steinbocks nachgewiesen als die sogenannten „Stainpöck", jene „neuen" Wiener Pfennige, die Herzog Albrecht IV. am 18. September 1399 zu schlagen befohlen. Zu diesen wenigen Anhaltspunkten sehen wir aber jetzt noch einige besonders bedeutsame hinzugefügt, welche sich auf Grund der neben ihnen abgebildeten Siegel aus Pfennigen mit den Wappen einiger Landschreiber und einiger Münzmeister ergeben. Jene österreichischen Landschreiber haben mit der Leitung der herzoglichen Domänen- und Regalienverwaltung zugleich die Stellung landesherrlicher Bankiers verbunden und vermuthlich durch ihre den Münzen aufgeprägten Wappen ihre Haftung für deren gesetzmässige Güte bezeugt.

Die betreffenden sechs Pfennige führen etwa auf die Jahre
1275/76, 1285 bis 1293, 1296, 1299 und 1303; auf zwei von
ihnen wurden früher die bairischen Wecken und die Sulzbacher
Lilien gesehen. Die Münzmeister, deren Wappen wir auf acht
andern Pfennigen sehen, sind Heinrich Schucheler (1335—1340?),
Dietrich Vlusshart (1352—1357) und Hans von Tirna oder sein
Bruder Jakob (1355—1373); sie erinnern uns an Augsburg, wo
sich auch die Münzmeister im XV. Jahrhundert durch Lilie und
Anker, später wie in Wien durch ihre Namensbuchstaben zu
erkennen gaben.

Wir dürfen hoffen, dass das so dornenvolle Arbeitsfeld des
Hrn. Verf. unter seiner geübten Hand noch manche schöne
Früchte gleich den bisherigen zeitigen wird.   H. D.

Nekrologe.

Anatole Chabouillet.

A. Chabouillet, der vormalige Direktor des Cabinet des médailles zu Paris ist am 5. Januar 1899 verstorben. Seine umfangreiche literarische Wirksamkeit erstreckte sich in gleicher Weise auf das Gebiet der Archaeologie und der Numismatik. Aus ersterem sei hier erwähnt sein Catalogue général et raisonné des camées et pierres gravées de la bibliothèque impériale, Paris (1858), und das Prachtwerk der Description des antiques et d'objets d'art composent la collection de M. Louis Fould, Paris 1861. Seine umfangreichste numismatische Arbeit bildet die dreibändige Beschreibung der französischen Medaillen im Trésor de Numismatique et de Glyptique. Bei der Revue numismatique ist er zumal in der 2. Serie fleissiger Mitarbeiter gewesen. Im Jahre 1889 veröffentlichte er den von seinem kurz vorher verstorbenen Collegen E. Muret hinterlassenen Catalogue des monnaies Gauloises, ein Jahr später den Catalogue raisonné de la collection de deniers Mérovingiens des VII et VIII siècles, de la trouvaille de Cinniez par Arnold Morel-Fatio. Er hat seinen Amtsnachfolger Lavoix überlebt und ein Alter von 85 Jahren erreicht.   R. Weil.

Jan Pieter Six.

Am 17. Juli 1899 verschied auf seinem Landsitz zu Hilversum bei Amsterdam Jonkheer Jan Pieter Six, der hoch angesehene holländische Numismatiker. An ihm verliert unsere Wissenschaft einen ihrer eifrigsten Mitarbeiter, einen der besten Kenner der antiken Münzen. Er war geboren am 6. November 1824, und hat mithin ein Alter von 74 Jahren erreicht. Sein Vater war Jonkheer Hendrik Six van Hillegom, aus einer angesehenen Amsterdamer Regierungsfamilie stammend, deren althergebrachter Kunstsinn auch auf den Sohn überging. Seine Mutter Lucretia Johanna van Winter, deren Vater eine der vorzüglichsten Gemälde-Sammlungen altholländischer Meister gebildet hatte, hat es sich angelegen sein lassen die ihr zugefallene Hälfte nicht unwesentlich zu vermehren. Der Sohn sollte Jurisprudenz studiren, fühlte sich aber zur Philologie hingezogen; er beschäftigte sich erst in Utrecht, dann in Amsterdam eifrig mit Plautus, legte sich eine umfangreiche Plautus-Bibliothek an, und begann römische Münzen zu sammeln. 1846 war seine Mutter gestorben, 1848 der Vater, so dass er frühzeitig ganz unabhängig dastand, seinen wissenschaftlichen Neigungen leben konnte, und sein akademisches Studium darum auch nicht zu Ende führte. 1856 heirathete er Catharina Teding van Berkhout.

Ungefähr bis zu dieser Zeit hatte er lediglich römische Münzen gesammelt. Der Ankauf einer kleinen in Sicilien gebildeten Sammlung aber, die neben römischen Münzen auch griechische, zumal sicilische Münzen umfasste, wurde für seinen weiteren Studiengang entscheidend, sich von nun an den griechischen Münzen zuzuwenden.

Aber seine Interessen waren ungleich weiter gerichtet. Im Jahre 1858 wurde auf seine Anregung die Königl. Oudheidkundig Genootschap gestiftet, eine Gesellschaft, die sich die Erforschung und Erhaltung der vaterländischen Alterthümer zur Aufgabe stellte, und ein eigenes Alterthums-Museum ins Leben rief. Viele Jahre lang ist Six hier abwechselnd im Vorstand oder im Präsidium gewesen, bis ihn sein vorgerücktes Alter zwang, von länger dauernden Versammlungen fern zu bleiben.

Als das Interesse für griechische Numismatik und griechische Geschichte bei ihm das Interesse für die lateinische Literatur in den Hintergrund drängte, schenkte er seine reiche Sammlung alter Plautus-Drucke der Utrechter Universitäts-Bibliothek; die Universität Utrecht aber hat ihm nicht lange nachher, i. J. 1869, den Doctor hon. causa verliehen.

Die Königliche Akademie der Wissenschaften zu Amsterdam hatte aus dem Hoefft'schen Legat eine nicht unbedeutende Sammlung grösstentheils antiker Münzen erhalten, die Bestandtheile der alten Sammlung van Damme u. a. enthielt. Die Ausarbeitung eines Katalogs, der 1863 erschienen ist, war die frühste numismatische Arbeit Six'. Im selben Jahre wurde er zum Mitglied der Akademie ernannt; in dieser Eigenschaft hat er dann die Veröffentlichung der Monnaies grecques seines Freundes Imhoof als 14. Band der 'Verhandelingen der Koningl. Akademie der Wetenschapen, Afdeeling Letterkunde' veranlasst, während er seine eigenen Arbeiten lediglich in den numismatischen Fachblättern veröffentlicht hat.

Fast ein volles Menschenalter hindurch ist Six einer der fleissigsten Mitarbeiter des Numismatic Chronicle und der Revue Numismatique Française gewesen, auch dem Annuaire de la Société d'archéologie et de numismatique und unserer Zeitschrift für Numismatik (III 237. 375. VI 75. XIV 142) hat er gelegentlich werthvolle Beiträge zukommen lassen. Mit Vorliebe hat er, wenigstens in den späteren Jahren, seine Studien der Münzkunde Kleinasiens zugewandt. Seine beiden grossen Monographien: Du classement des séries cypriotes (Revue Num. III sér. I 1883) und Monnaies lyciennes (ebend. IV und V 1886/87) sind für die Numismatik Cyperns und Lyciens grundlegende Arbeiten geworden, wie sie zu schaffen nur der im Stande ist, der auch zu irren den Muth hat. Ihnen reihen sich an die eingehenden Untersuchungen über die Prägungen der persischen Satrapen (Numism. Chronicle IV. V 1884/85). Seine 'Monnaies grecques inédites et incertaines', wie sie sich seit dem Jahre 1888 durch eine ganze Reihe von Bänden des Numismatic Chronicle hindurchziehen, sind für seine Arbeitsweise charakteristisch; sie enthalten, auch wo sie sich auf Gebiete erstrecken, in denen zur Zeit gesicherte Ergebnisse noch nicht zu erreichen sind, eine Fülle von anregenden Beobachtungen. Gute philologische Schulung, grosse Belesenheit, reiches historisches und archäologisches Wissen tritt uns in seinen Schriften entgegen. Dazu ein Geschick, sich auch in Fächer, die ihm von Haus aus ferner liegen mochten, wie auf dem Gebiet der orientalischen Sprachen, einzuleben und sie für seine Zwecke zu verwerthen. Gedacht werden mag hier aber auch noch der grossen Liebenswürdigkeit, mit der er jederzeit bereit war Mitforschenden, die ihn um Auskunft baten, mochten sie ihm persönlich näher bekannt sein oder nicht, seine Ansichten mitzutheilen. Bis kurz vor seinem Tode ist er noch mit seinen numismatischen Studien beschäftigt gewesen, der Aufsatz über Rhegion (Num. Chronicle 1898 S. 298 ff.) war die letzte von ihm veröffentlichte Arbeit.   R. Weil.

Wilhelm Pertsch.

Am 17. August 1899 starb in Gotha im Alter von 67 Jahren der Oberbibliothekar der Herzoglichen Bibliothek Geh. Hofrath Professor Dr. Wilhelm Pertsch. Er zählte in seiner Fachwissenschaft, der orientalischen Philologie, zu den hervorragendsten Gelehrten: seine grossen Kataloge der orientalischen Handschriften in den Bibliotheken zu Gotha und Berlin sind wahrhaft mustergültige Arbeiten, die ihrem Verfasser reiche Anerkennung von allen Seiten brachten. — Aber auch ein tüchtiger feinsinniger Numismatiker ist in P. dahingegangen. Mit der Bibliothek in Gotha war ihm auch das Herzogl. Münzkabinet unterstellt. Als dessen Leiter hat er die orientalische Sammlung mit grösster Sachkunde geordnet und einige kleinere vorzügliche Abhandlungen über orientalische Münzen geschrieben;

ein hervorragendes Interesse widmete er aber auch den antiken Münzen, an deren Schönheit sich sein feiner Kunstsinn besonders erfreute, und mit seinen weit über blossen Dilettantismus hinausreichenden Kenntnissen auf diesem Gebiete gelang es ihm, die gothaische Sammlung vielseitig zu erweitern. Auch das Berliner Münzkabinet schuldet dem Entschlafenen reichen Dank: er hat einen Theil der orientalischen Sammlung bestimmt und geordnet und auch ausserdem gar oft die Direktoren des Kabinets mit der ihn auszeichnenden Freundlichkeit und Gefälligkeit durch Rath und That in förderlichster Weise unterstützt. H. Nützel.

Raymond Serrure.

Der 16. September 1899 hat uns einen schmerzlichen Verlust bereitet: ein jäher Tod hat uns unsren Raymond Serrure in der Blüthe der Jugend, erst 36 Jahre alt, entrissen. Die Liebe zur Münzkunde war ihm angeerbt, denn schon sein Vater C. A. Serrure und namentlich sein Grossvater C. P. Serrure, der Verfasser des cabinet monétaire du prince de Ligne, haben sich in derselben einen geachteten Namen erworben. Beide aber hat er weit übertroffen: ausser zahlreichen Aufsätzen in den Zeitschriften, besonders in dem von ihm begründeten Bulletin mensuel de numismatique et d'archéologie (s. Bd. XI 342 d. Z.) hat er an grösseren Arbeiten den Dictionnaire géographique de l'histoire monétaire Belge (Bruxelles, 1880) und den Essai de numismatique Luxembourgoise (Paris, Gand, 1893) verfasst. Eine ganz ungewöhnliche Belesenheit in der numismatischen Litteratur und umfangreiche Kenntniss der Geschichtsquellen, scharfe Kritik und klare Darstellung, alles Eigenschaften, die man von einem Schriftsteller unseres Faches verlangt, aber selten vereinigt antrifft, zeichnen diese Arbeiten in hohem Maasse aus, und sie finden sich selbstredend auch in den Werken, die er uns im Bunde mit Arthur Engel geliefert hat, in der Erkenntniss, dass unsre überreiche, aber vielfach schwer zu übersehende und schwer zugängliche Litteratur nichts so dringend bedarf als solcher zusammenfassender Arbeiten. Es sind dies das Répertoire des sources imprimées de la numismatique française und namentlich der Traité de la numismatique du moyen âge, von dem der dritte Band noch aussteht, sowie der Traité de la numismatique moderne et contemporaine, von dem der erste Band erschienen ist; über sie ist in dieser Zeitschrift Bd. XVI, 137, XVIII, 74, XIX, 294 und XXI, 335 Rechenschaft gegeben, und noch im gegenwärtigen Hefte ist von den schönen Früchten die Rede, die des Verewigten Untersuchungen über die Nachahmungen flandrischer Gepräge gezeitigt haben. — Werfen wir einen Blick auf dieses nach Inhalt wie nach Umfang höchst bedeutende Lebenswerk, so drängen sich uns zwei Empfindungen auf: das Staunen, wie das Alles in einem Alter hat vollbracht werden können, in dem erst Wenige zum Schreiben kommen, und die Trauer, dass ein unerbittliches Geschick einen Mann von so seltener Begabung weiterem Wirken und Schaffen entzogen hat.

H. D.

Altgriechischer Münzfund aus Ägypten.

(Taf. VIII).

Im Sommer dieses Jahres (1899) erhielt das Münzcabinet die Abdrücke einer grösseren Anzahl griechischer Silbermünzen aus einem in Ägypten gemachten Funde. Da es sich um archaische Münzen handelte und der Fund mit früheren in Ägypten gehobenen Münzschätzen mancherlei Berührungspunkte zeigte, wandte ich mich an Herrn Giannino Dattari in Cairo mit der Bitte um genauere Angaben. Ich erhielt folgende Auskunft:

„Etwa im November 1897 wurde ein Münzfund gemacht, wie Einige behaupteten in Sokha, wie Andere aussagten in Sogh El Hager[1]). Aus diesem Funde kamen etwa 30 Stücke zum Verkauf, von denen 19 durch Herrn Dr. Weber in London erworben wurden, die übrigen in meine Hände gelangten. Da der Verkäufer mir noch andere Stücke aus diesem Funde in Aussicht stellte, hielt ich dieselben vorläufig zurück. In der That brachte er mir in diesem Jahre weitere 22 Münzen, dann noch sechs, unter denen die beiden grossen Cyrenäischen [vgl. unten n. 45. 46], und jüngst noch weitere sieben[2]). Obwohl der Verkäufer für alle diese Münzen dieselbe Herkunft angab, bin ich doch überzeugt, dass einige davon [es sind die auf S. 251 f. erwähnten sieben Münzen] nicht aus dem Funde stammen.

---

1) Gemeint sind die Ortschaften *Sakha* und *Sa-el-Hagar*, beide im Nildelta, die letztere das alte Saïs. Sakha, das ehemalige Xoïs, dürfte als Fundstätte die grössere Wahrscheinlichkeit für sich haben, und diesen Ort allein nennen auch Herr Dutilh, der im Journal internat. d'archéol. numismatique 1899 S. 287 den Fund mit wenigen Worten erwähnt hat, und Dr. Hermann Weber in seiner gleich zu erwähnenden Abhandlung.

2) Zu diesen kamen nachträglich noch einige hinzu.

Man erfährt nie die Wahrheit über solche Münzfunde, am
wenigsten über die Örtlichkeit und die genaueren Fundumstände,
theils weil die Händler einander misstrauen, dann auch aus
Scheu vor den Behörden".

So weit mein Gewährsmann. Während ich diesen durch
Rückfragen etwas verzögerten Bericht ausarbeitete, ging auch
Herr Dr. Weber an die Bearbeitung des in seinen Besitz gelangten Theils für das Numismatic chronicle. In überaus zu-
vorkommender Weise übersandte er mir noch vor dem Erscheinen seiner Abhandlung die Tafeln und die Gewichts-
angaben[1]), sodass ich nun in der Lage bin, den bisher bekannt
gewordenen und, wie es scheint, auch hauptsächlichen Bestandtheil dieses ägyptischen Fundes hier verzeichnen zu können[2]).

Sämmtliche Münzen waren bei der Auffindung mit einer
starken Schicht Hornsilber überzogen, die zu entfernen der
erste Besitzer zunächst Säuren verwendete, und wo diese nicht
genügend wirkten, leider auch ein scharfes Instrument, wodurch
einige Stücke übel zugerichtet wurden. Ich hebe dieses
Reinigungsverfahren besonders hervor, weil die Münzen durch
dasselbe an Gewicht etwas eingebüsst haben müssen.

Thasus (ins. Thraciae).

1. Stater mit dem ein Mädchen entführenden Satyr, von
   gutem alterthümlichen Styl (ungefähr wie Londoner
   Cat., Tauric Chersonese etc., S. 216 n. 2).
   Im Handel. 21—22 Mill.

---

1) Die Arbeit Dr. Weber's ist während des Druckes dieses Aufsatzes erschienen (Num. chron. 1899 S. 269 ff.) und konnte von mir noch benutzt
werden.

2) Von n. 9. 10. 17. 18. 21. 27. 28. 30. 33. 37. 39. 45. 47. 48. 50. 53.
55. 58. 59. 62. 63. 64. 65 habe ich die Originale für die Königl. Sammlung
erworben; n. 4. 5. 6. 7. 8. 11. 12. 16. 19. 20. 24. 25. 31. 32. 34. 49. 52. 54.
57 sind nach den mir von Herrn Dr. Weber mitgetheilten Tafeln des Numismatic chronicle beschrieben (mit nachträglicher Benutzung der inzwischen
erschienenen Abhandlung); für n. 1. 2. 3. 13. 14. 15. 22. 23. 26. 29. 35. 36.
38. 40. 41. 42. 43. 44. 46. 51. 56. 60. 61 haben mir theils Gypsabgüsse,
theils Papierabdrücke vorgelegen.

Acanthus (Macedonien).

2. Tetradrachme vom gewöhnlichen Typus mit Fisch l. im Abschnitt der Vs. = Berliner Cat. II Taf. II, 18; auf der Vs. ein tiefer Meisselhieb.

   Im Handel.

Lete (Macedonien).

3. Stater: Satyr und Mädchen, ungefähr wie Londoner Cat., Macedonia etc., S. 77 n. 2, doch ist die Anzahl der Kugeln nicht festzustellen.

   Im Handel. 16—17 Mill.

4. Ähnlicher Stater ohne Kugeln, Rf. kleines vertieftes Quadrat ohne deutliche Theilung. 146 grains = 9,46 Gr.

5. Ähnlicher Stater, mit zwei Kugeln und ähnlichem vertieften Quadrat. 146,2 grains = 9,47 Gr.

6. Ähnlicher Stater mit vier (oder sechs?) Kugeln, das vertiefte Quadrat gross und durch zwei Diagonalen getheilt. 146 grains = 9,46 Gr.

   No. 4—6 bei Dr. Weber in London. Num. chron. 1899 S. 271, 2—4, Taf. XV, 2—4.

Neapolis (Macedonien).

7. Stater mit dem Antlitz der Gorgo ohne Schlangen, das vertiefte Quadrat durch zwei Diagonalen getheilt. 147,5 grains = 9,56 Gr.

   Dr. Weber in London. Num. chron. 1899 S. 272, 5, Taf. XV, 5.

Unbestimmt (thracisch-macedonisch).

8. Kopf des bärtigen Herakles r. mit dem Löwenfell bedeckt.

Rf. Vertieftes Quadrat, durch zwei Diagonalen getheilt. 16—18 Mill. 145 grains = 9,395 Gr.

   Dr. Weber in London. Num. chron. 1899 S. 270, 1, Taf. XV, 1.

16*

In dem ägyptischen Funde von Myt-Rahineh befand sich ein Stater von 9,97 Gr., auf welchem Longpérier eine *tête de lion, tournée à droite, dévorant une proie* erblickte; er theilte diese Münze der Insel Samos zu. Vergleicht man die Longpérier'sche Abbildung (Revue num. 1861 Taf. XVIII, 10) mit unserem Stater, so fällt sofort die grosse Ähnlichkeit beider Münzen auf, dass man vermuthen möchte, Longpérier habe die Darstellung verkannt und den bis über die Augen in sein Löwenfell gehüllten Herakleskopf für einen Löwenkopf gehalten; die vermeintliche Beute, die sich in seinem weit geöffneten Rachen befinden soll, ist auf der Abbildung auch keineswegs deutlich und dürfte auf die mangelhafte Ausprägung von Auge, Wange, Mund und Nase des Herakles zurückzuführen sein[1]). Beide Münzen stimmen sonst in der Form des vertieften Quadrats genau mit einander überein; auch der geringe Gewichtsunterschied widerspricht nicht ihrer Identificirung.

Dr. Weber ist geneigt, diesen Stater der thracischen Stadt Dicaea zuzutheilen.

Unbestimmt (thracisch-macedonisch).

9. Kuh r. stehend und den Kopf (im Profil) zurückwendend; unter ihrem Bauche ein sich aufrichtendes Kalb r. Den Abschnitt bilden zwei parallele Linien, die durch eine Anzahl senkrechter Striche mit einander verbunden sind.

Rf. Vertieftes Quadrat, durch zwei Diagonalen getheilt.

Berlin. 17—18 Mill. 10,06 Gr. **Taf. VIII, 1.**

Dieselbe Münze schlecht abgebildet bei Mionnet Taf. XL, 3; sehr ähnlich, aber mit drei Kugeln auf der Vorderseite, Imhoof-Blumer monn. gr. Taf. D, 2, Berliner Cat. II S. 168 n. 34.

---

1) In der sehr schlechten Abbildung derselben Münze bei **Mariette** monuments divers recueillis en Égypte et en Nubie Taf. 32 ist es ein Löwenkopf mit geschlossenem Rachen.

10. Kuh r. stehend und den Kopf (im Profil) zu dem unter ihr befindlichen saugenden Kalbe zurückwendend; die Abschnittslinien undeutlich, aber wohl der voraufgehenden Münze entsprechend.

Rf. Ähnliches Quadrat.

Berlin. 17—19 Mill. 9,99 Gr. **Taf. VIII, 2.**

Einen entsprechenden Stater, aber mit einer Kugel auf der Vs., beschreibt Imhoof a. a. O. S. 103 n. 156, der ebenda über die Zutheilung dieser Münzen spricht.

Aegina.

11. Stater: Seeschildkröte mit Kugelverzierung auf der Schale und mit dem älteren *quadratum incusum*. 191 grains = 12,376 Gr.

12. Ähnlicher Stater. 183 grains = 11,858 Gr.

Beide bei Dr. Weber in London. Num. chron. 1899 S. 273, 6. 7, Taf. XV, 6. 7.

13. Ähnlicher Stater mit dem jüngeren vertieften Quadrat = Londoner Cat., Attica etc., Taf. XXIV, 1.

Im Handel.

Corinth.

14. Stater mit dem r. springenden gezäumten Pegasus (der Kopf unverhältnissmässig gross), sehr ähnlich dem im Londoner Cat., Corinth etc., Taf. I, 1 abgebildeten.

Im Handel. Etwa 18—21 Mill.

15. Stater mit dem l. schreitenden gezäumten Pegasus, die Vs. = Londoner Cat. Taf. I, 3, aber das vertiefte Quadrat wie Taf. I, 1.

Im Handel. 22—23 Mill.

16. Ähnlicher Stater mit undeutlichem Quadrat. 102 grains = 6,609 Gr.

Dr. Weber in London. Num. chron. 1899 S. 274, 9, Taf. XV, 9.

17. Stater mit dem l. springenden gezäumten Pegasus (die Brust glatt; der Flügel ist stark gekrümmt und

besteht aus einer einzigen Reihe von dicken Federn);
unten ϙ

Rf. Das für Corinth gewöhnliche *quadratum incusum* (vier
dreieckige Einschläge mit kleinen quadratischen Ansätzen).

　　　Berlin. 21—23 Mill. 8,13 Gr.　　　　**Taf. VIII, 3.**

Die Vorderseite ist ziemlich stark convex, die Rückseite
leicht concav.

18. Ähnlicher Stater (auf diesem Exemplar ist die Bodenlinie sichtbar) mit demselben *quadratum incusum.*
　　　Berlin. 19—22 Mill. 8,23 Gr.

19. Ähnlicher Stater (das ϙ ist nicht sichtbar) mit etwas
anders geformtem *quadratum incusum.* 104 grains =
6,74 Gr.
　　　Dr. Weber in London. Num. chron. 1899 S. 273, 8,
　　　Taf. XV, 8.

20. Ähnlicher Stater (der Flügel ist anders gestaltet, das
ϙ vorhanden) mit undeutlichem Quadrat. 101,2 grains
= 6,56 Gr.
　　　Dr. Weber in London. Num. chron. 1899 S. 275, 10,
　　　Taf. XV, 10.

21. Ähnlicher Stater (die Brust des Pegasus ist geperlt;
der nur leicht gekrümmte Flügel besteht aus zwei
Gliederungen, die obere fächerförmig); die Bodenlinie
ist geperlt.

Rf. Das vertiefte Quadrat unvollkommen ausgeprägt.
　　　Berlin. 22—25 Mill. 8,25 Gr. (stempelfrisch).

　　　　　　　　　　　　　　　　　　　　Taf. VIII, 4.

Das auffallend leichte Gewicht der drei Stateren n. 16. 19. 20
dürfte auf den Verlust zurükzuführen sein, den diese Exemplare
durch Oxydirung und Reinigung erlitten haben. Die Vermuthung
Dr. Weber's (a. a. O. S. 275), diese Stücke könnten nach einem
bisher für Corinth noch unbekannten Münzfuss (Stater zu 7,25 Gr.)
ausgebracht sein, halte ich nicht für zutreffend.

Eretria? (Euboea).

22. Auf der einen Seite (vermuthlich Vorderseite) ist nichts mehr zu erkennen.

Rf. Polyp mit acht symmetrisch gestellten Fangarmen, deren Spitzen abwärts geringelt sind.

Im Handel. 21—23 Mill.

Die Zutheilung nach Eretria ist nicht ganz sicher, da auf den Münzen dieser Stadt der Polyp die Spitzen seiner Fangarme aufwärts ringelt; auch sonst pflegt der Polyp, wenn er auf Münzen in wappenartiger Bildung erscheint, mit aufwärts geringelten Fangarmen dargestellt zu sein (vgl. z. B. Imhoof und Keller, Tier- und Pflanzenbilder Taf. VIII).

Naxus (Cycladen).

23. Stater mit dem bekränzten Kantharus u. s. w. = Londoner Cat., Creta etc., Taf. XXV, 7.

Im Handel.

24. Ebenso. 179 grains = 11,60 Gr.

Dr. Weber in London. Num. chron. 1899 S. 275, 11, Taf. XV, 11.

Paros (Cycladen).

25. Stater mit dem im Aufspringen begriffenen und zurückblickenden Bock = Londoner Cat., Creta etc., Taf. XXVI, 1. 189,2 grains = 12,26 Gr.

Dr. Weber in London. Num. chron. 1899 S. 276, 12, Taf. XV, 12.

Clazomenae (Ionien).

26. Stater mit dem r. springenden geflügelten halben Eber = Londoner Cat., Ionia, Taf. VI, 1.

Im Handel.

Phocaea? Teos? (Ionien).

27. Greif l. sitzend, mit geöffnetem Rachen und erhobener r. Vordertatze.

Rf. Vertieftes Quadrat, in vier Quadrate getheilt.

Berlin. 15—18 Mill. 7,36 Gr.   **Taf. VIII, 5.**

28. Ebenso, mit einem tiefen Meisselhieb auf der Vs.

Berlin. 16—19 Mill. 7,38 Gr.

29. Ebenso (ohne Meisselhieb).

Im Handel. Etwa 20 Mill.

Ob diese durch sehr guten Styl bemerkenswerthen Stateren nach Phocaea oder Teos gehören, lässt sich einstweilen nicht entscheiden. Sie haben mit dem im Londoner Cat., Ionia, Taf. XXIII, 3 abgebildeten Tetradrachmon, das zwar unter Phocaea aufgeführt wird (S. 214), jedoch nach Head's Bemerkung (S. XXXVI) ebensogut Teos zugetheilt werden könnte, eine gewisse Stylähnlichkeit, aber der Greif ist auf der Londoner Münze nicht sitzend, sondern eher stehend dargestellt. Der sitzende Greif auf den Münzen, die man Teos zuzuschreiben pflegt, entspricht in stylistischer Hinsicht auch nicht recht und ist überdies stets rechtshin gewendet.

Chios? (ins. Ioniae).

30. Sphinx von sehr alterthümlichem Styl l. sitzend, mit einem von ihrem Scheitel ausgehenden fadenförmigen Ansatz[1]), der in einen Büschel endigt; im Felde l. eine Rosette. Die Bodenlinie ist geperlt.

Rf. Vertieftes Viereck, in vier Quadrate getheilt.

Berlin. 15—16 Mill. (kugelförmig). 7,73 Gr. (etwas abgenutzt).   **Taf. VIII, 6.**

---

1) Ein ähnlicher Kopfschmuck findet sich auf Werken der archaischen Kunst nicht selten bei der Sphinx und bei verwandten Fabelwesen, z. B. den Harpyien. Auf Münzen pflegt er nur kurz und an der Spitze geringelt zu sein, wie eine feine Feder: so auf unserer n. 32, auf den Electronmünzen von Cyzicus Numism. chron. 1887 Taf. IV, 23 (Harpyie), 27—29 (Sphinx) u. a. m.; als langer, federbuschartiger Schmuck erscheint er z. B. auf den Elfenbeinreliefs von Spata (Bull. de corresp. hellén. II Taf. XVII, 1. 2, XVIII, 1; vgl. Milchhöfer in den Athen. Mitth. d. arch. Inst. II S. 266), hier aber als Aufsatz auf den kalathosähnlichen Hauben der Sphinxe. — Vgl. auch die weiblichen Flügelfiguren auf den bei Imhoof monn. gr. Taf. G n. 3. 5 abgebildeten Münzen.

31. Sphinx l. sitzend von ähnlichem Styl und mit einem ähnlichen Kopfschmuck; kein Beizeichen.

Rf. Vertieftes Quadrat mit undeutlicher Diagonaltheilung.
15 Mill. (kugelförmig). 113,6 grains = 7,36 Gr.
Dr. Weber in London. Num. chron. 1899 S. 276, 14, Taf. XVI, 2.

32. Sphinx von feinem alterthümlichen Styl l. sitzend, die r. Vordertatze erhoben; an ihrem Scheitel eine kurze, an der Spitze geringelte Feder. Weitläufiger Perlkreis.

Rf. Vertieftes Viereck, in vier Quadrate getheilt.
13—18 Mill. 111,8 grains = 7,24 Gr.
Dr. Weber in London. Num. chron. 1899 S. 277, 16, Taf. XVI, 4.

33. Sphinx von alterthümlichem Styl l. sitzend, die r. Vordertatze erhoben (ob der Kopfschmuck vorhanden, ist nicht mehr zu erkennen); zwischen den Beinen scheinen die Spuren eines Beizeichens zu sein (kleiner Kopf l.?). Weitläufiger Perlkreis.

Rf. Vertieftes Viereck, in vier Quadrate getheilt.
Berlin. 15 — 16 Mill. (kugelförmig). 7,86 Gr.
(oxydirt). **Taf. VIII, 7.**

34. Sphinx von alterthümlichem Styl l. sitzend, die r. Vordertatze erhoben (auch hier ist nicht zu erkennen, ob der Kopfschmuck vorhanden war).

Rf. Ähnliches *quadratum incusum.*
14—16 Mill. (kugelförmig). 115,5 grains = 7,48 Gr.
Dr. Weber in London. Num. chron. 1899 S. 277, 15, Taf. XVI, 3.

35. Halbirtes Didrachmon mit dem hinteren Theil der l. sitzenden Sphinx.
Im Handel.

Ob die hier zusammengestellten Münzen nach Chios gehören, ist nicht recht sicher. In dem bereits erwähnten Funde von Myt-Rahineh war eine als *très-globuleuse* bezeichnete Münze

von 7,97 Gr., die höchst wahrscheinlich unserer n. 34 entsprach[1]), und in einem ebenfalls ägyptischen Funde, den Greenwell im Num. chron. 1890 S. 1ff. beschrieben hat, befand sich
ein Stück, das unserer unter n. 31 verzeichneten Münze genau
entspricht (a. a. O. S. 4. 5, Taf. I, 16). Herr Greenwell führte
dieses unter Chios auf, wies jedoch darauf hin, dass sich die
Münze durch das Fehlen der Amphora, den Kopfschmuck der
Sphinx und das leichte Gewicht von 105,1 grains = 6,81 Gr.
von der gewöhnlichen chiischen Prägung wesentlich unterscheidet. Head beanstandete die Zutheilung an Chios nicht
und nahm auf Grund dieser einen Münze an[2]), dass in Chios
der bekannten Silberprägung nach einheimischem Fusse (Didrachmon von etwa 7,70—7,94 Gr.) ein Didrachmon phöni-
schen Fusses von nur 6,81 Gr. vorausging; und da er ferner
annahm, dass die älteste Prägung (VII—VI. Jahrhundert) ein
Stater äginäischen Fusses von 12,18 Gr. war[3]), würde sich
hier eine Prägung nach drei verschiedenen Systemen ergeben,
was sein Bedenkliches hat. Die in unserem Funde enthaltenen
Exemplare, welche bis 7,86 Gr. wiegen, beweisen nun, dass
das von Greenwell bekannt gemachte und von Head ver-
werthete Stück ein stark untergewichtiges war, und damit
fällt die von Head angenommene Didrachmenprägung von
6,81 Gr. Dem Gewicht nach könnten also unsere Münzen in
Chios geprägt sein. Die weitere Frage, ob die erwähnten
Unterschiede im Typus, zumal das Fehlen der Amphora, ein
zwingender Grund sind, eine andere Prägestätte für sie anzunehmen, lässt sich vorläufig nicht endgültig beantworten und

---

1) Nach der recht schlechten Abbildung bei Mariette monuments divers
recueillis en Égypte et en Nubie Taf. 32 ist der Typus die l. sitzende Sphinx
mit einer erhobenen Tatze; Longpérier (Revue num. 1861 S. 423 n. 17), der
keine Abbildung davon giebt, verweist auf Mionnet Taf. XLIV, 2, auf die
l. sitzende Sphinx die Tatze nicht erhebt.

2) Londoner Cat., Ionia, S. XXXIX und XLI.

3) Abgebildet im Num. chron. 1890 Taf. II, 15 und daselbst S. 18 besprochen; die Zutheilung nach Chios scheint mir jedoch nicht unbedingt
sicher zu sein.

wird wohl nur durch aufmerksame Beobachtung chiischer Funde gelöst werden können. Denn nach Form und Styl sind unsere Münzen so alt, dass sie dem bekannten Typus des V. Jahrhunderts mit der Amphora und Sphinx wahrscheinlich um ein ganzes Jahrhundert vorausliegen[1]); sie würden also, vorausgesetzt dass sie nach Chios gehören, einen bisher noch unbekannten Abschnitt der dortigen Prägung unserer Kenntniss erschliessen, dem zufolge der Typus sich in dieser Weise entwickelt haben müsste: das Wappenbild war anfänglich die Sphinx allein, die bald ruhig sitzend, bald mit einer erhobenen Vordertatze und, der Zeit entsprechend, mit dem archaischen Kopfschmuck dargestellt wurde, mit wechselnden Beizeichen (vgl. n. 30. 33) oder ohne ein solches (vgl. n. 31. 34), bis dann die Verbindung des Wappenbildes mit der Amphora eintrat und ständig blieb. Der Münzfuss aber, nach welchem im Chios geprägt wurde, würde dann von Anfang an das Didrachmon nach dem localen Fusse von 7,70—7,97 Gr. gewesen sein.

Samos? (ins. Ioniae).

36. Das Fell eines Löwenkopfs von vorn gesehen (sehr undeutlich).

Rf. Vertieftes Quadrat, undeutlich getheilt.

  Im Handel. 11—13 Mill.

  Ähnlich die Silbermünze aus einem im Nildelta gemachten Funde im Num. chron. 1890 S. 5 Taf. I, 17; auch Londoner Cat., Ionia, Taf. XXXIV, 5.

Idyma (Carien).

37. Kopf des jugendlichen Pan (oder vielleicht eher einer Panin) von vorn, mit zwei kleinen Hörnern.

Rf. Ε Δ [Υ ΜΙ] Ο Ν um ein Feigenblatt; das Ganze im vertieften Quadrat.

  Berlin. 13—14 Mill. 3,62 Gr.   **Taf. VIII, 8.**

---

1) Nr. 30 unseres Verzeichnisses dürfte bis ins VII. Jahrhundert hinaufreichen.

Unter den mir bekannten Exemplaren dieser ziemlich seltenen Münze[1]) ist dieses stylistisch eines der besten. Der Kopf hat einen entschieden weiblichen Charakter; auch auf einem der Londoner Exemplare jüngeren Styls sieht der mit langen Haaren versehene Kopf, wie Head richtig bemerkt hat, durchaus weiblich aus und auf dem in Arolsen befindlichen Exemplar erkannte Friedlaender auch nur einen 'weiblichen Kopf'. Ich glaube daher, dass wir diesen Kopf richtiger als den einer Panin bezeichnen, wenn auch auf den Kupfermünzen von Idyma der im Profil dargestellte Kopf der eines männlichen Pans zu sein scheint[2]). Als Aufschrift des Exemplars in Arolsen giebt Friedlaender EΔ[YMI]ON an. So steht auch auf unserem, wohl mit denselben Stempeln geprägten Exemplar und dieselbe Namensform dürfte, nach der von Babelon gegebenen Abbildung zu urtheilen, auch auf dem Exemplar aus der Sammlung Waddington stehen. Andere Exemplare haben sicher IΔYMION.

Camirus (Rhodus).

38. Feigenblatt.

Rf. Vertieftes Quadrat mit undeutlicher Theilung.

Im Handel. 10—11 Mill. (Tritemorion).

Ialysus (Rhodus).

39. Vordere Hälfte eines l. springenden geflügelten Ebers; um seinen Hals ein Perlenband.

Rf. Adlerkopf l. (die Schnittlinie geperlt) in einem geperlten Viereck, in der l. Ecke desselben ein Volutenornament zur Ausfüllung des Raumes. Das Ganze in einem vertieften Quadrat.

Berlin. 15—16 Mill. 4,82 Gr. **Taf. VIII, 9.**

---

1) Londoner Cat., Caria, Taf. XXI, 8—10; Babelon invent. somm. de la coll. Waddington Taf. V, 11 (= Revue numism. 1856 Taf. III, 4); zwei Exemplare in Berlin (eins davon aus der Sammlung Fox = Fox engravings II Taf. V, 105); ein Exemplar in Arolsen (Berl. Blätter für Münz-, Siegel- und Wappenkunde I, 1863, S. 144).

2) Imhoof monn. gr. Taf. F 8.

Diese schöne Drachme entspricht genau der im Londoner Cat., Caria, Taf. XXXV, 4 (= Num. chron. 1890 Taf. XIX, 17) abgebildeten.

Lycien.

40. Halbirter Stater mit einem Theil eines Eberkopfes r. mit Vorderlauf, fast sicher = Londoner Cat., Lycia, Taf. I, 1.

Im Handel.

Sardes (Lydien).

41. Halbstater mit den einander zugekehrten Vordertheilen eines Löwen und eines Stieres mit je einem vorgestreckten Vorderbein. *Rf.* ein grösseres und ein kleineres vertieftes Quadrat neben einander.

Im Handel.   Von länglicher Form (12—17 Mill.).

Persisch (in Ägypten geprägt)[1]).

42. Phönicischer Doppelstater mit dem Schiff (Buchstaben über dem Schiff sind nicht sichtbar). *Rf.* König und Wagenlenker im Wagen l., hinter dem Wagen Diener in ägyptischer Tracht, ganz ähnlich wie Babelon, les Perses Achéménides Taf. IX, 1.

Im Handel.

43. Ein ähnliches Exemplar (auch hier ist kein Buchstabe sichtbar).

Im Handel.

44. Kleineres Nominal mit denselben Typen bis auf den Diener, der hier zu fehlen scheint.

Im Handel. Etwa 18 Mill.

Cyrene.

45. KVPΛ (r. aufwärts). Kopf des Zeus Ammon r. von alterthümlichem Styl; das Haar über der Stirn zeigt drei Reihen kleiner Locken, darüber liegt eine Flechte, die auch hinter dem Horn am Nacken sichtbar ist. Perlkreis.

---

1) Vgl. Babelon mélanges numism., I série S. 312ff.; les Perses Achéménides S. CLXXXI f.

Rf. Silphiumstaude mit fünf Blüthen.

Berlin. 24 Mill. 16,57 Gr.   **Taf. VIII, 10.**

46. Ein ähnliches Exemplar, anscheinend schriftlos; der Kopf des Ammon von ungewöhnlich hohem Relief.
Im Handel.

Wahrscheinlich ist auf dieser Münze die Aufschrift in Folge der oben S. 232 erwähnten Misshandlung beim Reinigen verloren gegangen; auch die Nase des Ammon wurde dabei zu Grunde gerichtet.

Cyrenaica.

47. Sechs Silphiumknospen, sternartig von einem geperlten Kreise ausgehend, dessen Mittelpunkt eine Kugel bildet; in dem etwas grösseren Zwischenraum zwischen der ersten und letzten Knospe als Beizeichen ein Widderkopf l. Perlkreis, dicht um das Münzbild.

Rf. Vertieftes, durch zwei Diagonalen getheiltes Quadrat.

Berlin. 16 Mill. (kugelförmig). 8,32 Gr.

Taf. VIII, 11.

48. Vier Silphiumknospen in derselben Weise vertheilt; als Beizeichen hier ein etwas nach oben gekrümmter Fisch r., unter dem ein kleinerer Fisch zu sein scheint.

Rf. Vertieftes Dreieck.

Berlin. 16—17 Mill. (kugelförmig). 8,64 Gr.

Taf. VIII, 12.

49. Sechs Silphiumknospen wie auf n. 47, das Beizeichen ist undeutlich (vielleicht Eberkopf l. nach Dr. Weber). Perlkreis, dicht um das Münzbild.

Rf. Vertieftes, durch zwei Diagonalen getheiltes Quadrat.

15 Mill. 117 grains = 7,58 Gr.

Dr. Weber in London. Num. chron. 1899 S. 280, 19, Taf. XVI, 9.

50. Fünf Silphiumknospen, in derselben Weise vertheilt; das Beizeichen ist nicht mehr kenntlich. Perlkreis dicht um das Münzbild.

Rf. Undeutliches, durch zwei Diagonalen getheiltes vertieftes Quadrat.

Berlin. 16—17 Mill. 8,59 Gr.

51. Ebenso, auch hier ist das Beizeichen undeutlich.

Rf. Vertieftes Dreieck.

Im Handel.

52. Ebenso, die Anzahl der Knospen unsicher (drei nach Dr. Weber); das Beizeichen ist hier nicht zur Ausprägung gekommen; statt des Perlkreises einfacher Kreis, wie es scheint.

Rf. Vertieftes, durch zwei Diagonalen getheiltes Quadrat.

16—17 Mill. 122,2 grains = 7,92 Gr.

Dr. Weber in London. Num. chron. 1899 S. 280, 18, Taf. XVI, 8.

Ähnliche Stücke mit anderen Beizeichen hat Müller bekannt gemacht[1]); ein dem unter n. 47 beschriebenen Stater genau entsprechendes kleineres Nominal hat eben Dr. Weber publicirt[2]). Bemerkenswerth ist, dass zwei von diesen Stateren (n. 48. 51) statt des üblichen *quadratum incusum* ein vertieftes Dreieck haben.

53. Silphiumfrucht.

Rf. Stierkopf von vorn.

Berlin. 9—10 Mill. 1,90 Gr.   **Taf. VIII, 13.**

Unbestimmt.

54. Männlicher Kopf (ohne Hals) von vorn, wie es scheint mit einer schmalen Stirnbinde[3]); das zurückgekämmte Haar nimmt sich wie eine eng anliegende Kappe aus; die grossen, abstehenden Ohren sind unverhältnissmässig hoch gestellt.

Rf. Vertieftes Quadrat, undeutlich getheilt.

---

1) Numism. de l'anc. Afrique I S. 10 n. 15, supplement S. 1 n. 14a, 17a.

2) Num. chron. 1899 S. 285 n. 24, Taf. XVI, 15.

3) Auf den im Berliner Münzcabinet befindlichen Exemplaren dieser Münze ist die Stirnbinde nicht vorhanden.

15—16 Mill.   84,4 grains = 5,46 Gr.

Dr. Weber in London.   Num. chron. 1899 S. 278, 17,
Taf. XVI, 5.

Ein Exemplar dieser Münze machte v. Prokesch-Osten,
inedita meiner Sammlung (1859) II S. 24 Taf. I, 3, bekannt
und theilte es Rhodus zu, weil es ihm von dort zugegangen
war; Dr. Weber möchte an Colophon denken. Ein fast genau
übereinstimmender Kopf ist dargestellt auf einem aus Kleinasien stammenden Scarabäus des Berliner Museums[1]), den Furtwängler für eine syrische Arbeit hält.

Unbestimmt.

55. Unvollständig ausgeprägter, l. gewandter weiblicher
Kopf von feinem archaischen Styl, mit einer Haube
über dem dicht gelockten Haar und einem Ohrring in
Form einer Rosette.

Rf. Vertieftes Quadrat, durch zwei dünne Linien in vier
Quadrate getheilt.

Berlin.   8 Mill.   1,20 Gr. (oxydirt).   **Taf. VIII, 14.**

Ein Exemplar ist bei v. Prokesch-Osten, inedita meiner
Sammlung (1859) II Taf. I, 2 schlecht abgebildet und unrichtig beschrieben; die dort vorgeschlagene Zutheilung nach
Methymna ist willkürlich. Denselben zierlichen Styl unserer
Münze zeigt die im Londoner Cat., Ionia, Taf. IV, 1 abgebildete Hecte von Phocaea; die Übereinstimmung ist so gross,
dass man beide Münzen derselben Werkstätte zuschreiben
möchte.

Unbestimmt.

56. Eberkopf r.; die Borsten bilden einen nach oben breiter
werdenden viereckigen Aufsatz.

Rf. Quadratischer Einschlag mit zwei kleinen quadratischen
Ansätzen, von denen nur einer sichtbar ist.

Im Handel.   11—15 Mill.

Mit einem Meisselhieb auf der Vorderseite.

---

1) Furtwängler Beschr. der geschnittenen Steine n. 98 (Taf. 3, 98).

Fast genau ebenso die im Num. chron. 1884 Taf. XII, 11 abgebildete Münze aus dem Funde von Santorin; über die zweifelhafte Zutheilung dieser gewöhnlich nach Lyttus gegebenen Münze vgl. Wroth ebenda S. 277.

Unbestimmt.

57. Kalb l. gelagert; auf seinem Rücken steht ein Hahn r. gewendet.

Rf. Vertieftes Quadrat mit undeutlicher Theilung.

13—14 Mill. 60 grains = 3,888 Gr.

Dr. Weber in London. Num. chron. 1899 S. 276, 13, Taf. XVI, 1.

Der Hahn dürfte sich in derselben Absicht auf dem Rücken des gelagerten Kalbes niedergelassen haben, wie die Krähe auf dem Esel von Mende[1]) und die Schwalbe (?) auf der Kuh von Eretria[2]) oder Dicaea[3]). Dr. Weber möchte diese Münze Mytilene zutheilen.

Unbestimmt.

58. Pferd (wie es scheint gezäumt) l. schreitend. Linienkreis.

Rf. Vertieftes Quadrat, durch zwei Diagonalen getheilt.

Berlin. 17—18 Mill. 8,44 Gr. **Taf. VIII, 15.**

Die Zeichnung des Pferdes ist steif, der Hals sehr hoch. Sehr ähnlich der Athen zugetheilte Stater bei Cousinéry, voyage dans la Macéd. II Taf. 4, 7 (Beulé, les monn. d'Athènes S. 19).

Unbestimmt.

59. Vordertheil eines r. springenden gezäumten Pferdes.

Rf. Vertieftes, durch zwei Diagonalen getheiltes Quadrat.

Berlin. 17 Mill. 8,54 Gr. **Taf. VIII, 16.**

---

1) Vgl. Imhoof u. Keller Tier- und Pflanzenbilder auf Münzen Taf. II, 27. V, 24.

2) Ebenda Taf. V, 27.

3) Numism. chron. 1890 Taf. III, 22.

Ein im Haag befindliches Exemplar dieses Staters hat
Imhoof-Blumer in dieser Zeitschrift III (1876) S. 275 Taf. VI,
5 bekannt gemacht. Die genaue Übereinstimmuug des *quadratum incusum* auf dieser uud der voraufgehenden Münze mit
dem ganzen Pferde, sowie die Fabrikähnlichkeit beider Stücke
deuten auf benachbarte Prägestätten.

Unbestimmt.

60. Eigenthümlich stylisirter Stierkopf (mit Hals) l. *Rf.*
    Undeutliches vertieftes Quadrat mit Linien = Num.
    chron. 1898 Taf. IX, 3.
        Im Handel. 12 Mill.

61. Ebenso, das Quadrat hier aber deutlich durch zehn
    von der Mitte ausgehende Linien getheilt, in den
    Zwischenräumen vier (oder fünf?) Kügelchen (fast wie
    Num. chron. 1898 Taf. IX, 4).
        Im Handel. 11—12 Mill.

Wroth vermuthet, dass diese Münzen nach Lycien gehören
(vgl. Num. chron. 1898 S. 122).

Unbestimmt.

62. Ziegenbock mit grossem Bart und sehr langen Hörnern
    r. im Aufspringen begriffen (er kniet mit dem r. Vorder-
    bein). Undeutlicher Kreis.
Rf. Vertieftes Quadrat ohne deutliche Theilung.
        Berlin. 14—15 Mill. 5,85 Gr.

Unbestimmt.

63. Vogel r. fliegend; das eine eingezogene Bein ist
    sichtbar.
Rf. Vertieftes Quadrat mit unregelmässigen dreieckigen Ab-
    theilungen.
        Berlin. 21—25 Mill. 14,20 Gr.   **Taf. VIII, 17.**

Wie der Vogel zu benennen ist, ob Taube oder Adler,
st nicht sicher, unsicher auch die Zutheilung dieser Münze.
Die alterthümlichen Stateren mit dem ebenfalls nicht sicher

zu benennenden r. fliegenden Vogel, welche mit grosser Wahrscheinlichkeit Siphnus zugetheilt werden[1]), zeigen einen sehr
verschiedenen, viel roheren Styl, haben ein anders getheiltes
Quadrat und sind vor allen Dingen bedeutend leichter (zwischen
11,08 und 12,70 Gr.) als unsere Münze, die ursprünglich etwa
14,50 Gr. gewogen haben mag, mithin ein nach dem schweren
phönicischen Fuss ausgebrachter Stater ist. Ihre Prägestätte
wird daher auf einer der dorischen Inseln zu suchen sein.

Unbestimmt.

64. Vier Fische neben einander in entgegengesetzten
    Richtungen: Delphin abwärts, ein schmaler Fisch auf-
    wärts, ein ähnlicher Fisch abwärts, Delphin aufwärts
    (dieser nur zum Theil ausgeprägt). In der Mitte des
    Münzfeldes ein nur wenig hervortretender dicker Punkt.
    Rf. Vertieftes Quadrat mit undeutlicher Theilung.
    Berlin. 19—20 Mill. (kugelförmig). 14,30 Gr.
                                              Taf. VIII, 18.

Dem Gewicht nach ist es ein nach dem schweren phönicischen Fuss ausgebrachter Stater. Der Typus erinnert einigermassen an die Münzen von Posidium, das nach demselben
Münzfuss geprägt hat; aber die für Posidium eigenthümliche
quadratische Einrahmung des Typus ist hier nicht vorhanden
und auch das *quadratum incusum* ist wesentlich verschieden.

Unbestimmt.

65. Biene l., im Profil gesehen.
    Rf. Vertieftes Quadrat, durch zwei breite Bänder in vier
    Quadrate getheilt.
    Berlin. 10—13 Mill. 3,47 Gr.   **Taf. VIII, 19.**

Genau dieselbe im Profil gesehene Biene, aber rechtshin
gekehrt, auf einer aus dem ägyptischen Funde von Myt-Rahineh
stammenden Silbermünze (3,42 Gr.), welche A. de Longpérier

---

1) Londoner Cat., Crete etc., Taf. XXVII, 9 (= Num. chron. 1884
Taf. XII, 8); Num. chron. 1890 Taf. II, 13.

in der Revue numism. 1861 S. 419 Taf. XVIII, 7 bekannt machte und Ceos zutheilte; das vertiefte Quadrat war auf dieser durch zwei Diagonalen getheilt. Ein anderes Silberstück (3,26 Gr.), das gleich dem unseren eine im Profil gesehene Biene linkshin zeigt, aber von anderem Styl zu sein scheint und ein undeutlich in vier Quadrate getheiltes *quadratum incusum* hat, führt Head im Londoner Catalog als älteste Prägung von Ephesus auf (Cat., Ionia, Taf. IX, 1). Die Zutheilung unserer Münze bleibt ungewiss; auf Grund des Gewichts, das einem Viertelstater von phönicischem Fuss entspricht, glaubt Imhoof[1]) ihre Heimath in einem der dorischen Inselstaaten suchen zu müssen und nennt vermuthungsweise die Insel Anaphe.

Zusammen mit den hier verzeichneten 65 Münzen wurden drei Bruchstücke von Silberbarren und eine nicht mehr genau festzustellende Anzahl halbirter oder zerstückelter Silbermünzen gefunden. Ich erhielt die Abdrücke von fünf solcher Stücke, von denen ich zwei habe unterbringen können (vgl. oben n. 35. 40); auf den übrigen Abdrücken war entweder nichts oder kaum noch eine Spur von Gepräge zu erkennen, vermuthlich in Folge der starken Oxydirung der Originale. Diese Bruchstücke wanderten als werthlos in den Schmelztiegel.

Auch eine grössere Anzahl Bleistücke mit münzähnlichen Einstempelungen soll dieser Fund enthalten haben, im Ganzen etwa vierzig. Zwei davon liegen mir im Original vor, nach denen die hier folgenden Abbilduugen hergestellt wurden (natürliche Grösse).

Es sind unregelmässig viereckige, aus starken Bleiplatten herausgeschnittene Stücke (das erste ist 3—5 Mill. dick, das

---

1) Griechische Münzen S. 19.

zweite 5—7 Mill.), die nur auf einer Seite mit dem vertieften
Abdruck münzähnlicher, die athenischen Typen nach-
ahmender Stempel versehen sind; die Rückseiten sind glatt.
Auf dem ersten Stück eine rohe Nachbildung des Athenakopfs
mit dem attischen Helm; auf dem zweiten eine stylistisch
ziemlich gute Wiedergabe der Eule zwischen dem Olivenzweig
mit zwei Blättern und der Aufschrift AΘE, neben der Eule
als Beizeichen ein senkrecht gestellter Palmzweig. Auch die
übrigen Bleistücke sollen mit diesen oder ähnlichen Nachahmungen athenischer Münztypen versehen gewesen sein[1]. Zu
welchem Zweck diese gestempelten Bleistücke gedient haben,
vermag ich nicht zu sagen; Marken scheinen sie nicht zu sein,
da man solche durch Guss herzustellen pflegte, und nach Ge-
wichten sehen sie auch nicht aus[2].

Ausser den oben beschriebenen Münzen sollen in dem
Funde noch sieben Silbermünzen gewesen sein, die bis auf
zwei verhältnissmässig junge Stücke (das fünfte und sechste)
chronologisch mit dem Hauptbestandtheile des Schatzes zwar
in Einklang stehen, zum Theil sogar mit einigen Exemplaren
darin vertreten sind, von meinem Gewährsmann jedoch —
wahrscheinlich auf Grund der äusseren Merkmale (Oxydirung
u. s. w.) — als nicht zum Funde gehörig bezeichnet wurden
(s. oben S. 231). Wir werden bei der späteren Betrachtung
von diesen Münzen gänzlich absehen. Es sind die folgenden
Stücke:

Lete. Stater: Satyr und Mädchen, oben eine Kugel sichtbar
= Londoner Cat. S. 77 n. 6.

Aegina. Stater: Seeschildkröte mit glatter Schale = Londoner
Cat. Taf. XXIII, 4.

---

1) Erinnert werden mag hier an die öfters in Ägypten vorkommenden
Nachahmungen athenischer Münzen mit phönicischen oder aramäischen Auf-
schriften, über welche zu vergleichen ist Babelon les Perses Achéménides
S. LVIff. und Numism. Ztschr. IV (1872) S. 181.

2) Das erste Stück wiegt 8,79 Gr., das zweite 13,26 Gr.; beide sind
stark oxydirt.

Aegina. Stater: **A |** Landschildkröte = Londoner Cat. Taf. XXV, 7.

Chios. Didrachmon: Sphinx von jüngerem Styl u. s. w. = Londoner Cat. Taf. XXXII, 3.

Tarsus. Persischer Stater des Mazaios = Babelon, les Perses Achéménides Taf. VI, 4 (mit einem Meisselhieb).

Aradus. Persischer Stater: Kopf des Melkarth. *Rf.* Schiff u. s. w.; ganz ähnlich Babelon a. a. O. Taf. XXII, 12—14.

Unbestimmt. Vordere Hälfte einer Löwin r. mit einer ausgestreckten Tatze (die Schnittlinie doppelt, die äussere geperlt); auf dem Schulterblatt das Zeichen ⅄

　　Rf. Vertieftes Quadrat, in zwei Rechtecke getheilt.

　　　　Berlin. 18—19 Mill. 11,06 Gr.　　**Taf. VIII, 20.**

　　　　Da Kopf und Hals nur mit kurzen Haaren bedeckt sind, dürfte es nicht ein Löwe, sondern eher eine Löwin sein, die wir auf dieser Münze in kräftiger archaischer Stylisirung mit so lebendigem Ausdruck des Grimmes dargestellt sehen, dass wir vermeinen, die Bestie fauchen zu hören. Nach Lycien, wo Buchstaben und Symbole auf dem Schulterblatt des halben Ebers besonders häufig vorkommen, gehört unser Stater wegen seines Gewichts nicht, auch nicht wegen der Form des *quadratum incusum*, das eher für eine Stadt auf Rhodus passen würde. Stateren von genau übereinstimmendem Styl mit der bald r., bald l. gekehrten halben Löwin hat Six zusammengestellt[1]); diese Exemplare hatten jedoch alle anstatt des ⅄ ein O, das Six veranlasste, als Prägeort das auf der Grenze zwischen Pamphylien und Lycien gelegene Olbia[2]) zu vermuthen. Olbia kommt jedenfalls hier nicht in Betracht, weil andere Exemplare ein ⊙ oder Ƨ haben[3]), die Zeichen auf diesen Münzen also keine Buchstaben sind,

---

1) Zeitschr. f. Numism. VI (1879) S. 86 f.
2) Vgl. Londoner Cat., Lycia etc., S. LXXVII.
3) Im Berliner Münzcabinet.

sondern wechselnde Beizeichen. Head (Lond. Cat., Caria,
S. XLIV) schlug Caunus als Prägeort vor. Das Symbol ♀,
das, gleich dem besonders in Cypern oft vorkommenden
verwandten ♀ oder ♀, mit Unrecht als 'gehenkeltes Kreuz'
(*croix ansée*) bezeichnet wird, weist vielleicht nach Cilicien: hier erscheint es auf verschiedenen Münzen[1]),
welche zum Theil sicher nach Tarsus gehören, zum
Theil vermuthungsweise dahin gegeben werden. Als
Typus (diagonal in ein etwas vertieftes Viereck gestellt)
finde ich es auf einer anscheinend noch unedirten, mit

Silber plattirten Bronzemünze[2]), die in unserer Sammlung unter den unbestimmten cyprischen liegt, wegen
des Typus der Vs. aber wohl einer an der phönicischen
Küste gelegenen Stadt zuzuweisen ist[3]).

Als Bestandtheil des Fundes wurde mir endlich auch die
hier abgebildete Silbermünze übersandt[4]):

Eule von vorn (ein wenig rechtshin) mit ausgebreiteten

<hr>

1) z. B. de Luynes num. des satrapies Taf. XII, 2; Waddington in der
Revue num. 1860 Taf. XVIII, 5—7 (= Babelon les Perses Achém. S. XXVI);
Imhoof monn. gr. S. 370 n. 65. 66 Taf. G 6. 7 (hier in dieser Form ♀). Auf
der tarsischen Münze Babelon a. a. O. Taf. III, 1 kommt auf der Vs. ♀, auf
der Rs. ♀ vor.

2) Gewicht 5,54 Gr.; der silberne Überzug ist nur noch zum Theil
vorhanden.

3) Vgl. die Sidon zugetheilten Münzen mit demselben Typus (vor einer
befestigten Stadt liegendes Schiff, im Abschnitt zwei von einander abgekehrte
Löwen) bei Babelon a. a. O. S. CLXXXIII und Taf. XXIX 21—24.

4) Eine Abbildung davon (nach einem Gypsabguss) auch im Num.
chron. 1899 Taf. XVI, 10, vgl. daselbst S. 281 und 287.

Flügeln auf einer schmalen Basis stehend; oben r.,
dicht am Rande der Münze, das Zeichen ⊙

Rf. Vertieftes Quadrat, durch zwei breite Bänder in vier
Quadrate getheilt; in einem derselben das Zeichen ⟩,
in dem darunter befindlichen ein kleines +, beide
Zeichen erhaben.

Im Handel. 17—18 Mill.

Dass dieses Stück dem Münzschatze nicht angehört haben
kann, ist sicher; denn es ist eine durch den unantiken Styl
und durch äussere Merkmale — Rand und künstliche Corrosion
— leicht zu erkennende moderne Fälschung[1]).

Mit unserem unterägyptischen Funde haben, wie ich anfangs erwähnte, zwei andere ebenfalls in Ägypten gemachte Funde
altgriechischer Silbermünzen mancherlei Berührungspunkte.

Der erste wurde i. J. 1860 im Gebiet des alten Memphis
in *Myt-Rahineh* gehoben und enthielt, ausser einigen Silber-
gefässen und einer beträchtlichen Anzahl von gehämmerten
Silberbarren, 23 archaische Silbermünzen *plus ou moins
entamées par le ciseau*[2]), ausserdem *un assez grand nombre de
fragments de monnaies coupées sur lesquels on n'a distingué aucun
type.* Nach der Ansicht Longpérier's, welcher den Fund in
der Revue numism. 1861 S. 414 ff. beschrieb[3]), waren das die

1) Unter den Fälschungen des Berliner Münzcabinets befindet sich ein
Didrachmon von Chios (vgl. Friedlaender Verzeichniss von griech. falschen
Münzen S. 41), dessen Rückseite mit demselben Stempel geprägt ist, mit dem
die Rs. dieser Eulenmünze hergestellt ward.

2) Der entstellende, von einem Meissel herrührende Einschnitt, durch
welchen man im Alterthum die Münzen untersuchte, ob sie gefuttert oder
aus gutem Metall waren, findet sich auch auf einigen Silberstücken des von
uns beschriebenen Münzschatzes (n. 2. 28. 56) und des später zu erwähnenden
ägyptischen Fundes aus dem Jahre 1887. Besonders häufig begegnet man
diesem Meisselhieb auf alterthümlichen Münzen, aber auch in späterer Zeit
in bestimmten Gegenden (z. B. in Amisus, in Sinope, in Cilicien auf Münzen
des IV—III. Jahrhunderts).

3) In der Revue sind zehn Münzen dieses Fundes gut abgebildet; dieselben und noch sechs andere auch bei Mariette monuments divers recueillis
en Égypte et en Nubie Taf. 32 in sehr schlechten Abbildungen.

Vorräthe eines Goldschmiedes, und die Münzen dazu bestimmt, eingeschmolzen zu werden. Vertreten waren in diesem Funde folgende Städte: Lete, Aegina, Corinth (mit vier Exemplaren), Naxus (mit zwei Ex.), Phocaea[1]) (mit zwei Ex.), Chios, Cos, dann Cypern und die Cyrenaica (mit zwei Münzen); ausserdem acht theils unbestimmte, theils nicht sicher zu bestimmende Münzen, welche Longpérier folgenden Städten zutheilte: Maronea, Aegae, Corinth[2]), Eretria[3]), Ceos[4]), Chalcedon[5]), Samos[6]), Phaselis[7]).

Der zweite Fund erfolgte um das Jahr 1887 an einer nicht genau bekannten Stelle im Nildelta. Er enthielt wenigstens 24 archaische Silbermünzen, die von Hoffmann in Paris erworben und durch W. Greenwell im Num. chron. 1890 S. 1 ff. Taf. I, 1—19, II, 1—8 veröffentlicht wurden. In diesem Funde waren folgende Prägungen vertreten: Thasus, Lete, Mende, Neapolis, Corinth, Cyzicus, Milet, Chios, Samos, Cos, Lycien, Cyprus, Tyrus, Cyrenaica und drei unbestimmte. Fast gleichzeitig mit diesen Münzen gelangten Tetradachmen von Dicaea, Mende, Sermyle und Athen in den Pariser Münzhandel, die zusammen im Nildelta gefunden sein sollten und vermuthlich einen Theil des von Hoffmann erworbenen Fundes ausmachten.

Vergleichen wir diese zwei ägyptischen Münzschätze mit dem neu hinzugekommenen, so sehen wir, dass in jedem der

---

1) Teos nach Longpérier; im Londoner Cat. Phocaea zugetheilt (Ionia, Taf. XXIII, 4).

2) Bei Longpérier a. a. O. S. 417 n. 5 (Taf. XVIII, 5), dem Gewicht nach ein Stater phönicischen Systems (von Imhoof monn. gr. S. 105. 106 als möglicherweise thracisch-macedonisch bezeichnet).

3) Dieser fragmentirte Stater mit den zwei Trauben ist nicht euböisch, sondern gehört, wie mir Dr. Imhoof brieflich mitgetheilt hat, je nach dem Normalgewicht von 12 oder 14 Gr., vielleicht nach Iulis oder einer dorischen Insel.

4) Es ist die oben unter n. 65 erwähnte Münze mit der Biene im Profil.

5) Von Imhoof monn. gr. S. 107 n. 175 unter den unbestimmten thracisch-macedonischen Münzen aufgeführt.

6) Wahrscheinlich identisch mit der oben unter n. 8 beschriebenen Münze, welche Dr. Weber Dicaea zutheilen möchte.

7) Identisch mit der oben n. 56 aufgeführten unbestimmten Münze.

drei Funde gewisse Münzen wiederkehren. Das könnte zunächst sich daraus erklären lassen, dass ein Theil dieser Münzschätze aus Prägungen ein und derselben Zeit besteht. Und wenn dann ferner unter den wiederkehrenden Münzen die thracisch-macedonischen Stücke und die Stateren von Aegina und Corinth besonders hervortreten, so wird man das zunächst auf die überaus reiche Prägung jener Städte sowie auf die weite Verbreitung dieser Münzen während des VI. Jahrhunderts zurückführen dürfen, dem ja ein grosser Theil dieser Funde angehört. Aber die Ähnlichkeit, welche die drei Funde in ihrem Bestande aufweisen, ist denn doch grösser, als dass sie aus den eben angeführten Gründen allein sich in völlig befriedigender Weise erklären liesse. Überall ist es dasselbe Gebiet, auf das sich die Münzen in überraschend gleichmässiger Weise vertheilen, überall dieselbe eng zusammenhängende Reihe wichtiger Handelspunkte, von Inseln und Küstenstädten, die innerhalb einer langgezogenen Kreislinie fallen, welche etwa von der cyrenäischen Küste ausgehend über die Cycladen nach der Ostküste Griechenlands hinüberführt[1]), sich nordwärts durch die Meerenge von Euboea bis nach Macedonien und Thracien hinzieht, dann abwärts an den ionischen und carischen Küstenstrichen mit ihren vornehmlichsten Inseln vorüberführt, nach Lycien hinüberstreift, um schliesslich über Rhodus oder Cypern wiederum die nordafrikanische Küste zu erreichen. Dass eine derartige, in allen drei Funden sich wiederholende örtliche Umgrenzung keine zufällige sein kann, liegt auf der Hand. Schon bei dem ersten ägyptischen Funde war die geographische Vertheilung der Münzen so auffällig, dass Longpérier die Vermuthung aussprach, dieses Geld möchte durch einen Handelsmann, der das ägäische Meer bereist hatte, nach Ägypten gekommen sein[2]). Die Herkunft der Münzen ist damit gewiss richtig erklärt. Die beiden anderen Funde umfassen grössere Zeitabschnitte,

---

1) Auffallend ist, dass in keinem dieser Funde Münzen von Creta vorkommen.

2) Revue numism. 1861 S. 426.

zeigen aber eine durchaus analoge Zusammensetzung; auch diese Münzen dürften also in ähnlicher Weise zusammengekommen und nach Ägypten gelangt sein. Freilich werden wir nicht jeden einzelnen der drei Funde als den Ertrag ansehen dürfen, den drei cyrenäische oder phönicische Handelsleute von ihren Rundfahrten durch das griechische Meer heimgebracht hatten; dagegen würde allein schon der Umstand sprechen, dass die Münzen der beiden letzten Funde einer Periode von fast oder mehr als zwei Jahrhunderten angehören. Vielmehr haben wir es hier ganz allgemein mit Geld zu thun, das im Laufe von ungefähr 250 Jahren hauptsächlich durch seefahrende Kaufleute nach Ägypten geflossen war und hier dann als Verkehrsmittel gedient hatte.

Die drei Funde vergegenwärtigen uns also dasjenige Geld, das in Ägypten in Umlauf war, bevor es eigene Münze besass, und zwar sind es Geldproben aus drei verschiedenen Perioden, aus dem VI. und dem V. Jahrhundert und aus der Mitte des IV. Jahrhunderts. Dass alle diese Geldproben Münzen verschiedener Systeme enthalten und dass selbst noch um die Mitte des IV. Jahrhunderts zahlreiche Stücke aus dem Anfang des VI. Jahrhunderts und wohl auch einige aus dem VII. Jahrhundert darin vorkommen, beweist nur, dass in dem Lande ohne eigene Münze jedes Geld als Verkehrsmittel diente und ununterbrochen in Umlauf blieb.

Wo der Umsatz, wie in Ägypten, durch Zuwägen erfolgte, spielte weder das Nominal noch das Alter und Heimathland der Münze eine Rolle; man wog das eingeführte Geld, wie das mit den Barren und den dort üblichen Metallringen geschah, und hatte man nicht kleine Stücke zur Hand, um das nöthige Gewicht herzustellen, wurden grössere Münzen zerschnitten. Die zerstückelten Münzen, die sich bei dem ersten ägyptischen Münzschatze und dann wiederum in dem neuesten vorgefunden haben, sind meiner Ansicht nach ein schlagender Beweis, dass dieses Geld zu Verkehrszwecken gedient hat. Longpérier führte die Zerstückelung der Münzen auf die be-

vorstehende Einschmelzung durch einen Goldschmied zurück
und wir geben gern zu, dass die besonderen Fundumstände
dafür zu sprechen scheinen, dass der grösste Theil des Silber-
vorraths von Myt-Rahineh für den Schmelztiegel bestimmt war.
Nur, glaube ich, waren die Münzen nicht erst zu diesem
Zwecke zerstückelt worden; der Goldschmied hatte sie vielmehr bereits in diesem Zustande zusammen mit den ganzen
Münzen aus dem Verkehr überkommen und dann zurückbehalten,
um das Metall gelegentlich für seine Arbeiten zu verwenden.

Ähnlich wird es sich mit einem kleinen ägyptischen Funde
verhalten, in dem man ebenfalls den Silbervorrath eines Goldschmiedes hat erkennen wollen, und der auch desshalb hier
erwähnt werden muss, weil er mit den bisher besprochenen
grosse Ähnlichkeit hat. Bei den Ausgrabungen von Naucratis
fand Herr Petrie 15 Silbermünzen aus der ersten Hälfte des
V. Jahrhunderts[1]) *together with 42 oz. of roughly cast and cup*
up lumps of silver; unter diesen 15 Münzen war ein zer-
schnittenes Geldstück, die Hälfte einer cyrenäischen Tetradrachme[2]). Also auch hier mit Barren und zerstückeltem
Gelde vermengte Münzen wie im Schatze von Myt-Rahineh
und in dem neuesten ägyptischen Funde, drei Mal dieselben
Erscheinungen, die gewiss nichts mit ägyptischen Gold-
schmieden zu schaffen haben, sondern ihre natürliche Erklärung
in den primitiven Geldverhältnissen finden, welche vor der
Einführung eigener Münze in Ägypten bestanden.

H. Dressel.

1) Syracus, Athen (sechs Exemplare), Aegina, Chios, Samos
(drei Ex.), Mallus, Lycien, Cyrenaica.
2) Head im Numism. chronicle 1886 S. 4 ff.

Eine Porträtmedaille des Chalifen el-Muḳtadir billah.

In den Besitz des Kgl. Münzkabinets zu Berlin gelangte kürzlich aus der Sammlung Subhi Pascha ein höchst merkwürdiges, völlig einzigartiges Stück, eine silberne Medaille mit figürlichen Darstellungen auf beiden Seiten und arabischer Legende.

Vf. Ganze Figur eines Mannes von vorn, der mit untergeschlagenen Beinen auf einem flachen, vorn mit Perlen verzierten und von zwei niedrigen Knäufen getragenen Podium sitzt; in der Rechten hält er vor der Brust einen schmalen hohen Weinkelch, in der auf dem Beine aufgestützten Linken ein mit einem Knaufe versehenes Instrument (Dolch?). Der bartlose Kopf ist mit einer Mütze bedeckt, welche durch ein eng anschliessendes Band unter dem Kinne befestigt ist; zu beiden Seiten derselben hängt je ein oben mit Klappen versehenes, an den Enden nach aussen aufgebogenes Band herab. Der Körper ist mit einem eng anliegenden Prunkgewande bekleidet, das rautenförmig gemustert und mit Perlen

verziert ist, am Oberarme umschlossen durch perlenge-
schmückte Armspangen.

Zu beiden Seiten der Figur die Legende in kufischer
Schrift: المقتدر — بالله, el-Muḳtadir billah.

Das Feld ist durch zwei concentrische Kreise von
verschiedener Stärke eingeschlossen; am Rande ein fort-
laufendes rankenförmiges Ornament.

Rf. Auf einem ähnlichen Podium wie auf der *Vf.*, jedoch ohne
die Knäufe unten, ein sitzender Mann von vorn, mit der
Rechten die arabische Laute spielend, deren Griffbrett
die Linke umspannt. Der bartlose Kopf ist mit einem
breitkrämpigen, hohen Hute bedeckt, von dem Bänder
ähnlich wie auf der *Vf.* herabhängen; das Kinn ist
hier frei. Das Gewand ist von gleichem Stoffe wie
auf der *Vf.*, jedoch von weiter Form mit breiten, lang
herabfallenden Ärmeln ohne Armspangen. Links im
Felde eine lange, schmale, blattförmige Verzierung. Das
Feld ist von einem einfachen Kreise eingefasst; am Rande
das gleiche Rankenornament wie auf der *Vf.*

Silber. Geprägt. Durchmesser 28 mm. Gewicht 8,60 gr.

Durch die Legende in kufischer Schrift wird das Stück als
muhammedanischen Ursprungs gekennzeichnet. Da aber durch
die islamische Glaubenslehre jede Darstellung lebender Wesen
verboten ist, ein besonders von den Sunniten im allgemeinen
streng gehaltenes Gesetz, so erscheint diese Medaille so ver-
wunderlich, dass man zunächst Bedenken gegen ihre Ächtheit
hegen möchte. Aber alle charakteristischen Merkmale, das
äussere Aussehen des Stückes, welches an mehreren Stellen der
Oberfläche mit einer Schicht Hornsilber bedeckt ist, die künstlerische und technische Ausführung der Arbeit, die Correktheit
und Zierlichkeit der kufischen Schrift, die Zeichnung der Figur,
des Gewandes, der Laute u. s. w. müssen jeden Zweifel be-
seitigen.

Um eine Bildmünze kann es sich hier nicht handeln; dagegen spricht — ganz abgesehen von der Darstellung, welche für

eine zum Verkehr unter den Muslimin bestimmte Münze schier unmöglich ist — der absolute Mangel aller für eine muhammedanische Münze erforderlichen Merkmale, der religiösen Legenden, des Datums, des Prägeortes u. s. w., ebenso wie die Höhe des Reliefs, die Grösse und das Gewicht. Das Stück ist also durchaus als eine Medaille zu betrachten.

Was deren künstlerische Ausführung anlangt, so ist diese ganz staunenswert gut und geschickt und setzt künstlerische Vorbildung und Übung des Verfertigers voraus: die beiden Figuren sind nicht etwa roh und steif, sondern auffallend frisch und lebenswahr dargestellt; besonders fällt die freie ungezwungene Natürlichkeit des Lautenspielers ins Auge. Sehr gut gelungen sind ferner die Proportionen der einzelnen Körperteile unter einander, sowie die Gewänder, die Laute[1]) mit ihren vier Saiten, dem Saitenhalter, dem Halse und dem langen zurückgebogenen Wirbelbrette mit dem Kopfe und den vier Wirbeln, das zierliche Rankenornament des Randes. Der Kopf des Trinkers ist leicht nach vorn gebeugt, dagegen hat der Lautenspieler zum Gesange ihn frei erhoben. Auch für Raumfüllung hat der Künstler Sinn und Verständnis: auf der *Vf.* hat er die durch die Zeichnung der Figur im Felde oben entstehenden Lücken gefällig mit der Schrift ausgefüllt; auf der *Rf.* hat er links, freilich ohne innere Motivierung, ein langes Blatt eingefügt, während rechts die Laute zur Ausfüllung dient.

---

1) Es ist das bei den Arabern von den ältesten Zeiten bis zum heutigen Tage gebräuchlichste Musikinstrument, die Laute (العود, el-'ûd) mit den vier am breiten Saitenhalter (المشط, el-mishṭ) befestigten Saiten (البَمّ, el-bemm, gravissima; المَثْنَى, el-miṯlaṯ, tertia; المَثْنَى, el-maṯna, secunda; الزير, ez-zîr, inferior). Die Figur spielt hier die Laute nicht mit dem plectrum (المضراب, el-miḍrâb), sondern mit den Fingern der rechten Hand (جَسّ ġass oder جَسّ العِرْق ġass el-'irq genannt). Cf. el-Fârâbî's († 950 n. Chr.) Traktat über die Musik (R. G. Kiesewetter, Die Musik der Araber, 1842. J. P. N. Land, Recherches sur l'histoire de la gamme arabe, 1884).

Ihre Grenze findet die Kunst des Medailleurs bei der
Zeichnung der nackten Körperteile: die der Füsse ist gänzlich
mislungen, auch die der Hände ist nicht befriedigend; die Ge-
sichter können wohl kaum auf genauere Porträtähnlichkeit Anspruch machen; besondere Schwierigkeit bot dem Künstler die
Modellierung der Augen, die breit hervorquellen; doch lässt sich
immerhin nicht verkennen, dass z. B. auf der *Rf.* diese Augen
mit den unterliegenden Backenwülsten recht gut mit dem feisten
behäbigen Gesichte des in seiner Gesammtdarstellung prächtig
charakterisierten Lautenspielers zusammenstimmen.

Auch die technische Ausführung ist zu beachten: die Medaille ist geprägt, was bei ihrem hohen Relief gegenüber den
sonst ganz flachen Münzen dieser Zeit besondere technische
Vorrichtungen und Fertigkeiten voraussetzte.

Ist sonach das vorliegende Stück schon als einzigartiges Denkmal einer in der islamischen Kultur sonst ganz unbezeugten Kunst
von höchstem Interesse, so gewinnt es noch eine besondere Bedeutung durch den beigefügten Namen: el-Muḳtadir billah. Dieser Name kann nur auf den 18. abbasidischen Chalifen Abû-l-
Faḍl Ǵa'far el-Muḳtadir billah gedeutet werden, welcher vom
Jahre 295—320 d. H. = 908—932 n. Chr. regierte.

Als letzterer, 13jährig, zur Regierung gelangte, fand er den
Staatsschatz von seinem Vorgänger reich gefüllt mit 15 Millionen
Dinaren. Aber in kurzer Zeit hatte er diese ungeheure Summe
mit seinen Frauen, Sängern, Spiel- und Trinkgenossen ver-
schwendet, und das Deficit der Chalifenkasse nahm während
seiner ganzen Regierung einen chronischen Charakter an. Der
unverbesserliche Verschwender half sich in seinen stets wach-
senden finanziellen Bedrängnissen immer wieder mit hohen Geld-
strafen, die er verhängte, und gewaltsamen Vermögensconfisca-
tionen, was mehrmals Aufstände am Hofe und in der Hauptstadt
zur Folge hatte.

Zu dieser Schilderung des Chalifen seitens der Historiker
stimmen also sehr gut die Darstellungen auf der Medaille,
welche ihn uns als Weintrinker wie als Lautenspieler und

Sänger vorführen. Denn die Figur der *Rf.*, obgleich sie nicht wie die der *Vf.* durch eine beigefügte Legende besonders bezeichnet ist, soll doch wohl gleichfalls den Chalifen vorstellen. Freilich die beiden Köpfe zeigen keine erkennbare Ähnlichkeit. Aber zur genauen, gleichmässigen Individualisierung des Gesichtes reichte, wie oben bemerkt, des Medailleurs Kunstfertigkeit nicht aus. Zudem ist auch das Gesicht der *Vf.* durch das eng anschliessende Kinnband sehr eingepresst und verschmälert, auch lässt der nach vorn geneigte Kopf den dicken Hals nicht sichtbar werden. Für die Identität der beiden Personen spricht auch die gleichmässige reichgeschmückte Gewandung. Sollte ein anderer hoher Würdenträger damit gemeint sein, dann würde doch auch sicherlich, wie auf der *Vf.*, dessen Name beigefügt sein. —

Wie ist nun aber die Entstehung dieser merkwürdigen Medaille zu erklären? Bei den arabischen Historikern findet sich, soweit ich sehen kann, keinerlei Anhaltspunkt darüber.

Die nächstliegende Antwort, dass nämlich die Medaille auf Veranlassung des Chalifen selbst entstanden sei, dürfte meiner Ansicht nach auch die richtige sein. Der leichtsinnige Beherrscher der Gläubigen, der die schwere Sünde des Weingenusses und anderer Übertretungen nicht scheute, wird wohl auch über das Bilderverbot, das zudem nicht im Ḳorân selbst, sondern im Hadîth enthalten ist, sich leichten Herzens hinweggesetzt haben. Vielleicht hat der Chalife die Medaille für seine vertrautesten Trink- und Spielgenossen anfertigen lassen.

Um eine Spottmedaille, von Feinden des Chalifen in Baghdad oder anderwärts hergestellt, handelt es sich gewiss nicht; denn dann würde die Darstellung mehr karrikiert und wahrscheinlich auch eine entsprechende Legende beigefügt sein.

Ein Werk aus späterer Zeit liegt jedenfalls auch nicht vor; denn wer sollte den geschichtlich ziemlich unbedeutenden Chalifen, dessen Regierung keinerlei lang fortwirkende Spuren hinterliess, dann noch in dieser Weise dargestellt haben und zu welchem Zweck?! Eine ganze Reihe von Merkmalen spricht zudem für die Gleichzeitigkeit der Entstehung. Die korrekt und zierlich ausgeführte kufische Schrift mit den zackigen Verzierungen am Ende der geradlinigen Buchstaben entspricht durchaus der auf den damaligen Münzen gebräuchlichen. Die Gewandung mit dem rautenförmigen perlenbesetzten Muster findet sich in gleicher Weise auf den Kaiserdarstellungen der gleichzeitigen byzantinischen Münzen. Die Form der Laute ist die von al-Fârâbî, einem Zeitgenossen el-Muḳtadir's, beschriebene. Das rankenartige Ornament erscheint bereits früher an ägyptischen Bauwerken.

Über die beiden verschiedenen Kopfbedeckungen vermag ich nichts zu sagen; es wird bei dem Mangel anderweitiger Abbildungen aus jener Zeit schwer sein, dieselben genau zu bestimmen.

Das Äussere des Chalifen wird von den Chronisten (Ibn-el-Athîr, Abulfeda) durchaus der Darstellung der Medaille entsprechend geschildert: تقيل البدن عظيم الجنة von starkem Leibe und gewaltigem Körperumfange.

Aber freilich die eine wichtige Frage muss zunächst offen bleiben: wie konnte eine solche Medaille von derartiger bedeutenden Kunstfertigkeit so ganz vereinzelt und ohne jeden bekannten Zusammenhang mit der Kunstentwickelung jener Zeit entstehen? Denn Medaillen von dieser Art und Technik sind ja zu damaliger Zeit nicht nur in der islamischen Welt, sondern auch in Europa völlig unbekannt. Etwaige persische Vorbilder, die zudem aus der drei Jahrhunderte zurückliegenden sassanidischen Zeit stammen müssten, sind ebensowenig bekannt wie indische. Deshalb ist auch nicht anzunehmen, dass diese Medaille im Auslande angefertigt sein könnte. Woher stammt also der Künstler und wo hat er seine Kunst gelernt, wodurch seine ersichtlich vorhandene Übung erlangt?

Wir stehen hier vor dem gleichen Rätsel, wie ein solches die merkwürdige Münze im Wiener Cabinet bietet, welche Dr. E. von Bergmann in der Num. Ztsch. I, S. 445—456 veröffentlichte.

Es ist dies ein Dirhem des Chalifen el-Mutawakkil 'ala-llah aus dem Jahre 241 d. H. = 855 n. Chr. Die Münze ist also ca. ein halbes Jahrhundert älter als die obige Medaille. Ihre Darstellungen sind nicht minder ungewöhnlich, ja einzigartig: auf der *Vſ.* das Bild des Chalifen, auf der *Rſ.* ein Kamel von einem Manne am Halfter geführt.

Aber so nahe die beiden Stücke zeitlich einander berühren, so wenig haben sie doch irgendwelchen künstlerischen Zusammenhang: Stil und Ausführung sind ebenso verschieden wie die Darstellungen. Die Münze hat nur ganz flaches Relief, wie es auch die gewöhnlichen bildlosen Prägungen jener Zeit zeigen, während die Figuren der Medaille ziemlich hoch und plastisch modelliert sind. Auch die Zeichnung, die Schrift und alle sonstigen Einzelheiten weichen völlig von einander ab.

Eine genügende Erklärung für den Ursprung dieser auffallenden Münze ist bis jetzt gleichfalls noch nicht gefunden.

Die beiden Stücke harren also noch ihrer endgiltigen Erklärung, bleiben aber auf jeden Fall ungemein interessante einzigartige Werke muhammedanischer Medailleurkunst.

H. Nützel.

Der Denarfund von Usedom.

Im vorigen Jahre sind auf der Insel Usedom — wo, ist nicht bekannt — die nachstehend verzeichneten 108 Denare nebst nicht wenigen Bruchstücken ausgegraben worden und in Anklam zum Verkaufe gekommen, wo sie von der Gesellschaft für pommersche Geschichte und Alterthumskunde erworben und mit bewährter Bereitwilligkeit mir zur Untersuchung mitgetheilt worden sind.

1. Brüssel. Moneta, quer im Felde, und Umschrift, schwach lesbar. *Rf.* Entstelltes Ludovicus imp. ebenfalls wenig deutlich. Im Felde Kreuz mit 3 Kugeln und einem Kreuzchen i. d. W. Dbg.[1]) Nr. 142b.　　　　　　　　　　　1 Ex.

2. Flandern. Balduin IV (989—1036) kenntlich, nur am Gepräge: Kreuz mit Ringel zwischen zwei Kreuzchen und ?. *Rf.* Kreuz in Einfassung von 4 Spitzbogen und Kugeln i. d. W. Umschriften erloschen. Also Dbg. 145 oder 146.

　　　　　　　　　　　　　　　　　1 Bruchstück ($^1/_3$).

3. Duisburg. Kaiser Konrad II. (✠) CHVO(nra) DVS IM(p) gekrönter Kopf. *Rf.* ✠ DIVS—BVRG über Kreuz, zwischen 4 gedoppelten Bogen. Dbg. 311.　　　$1^1/_2$ Ex.

4. Köln. Schlecht erhaltene Ottonen, etwa Dbg. 331, 334, 342.　　　　　　　　　　5 Ex. und 2 Bruchstücke.

4a. Bruchstück des Pfennigs mit COLONIA VRBS *Rf.* Tempel. Dbg. 373.

5. Erzb. Piligrim (1021—1036). Kreuz mit 4 Kugeln i. d. W. *Rf.* SA(ncta Colonia) Tempel mit PILI—GRII im Portal. Dbg. 379.　　　　　　　　　　1 Bruchstück.

---

1) d. h. Dannenberg, Die deutschen Mz. d. sächs. u. fränk. Kaiserzeit.

6. Erzb. Hermann II. (1036—1056). ✝ CHVO(nradus imp) Kreuz mit 4 Kugeln. *Rf.* Unleserliche Umschrift. Kirche mit COL—IIII im Portal. Dbg. 385. 1 Ex.

7. (Cristiana religio) und in den Winkeln eines Kreuzes (Hermannus). *Rf.* (SЄ) A COLON(IA) fünfsäulige Kirche Dbg. 387. 1¹/₂ Ex.

8. Andernach. Herzog Dietrich (984—1027) ✝ NTE-DEPIO DVX (zur Seite eines Scepters 2 einander zugekehrte Brustbilder). *Rf.* ANDER—NARA auf einem geperlten Kreuze, im ersten und dritten Winkel der Dreispitz, im zweiten und vierten eine Arabeske. Dbg. 439. 1 Ex.

9. Erzb. Piligrim (1021—1036). (✝) HVORADOM, i. F. N—ILOG—R auf einem breiten, von 4 Bogen gebildeten Kreuze. *Rf.* (END)—EOR neben einem Portale, in welchem ein links-gewendeter bärtiger Kopf. Dbg. 452. 1¹/₂ Ex.

10. Trier. SV(IRAHCVES) Brustbild mit Krummstab. *Rf.* (✝ SP)ЄRVS (zwei Hände halten 2 Schlüssel, die in die Buchstaben ЄR der Umschrift auslaufen). Dbg. 493a.
1 Bruchstück.

11. Nachmünze mit Kopf l. *Rf.* 2 Schlüssel; Trugschrift. Dbg. 1777 Taf. 95. 1 Ex.

12. Leeuwarden. Graf Bruno III (1038—1057) ✝ HEINRICVS RE gekrönter Kopf r. mit Scepter. *Rf.* LVINV—VERT, zwischen 2 Perlenlinien BRVN. Dbg. 502.
1 Ex.

Selten ist ein so regelmässiger Stadtname, der folgende ist es auch nicht mehr.

13. Ähnlich, aber der Stadtname LIVΛ—ӨЯꟻV geschrieben. BRVИ 1¹/₂ Ex.

14. Ütrecht. König Heinrich II. HEINRIC REX Diademirter Kopf l. *Rf.* (SCS MARTNIVS) der Heilige mit Krummstab. Dbg. 541. 1 Ex.

Die Inschrift der H. S. meiner Nr. 541 musste ich nach Köhne HEINRICV⁓ angeben. Seitdem ist sie durch Nr. 369 und 370 in dem „Verzeichniss meiner Sammlung deutscher

Münzen u. s. w." als HEINRIC REX lautend festgestellt. Die
Rückseite des vorliegenden Pfennigs ist so schwach ausgeprägt,
wie es bei friesischen Münzen dieser Zeit auffallen muss. Dazu
kommt, dass die H. S. den Geprägen Heinrichs II. aus dem
Lütticher Lande aufs Äusserste ähnlich sieht, derselbe kleine
unregelmässige Schrötling, dieselben kleinen dicken Buchstaben,
dasselbe spitze Profil (vgl. Nr. 1191b Tf. 67, Nr. 1215 Tf. 54,
Nr. 1215a und b Tf. 67, Nr. 1740 Tf. 93), und so trage ich

jetzt kein Bedenken mehr, denselben ihm, mit Ausschluss des von
Köhne vorgeschlagenen Heinrich III. zuzuschreiben und eben-
so, worauf ich auch schon S. 213 aufmerksam gemacht habe,
Viset lieber als Ütrecht für die Prägestelle auszugeben.

14a. Groningen. Bischof Bernold (1027—1054). Brustbild des heil. Bonifacius. *Rf.* Gruoninge, i. F. Dbg. 558. ½ Ex.

15. Deventer. Kaiser Heinrich II. (Heinricus imperato)
Hand, neben der (RE). *Rf.* (Davantria) Kreuz mit 4 Kugeln
i. d. W. Dbg. 563.   1 Ex.

16. Bischof Bernolf (1027—1054) ✠ BERN . . . . ꝯ Kopf
mit Tonsur. *Rf.* (✠ Be)R(n)OL(D)VS EIS Kreuz mit 4 Kugeln
i. d. W. Dbg. 572   1 Ex.

17. ✠ ꝯ LEBVINVS CONF sein Brustbild *Rf.* ✠ BER
NOLDVS · EPS · Kreuz mit 4 Kugeln i. d. W. Dbg. 573. 1 Ex.

Eine ausnahmsweise gut gearbeitete, gut geprägte und gut
erhaltene Münze.

18. Thiel. Kaiser Konrad II. CΛOHRΛDVꝯ gekrönter
Kopf. *Rf.* DO—TIELE—ꟼΛ i. F. Ähnlich Dbg. 584. 1 Ex.

Von Nr. 584 namentlich durch den rechtläufigen Kaisernamen und das verunglückte B in bona unterschieden.

19. ... N · DV(?)∞ der halslose Kaiserkopf der Thieler Pfennige, zu seiner Rechten ein Bischofsstab. *Rf.* ✝ ... VDO Kreuz mit 4 Kugeln i. d. W. 1¹/₂ Ex.

Man könnte versucht sein, die übrigens nicht ganz sicheren Umschriftreste der *Rf.* zu S. Trudo zu ergänzen, doch scheint mir, dass wir es vielmehr, trotz der gut geschnittenen Buchstaben, mit Trugschrift zu thun haben. Vgl. übrigens Dbg. 1276. Nr. 40 S. 273 Bd. XIV dieser Zeitschrift.

20. Jever. Herzog Bernhard II (1011—1062). Bärtiger Kopf. *Rf.* Kirchenfahne; beiderseits Trugschrift. Dbg. 591. 1¹/₂ Ex.

21. Halberstadt. Bischof Burchard (1036—1059). Ss. Stephanus M R × tonsurirter Kopf r., vor demselben Kreuzstab. *Rf.* ✝ BuRCHardus epC 3 Thürme auf Bogen. Dbg. 628. 1 Ex.

22. Magdeburg. ✝ SES MauriciuS gekrönter bärtiger Kopf r. *Rf.* ✝ MAGADeburG vierthürmiges Stadtbild. Ähnlich Dbg. 1893 Tf. 103. 1 Ex.

23. Ähnlich, aber nur drei Thürme. Dbg. 648c. Bruchstück.

Obwohl die meisten Wendenpfennige wohl hier und in Naumburg, und die Adelheidspfennige m. E. in Goslar geprägt sind, stelle ich sie, im Anschluss an die in meinem Buche befolgte Anordnung an den Schluss.

24. Bardowyk. Der Thurmpfennig Dbg. 1276 und S. 645, mit unlesbaren Umschriften. 3 Ex.

25. Hildesheim. Bärtiges Brustbild des Kaisers. *Rf.* Brustbild der heil. Jungfrau. Dbg. 707 oder 709. 1¹/₂ Ex.

Wegen Unlesbarkeit der Umschriften ungewiss, ob von Konrad II. oder Heinrich III.

26. (✝ SCA)MA(RIA) deren verschleierter Kopf r. *Rf.* ✝ HIldeNESHEIM Gebäude. Dbg. 714. 1 Ex.

27. Minden. Kaiser Heinrich III.? Zwei Männer einander gegenüber stehend, von denen der zur Linken eine Münze in seiner Hand betrachtet, zwischen ihnen E. *Rf.*

(✠ MI)NTEONEN Kreuz mit 4 Kugeln i. d. W. Dbg. 730 ähnlich.
                                       1 Ex.

Während Nr. 730 ✠ MNTEON . . . hat, ist hier reichlich Platz für MIN, der Schluſs des Namens so wie wahrscheinlich auf 730. Ist schon auf dieser für den Kaisernamen wegen Kleinheit des Schrötlings wenig Raum, so gilt das noch mehr von vorliegendem Exemplare, man möchte sagen, dass die

Knappheit der späteren „Wewelinghöfer“, die ich auch in den beschriebenen Kölner Ottonen erkenne¹), hier bereits vorspukt. Ob das E auf der H. S. nach dem Vorgange der ältesten Straſsburger Bischofsmünzen, etwa auf den Bischof Egilbert (1055 —1080) geht? Der Zeit nach würde das sehr gut passen. (s. Dbg. Tf. 98 Nr. 730b.)

28. Mainz. Kaiser Konrad II. (✠ C)HVON(radus imp.) Kreuz mit 4 Kugeln i. d. W. *Rſ.* (Urb)S MO(guncia) Kirche. Dbg. 790.
                                       1 Ex.

29. Kaiser Heinrich III. (✠ HE)INRICVS bärtiger Kaiserkopf. *Rſ.* VRBS MOGVNCIA Kirche. Dbg. 793.   2 Ex.

30. Erzb. Bardo (1031—1051) ✠ HeinricuS bärtiger Kopf Heinrichs III. *Rſ.* (Mogoncia) Tempel mit B̲A̲R̲. Dbg. 805.
                                       1 Ex.

31. ✠ HEIN(ricus re)X derselbe Kopf. *Rſ.* MOGONCia Tempel mit ЯAB. Obol. Dbg. 806.   1 Ex.

32. Erzb. Lupold (1051—1059) (✠ HEI)NR(I)C(HVSIMP)

_____

¹) Dannenberg, a. a. O. S. 151 Anm. 1.

derselbe Kopf. *Rf.* Liuboldus AcHS zweithürmige Kirche. Dbg. 807. 1 Ex.

33. Speier. Kaiser Heinrich III. Bärtiger Kaiserkopf. *Rf.* Ruderschiff; die Umschriften erloschen. Dbg. 830c Tf. 81. 1 Ex.

34. HEINRIcus rex bärtiges gekröntes Brustbild mit Reichsapfel und Kreuzscepter. *Rf.* (NEME)TIS · CIVItas Kreuz mit 4 Kugeln i. d. W. Dbg. 831. 1 Ex.

35. (+ Sca Ma)RIA das Speiersche Kreuz. *Rf.* Spira cITAS Holzkirche mit 5 Kugeln, 2, 1, 2 gestellt, in der Vorderwand. Dbg. 836. 3 Ex.

36. Worms. Kaiser Heinrich III. (+ HEIN)RICV~ IMPER (ATOR) bärtiger Kaiserkopf. *Rf.* + HEIN . . . I das Wormser Kreuz. Dbg. 847. 1 Ex.

37. Würzburg. H.S. mit S. Kilians Kopfe fast unkenntlich. *Rf.* + V(VI)R(ZEBV)R(G) Kirche. Dbg. 859. 2 Ex., von denen das eine + (Wirze)BVRGIN liest.

38. Bischof Bruno (1034—1045) (+ S)KILIANV(S) i. F. B NRO. *Rf.* (Wirceburg) Kirche. Dbg. 864. 2 Ex. V

38a. Erfurt. Bischöfl. Pfennig wie Dbg. 877—879 mit gänzlich fehlenden Umschriften, so dass nicht auszumachen, ob von Aribo oder Bardo. 1 Ex.

39. Kaiser Heinrich III. Bärtiger Kaiserkopf. *Rf.* Kirchenportal, in welchem ein bärtiger Kopf; die Umschriften + HEINRICVS IMPERAT. *Rf.* ERPESFVRTI zerstört. Dbg. 883. 1 Ex.

39a. Strafsburg. Kaiser Konrad II. Brustbild l. *Rf.* ARGENTINA über Kreuz. Dbg. 921. 1 Ex.

40. Basel. Bischof Adalrich (1025—1040) . . . ALRV∞ . . . Kreuz mit einer Kugel im ersten und zwei Bogen im zweiten Winkel. *Rf.* Nicht ausgeprägt. 1 Ex.

Einigermafsen ähnlich ist Dbg. 1677 Tf. 84. Zwischen R und V ist übrigens kein Raum für IC.

41. Regensburg. König Heinrich II. + HCNTꝹCFIV∽
Kreuz mit 3 Kugeln, Keil, Ringel und Keil i. d. W. *Rf.*
R : C·O·lNꓛVNTVꓢ Kirchengiebel mit ꓛCC.   Ähnlich Dbg.
1074 b   1 Ex.

Örtlich unbestimmte deutsche Münzen.

Unter diesen nehmen selbstverständlich die Adelheidspfennige den breitesten Raum ein, jedoch nur die so ungemein
häufige Art mit der Kirche (Dbg. 1167), während die seltnere
mit di gra rex amen (Dbg. 1166) und mit dem Königskopf
(Dbg. 1164) fehlten. Und auch unter jenen waren nur wenige
der ältesten, unter Otto III.[1]) ausgegangen, die meisten gehören zu den bis weit in das XI. Jahrh. sich erstreckenden
Nachprägungen, welche durch das ODOA statt ODDO in den
Kreuzeswinkeln und die besonders plumpe Kirche gekennzeichnet sind. Es sind die folgenden:

---

1) S. 293 Bd. XXI dieser Zeitschrift bemerkt Menadier, dafs auch
v. Luschin (Wiener num. Z. XXVI 362) die Deutung der Adelheidsmünzen
als Vormundschaftsmünzen für unzulässig erklärt habe. Das ist richtig,
könnte aber den Anschein erregen, als stände dieser Schriftsteller ganz auf
Menadiers Seite. Dass dies jedoch nicht der Fall, beweisen folgende Stellen
desselben, der Besprechung des zweiten Bandes meines Werkes gewidmeten
Aufsatzes: (S. 362) „Mir als einem Fachgenossen, der diesem Streitfall ganz
ferne steht, will es scheinen, dass die Bezeichnung der Otto-Adelheidpfennige
als Vormundschafts- oder Regentschaftsmünzen aufgegeben werden sollte,
dass aber damit über die Zeit und den Ort, wo diese Pfennige geprägt
worden, noch keineswegs für Menadier entschieden ist". Und ferner (S. 363):
„Ich möchte daher die Otto-Adelheidspfennige im Gegensatze zu Menadier,
der dies (Nr. 169 Sp. 1715) ablehnt, für Adelheidspfennige, d. h. für Stücke
halten, die „„aus einer der Adelheid persönlich eignenden Münzstätte hervorgegangen"" sind, zumal er selbst die Ausstattung der Kaiserin mit dem
Münzrecht zugiebt. Über die wahrscheinliche Zeit und den Ort der Entstehung dieser Pfennige wage ich vorerst kein eigenes Urtheil abzugeben,
wie ich denn überhaupt auf die so heftig bestrittene Frage der Otto-Adelheidpfennige nur darum eingegangen bin, weil ich sie ungeachtet der langen
Erörterungen und trotz der vielen Gründe, die von beiden Theilen vorgebracht
worden, noch keineswegs für spruchreif, viel weniger für aus-
getragen halte". — Seitdem, und seit meiner letzten Darstellung der
Streitfrage im dritten Bande meines Werkes hat sich v. Luschin nicht weiter
vernehmen lassen.

42. Otto III und Adelheid. Mit richtigen Umschriften. Dbg. 1167. 4 Ex.

43. Ebenso, aber mit rückläufigem ATEALH·T, während das di gra rex von links nach rechts läuft. 1 Ex.

44. Mit rechtläufigen Umschriften, aber in der Kirche 5 Kugeln, 2, 1, 2 gestellt. Menadier, deutsche Mz. I S. 161 Nr. 74. 1 Ex.

45. Mit .. ƆX .... THX statt di gra rex 1 Ex.

46. Mit ODOA statt ODDO. Vgl. Menadier a. O. S. 167, 168 Dbg. 1773 Tf. 95 8 Ex.

Auch diese, obgleich zu den jüngsten Adelheidsmünzen gehörig, sind sehr verschliffen und kommen damit meiner Annahme zu Hülfe, daſs diese Prägung gegen die Mitte des XI. Jahrh. ihr Ziel erreicht habe.

47. Ähnlich, aber (ΛO?) Ƨ ✴ in den Kreuzeswinkeln. Menadier a. a. O. S. 169 Nr. 19, Dbg. 1774 Tf. 95. 1 Ex.

48. Ähnlich, aber mit (Θ?) Bischofsstab und geperltem Є in den Winkeln des Kreuzes. Menadier a. a. O. S. 170 Nr. 24. 1 Ex.

Namentlich dies Stück nähert sich schon sehr den ältesten Gitteldern Dbg. 1220, Menadier S. 240 Bd. XVI d. Z.

49. Graf Wichman. WIGMAN COℳ Kreuz mit 4 Kugeln. Dbg. 1229. 1 Ex.

50. Unbestimmte. Der Pfennig mit monogrammatischem ᄃH *Rf.* Kreuz, und beiderseits Trugschrift. Dbg. 1290. 4 Ex.

51. Unbeschreibbare Nachmünze, Dbg. 1300. 1 Ex.

nahe verwandt der bei Dietrichsfeld in Ostfriesland in 115 Exemplaren aufgefundenen Art; s. Menadier, deutsche Mz. IV S. 107, 108 No. 16 e—q.

52. Nachmünze mit Trugschrift, H. S. tonsurirter Kopf wie der des Lebuinus auf vorstehender Nr. 17 (Dbg. 573). *Rf.* Holzkirche.

Nicht ohne Interesse ist diese Verbindung eines Deventerschen Gepräges mit dem der Mainzischen oder Adelheidspfennige; man vergleiche Dbg. 1333.

Wendenpfennige.

53. Magdeburger mit Holzkirche, *Rf.* Kreuz. Dbg. 1330.
2 Ex.

54. Der dem Deventerschen Heinrich II. Dbg. 562 nachgeahmte. Dbg. 1333.
1 Ex.

55. Kreuz, dessen schmale Arme in je 3 Kugeln endigen. *Rf.* Breites Dreieckskreuz. Dbg. 1335.
10 Ex.

56. Kreuz mit Θ, Kugel, Θ und Kugel i.d.W. *Rf.* Dreieckskreuz. Dbg. 1347.
4 Ex.

57. Schmales Kreuz mit ETO und der betroddelten Lanze. *Rf.* Dreieckskreuz. Dbg. 1351a.
1 Ex.

Böhmen.

58. Herzog Bracislaus I. (1037—1055). Zwei Männer durch eine Perlenlinie getrennt. *Rf.* Kreuz. Donebauer Beschr. d. Samml. böhm. Mz. Nr. 248.
$^1/_2$ Ex.

59. Der Herzog stehend. *Rf.* Vogel l. Donebauer Nr. 250.
2 Ex.

60. BRACISLAV Hand. *Rf.* doppelliniges Kreuz, mit A-ꓭO-Bɘ-(ꙅ) und innen je einem C i. d. W. Ähnlich Donebauer Nr. 285.
1 Ex.

Weniger deutliche Exemplare haben sich oft und selbst von Lelewel und Stronczyński die Zutheilung an den polnischen Boleslaw Chrobry gefallen lassen müssen.

60a. Spitignew (1055—61). Kleiner Pfennig mit stehendem Herzog. *Rf.* Heiliger. Doneb. 294.
$^1/_2$ Stück.

60 b. Wratislaw (Herzog 1061—1086). Kleiner Pfennig mit Brustbild VRATIS .... Doneb. 306.   ¹/₈ Stück.

Ungarn.

61. Stephan I. (1000—1038). Stephanus rex. *Rf.* Regia civitas. Rupp, numi Hungariae Taf. I, 1—6.   ¹/₂ Ex.

62. Andreas I (1047—1061). Ähnlich wie vorher (Regia civitas) Rupp I, 10, 11.   ¹/₂ Ex.

63. Rs. PANONEIA. Rupp. I, 12, 13.   3 Ex,

64. Desgleichen, aber kleiner und leichter. Rupp I, 14, 15.   3 Ex.

65. Bela I., Herzog 1048—1061. BELADVX *Rf.* PAN-NONIA. Rupp. I, 16—18.   1¹/₂ Ex.

66. Derselbe als König 1061—1063. Ebenso, aber BELAREX. Rupp I, 19—21.   1¹/₂ Ex.

67. Geisa I, (auch Magnus) (Herzog 1064—1074, König 1074—1077). DVXMVONA2 *Rf.* Panonai. Rupp II, 31—33.   1 Ex.

68. Ladislaus I. (1077—1095). + LADI2CLAV2RE Kreuz mit 4 Dreiecken i. d. W. *Rf.* wegen unvollkommener Ausprägung unkenntlich, doch wohl Panonai, also wie Rupp II, 37.   1 Ex.

69. + LADI2CLAV2RE gekrönter Kopf. *Rf.* Dieselbe Umschrift, Kreuz mit 4 Dreiecken i. d. W. Rupp II, 41. 1 Ex.

70. Bruchstück, Rupp III, 48.   ¹/₃ Ex.

Frankreich.

71. Karl d. Gr. oder Karl d. Kahle + CI.....XFR.. Kreuz mit 4 Kugeln i. d. W. *Rf.* –AVREI .... fünfsäuliger Tempel, Gariel Taf. XXI, 9.   ¹/₃ Ex.

England.

71a. **Knut** (1016—1035). Hildebrand anglos. mynt Typ.
E . . . . . MO LINCO   ¹/₂ Stück.

72. **Eduard der Bekenner** (1042—1066). *Rf.* + ÆLF-
PINEON . HER (d. h. Hereford) doppelliniges Kreuz mit PACX
i. d. W.   1 Ex.

73. Ähnlicher Penny von Stanford *Rf.* ROLF ONSTA . . .
                                                        ²/₃ Ex.

Dänemark.

74. **Svend Estridsen** (1047—1076). Der Heiland sitzend,
statt Umschrift Rosetten und Halbmond, *Rf.* + ÐVRKIIRT . H .
doppelliniges Kreuz, einen Halbmond in jedem Winkel. Katalog Thomsen Nr. 10177 ähnlich.   1 Ex.

75. Bruchstück einer Runenmünze wie Kat. Thomsen
Nr. 10197—10213.   ¹/₃ Stück

Norwegen.

75a. **Magnus der Gute** (1035—1047). *Rf.* Jule me fecit.
Schive, Norges mynter.   ¹/₃ Stück

76. Bruchstück eines Abbasiden-Dirhems, geprägt um 900;
Name des Khalifen, Prägstadt und Jahreszahl nicht lesbar.

Dies nebst 25 unkenntlichen und kleinen Bruchstücken von
Adelheids-, von Wendenpfennigen und dergleichen der ge-
sammte Fundinhalt.

Die Bergung des kleinen Schatzes scheint etwa im Jahre
1080 erfolgt zu sein, denn während die deutschen Münzen der
Mehrzahl nach der ersten Hälfte des 11. Jahrh. angehören und
nur der Mainzer Lupold etwas später fällt, der Spitignew
von Böhmen diesen gleichzeitig ist, und der Denar seines
Nachfolgers Wratislaw auf eine etwas spätere Zeit hinweist,
bringen die Ungarn die Entscheidung und die drei verschiedenen
Münzen des Königs Ladislaus, der i. J. 1077 die Regierung
angetreten hat, rathen uns mehre Jahre über dies Datum hinab-
zugehen.   H. Dannenberg.

Münzmeister auf Mittelaltermünzen.

Aus dem griechischen Alterthum haben wir wohl einige wenige Gepräge, auf welchen sich die Stempelschneider genannt haben, dagegen keine sicheren mit Namen der Münzmeister. Anders in Rom, wo kein Stempelschneider uns seinen Namen überliefert hat, dagegen die Münzen in der Zeit der Republik und bis in Augustus Zeit hinein sich erst durch ihre Wappenzeichen, dann mit ihren Namen deutlich kundgeben, während die Kaisermünzen über die Münzmeister schweigen.

Wieder anders verhält sich in dieser Beziehung das Mittelalter.

Kaum haben sich die germanischen Völker, welche die römische Weltherrschaft gestürzt haben, von der sklavischen Nachahmung der römischen Gepräge freigemacht und unter eigenem Stempel zu münzen angefangen, so tritt eine bemerkenswerthe Wandlung ein. Die ersten Volkskönige zwar, welche ihre Reiche auf den römischen Trümmern aufrichteten, die der Sueven, Vandalen, Burgunder und Longobarden, schlossen sich noch ziemlich enge an römische Vorbilder an, und folgten selbst da, wo sie freiere Gebilde schufen, dem vorgefundenen römischen Brauche. Anders aber die Franken. Der erste ihrer Könige, der seinen Namen auf die Münzen setzte, Theodebert I., freilich liess es noch bei der alten Überlieferung bewenden, seine Nachfolger aber brachen mit derselben und richteten ihr Münzwesen in einer nirgends sonst bekannten Weise ein: nicht nur hielt der Name des Münzmeisters seinen Einzug auf die Münzen (Sigebert I. 561—575 *Rf.* MANOBIO), sondern der des Königs trat dagegen zurück,

die Münzen mit Königsnamen stellen eine verschwindend kleine
Zahl denen gegenüber dar, auf welchen derselbe fehlt und
durch den des Münzmeisters vertreten wird; der bei Weitem
gröfste Theil der fortan in Frankreich geschlagenen Münzen
(gröfstentheils goldene Trienten, tiers de sou) nennt lediglich
den Münzmeister und die Prägstätte. Noch sind wir trotz
emsiger Bemühungen der französischen Forscher nicht zu einer
ganz befriedigenden Erklärung dieser seltsamen Erscheinung
gelangt; nach den von Robert aufgestellten, auch von Engel und
Serrure (traité de num. du moyen âge I 97) angenommenen
Vermuthung hat sie ihren Grund in dem fränkischen Abgaben-
system, und die Steuererheber wären angewiesen gewesen, die
Eingänge an Naturalien in Metall umzusetzen und an Ort und
Stelle vermünzen zu lassen und so vermünzt an den Abgabe-
berechtigten abzuliefern. Ausdrücke wie RACIO (Antheil)
FISCI, RACIO DOMINI, RACIO ICLESIAE, RACIO BA-
SELICI und CONSTITVTio (d. h. Abgabe), die uns auf einigen
dieser Münzen begegnen, scheinen die Richtigkeit dieser Robert-
schen Annahme zu bestätigen. — In gewaltiger Anzahl, aus
nicht weniger als etwa 800 Örtlichkeiten sind diese Münzen
der Merowinger auf uns gekommen. Hier einige Proben: 1. Huy,
CHOE FIT *Rf.* LANΔIGISILOS MO (a. a. O. Fig. 215),
2. Metz, MITTIS CIVITATI *Rf.* CHVLDIRICV MVNITA
(Fig. 218), 3. Reims, REMOS FITV *Rf.* ELCMARIVSF
(Fig. 222), 4. Veuves, VIDVAVICO FIT *Rf.* FRANCOBODOM
(Fig. 237), 5. Doussay, DVFCIACO CVRTE SCI MARTIN
Rf. AVƍIGISILVS MONETARIΛS (Fig. 239), 6. Bourgoi,
MΛGNIDIVS MV *Rf.* BREGVSIA FIT (Fig. 252), 7. Chalon
sur Sâone, CABILONNO FIT *Rf.* DVCCIONE MON (Fig. 255),
8. Lisieux, LIXVVIOO∽ *Rf.* DVTTΛ MONETΛ (Fig. 277).
Einer dieser Münzmeister war der heil. Eligius, der die Gold-
schmiedekunst erlernt hat und später zum Bischof von Noyon
befördert worden ist; wir besitzen von ihm mehrere mit seinem
Namen gezeichnete Trienten, u. a. mit Dagobert I. und mit
dessen Sohne Chlodwig II. Statt des monetarius, das gewöhn-

lich dem Namen des Münzmeisters folgt, einmal mit dem Bei-
satz praecipuus (BETTO MONETARIVS PRΛECI, in St.
Remy), kommen auch Formeln vor wie de oficina Maret, de
officina Laurenti, und ein Münzmeister Childeberts II. zeichnet
ausnahmsweise Maretomos feset (für fecit), wie ähnlich
BΛVLVLFVS FEC (Anjou), FRΛNCIO FICIT (Cambon),
BOSO FECIT (Limoges) u. s. w. Auch begegnen uns, jedoch
nur selten, zwei Münzmeister vereinigt auf derselben Münze,
es ist jedoch nur Chalon sur Saône, Lyon und Macon, wo wir
solche Gesellschaften, in Chalon sechs an der Zahl, treffen;
ein Seitenstück dazu bietet nur Pommern[1]).

Mit dem Ausgang der Merowinger tritt eine vollständige
Umwälzung im Münzwesen ein, die Silberwährung löfst die
Goldwährung ab, und damit verschwinden die Münzmeister;
die wenigen Personennamen, die auf einzelnen karolingischen
Münzen zu lesen sind, scheinen vielmehr höheren Beamten an-
zugehören; so Odalricus, der uns als Bruder der kaiserlichen
Gemahlin Hildegard bekannt ist, so Rodlan, in dem wir wahrscheinlich den Helden von Roncevalles zu sehen haben, so
Milo, der Graf von Narbonne. Jedenfalls verschwinden
auch diese Namen vor Karls Kaiserkrönung, und es beruht auf
ganz veränderten Ausnahmeverhältnissen, wenn wir auf einem
Denare Johanns I. von Ponthieu einen GODN FECIT finden;
es ist dies kein Münzmeister, sondern das Haupt der Familie,
welcher Graf Johann 1186 seine Münze und Wechselbank zur
Ausbeutung überliefs[2]). Eine wahre Ausnahme bilden nur die
normannischen Münzmeister ANDRO, GAFI, GODE, GOFA,
IOVER, HENR, HVGO u. s. w., welche (ums Jahr 1000?)
ihren Namen zweizeilig auf Münzen setzten, die auf der Hauptseite nicht den Namen des Herzogs, sondern den des Landes
(NORMANN) tragen.

---

1) Bemerkenswerth ist, dass von der langen Reihe dieser Münzmeister
der bei Weitem gröfste Theil, etwa vier Fünftel, Deutsche sind.
2) Engel & Serrure a. a. O. I 497.

Obwohl das Münzwesen Englands sich unter anfäng-
lichem Anschluss an römische Muster wesentlich selbstständig
entwickelt hat, so tritt uns doch auch hier dieselbe Sitte entgegen wie im gegenüberliegenden Frankreich. Schon die Inschrift Scanamodu und Hama, welche wir auf zwei den römischen Solidis nachgebildeten Aureis in Runenschrift neben
missrathenen lateinischen Buchstaben lesen, scheinen uns
Münzmeister zu nennen, wenigstens deutet man die erste Inschriften Scan a mo du, d. h. Scan hat diesen Stempel (mot
= coin oder die)[1]) und gewinnt damit eine Formel, wie sie
nur noch, jedoch viele Jahrhunderte später, in Norwegen an-
getroffen wird. Jedenfalls aber giebt uns wenig später ein
Triens von Canterbury, durchaus nach merowingischer Art,
gegenüber dem Stadtnamen den Münzmeister EVSEBII
MONITA[2]), doch ist dies nebst einem ähnlichen Stück ohne
Fürsten- und Stadtnamen, mit ABBONI MANET[3]) ein einzelnes Beispiel, das ohne Nachfolge geblieben ist, denn die
kleinen Sceattae, mit denen die Reihe der Heptarchiemünzen
beginnt, haben überhaupt keine oder doch keine sinngebende
Inschriften. Diese Sceattae wurden im Süden durch gröfsere
Denare (pennies), in Northumberland und im Erzbisthum York
durch die kleinen kupfernen Stycas abgelöst. Mit dem Auftreten dieser neueren Werthe in der zweiten Hälfte des VIII.
Jahrhunderts aber halten auch die Münzmeister ihren Einzug
auf den englischen Münzen, in Mercia unter dem münzreichen
König Offa (757—796), in Kent unter Eadberht II. (794—798), in
Northumberland unter Heardulf (794—806), in York unter Ean-
bald (780—796) und im Erzstift Canterbury unter Vulfred
(803—830). Meistentheils steht der Name des Münzmeisters
ohne seinen Amtstitel, besonders auf den Stycas, doch finden
wir selbst auf diesen kleinen Münzen ODILO MON (König
Eanred) und LEOFDEGN MONET (König Ethelred). Bei-

---

1) Keary cat. of engl. coins in the British Museum No. 1.
2) Engel & Serrure a. a. O. Fig. 319.
3) Ebenda Fig. 321.

spielsweise seien hier von der aufserordentlich grofsen Zahl der Münzmeister König Eanreds von Northumberland die dem Alphabet nach ersten aufgeführt: Aldates, Alfheard, Broder, Broce, Cadhard, Cunvulf, Daegbertt, Eadvini, Eanred, Eardvulf, Edilvard. Unter Offas Nachfolgern wird der Zusatz monetarius häufiger, ebenso bei Edmund dem Heiligen von Ostangeln (855—870) und den späteren Erzbischöfen von Canterbury, Vulfred, Ceolnoth und Plegmund (803—923), wo auch (unter Ceolnoth 830—873) neben TOCFA MONETA schon der Stadtname vorkommt (LIL MONETA DOROVERN), der hier öfter, mit Weglassung des Münzmeisters, die Rückseite einnimmt, wie sogar einige Pennies vorhanden sind, die nur Münzmeister und Münzstadt, nicht den Erzbischof nennen (ƧVVEFNERD MONETA Rſ. ƧVVEFNERD MONETA, im Felde DRVR—CITƧ), also ganz wie im merowingischen Frankenreiche, um so auffallender, als der Swefnerd sich auf beiden Seiten breit macht. Eine Besonderheit bieten die so zahlreichen St. Edmunds-Pfennige, welche wohl unter der langen, ohne sie münzlosen Regierung des Königs Eohric 890—904, Nachfolgers des heil. Edmund entstanden sein mögen; die auf ihnen in grofser Zahl auftretenden Münzmeister führen sich zum Theil durch die Münzen redend ein: Adradus me fecit, Dagismund me f, Deinolt me fec, Edulfus me fecit, Grin mo me fecit. Über diese Formel fecit und me fecit wird noch unten zu sprechen sein. Im Laufe der Zeit, und zwar seit Aethelstan (925—941), der auch rex tot. Brit an Stelle des bis dahin üblichen rex Saxonum setzt, wird es immer mehr gebräuchlich, den Namen des Münzmeisters, der nur selten vermisst wird, auch den seines Amtssitzes beizufügen, so EB ORACAC (York) REGNAIDMON, BARBE MO NORÐPIC, BEANRED MO LOND CI, BIORNTVLL MON BAT CIVITATE,' doch noch unter Eadgar, der 959 ganz England in seiner Hand vereinigte, fehlt der Name des Münzmeisters oft auf den Münzen und erst unter seinem Sohne Edward II. folgt regelmäfsig auf denselben der Name des Münzplatzes.

Sein Nachfolger Ethelred II. (978—1016), der uns bekanntlich
Tausende seiner Gepräge aus nicht weniger als 86[1]) Städten
hinterlassen hat, führt eine Neuerung insofern ein, als statt des
mehr oder weniger abgekürzten Wortes monetarius jetzt oft die
englische Präposition on angewendet wird (z. B. LEOFPINE
ON LVNDE). Noch häufiger geschieht dies unter dem folgenden
Könige Knut, unter Harold I. (1035—1039) aber wird es zur
ausschliefsenden Regel. In dieser Gestalt behaupten sich die
englischen Münzen zwei und ein halbes Jahrhundert bis zu
Edward I. (1272—1307). Mit ihm aber verschwinden die Münzmeister und fortan wird nur die Münzstätte genannt; von
dieser Regel bildet einzig und allein der ROBERTVS DE
hXDELEIE, Münzmeister Edwards I. in St. Edmundsbury eine
Ausnahme; mit ihm räumt der Münzmeister den Platz, den er
länger als ein halbes Jahrtausend behauptet hat.

Ganz ähnlich wie England verhalten sich die Nachbar-
reiche Schottland und Irland. In Schottland begegnen uns
unter Wilhelm dem Löwen (1165—1214) Münzmeister, theilweis
französischer Herkunft: WILAM BEREWIEI, HVE (Hugo)
OF EDENEBV, FOLPOLT DE PERT, HVE WTLTER
(Doppelname), RXVL ON ROEEBV, RXVL DERLIE RO
(Roxburgh); unter seinem zweiten Nachfolger Alexander III.
(1249—1286) aber macht schliefslich, wie ziemlich gleichzeitig
im tonangebenden England der Münzmeister der Münzstätte
oder dem Titel (rex Scotorum) Platz. Irland beginnt zwar
unter Sihtrik III. 989—1029 zu münzen, und zwar nach
englischer Weise: BYRHIMER MΩO DIN, EOLBRAND
MO DYFL, EDYRIE MO DYF, aber schon in der Mitte des
XI. Jahrh. bricht die kleine Reihe ab, und erst die Regierungen von Johann und Heinrich III. (1199—1272) liefern
uns wieder Gepräge mit Inschriften wie Roberd on Dive,
Norman on Dweli, Marc on Water(ford).

----

1) Wenn ich S. 234 meiner „Grundzüge der Münzkunde‟ nur von 70
spreche, so gründet sich das auf Hildebrand's anglosaksiska mynt I Ausgabe, während die zweite diese Zahl um 16 vermehrt hat.

Die skandinavischen Völker nehmen die Münzen der Angel-
sachsen, mit denen sie in steter, meist feindlicher Berührung
waren, zum Vorbilde, setzen also wie diese den Münzmeister
und die Münzstätte auf die Münzen. Daher, um bei Schweden
zu beginnen, Olaf Skotkonung (995—1021): ZHELLIHC M⁻O
ZIH (Sigtuna), aber auch das beispiellose ZHELLIHC ME
PROF(ecit), Anund Jacob (1022—1050): ÐORMOÐ ON ΣIHTV,
letzterer Thormoth durch den angelsächsischen Buchstaben Ð
(th) seine englische Abstammung deutlich bekennend, die wohl
auch von Olafs ГENAN MOT ANC (= anglicus) zu vermuthen
ist. Mit Anund hört diese Penny-Prägung auf.

In Norwegen beginnt dieselbe ebenfalls Ausgangs des
X. Jahrh. mit Hakon Jarl's in englischer Art geprägtem Denare
mit REFEREN MOTA ON, dem ein ähnlicher von Olaf Tryg-
veson mit CODPINE MO NO, also einem offenbar englischen
Münzmeister, folgt. Nun sagt man sich aber von englischer
Nachbildung los; unter selbstständigem Stempel und mit einheimischen Kräften erscheint des Magnus IVLЄ MЄ FЄCIT
(Schive, Norges mynter I 29) und seines Nachfolgers Harald
VLF ON NIDARNÆ (Drontheim). Auf diesem Wege gehen
die folgenden Könige Magnus II. (1066—1069) und Olaf Kyrre
(1067—1093) weiter und legen ein kräftiges Selbstbewußtsein
an den Tag durch Inschriften in Runenzeichen und von ur-
wüchsiger Fassung wie Askel o benek then (Askel besitzt
diesen Pfennig), Gunar a mot thisa (G. besitzt diesen Stempel),
Lefrigs moth (Lefrigs Stempel); einzig und allein der oben an-
geführte angelsächsische Solidus mit Skan a mo du bildet ein
Seitenstück hierzu, denn das viel spätere ISI A MVNAI (ici
a monnaie) in Amiens steht doch viel ferner. Hiermit aber
giebt der Münzmeister seinen Platz auf den norwegischen
Münzen auf.

Etwas länger behauptet er sich in Dänemark, wo das
Münzwesen sich reicher entwickelt als in den skandinavischen
Bruderreichen, aber zu derselben Zeit, mit Svend Tveskaeg,
seinen Anfang nimmt. Sein Penny nennt gleichfalls einen

englischen Münzmeister: ꓷODPIꓠꞓ M‒ᴧN DꓠꞓR. Die Nachfolger, wenn sie auch theilweise neue, von den englischen unabhängige Gepräge aufbrachten, behielten doch die englische Sitte, Münzmeister und Münzstadt zu nennen, bei, z. B. ALFRIꓷ ON ALEBꓷ (Aalborg), ARꓷRIN ON ORBEꙄ (Orbäk), BRAEM ON VIBEI (Viborg). Mit Magnus (1042—1047) wird, jedoch nur auf den von England nicht beeinflussten Geprägen, Runeninschrift gebräuchlich, z. B. Asur Bai i Lundi i Lei, Asmunt Lunt, Asur Barletha i Lei, nicht selten zur Hälfte lateinisch; gleich dem Asur Bai und Asur Barletha mag wohl auch eine Umschrift wie ALFVARD KIDEBIARD einen Doppelnamen oder zwei vereinigte Münzmeister enthalten. Bemerkenswerth ist, dass die lateinischen Umschriften das englische ON beibehalten, die runischen aber es durch IN ersetzen, das später das fremde on ganz in Wegfall bringt. Von den sehr zahlreichen Münzen Svend Estridsens (1047—76) bleiben nur wenige dem englischen Muster treu, wohl aber, mit geringen Ausnahmen, dem Brauche, neben dem Münzmeister auch dessen Wohnsitz zu nennen, der indessen oft unkenntlich ausgedrückt ist, so dass der Monetar in den Vordergrund tritt, ausnahmsweise (KRISTIERN) auch die Münzstätte ganz verdrängt. Die folgenden Regierungen zeigen ein ähnliches Bild, nur daſs die Umschriften, welche unter Svend oft sinnlos waren, jetzt wieder deutlich werden: ESGER I ROSꞓ (Roeskilde), ATꙄVR I ꙄLAN (Slagelse), VLGER I ODE (Odense), SVNA RANDROS (Randers). Unter den beiden Erichs (1131—1147) wird nur noch der Münzmeister genannt, z. B. (H. S.) ꞗRIꞓ RꞗX ALVVIN, aber auch, ebenso auf der Kopfseite ALVVIN RꞗX, also mit Unterdrückung des Königsnamens. Der letzte, den wir hier zu nennen haben, ist König Olaf (1138—1141) mit dem letzten dänischen Münzmeister BIORN I LVI.

    Bis hierher, in Frankreich und in England, nebst den von ihm numismatisch abhängigen Ländern ist die Ausbeute an Münzmeistern eine ganz gewaltige gewesen, nunmehr aber, wenn wir auf das übrige Europa blicken, schrumpft sie stark zusammen, und es bleibt fast nur noch unser Vaterland nebst den mit ihm ehemals vereinigten Niederlanden, in denen Münzmeister auf den Münzen nachweisbar sind. Denn wenn wir die Florentiner Goldmünzen ausnehmen, welche ausser dem Emissionszeichen später auch die Wappen der Münzmeister tragen, so ist dem ganzen Süden diese Erscheinung ebenso fremd wie Ungarn.

In Russland sind nur auf einer Denga des Zaren Wassilij Wassiljewitsch (1422—1462) PꙞRꙞI (Rarai)[1] und auf solchen seines Nachfolgers Iwan Wassiljewitsch (1462—1505) die Namen der italienischen Münzmeister Alexander (МАСТЕРЪ ꙞЛЕКСꙞНДРО) und Aristoteles (ORꙞISTOTЄLЄS)[2] zu lesen, und in Polen kennen die Münzen überhaupt keinen Monetar, wenn nicht etwa die hebräische Inschrift eines Brakteaten von Miesko (1139—1203) Rabi Abraham ben Jizhak Gnedz (Gnesen) auf einen solchen zu beziehen ist.

Wenden wir uns nach den Niederlanden, so tritt uns auf einigen Mailles des Grafen Philipp von Flandern (1168—1191) ein Münzpächter oder Münzmeister entgegen, der sich durch die Umschriften Simon f, fe, fec und feci zu erkennen giebt, derselbe Finanzmann, der auch in den Grafschaften Amiens und Vermandois die zu Amiens und Crépy geschlagenen Münzen desselben Grafen mit Simon fecit und die von dessen Bruder Matthaeus zu Crépy geprägten Denare mit Simon me fecit gezeichnet hat[3]. Eine ähnliche Bedeutung mag auch das TANSMERVS eines Denars des XI. Jahrh. von Ypern[4] und das GEROLF auf einer Maille von Gent haben. — In dem angrenzenden Brabant haben Herzog Heinrichs III. (1248—1291) Münzmeister ihre Namen BASTinus, BOLInus, FRANco, GERArdus, GOTInus, TENIcrus in die Winkel des Kreuzes der Rückseite gesetzt, und denselben Platz nehmen

---

1) Katalog d. Reichelschen Münzsammlg. Bd. I Nr. 64.
2) Ebenda Nr. 300—308.
3) Engel & Serrure a. a. O. S. 486, 487. 493, 507.
4) Ebenda S. 505.

auf den Sterlingen seines Nachfolgers Johann I., abwechselnd
mit denen der Prägstätten die Münzmeister Johann (IOhⲚ)
und Walter (WⱯLT) ebenso ein wie zur selben Zeit auf den
Sterlingen Johanns Grafen von Looz GⲈORg und PⲈTRus und
auf denen Heinrichs Herrn von Herstal BⱯLDuin GISⲈbertus
und PⲈTRus.

In dem heutigen Deutschland ist es nur Baiern allein,
wo und zwar in der ältesten Zeit bis etwa zum Jahre 1030
die Münzmeister regelmäfsig ihre Namen auf ihren Geprägen
vermerkt haben, zuerst in meist abgekürzter Form unter dem
wenig Platz bietenden Kirchengiebel der Rückseite, dann in
der Umschrift. So lesen wir in Cham Hecil und Hrosa[1]), in
Eichstädt Bruu, in Freisingen Engh, in Nabburg Per und Wil,
in Neuburg a. d. Donau[2]) Ana, Cha, Diot, in Salzburg Cho,
Frizo, Ono, Pap, Wa, Wi, in Regensburg Acizo, Adalo, Anno,
Arpo, Azo, Cunno, Elln, Enci, Erh, Gual, Sigo, Veccho, Wic,
Wo u. s. w. Augsburg gehörte damals in numismatischer Hinsicht zu Baiern, daher auch hier die Münzmeister Azzo, Enci,
Immo, Per, Udalr, Wi. — Nicht minder folgten die Böhmen
dem von Regensburg gegebenen Beispiele: auf den Denaren
der Boleslaws, der Herzogin Biagota, Wladiwois und Jaromirs
lesen wir theils unter dem Kirchengiebel, theils in der Umschrift abgekürzte oder vollausgeschriebene Münzmeisternamen
wie Cho, Enc[3]), IOΛ (Joannes), Mizleta, Nacub, Omeriz, Ono,
Oto, Per u. s. w.

---

1) Denn das ROƩV ist doch wohl derselbe Name wie das HROƩA
auf Stadischen Pfennigen, nur mit weggelassener Aspiration und umge-
kehrtem A.

2) Andre meinen zwar N. vorm Walde, aber keiner hat das zu be-
gründen auch nur versucht, bis auf Grote, und den habe ich Bd. III S. 819
meiner „Mz. d. sächs. u. fränk. K.“ widerlegt.

3) Das GOT, das wir auf einigen dieser Denare unter dem Giebel
sehen, dürfen wir doch nicht als einen Münzmeister ansehen, denn hiergegen
spricht schon gewichtig der Umstand, dass statt dieses Got auch das gleich-
bedeutende DⲈVS sowie das ebenfalls gleichwerthige slavische BOZE an
derselben Stelle vorkommt, entscheidend aber ist in dieser Hinsicht der

Damit ist aber für die ältere vorhohenstaufische Zeit der Gegenstand so ziemlich erschöpft. Denn bis auf zwei sind die Münzen, auf denen man Münzmeister erkennen möchte, Gegenstand des Streites. So zunächst der Pfennig Ottos I. Dbg 1155, in dessen ꞰRARIꙄINTIAIA MONETA Menadier eine Münzstätte sieht, während ich im Hinblick auf ähnlich aspirirte Namen wie Hlothar, Hludwicus, Hrabanus, Hruotlandus u. s. w. eher an einen Personennamen glauben möchte. Nur zur Widerlegung der Ansicht, dass das mit winzig kleinen Buchstaben unter dem ODDO in den Kreuzwinkeln gewisser seltener Adelheidspfennige zu lesende ITAL (Dbg 1168) mit deren Königstitel in Verbindung zu setzen sei, habe ich (Berl. Mzblätt. 1915 und Dbg III 848) auf die Möglichkeit hingewiesen, dass in diesem ITAL ein italienischer Münzmeister stecke, wie sich der Godwine auf dem vorgedachten Penny des Svend Tveskacj als dänischer Münzmeister und der Leofman des Olaf Skotkonung seiner Herkunft nach richtig als englischer bezeichnen. Nicht zweifellos ist auch der aus der Maasgegend stammende Pfennig Heinrichs II. mit HEINRICVS MONETA (Dbg 1178); es liegt hier zwar die Ergänzung zu monetarius nahe und scheint noch näher gelegt zu werden durch mein unter Nr. 1151 des „Verzeichnisses meiner Sammlung u. s. w. (Leipzig 1889)" beschriebenes Exemplar mit + MONETAREIN ... VS, indessen so ganz kann ich doch den Zweifel nicht unterdrücken, ob hier nicht R für das auffallenderweise fehlende H gesetzt, also auf beiden Stücken moneta Heinrici zu verstehen ist, der doppelte Fürstenname ist doch in jener Zeit ebensowenig anstöfsig als die Verwechselung des ersten und zweiten Falles; wer aber

---

Boleslaw mit der Umschrift PPGA · ꞦIVIT · NAꞜVB und unter dem Giebel ꙄVꞜꝹ (Jażdzewski, wykopalisko Jarocińskie Tf. III 30; Fiala, böhm. Mz. Nr. 280 Tf. II 24). Es ist also hier wirklich ausnahmsweise durch die in verschiedenen Zungen ausgedrückte Bezeichnung des Höchsten der Tempel als Gotteshaus gekennzeichnet. Dasselbe GOT auf dem Regensburger Denar Herzog Arnolfs Dbg 1050 ist aber doch wohl der Anfang eines Münzmeisternamens Gotfried, Gothard oder dgl.

mit Menadier hier einen Münzmeister Heinrich zu sehen vor-
zieht, gegen den lässt sich Schlagendes schwerlich vorbringen.
Einen sicheren Münzmeister dagegen haben wir in dem HROꙄA
ME FEC des Grafen Heinrich von Stade (976—1016) (Dbg 1607),
denselben Münzmeister oder doch wenigstens denselben Namen,
dessen Bekanntschaft wir schon im Cham gemacht haben; in
diesem Falle ist das Auftreten eines Münzmeisters weniger
befremdend, da das den älteren Pennies Ethelreds sich aufs
Engste anschliefsende Gepräge dazu einlud. Und ebenfalls auf
englische Vorbilder mag es zurückgehen, wenn auf einem
Pfennige des Herzogs Dietrich von Oberlothringen (984—1026)
(Dbg 432) dem breiten Kreuze der Rückseite neben der Münzstätte Igel der Name Sigibod, also ohne Frage eines Münzmeisters eingeschrieben ist. Nicht unbedenklich ist es dagegen,
ob wir den Erfurter Pfennig des Erzbischofs Bardo 1031—1051
mit BARTO EBꙄCOPV *Rf.* BARTO ME FECIT (Dbg 880)
hier einordnen dürfen, wenigstens erkennt Menadier hier den
Münzfürsten.

Es ist hier der Ort, über die Formel fecit, me fecit, me
profecit, der wir im Verlauf unsrer Betrachtung bereits mehrfach begegnet sind, uns auszusprechen. Zunächst könnte man
glauben, dass sie gleich dem griechischen ἐποίει auf den Münzen
des Neuantos von Kydonia und des Theodotos von Klazomenae
und auf andern Kunstwerken[1]) den Künstler, den Stempelschneider angehe. In dieser ursprünglichen Bedeutung
kommt sie aber auf Mittelaltermünzen nicht vor, der Eisenschneider, selten ein Künstler, tritt durchaus hinter dem Verwalter der Münze zurück. Bleiben wir am Buchstaben kleben,
so könnte auch der Münzarbeiter, der den Schrötling vermittelst
seines Hammerschlages zur Münze formt — malleator nannten
ihn die Römer — von sich dasselbe feci aussagen. Erinnern
wir uns aber des Wortes quod quis per alium fecit ipse fecisse
videtur, so müssen wir die fragliche Formel, im Einklange mit

1) s. Bd. I S. 282 dieser Zeitschrift.

allen vorstehend aufgeführten Beispielen für anwendbar erklären auf den Münzmeister, der die Prägung veranlasst hat,
und in weiterer Folge sogar auf den Münzherrn, der zu ihr
Befehl gegeben hat. Es fragt sich nur, ob auch für Letzteres
unser Münzvorrath Beispiele an die Hand giebt, und da sind
denn allerdings zwei vorhanden, die schon Menadier (Berl.
Mzblätt. 1349) angeführt hat: der Triens des Frankenkönigs
Theodebert II. (596—612) mit Theodoberto fit *Rf.* Manileobo
monita und, unserer in Rede stehenden Zeit näher liegend, der
Denar des Königs Niels (Nicolaus) von Dänemark (1104—1134)
mit NICOLAVS ME FE. Im Hinblick hierauf ist es wohl
zulässig, in dem ged. Barto me fecit den auf der Hauptseite
bereits genannten Erzbischof zu sehen, nur ist es schwer, die
Entscheidung zu treffen, indessen mag immerhin für den Münzfürsten der Grund geltend gemacht werden, dass man, sollte
der Münzmeister gemeint sein, dies doch wohl, um Missver-
ständniss auszuschliefsen, durch einen entsprechenden Zusatz,
etwa durch monetarius statt des überflüssigen me fecit ausgedrückt haben würde. Nimmt man das an, so ist auch der
andere Erfurter desselben Herrn mit Bardo *Rf.* Parto (Dbg 878)
uns hier verloren, denn die verschiedene Schreibweise desselben
Namens fällt wohl nicht ins Gewicht, wie aufser mehreren
böhmischen Pfennigen mit den auf beiden Seiten verschieden
geschriebenen Namen Boleslaus und Jaromir namentlich die
mit DVX ODDO *Rf.* DVX ODO (Dbg 595), und selbst aus
späterer Zeit noch der Triersche mit BOMOⱧDΛS. *Rf.*
X BOIꓱVIVDVS (Bohl Tf. II 7) beweisen. Auch der ODDV
ꟽE FECIT (Dbg 1288) gehört zu den zweifelhaften Erscheinungen, ich habe ihn für einen Münzmeister gehalten, Idde-
kinge (Friesland en de Friezen S. 143) erklärt ihn aber für den
Sachsenherzog Otto oder Ordulf; da die andre Seite der Münze
nur Trugschrift trägt, so ist der Streit kaum zu schlichten.
Um nichts zu versäumen, sei auch der Sigefrit auf des Magdeburger Erzbischofs Heinrich I. (1102—1107) Halbbrakteaten
(Dbg 660) erwähnt, der Mangels andrer Erklärung wohl auch

einen Münzmeister nennen mag. Damit haben wir die sächsische und fränkische Kaiserzeit hinter uns, denn die Messingmarken mit Benno me vecit (Dbg S. 294, 632) kommen als Nichtmünzen hier nicht in Betracht.

Die Hohenstaufenzeit liefert nur wenige, aber recht interessante Beiträge, hauptsächlich **Brakteaten**. Zunächst ist als streitig des schönen Brakteaten König Konrads III. mit Cunratus Lampertus und rex (Bode, Mzwesen Nieders. II 8, Cappe K. M. II Nr. 5) zu gedenken, dessen zweiten Namen Einige irrig für den Helmstädter Abt Lamprecht (1146—1152), Andere für einen Münzmeister genommen haben. Schönemann (z. vaterl. Mzkde. S. 18 Anm. 1), indem er Ersteres verwirft, hat auf einen Schutzvogt aus der Familie der Grafen von Gleichen hingedeutet, und Menadier (Berl. Mzblätter 1352) die Zutheilung an diesen in Urkunden von 1125 bis 1149 erwähnten Grafen Lambert von Gleichen begründet. Er scheidet also hier aus ebenso wie der angebliche Münzmeister LVDVIC, welcher auf einem Brakteaten Erfurter Fabrik dieselbe Stelle einnimmt, an welcher sonst der Name des Erzbischofs Heinrich I. steht (v. Posern Sachs. M. IX 9); mit Menadier (Berl. Mzbl. 1354) halte ich ihn für ein Gepräge des Landgrafen Ludwig II. von Thüringen (1140—1172). Wenig später sind drei Brakteaten mit sehr verschiedenen Bildern (sitzendem Kaiser, stehendem Fürsten, Reiter) und noch verschiedenerer Fabrik, sie sind durch die gleiche Umschrift Luteger me fecit (mit einigen darauf folgenden ungedeuteten Buchstaben) mit einander verknüpft; entgegen der bisherigen Meinung, dass hier der Münzmeister genannt sei, nimmt sie Menadier (Berl. Mzblätter 1368, 1369, 1386) für einen i. J. 1188 genannten Grafen Luteger in Anspruch, der wegen des Namens seines Vaters Hoyer vielleicht dem Mansfelder Geschlecht angehört haben möge. Ich begnüge mich mit ihrer Erwähnung und gehe zu den unzweifelhaften Münzmeistern über. Dies sind zunächst zwei, welche sich auf Brakteaten von Barbarossa genannt haben. Aber während der eine (Berl. Bl. f. Mzkde. III Tf. 28 Nr. 14) neben seinem eigenen Namen SICLER noch für den des Kaisers (FRIDE IOƐ) Raum lässt, unterdrückt ihn der andre ganz und setzt neben das Bild des thronenden Kaisers nur seinen eigenen und den der Münzstätte (Saalfeld): FVRITIƇhER BITER SALF (v. Posern a. a. O. 44 Nr. 12). Und ebenso, ganz in der Art der merowingischen Monetarii verhält sich der Münzbeamte, welcher in der Umschrift MƐ FICID ƐRTH. V. ƐLMAR nur sich kundgiebt, Münzstätte aber und Münzherrn (edler Herr v. Arnstedt) verschweigt[1]). Kaum weniger anspruchsvoll treten zwei Münzmeister des Herzogs Bernhard von Sachsen (1170—1212) auf, denn der eine nimmt sogar den Vortritt vor seinem Herrn in Anspruch: ✠HELOƱOLDVS✠BERNARDVS[2]), und der andre handelt nicht nur (nach unsren heutigen Begriffen) ebenso unschicklich, sondern macht noch obenein seinen Herrn sprachlich von sich abhängig: BVRCHARD HƐLT DVCIS BERN[3]). Es bleibt noch der thüringische Reiterbrakteat mit KOVNRAD MƐ FECIT; als ich ihn veröffentlichte (Berl. Bl. f. Mzkde. IV S. 189), konnte ich, noch unbekannt mit der Anwendbarkeit des me fecit auch auf den Münzherrn, mich nicht anders als für einen Münzmeister Konrad entscheiden, jetzt aber möchte ich mich zu Menadiers Ansicht (Berl. Mzblätt. 1367) neigen, dass KOVNRAD, der Bruder des Landgrafen Heinrich Raspe, der spätere Ordensmeister (1239—1241) ist, derselbe, der wahrscheinlich auch auf dem Grünberger Pfennig seines genannten Bruders abgebildet ist. — Etwas später, in Ottokars II. Zeit, fällt ein grofser schriftloser Lausitzer Brakteat mit einem von Lindenblättern[4]) umgebenen Helm; diese Lindenblätter gehen doch

---

1) Cappe K. M II Tf. 26 Nr. 303 fehlerhaft, richtiger v. Höfken Archiv II 55, Berl. Mzbl. 1355.

2) Bd. VII Tf. V 36 dieser Zeitschrift. — Elze (Die Mz. Bernhards II S. 41 Nr. 81) thut nicht Recht, wenn er geflissentlich den Herzogsnamen voranstellt, denn naturgemäfs beginnt doch die Lesung mit dem Kreuze über dem Haupte des Herzogs.

3) Bd. V Tf. VIII, 1 d. Z. Elze a. a. O. Tf. III 84.

4) nicht Kleeblätter, wie Scheuner (Archiv f. B. II S. 208 Nr. 24) sagt.

wohl ohne Frage auf den Zittauer Tylo v. d. Linde, der nebst
Dietrich Langschenkel das Münzmeisteramt in Zittau gekauft hatte.

Nachdem wir somit das Gebiet der Brakteaten erschöpft
haben, müssen wir zeitlich etwas zurückwandern, ins letzte
Viertel des XII. Jahrhunderts, zu den Anfängen der **pommer-
schen** Prägung. Da finden wir zur Zeit der Brüder Bogislaw I
und Kasimir I Denare, die ganz nach merowingischer Weise
auf der einen Seite den Münzmeister, auf der anderen die
Münzstätte nennen, nämlich Butzlaff und Eilbert in Stettin
(BVꝀEꝀELLVLF, ЄILBЄRЄTЄ), Hartmann (HARTЄꝊꝆAN)
in Demmin, Eilbert (ЄIILBЄRЄTЄ) in Kammin, Gotfried
(GODEFRIDVS) in Prenzlau; und um die Ähnlichkeit mit
den Merowingern noch vollständiger zu machen, haben wir auch
Gepräge mit zwei Münzmeistern: TЄIODЄRI ЄST *Rf.*
VALTЄRЄ · ЄST [1]). Man wird fragen, wie diese Münzer, alle
übrigens bis auf den Slaven Butzlaff deutscher Herkunft, zu
diesen auch in den Bildern so eigenartigen Geprägen gekommen
sind; es finden sich aber nirgends Vorbilder für dieselben,
weder bei den benachbarten Polen und Brandenburgern, noch
auch beiden gleichzeitigen Dänen, mit denen die Pommern damals
die regsten, meist allerdings kriegerischen Beziehungen hatten;
wir müssen sie daher als durchaus urwüchsige Schöpfungen betrachten, da sie von den zeitlich wie örtlich so weit getrennten
Franken selbstverständlich keine Anregung erfahren haben
können. Diese Münzmeister-Herrlichkeit ist aber in Pommern
nach kurzem Bestehen schon vor Ablauf des XII. Jahrh. zu
Grunde gegangen. — Nicht weniger merkwürdig ist, dass ein
jüdischer Münzmeister seinen Namen Jechiel mit hebräischen
Buchstaben auf einen Pfennig des Bischofs Otto I. von **Würzburg** 1207—1223 [2]) vermerkt hat, das einzige derartige Beispiel.

Damit, also mit dem hohenstaufischen Zeitalter, hat aber
auch der Münzmeister seine Rolle auf den deutschen Münzen

---

1) Dannenberg, Mzgesch. Pomm. S. 27, 28.
2) Mader, krit. Beitr. IV Tf. V, 72, Sitz.-B. d. num. Ges. v. 3. 1. 1887
(Z. f. N. XV 4).

wenigstens insofern ausgespielt[1]), als nunmehr sein voller Name
nicht mehr vorkommt, und es vergeht geraume Zeit, bis statt
des Namens sich im Norden Münzmeisterzeichen zeigen. Früher
als hier indessen machen sich in **Österreich** die Münzmeister
wieder geltend. Schon unter den Königen Ottokar und Rudolf
finden sich Wiener Pfennige mit Wappen, die neuerdings durch
v. Luschin[2]) zwar nicht als münzmeisterliche, wohl aber als
solche der österreichischen Landschreiber Konrad von Tuln,
Jakob der Verleis von Hoya, der Brüder Otto und Haimo,
des Rapoto von Urfar, wohl auch des Passauer Richters und
Münzmeisters Urban Gundacher und des Wiener Bürgers Ortolf
Chrechsner nachgewiesen worden sind; sie können hier füglich
nicht übergangen werden, da diese Landschreiber mit der
Leitung der gesammten Domänen- und Regalienverwaltung
zugleich die Stellung landesherrlicher Bankiers verbanden und
ihre Stellung zum Münzwesen eben durch ihre auf den Münzen
angebrachten Wappen deutlich genug gekennzeichnet ist. Und
wenig später weisen eben diese Wiener Pfennige Münzmeister-
Wappen auf, nämlich des Heinrich Schuheler (etwa 1335
—1340), des Dietrich Flusshart (1352—1357) und des Johann
von Tirna (1355—1370) oder seines Bruders Jakob (1372,
1373). Unter Kaisers Friedrichs III. Regierung (1439—1493)
aber wird der Münzmeister mit dem ersten Buchstabe seines
Namens, und, was sonst nirgends geschieht, als Hausgenosse
bezeichnet, so heisst denn WHT Wiener Hausgenosse (Niklas)
Tischler, WHL Wiener Hausgenosse (Valentin) Liephart. —
Auch in **Augsburg** beliebte man um dieselbe Zeit auf die
Pfennige Buchstaben oder Zeichen (Anker, Lilie) zur Bezeichnung
der Münzmeister anzubringen, einige derselben sind erklärbar

---

1) Die Münzmeister auf den zahlreichen Nachahmungen der Sterlinge
Heinrichs III., der Edelherrn von Lippe, der Grafen von Kuinre u. s. w.
zeugen nur für die weitgehende Nachprägung: David on Lunde, Henri on
Lunde, Renaud on Lunde u. s. w., sind nur von den englischen Vorbildern
übernommen und keineswegs Münzmeister der Edelherren von Lippe, der
Grafen von Kuinre u. s. w.

2) Chronol. d. Wiener Pfennige S. 53 folg.

und gehen auf die Münzmeister Jakob Peutinger (P, 1425), Franz Besinger (B, 1441), Stephan Grässlin (G, 1458), Matthias Besinger (MB, nach 1472) und Hieronymus Müller (M, 1494 bis 1515).

Wir sind damit fast an die Grenze des Mittelalters angelangt, und haben nur noch die Zeichen und Buchstaben zu erwähnen, welche **brandenburgische und schlesische Münzmeister** auf ihren Münzen angebracht haben, die meisten allerdings sind uns in ihrer Bedeutung noch unbekannt, so die auf den Hellern von Frankenstein (Friedensburg, Schles. Mzgesch. Nr. 740), Lüben (a. a. O. 587) und Münsterberg (a. a. O. 733, 734, 737—739), aber auf denen von Wohlau (a. a. O. 682) findet das I—H neben dem Stierkopfe glücklicherweise seine Erklärung durch den dazu gehörigen Halbgroschen-Stal (ebenda 683) mit Johannes Holu . . . Nachgewiesen ist auch der Halbmond auf Groschen Johann Ciceros von Brandenburg als Zeichen des Münzmeisters Heinrich Koch, der Adlerkopf auf Stendaler Groschen (1509—1525) als Zeichen des Georg Fuge, während seit 1528 an demselben Orte das Blatt den Martin Fuge anzeigt; auf Frankfurter Groschen von 1499 dagegen deutet das Blatt auf Moritz Kreusel, und der Halbmond bildet auf Frankfurter Groschen Joachims I. von 1509—1528 das Zeichen sowohl von Moritz als von Martin Kuneke. Gewissermassen als redendes Wappen treffen wir auf Rostocker Schillingen in den Kreuzwinkeln, mit andren Beizeichen wechselnd, einen Hund, als Zeichen des Münzmeisters Johann Hund 1512—1526.

Dass auch in den folgenden Jahrhunderten und bis in die Gegenwart die Namen des Münzmeisters bisweilen ausgeschrieben, viel häufiger aber nur durch Anfangsbuchstaben angedeutet, ihren Münzen aufgeprägt sind, ist allgemein bekannt; Schlickeysens Handbuch über „Erklärung der Abkürzungen auf Münzen u. s. w." hilft zu ihrem Verständniss.

H. Dannenberg.

Der Münzschatz der St. Michaeliskirche zu Fulda.
(Nachtrag.)

———

Der bedeutsame Münzschatz der St. Michaeliskirche zu Fulda, dessen Hauptmasse ich im voraufgehenden Hefte beschrieben habe, hat nachträglich eine ansehnliche Ergänzung erfahren. Zu den von mir bearbeiteten 2000 Stück sind noch mehr als 600 hinzugetreten, welche der Bischof von Fulda, Herr Dr. Endert, mir nach Einsendung meiner Fundbeschreibung zur Vervollständigung derselben auf das bereitwilligste zur Verfügung gestellt hat, wie er auch in dankenswerther Weise eine vollständige Auswahl des Fundes, in welcher die wissenschaftlich interessanten Stücke sämtlich vertreten sind, dem Kgl. Münzkabinet käuflich überlassen hat. Schon das Zahlenverhältniss, nach dem es sich um nahezu ein Viertel des ganzen Fundes handelt, macht es nothwendig, über diese nachträglich eingegangenen Pfennige Rechenschaft zu geben. Naturgemäss sind die meisten derselben den bereits beschriebenen gleichartig. Von diesen erfahren einen Zuwachs die

Fuldaer Pfennige		Hersfeld:		Erfurt:	
um 351 St.		nr. 19 um	7 St.	28 um	1 St.
darunter:		20 „	1 „	29 „	2 „
nr. 1 um	1 „	23 „	4 „	30 „	4 „
2 „	1 „	24 „	1 „		
5/6 „	10 „	Erfurt:		Würzburg:	
8 „	43 „	nr. 26 „	14 „	nr. 35 „	8 „
10 „	7 „	27 „	14 „	nr. 45 um	1 St.

Mainz:	Köln:	Westfalen:
nr. 55 um 2 St	nr. 106 um 1 St.	nr. 135 um 8 St.
59 „ 1 „		
62 „ 2 „	Niederrhein:	Münster:
64 „ 80 „	nr. 110 „ 3 „	nr. 138 „ 11 $^1/_2$ „
65 „ 11 „	112 „ 1 „	140 „ 10 $^1/_2$ „
67 „ 18 „	nr. 113 „ 2 „	153 „ 4 „
72 „ 5 „	114 „ 1 „	
93 „ 1 „	115 „ 1 $^1/_2$ „	Goslar:
Speier:	118 „ 1 „	nr. 155 „ 7 „
nr. 91 „ 2 „		160 „ 1 „
98 „ 2 „	Maestricht:	162 „ 1 „
100 „ 1 „	nr. 121 „ 3 „	163 „ 1 „
	126 „ $^1/_2$ „	166 „ 1 „

Ausserdem aber liefert dieser Rest doch auch eine Anzahl von Ergänzungen für die bereits bekannten Stücke, bietet er mehrfach trotz der allgemeinen Übereinstimmung doch in Einzelheiten abweichende Pfennige und enthält er namentlich auch einige in der grösseren Masse nicht vertretene und überhaupt bisher unbekannte Münzen, die hier auf Grund der für die Hauptmasse befolgten Ordnung und unter Fortführung der Nummern zu beschreiben sind:

Fulda.

176. ✠ S BONIF ACIVS   ✠ FVLDA   1 St.
     Brustbild des Heiligen   Kreuz
     nach rechts

0,41 gr.

Hälbling zu dem Pfennig nr. 2.

177. ✠ SCS BON (IF) ACIVS   ✠ FVL(D)A   1 St.
     Brustbild des Heiligen
     nach links.

1 gr.

177. 176. 178.

178. ✠ S . E BO . . . . . . | ✠ MA꜀ . . . AT . .
Der stehende Heilige von | Kreuz mit einer Krone in jedem
    vorn mit dem Krumm- | Winkel   2 St.
    stabe in der rechten |
    und einem Buche in |
    der linken Hand. |

2 = 1,19 gr.

Variante zu den Pfennigen nr. 5 und 6.

179 b. 43. 179 a.

Würzburg.

179. ✠ V . . . . . NVS | (✠ VVIRC)EBVR(G)
VV D . . . . . | . . . . . . RO
Brustbild des Bischofs | Kreuz mit durchbrochener Mitte
nach rechts. mit dem | (und einer Kugel in den
Krummstab. | Winkeln)   2 St.

0,9 gr; 0,9 gr.

20*

43. (var.) ..Ǝ..... | **✝ IИA......**
Brustbild des Bischofs | Stadtmauer mit drei Thürmen
nach links, mit dem | bewehrt   1 St.
Krummstab.

0,73 gr.

54.

Regensburg.

Kaiser Friedrich.

54. ✝ HE . NR .... IR | **✝ RA ..... NA**
Brustbild des Kaisers von | Bild der Stadt   2 St.
vorn.

Mainz.

Erzbischof Wezilo. 1084—1088.

61. (var.) ... ЄIINOA ... | **✝ MIOIGI**
Brustbild des Erzbischofs | Einthürmiges Kirchengebäude
nach links, mit dem | 1 St.
Krummstab in der rech- |
ten Hand. |

0,91 gr.

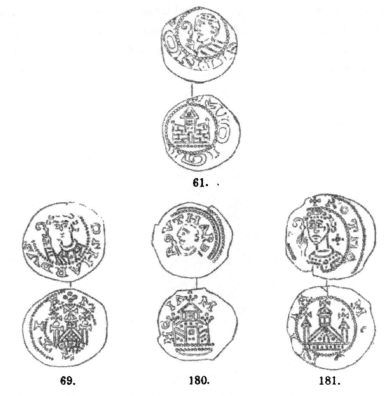

61.

69.   180.   181.

Erzbischof Rudhard. 1088—1109.

180. RVTHARD
Brustbild des Erzbischofs
nach links, mit dem
Krummstab in der rech-
ten Hand.

M ... ИCIA
Bild der Stadt, mit Lilien an
den Mauerecken   5 St.

4 = 1,9 gr.

Hälbling zu dem Pfennig nr. 66.

69. (var.) (+R)VOTHARDVS...
Brustbild des Erzbischofs
in halber Wendung
nach links, mit dem
Krummstab in der rech-
ten Hand.

M ... ИTIA
Kirchendach mit Vierungs-
thurm und zwei Seitenthürmen   1 St.

0,83 gr.

181. ✝ ROTHA(RDVS)...   ✝ MO(G)ONTIA

Brustbild des Erzbischofs   Kirchengiebel mit drei Thür-
nach links, mit einem   men   1 St.
Krummstab in der rech-
ten Hand, im Felde
rechts eine Rosette.

0,87 gr.

182.

Ohne Namen des Münzherrn.

182. ✝ MARTIN.....   MAGV(NTIA)

Brustbild des heiligen   Thurmgebäude mit zwei Seiten-
Martin von vorn, über   flügeln   1 St.
den Schultern: T u. A.

0,88 gr.

(vrgl. nr. 77).

Worms.

183. .... MЯO✝W(rückläufig)   ..V⊃...I..

Kreuz mit einer Kugel in   Kirche mit einer grossen Kugel
jedem Winkel und einer   in der Mitte   1 St.
Mondsichel im obersten.

0,8 gr.

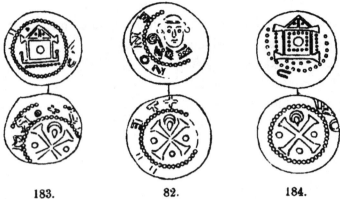

183.   82.   184.

184. WO . . . . ⊃ . . .

Kreuz mit einer Kugel in   Kirche mit einer grofsen Kugel
jedem Winkel und einer   innerhalb eines Perlenvier-
Mondsichel im obersten.   ecks   1 St.

0,78 gr.

Bischof Eppo. 1090—1105.

82. (var.) . . . . NONヨ . . .   + . . . II . ヨ1 .

Brustbild des Bischofs von   Kreuz mit einer Kugel in jedem
vorn mit Krummstab in   Winkel und einer Mondsichel
der rechten Hand.   in dem obersten.   1 St.

85.

Lorsch.

85. (var.) + A . . . . . . VS | + AVI . . . . C . . .

Brustbild des Abtes von | Kreuz mit einer Kugel in jedem

vorn zwischen Krumm-
stab und Kreuzstab
unter drei auf Säulen
ruhenden Bogen.

Winkel und einer Mondsichel
in dem obersten.   1 St.

0,93 gr.

Unbestimmte Münzstätte in der Umgebung von Worms.

185.

185. Umschriften verrieben bis auf einzelne Buchstaben.

Brustbild des Königs nach
links.

Kreuz mit einer Kugel in jedem
Winkel und einer Mondsichel
in dem obersten   1 St.

0,75 gr.

91.

Speier.

91. (var.) Umschriften verrieben bis auf einzelne

Zu Seiten eines Kreuzstabes
zwei gekrönte Brustbilder,

Buchstaben. Brustbild | das eine nach rechts gewandt,
des Bischofs von vorn | das andere nach vorn   2 St.
mit dem Krummstab
zur rechten Hand im
Ruderschiff.

                0,92 gr.   0,90 gr.

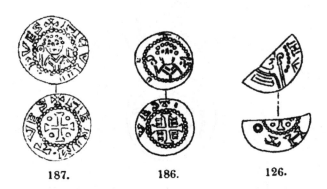

187.   186.   126.

Unbestimmte niederrheinische Münzstätte.

186. +...... | +.....VES
Brustbild des Bischofs von | Kreuz mit zwei Horizontallinien
vorn mit dem Krumm- | in jedem Winkel   1 St.
stab in der rechten
und Buch in der linken
Hand.

                0,38 gr.

jedenfalls desselben Ursprungs wie nr. 110.

187. + HCVIII .. ħVES | + HERIMTVES
Brustbild des Bischofs von | Kreuz mit einer Kugel in jedem
vorn mit dem Krumm- | Winkel   1 St.
stab zur rechten und
dem Buch zur linken
Hand.

                0,5 gr.

126. (var.) . HV ...   .. HTO ...
     Brustbild des Bischofs mit   Kreuz mit einer Kugel in jedem
     Krummstab nach rechts. | Winkel   1 St.

188.

Flandrische Münzstätte.

188. Unkenntliche   Inschrift | Kreuz mit einer Kugel in jedem
     zwischen zwei Tempel-   Winkel   1 St.
     giebeln. |

0,63 gr.

189.

Münster.

Bischof Burchard von Holte. 1097—1118.

189. .... RDVS DOS   ONI ▢VI ▢ OO ▢OI
     Brustbild des Bischofs von Kreuz mit einer Kugel in jedem
     vorn mit dem Krumm-   Winkel   2 St.
     stab zur rechten. |

2 = 2,58 gr.

vgl. nr. 139 u. 140.

190.

Gittelde.

Erzbischof Hartwig v. Magdeburg 1079—1102.

190. . . ART . . . .

Brustbild des Erzbischofs von vorn, die rechte Hand segnend erhoben, mit der linken den Krummstab haltend; im Felde zwei Ringel.	. . . VICH . . . . Dreithürmiges Gebäude über einer Mauer mit einem A in der Mitte 1 St.

1 gr.

Russischer Fund nr. 69.

191.

Quedlinburg.

Äbtissin Agnes.

191. . . . NO . . . .

Brustbild der Äbtissin von vorn in halber Wen-	. . . . IVC . . . . N Kirche von einer Mauer um-
	geben 1 St.

dung nach links, mit
der linken einen Kreuz-
stab schulternd.

192.

Magdeburg.

192. .AN&....

Brustbild des Erzbischofs von vorn mit einem Krummstab in der rechten Hand.	...∾....
	Fahne (von drei Sternen um-geben) 1 St.

0,85 gr.

170.

Münzen unbestimmter Herkunft.

170. (var.) Brustbild eines Bischofs mit dem Krumm-	Ein von drei Thürmen gekrönter Giebel 1 St.

stab in der rechten
Hand.

0,9 gr.

Lund in Schonen.
König Erich II. v. Dänemark 1095—1103.

193.

193. ERIC REX DAN | + BIR... LVDI .
Brustbild des Königs von | Die Brustbilder des Königs-
vorn. | paares von vorn neben ein-
| ander zu Seiten eines Kreu-
| zes 1 St.

0,95 gr.

Zu den Münzen tritt als besonders beachtenswerther Bestandtheil des Fundes die Hälfte einer Fibel aus vergoldetem
Silber hinzu, eine bracteatenförmig geprägte Scheibe, die einen

Kopf mit einer Strahlenkrone innerhalb der Umschrift: C(VO)NRA
erkennen lässt und von einem wulstigen Perlenreifen umrahmt ist.
Es unterliegt keinem Zweifel, dass Bild und Umschrift einem

König Konrad gelten und die starke Verreibung des Gepräges schliesst es aus, als diesen den König Konrad II. zu bezeichnen, an dessen Regierungszeit doch nur die allerjüngsten Münzen des Fundes hereinreichen können. Als eine Reliquie aus der Zeit König Konrads I. findet das Schmuckstück ja auch nicht nur in der prächtigen Fibel mit dem Kopfe und Namen König Heinrichs I., die uns der Fund von Klein-Roscharden zugeführt hat, ein ausgezeichnetes Gegenstück, sondern reiht sie sich als ein Glied einer grösseren Reihe ein, welche von den Zeiten der Merowinger in die deutsche Kaiserzeit hinabführt.

Diese Fibel und den Lunder Pfennig hat bereits H. Buchenau beschrieben, der den gesamten Fund alsbald nach der Vollendung meiner Fundbeschreibung unter Händen gehabt und darüber einen kurzen kritischen Bericht erstattet hat [1]). Es liegt mir fern, hier jede von der meinigen abweichende Aufstellung zu erörtern; doch halte ich es für geboten, zu einigen derselben Stellung zu nehmen. Und zwar gilt es zunächst, ihm in einigen Punkten beizupflichten.

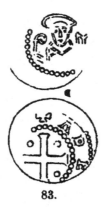

83.

Es handelt sich erstlich um die Feststellung, dass einer der unter nr. 83 verzeichneten Pfennige, auf deren Umschrift-resten sich mir der Namen Arnoldus zu ergeben schien, und die ich deshalb nicht ohne Widerstreben nach Worms zu ver-

---

[1]) H. Buchenau, Der Münzfund in der Michaeliskirche zu Fulda. Blätter für Münzfreunde. XXXV (1900) S. 98 fg.

legen gewagt habe, deutlich + ADE erkennen lässt, dass damit
der Erzbischof Adalbert von Mainz als Münzherr bezeichnet
ist, und sich als die Münzstätte Erfurt ergeben, mit dessen
übrigen im Funde vertretenen Gepräge sie die gröfste Verwandtschaft zeigen. Selbstverständlich ist im Anschluss an diese
auch der gleichartige Pfennig königlichen Schlages (nr. 87) als
erfurter Ursprungs zu erklären.

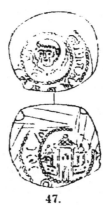

47.

Ihm gleich steht der Nachweis, dass der Pfennig, den ich
trotz der von mir sehr wohl bemerkten Verwandtschaft mit
denen des Bischofs Gebhard von Regensburg in Folge einer
irrigen Lesung dem Bischof Eginhard von Würzburg als ein
Erzeugnis einer Münzstätte in Neustadt geglaubt habe zuschreiben zu müssen, vielmehr Bruchteile eben der Namen Gebhard und Regensburg bietet und mithin ein regensburger
Pfennig ist.

Auch die Deutung des Monogramms auf den Würzburger
Pfennigen mit der Rechten Gottes (nr. 34 fg.) muss ich als
irrig anerkennen. Herr Lockner in Würzburg hat mir nach
gewiesen, dass die Latinisirung Herbipolis jüngeren Ursprungs ist; auch glaube ich seiner Ansicht beipflichten zu
müssen, dass es sich sicher um das Christogramm handelt, da
der Würzburger Dom dem Heiland zuvorderst geweiht war, und
das Christogramm als Siegel des Domkapitels im elften Jahrhundert nachzuweisen ist. Jedenfalls aber ist die von Buchenau

daneben aufgestellte Beziehung des Monogramms als H(einricus) DVX auf Heinrich von Schweinfurt, den Markgrafen der Nordmark, zurückzuweisen, da dieser doch eben Markgraf und nicht Herzog war.

Ebensowenig vermag ich Buchenau in der Behandlung der auch im Funde von Unternbibart vertretenen Pfennige (nr. 33) zu folgen. Mag man immerhin die Möglichkeit zugeben, dass sie in Schweinfurt geprägt seien, so ist doch hervorzuheben, dass die Deutung des ∽ im Mauerthor als Initial des Stadtnamens durch keine Analogie gestützt werden kann, sowie dass es ein müssiges Spiel ist, den Umschriftresten den Stadtnamen entlocken zu wollen. Eine Verkennung der Bedeutung Schweinfurts zu jener Zeit liegt darin keineswegs.

In Betreff der Rudhardpfennige (nr. 145 fg.) war ich zu keiner festen Entscheidung gekommen. ich hatte vielmehr gegenüber einer ursprünglichen Bestimmung derselben als paderborner Gepräge auf die Möglichkeit ihres Ursprungs in Fulda und Hersfeld hingewiesen; ich kann ebensowenig Buchenau's Vermutung zurückweisen, dass es sich um fritzlarer Pfennige des Erzbischofs Rudhard von Mainz handle; aber in dem wüsten Buchstabengewirr vermag ich ebensowenig eine Andeutung auf den Namen Fritzlar anzuerkennen, wie der Beziehung des ATER ENANCVS auf die Fritzlar durchströmende Edder.

Endlich kann ich auch der Verlegung der Pfennige mit den auf Simon und Judas gedeuteten Figuren (nr. 94. 95) nach Hersfeld nicht beipflichten. Ich brauche wohl nicht zu versichern, dass mir darin keineswegs ein neuer Gedanke entgegengetreten ist, sondern dass derselbe mir selbst auch schon aufgestossen. Ich habe ihn aber zurückgewiesen und glaube ihn noch jetzt zurückweisen zu müssen, weil mir die Mache oder Fabrik dieser Pfennige von den übrigen Hersfeldern allzusehr abzuweichen scheint, weil eine den beiden Aposteln durch Abbildung und Nennung auf den Münzen erwiesene Ehrung in Hersfeld nach Preisgabe der Reliquien mir unwahrscheinlich vorkommt, und weil ich namentlich die Namen der Apostel selbst in den Umschriften nicht anzuerkennen vermag, und ich unbedingt die Deutung des Θ als des griechischen Anfangsbuchstaben des Namen Thaddaeus zurückweisen muss.

Auch glaube ich, meine Deutung der Hersfelder Pfennige mit dem Bilde und Namen Karls d. Grossen neben dem des Heiligen Lullus gegenüber der durch Buchenau vertretenen Zuweisung an das Jahr 1114, als dem zur zweiten Jahrhundertfeier des Todes des grossen Wohlthäters der Abtei, aufrecht erhalten zu können.

Endlich sei noch darauf hingewiesen, dass der von mir zum Schluss unter den unbestimmten Geprägen aufgeführte Pfennig nr. 169 von den polnischen Fachgenossen als ein polnisches Stück bezeichnet, das Monogramm als das des Wladislaus I. (1081—1102) erklärt und die Umschrift der andern Seite auf den Woiwoden Zetech bezogen wird; das Gepräge dieser Seite findet sich auch auf einem der massenhaft verbreiteten, von polnischer Seite der Königin Rixa zugeschriebenen Wendenpfennige [1]).

---

[1]) Stronczyński. Dawne monety polskie. II S. 54 J. 31.

Menadier.

Ein Pfennig des Kaisers Karl des Dritten.

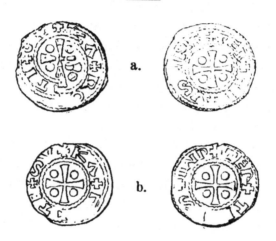

Bahrfeldt schliesst seine Bemerkungen zu dem dritten Bande
des Dannenberg'schen Werkes über die deutschen Münzen der
sächsischen und fränkischen Kaiserzeit mit dem Hinweis darauf, dass er eine Besprechung des höchst interessanten Denars
mit der Umschrift + IMP + TER + TI + V∾ vermisse, welcher
Dannenberg aus der Sammlung P. Joseph's nicht unbekannt
sei[1]). Der Vorwurf ist jedoch übel angebracht, denn Dannenberg hatte guten Grund, von einer Aufnahme dieses Pfennigs
Abstand zu nehmen, soweit er ihn überhaupt gekannt hat.
P. Joseph hat sich inzwischen freundlichst bereit finden lassen,
die beiden in seinem Besitze befindlichen Exemplare mir ab-
zutreten, und ich gebe sie infolge einer erneuerten persönlichen

---

[1]) Berliner Münzblätter Sp. 2360.

Anregung nunmehr bekannt, um den untergelaufenen Irrthum klar zu stellen. Es handelt sich also um folgendes Gepräge:

✛ KΛ ✛ RO TI ✛ ∪ V	✛ TER ✛ TI ✛ V∽ IM̅P
✛ KΛ ✛ Γ ✛ TI ✛ ∽V	✛ TER ✛ TI ∽ ✛ IWP
Kreuz mit einer Kugel in jedem Winkel.	Kreuz mit einer Kugel in jedem Winkel.

1,85 gr; 1,8 gr.

Da ist nun zunächst sicher und einwandfrei die kehrseitige Umschrift: TERTIVS IMP. Die Ordnungszahl aber kann unmöglich in der Weise mit dem Kaisertitel verbunden gedacht werden, dass durch sie der dritte Kaiser als Münzherr bezeichnet wäre, etwa wie Genueser Münzen nicht den Namen, sondern nur die Reihenzahl des Herzogs tragen. Die Umschrift der Hauptseite kann daher nicht etwa den Ortsnamen, sondern muss jedenfalls den zu der Zahl gehörenden Personennamen bieten. Freilich ist dieselbe in Unordnung gerathen und verwildert: gleichwohl lässt sie sich unschwer auf ein ursprüngliches: KAROLVS zurückführen. Dieser aber ist kein anderer als der Karolinger, Kaiser Karl der Dritte, den man nach Vorgang des Annalista Saxo gemeinhin als Karl den Dicken bezeichnet. Für ihn eignet sich das Prägebild mit dem Kreuz auf beiden Seiten, der Stempelschnitt und das Gewicht. Auch ist seit langer Zeit bereits als eine Münze eben dieses Kaisers ein Gegenstück bekannt, welches gleichfalls in zwei Stempeln vertreten, mit dem einen aus dem Funde von Cuerdale stammt, nämlich:

✛ KRO ✛ IV∽ ✛ AVC	✛ TER ✛ ꓛIII∽ ✛ IΛ
✛ RO ✛ ʟ∽ ✛ AVG	✛ TER ✛ ꓛI∽ ✛ IΛ
Kreuz mit einer Kugel in jedem Winkel.	Kreuz mit einer Kugel in jedem Winkel.

Den Anfang der kehrseitigen Umschrift nicht erkennend, glaubte Gariel[2]) in ihnen einen Ortsnamen: IATERCIS vor

---

[2]) Gariel, Les monnaies royales de France sous la race Carolingienne. I. S. 143, Taf. 21 nr. 15. II. S. 267, Taf. 40 nr. 13 u. 14.

sich zu haben; aber wenn sie auch nicht so fehlerlos sind wie auf dem hier vorliegenden Pfennige, so ist doch eben durch diese auch für sie die Lesung: TERCIVS gesichert. Diese Ordnungszahl neben dem kaiserlichen Namen und Titel ist aber eben das, was diese Pfennige vor allen übrigen Jahrhunderte hindurch auszeichnet. Wir begegnen einer solchen erst wieder auf den Kupfermünzen des Normannenkönigs Wilhelm II. von Neapel und Sicilien (1166—1189) und einem neapolitanischen Denar Kaiser Friedrich's II († 1250), denn die Münzen von Asti, Genua und Piacenza, welche dem Namen des Hohenstaufenkönigs Konrad (1140—1152) ein secundus beifügen, sind sämmtlich jüngern Ursprungs. Allgemeiner sind diese Regentenzahlen für die Umschriften der Münzen erst in der zweiten Hälfte des dreizehnten Jahrhunderts in Aufnahme gekommen auf den jüngern Sterlingen König Heinrich's III von England (1210 - 1276), den Pfennigen des Königs Bela IV von Ungarn (1234—1270), den Groschen des Grafen Boemund VII von Tripolis (1274—1287), den prager Groschen König Wenzel's II von Böhmen (1283—1303), den Saluts des angovinischen Königs Karl II von Neapel (1289—1309). Von den deutschen Kaisern ist sogar Ludwig der Baier (1314—1347) der erste, dessen Namen auf einer deutschen Münze eine Zahl beigefügt ist[3]).

---

[3]) vrgl. Mader, Kritische Beyträge zur Münzkunde des Mittelalters I S. 91fg. VI S 8fg.

Menadier.

Der Denarfund von Schmölln.

Zu Schmölln bei Brandenburg ist im Jahre 1899 beim Ausheben des Bodens für einen Neubau ein Münzschatz gefunden, welcher aufser 1858 brandenburger Pfennigen 3 auswärtige Münzen enthielt. Die brandenburger vertheilen sich auf nur zwei Gepräge, nämlich:

1. den spandauer Pfennig des Markgrafen Otto V. (1267 bis 1298) mit dem Bilde des sitzenden Markgrafen und dem Helm (Bahrfeldt nr. 226) mit

123. 26/2 Stück.

$$60 = 42,1 \text{ g. } 42,2 \text{ g.}$$

2. den unbestimmten Pfennig mit dem balkentragenden Markgrafen und den vier Lilien in den Winkeln des Zwillingsfadenkreuzes (Bahrfeldt nr. 584) mit

1435. 27^1/$_2$ Stück.

$$60 = 45,1 \text{ g. } 45,4 \text{ g. } 45,6 \text{ g. } 45,7 \text{ g. } 45,7 \text{ g. } 45,8 \text{ g.}$$
45,8 g. 45,9 g. 45,9 g. 46 g. 46,1 g. 46,2 g.
46,2 g. 46,2 g. 46,2 g. 46,2 g. 46,3 g. 46,3 g.
16,3 g. 46,5 g. 47,1 g. 47,2 g. 47,3 g. 47,5 g.

Die drei fremdländischen Gepräge waren

3. ein Pfennig des Herzogs Bela III. von Ungarn (1173 bis 1196): Rupp Taf. 5 Nr. 10,

4. ein Sterling des Königs Heinrich III von England (1216—1272) vom Münzmeister Nicole in London geprägt,

5. ein Sterling des Gui de Dampierre, Grafen von Flandern, Markgrafen von Namur (1263—1297): Chalon, Namur. Taf. 3 Nr. 53.

Menadier.

Berichtigungen und Ergänzungen

zu dem Aufsatz „die Münzprägung in Neuenburg in den Jahren 1713, 14 und 15. (Zeitschr. f. Numism. XXII 66—92).

Zumeist der gütigen Mitteilung des Herrn W. Wavre in Neuchatel verdanke ich folgende Angaben[1]).

Zu S. 72, 73. Im Museum zu Neuchatel werden die Patrizen für das Bildniss Friedrichs I auf Nr. 1, 4, 5, 7 meines Münzverzeichnisses und der nachher angeführten Nr. 4a aufbewahrt. Es ist demnach nicht länger daran zu zweifeln, dass in der That die 1713 von Berlin gesandten poinçons d'effigie Punzen oder Patrizen waren. Indessen habe ich in den Münz- und Medailleninventarien nur eine einzige Bildnisspunze gefunden, nämlich „eine Walzenpunzen, worauf das kurfürstliche Portrait ohne Umschrift", d. h. wahrscheinlich das Portrait des Kurfürsten Friedrich III sich befand. Vielleicht stammt sie von Faltz, der, wie wir erwähnten, sich der Punzen bediente. Sonst werden nur Bündel oder Büchsen, in denen je 20 bis 150 Stück Punzen befindlich waren, erwähnt, worunter man nur Alphabetpunzen verstehen kann[2]). Man wird also vorläufig daran festhalten müssen, dass die Berliner Münze die Patrizen zur Zeit Friedrichs I und Friedrich Wilhelms I nicht gebrauchte und jene poinçons d'effigie nicht von ihr hergestellt sind. Die eigentlichen Stempel können zum Theil aber wohl von Jean Patry in Neuchatel geschnitten sein.

Zu S. 82, letzte Zeile. Statt „wahrscheinlich 1703" muss es heissen „1707".

---

[1]) Ein demnächst erscheinender Aufsatz von W. Wavre wird die Herstellung der Münzstempel in den Jahren 1712—1715 eingehend behandeln.

[2]) Geh. Staats-Archiv Berlin. Gen. Dir. Münzdep. Tit. XXXIX, b.

Zu S. 83, Nr. 2. Die Schrift heisst nicht BOR &, sondern BOR · &.

Zu S. 83, Note 3. Diese Pistole in Gold, bisher Unicum, ist im Besitz des Herrn Eduard Perrochet in La Chaux-de-Fond. Die Stempel dazu sind im Museum von Neuchatel.

Zu S. 84. — d) Halbthaler, ist einzuschieben:

4a. 1712 FRID · D · G · REX · BOR · & EL · S · PR · AR · NEOC · & VAL · Brustbild mit Lorbeerkranz und antikem Schuppenpanzer. Am Arm R.	Wie Nr. 4, nur CVIQVE unten herum 1712

Im Museum zu Neuchatel, wo auch die Stempel dazu sind, die als Marke ein gekröntes M tragen. Mit diesem Stempel sollen nach Wavres Angabe auch ganze Thaler geprägt worden sein. —

Zu S. 84. — e) Viertelthaler

5a. 1712 Ähnlich wie Nr. 1, aber Bild kleiner, am Arm ein sehr schwaches R.	Wie Nr. 1, aber unten 1712

Als Stempel im Museum zu Neuchatel; die Stempel tragen als Marke ein gekröntes M.

Zu S. 84. — f) Zwanziger, Nr. 7. Der Stempel der Vorderseite befindet sich im Museum von Neuchatel. Wavre wird demnächst noch einige andere Stempelverschiedenheiten der Zwanziger erwähnen.

Zu S. 86. — i) Kreuzer, ist einzuschieben:

17a. 1713 Ähnlich wie Nr. 17, aber Punkt hinter ELECT steht sehr hoch.	Wie Nr. 17, aber die Ranke am Schluss der Schrift fehlt.

Museum zu Neuchatel.

Frhr. v. Schroetter.

Miscellen.

Eine Goldmünze des Nero aus der Umgegend von Barenau.

Die alte Streitfrage über die „Oertlichkeit der Varusschlacht" ist durch Mommsens Abhandlung (Berlin 1885) neu belebt worden. Er glaubt die Streitfrage mit Hülfe der Münzfunde von Barenau lösen zu können.

Diese Münzen gehören alle der letzten Zeit der Republik, oder den ersten Jahrzehnten der Regierung des Augustus an; dann folgt eine Lücke von 150 Jahren, denn die jüngeren Römermünzen beginnen erst mit der Zeit des Antoninus Pius und des Caracalla. Diese Lücke ist von grofser Bedeutung und stützt Mommsens Annahme, dass die Münzen von Barenau der Nachlass der varianischen Legionen seien. „Die richtige Würdigung der Münzfunde in und um Barenau ist nur möglich, wenn man sie mit den sonst in diesem Theil Germaniens gemachten zusammenhält" sagt Mommsen, Oertlichkeit d. Varusschl. S. 38, indem er Gelehrte und Nichtgelehrte um Vervollständigung seiner Fundnotizen bittet.

In der Pfingstwoche dieses Jahres (1899) machte ich eine Reise nach Barenau, um die Oertlichkeit und speziell auch die Münzsammlung durch Augenschein kennen zu lernen. Der Herr Erlanddrost von Bar empfing mich sehr freundlich, bedauerte aber mir seine Münzen nicht zeigen zu können, da er den Schlüssel verlegt habe; nur eine Silbermünze der C. L. Caesares (b. Mommsen a. a. O. S. 23), die er als Broche hatte fassen lassen, konnte ich sehen. Dagegen machte er mich auf eine

Goldmünze aufmerksam im Besitze des Grafen v. d. Busche auf
Ippenburg (bei Wittlage), die bis jetzt unbeachtet zu sein scheint.
Herr Kreisphysikus Dr. Rump in Osnabrück hatte die Güte, den
Herrn Grafen um nähere Auskunft zu bitten und dieser antwortete,
dass er zwei Goldmünzen besitze: eine von Kaiser Theodosius
[vielleicht identisch mit der bei Mommsen a. a. O. S. 43 unter
Wittlage erwähnten] und eine Goldmünze des Nero: „sie ist,
soviel ich weiß 1873 oder 72 auf einem zu Ippenburg gehörenden
Grundstücke des kleinen Gutes Senfdamm dicht vor Wittlage
beim Pflügen gefunden worden. — — Sie hat auf der einen
Seite den Kopf des Nero. Umschrift: Nero. Caesar. Aug. Imp.;
auf der anderen in der Mitte ein männliches Bildniss
(Krieger?) daneben die Buchstaben EX · · · S. C. Umschrift:
PONTIF. MAX. TR. P. X. COS. IIII. PP." Gemeint ist also
die Münze bei Cohen, Description histor. d. monn. II éd. pag. 294:
No. 232. [Nero Caesar Aug. imp. Sa tête nue à droite.]
      Rf. Pontif. max. tr. p. X cos. IIII. pp. ex. s. c.
    Type de Mars   OR.
    Römisches Kaisergeld des ersten Jahrhunderts ist nur selten
im Gebiete der freien Germanen gefunden; Mommsen (a. a. O.
S. 49) giebt davon eine Liste, und jeder neue Fund verdient
daher Beachtung, auch wenn er, wie der unsrige, sich nicht
direct mit der Varusschlacht in Verbindung bringen lässt.
    Unsere Goldmünze des Nero scheint entweder im Besitze
germanischer Söldner oder römischer Händler ihren Weg bis
ins Innere Deutschlands gefunden zu haben. Namentlich weiter
nach Süden, in der Dörenschlucht, sind Denare neronischen
Fußes zahlreich gefunden[1]).   V. Gardthausen.

---

1) Mommsen a. a. O. S. 46.

Litteratur.

Raymond Serrure: L'imitation des types monétaires flamands au moyen âge depuis Marguerite de Constantinople jusqu'à l'avenement de la maison de Bourgogne. Mit 127 Textabb. Bruxelles 1899. 68 S. 8°. (Extrait des annales de la société d'archéologie de Bruxelles, t. XIII 2ᵉ livr. 1899.)

Wie Chautard die Münzen vom Sterlingsgepräge und ich die vom Florentiner Typus bearbeitet habe, so hatte ich schon vor langen Jahren mir vorgenommen, in ähnlicher Weise weitere Nachprägungen beliebter Gepräge, wie sie namentlich in den Niederlanden und am Rhein so häufig sind, zum Gegenstande einer Bearbeitung zu machen und habe zu dem Ende bereits manchen Stoff zusammengetragen. Andere Arbeiten haben die Ausführung dieses Vorhabens verhindert. Jetzt gereicht mir dies Scheitern meines Planes zu grofser Befriedigung, denn ein Schriftsteller, dem die gröfste Litteraturkenntniss und Umsicht zu Gebote steht, hat sich der ged. Aufgabe, wenn auch zunächst nur in Beschränkung auf einige Gepräge unterzogen und sie besser gelöst, als ich im Stande gewesen wäre. Es handelt sich um fünf flandrische Münzsorten, deren Nachahmungen Serrure übersichtlich zusammengestellt hat, begleitet von vortrefflichen Abbildungen, nämlich 1) die ²/₃ Groschen (d. h. ²/₃ eines Turnosen, gleich 2 Sterlingen) der Gräfin Margaretha v. Constantinopel 1244—1280 (mit Doppeladler Rf. Kreuz mit 4 Buchstaben in den Winkeln), 2) die ²/₃ Groschen des Grafen Gui de Dampierre als Regenten des Lütticher Landes für seinen geisteskranken Sohn, den Bischof Johann 1291/1292 mit derselben Hauptseite Rf. kurzem Kreuz mit doppelter Umschrift, 3) die petits blancs, ¹/₂

oder ²/₃ Groschen des Grafen Louis de Crecy 1322—1346 (Löwe
Rf. langes Kreuz mit 2 Löwen und 2 Adlern in den Winkeln),
4) die Löwengroschen desselben Herrn und seines Nachfolgers
Louis de Male 1346—1384 (Löwe *Rf.* Kreuz mit doppelter
Umschrift), und 5) die einfachen und doppelten Botdragers des
Grafen Louis de Male (sitzender behelmter Löwe *Rf.* durch-
gehendes Kreuz bez. Blätterkreuz mit doppelter Umschrift). —
Um einen Begriff von der Umfänglichkeit dieser Nachprägungen
zu geben, seien hie die der zweiten Klasse aufgezählt: Hugo
Bischof v. Lüttich (in Fosses, Lestat und Thuin), Heinrich VII.
Graf v. Luxemburg (in Poilvache, Thionville und ohne Angabe
der Münzstatt), Heinrich V. Graf v. Salm, Thibaut Herr
v. Florennes, Arnold Graf v. Looz. Noch viel zahlreicher sind
die Löwengroschen (No. 4), deren Ausbringung unter Louis de
Male auf nicht weniger als 60 Millionen geschätzt wird; sie sind
in neunzehn verschiedenen Ländern, und die Botdragers (Nr. 5)
von vierundzwanzig Herren nachgeprägt worden.

Der grofse Nutzen einer solchen Zusammenstellung springt in
die Augen und wird auch erläutert durch die Anführung einiger
Fälle, in denen die Schriftsteller sich vor Irrthümern geschützt
haben würden, hätten sie sich von der Beziehung der von ihnen
behandelten Münzen zu deren Urstücken Rechenschaft gegeben:
so ist ein mouton d'or auf den Kaiser Ludwig IV. zurückgeführt
worden, obwohl derselbe doch schon 1347 verstorben, diese
Münzsorte aber zuerst 1354 von König Johann dem Guten
geschlagen worden ist, daher dann nicht LVD' RO' I', sondern
LVD' CO' F' (comes Flandriae) gelesen werden muss; ferner hat
man einen Groschen dem Lütticher Bischof Hugo 1296—1301
zugeschrieben, während er doch, eine Nachahmung der gros
blancs à la fleur de lys desselben Königs (1350—1364), dem
Bischof Hugo v. Verdun 1352—1361 zugehört, und endlich hat
v. d. Chijs durch Verkennung der Thatsache, dass der Botdrager
erst 1364/65 in Flandern erschienen ist, grofse Verwirrung in
die holländische Münzkunde gebracht.

Vollständig berechtigt ist das Schlusswort des Herrn Verfassers:

„Les monnaies du XIV siècle nous montrent le commerce de la Flandre imposant son signe d'échange depuis les Pyrénées jusqu'en Frise, depuis les rives de la mer du Nord jusqu'à celles du Rhin et de la Moselle.   H. D.

Alphonse de Witte: histoire monétaire des comtes de Louvain, ducs de Brabant et marquis du saint empire Romain. Tome III, 4to. Anvers 1900. 416 S. Mit Taf. 57—84 und 20 Textabbildungen.

Das schöne Unternehmen, über dessen beide ersten Bände Bd. XX S. 107 und 350 d. Z. berichtet worden, ist hiermit zu erwünschtem Abschlufs gebracht. Unter Nr. 890 bis 1172 werden uns die Gepräge der Regierungen von Albert und Isabella (1598—1621) bis zu Franz II. (1792—1794) vorgeführt, denn mit dessen Niederlage bei Fleurus (29. 6. 1794) büsste das Herzogthum Brabant seine lange bewahrte staatliche Selbständigkeit ein und wurde mittelst des Friedens von Campo Formio (17. 10. 1797) der französischen Republik einverleibt.

Wie in den ersten beiden Bänden dieses Werkes sind auch hier den Münzbeschreibungen die urkundlichen Nachrichten voraufgeschickt, namentlich der Anfang der einzelnen Prägungen angegeben und die Münzbeamten aufgeführt, von denen die Stempelschneider für uns eine besondere Wichtigkeit besitzen. Näheres Eingehen auf Einzelheiten verbietet sich zwar durch die Bestimmung dieser hauptsächlich dem Alterthum und dem Mittelalter gewidmeten Zeitschrift, doch möchte als von allgemeinerem Interesse hervorzuheben sein, dass von den ursprünglichen Münzstätten Antwerpen, Brüssel, Maestricht und Bois - le - Duc (Hertogenbosch) seit Karl's II. Regierung (1665—1700) nur noch die zwei ersten in Betrieb waren, unter Joseph II. (1780—1790) aber auch die von Antwerpen einging, dafs unter dem doch so glaubenseifrigen Herrscherpaare Albert und Isabella die religiösen Aufschriften völlig

von den Münzen verschwinden (S. 60), daſs Max Emanuel von
Baiern (1712—1714) in Brabant überhaupt nicht, sondern nur
in Namur geprägt hat, sowie daſs die Goldabschläge von
Silbermünzen und die Staels (piedforts), welche so oft als
Probestücke oder als zum Umlauf bestimmte Vielfache angesehen werden, diese Eigenschaft nicht besitzen, vielmehr
zufolge der Urkunde über die Münzausprägungen, in denen
sie am Schlusse und oft unter den Jetons aufgeführt werden,
nichts als „pièces de plaisir" oder „pièces de luxe" sind
(S. 179). Endlich mag noch bemerkt werden, dass die letzte
uns aufbewahrte Münz-Ordnung, die vom 17. 8. 1793, den
Umlauf der preussischen Münzen in Brabant regelt (369).

Dem vorstehend kurz gekennzeichneten Hauptinhalte dieses
dritten Bandes ist (S. 372—388) ein Nachtrag zu den beiden
früheren angeschlossen, den der Herr Verf. prophetisch als
den ersten bezeichnet. Aus demselben ist als besonders
wichtig zu vermerken die Nachricht (S. 379), dass der unter
Nr. 353 mit einigem Zweifel beschriebene Sterling Johannes III.
von Daelhem sich wirklich in der Staatssammlung zu Brüssel
befindet, ferner (S. 379) der urkundliche Nachweis, daſs die
bekannten chaises d'or (Klinkhaerts) von Kaiser Ludwig IV. in
Antwerpen (von Eduard III. von England als vicarius imperii)
geschlagen sind, endlich (S. 384) als erfreuliche Neuheit ein
prachtvoller ange d'or der Herzogin Johanna, nebenbei bemerkt
für 1540 fr. als das höchste von einer belgischen Münze je
erzielte Gebot versteigert.

Den Beschluss machen eine Inhaltsübersicht (table ana-
lytique des matières), eine Ordnung der Münzen nach den
Prägstätten und eine Liste der Münzmeister sowie der Stempelschneider. Wir nehmen damit Abschied von diesem pracht-
vollen Werke, welches dem Herrn Verfasser ebenso wie
seinem Vaterlande zur Ehre gereicht, es ist, was man in
England ein Standard work nennt. H. Dbg.

Le Bon J. de Chestret de Haneffe: Numismatique de la
  principauté de Liège etc. Supplement. Liège 1900. 4to
  S. 27. Mit 2 Tafeln.

Die 10 Jahre, die seit dem Erscheinen des Bd. XVI
S. 359 d. Z. besprochenen Werkes über die Lütticher Münzen
verflossen sind, haben einige Nachträge zu demselben ans Licht
treten sehen, jedoch so wenige, dass sie für den Sammelfleifs
des Hrn. Verf. rühmliches Zeugniss ablegen. Einige derselben
sind meinen „Deutschen Mz. d. sächs. u. fränk. Kaiserzeit"
Bd. II u. III, andere belgischen Sammlungen entnommen, darunter ein Denar aus Barbarossas Zeit, derselbe (Taf. I, 18)
zeigt das vorwärtsgekehrte Brustbild des Kaisers mit der Umschrift AVGVST" und auf der schriftlosen Rückseite ein dreithürmiges Gebäude. Ob aber die sehr wahrscheinliche Annahme, dass der Lütticher Bischof Heinrich II der Kaiserkrönung am 18. Juni 1155 beigewohnt hat, hinreicht zu der
Vermuthung, dass Bischof Heinrich mit diesem Gepräge das
Gedächtnis an dies Ereignis habe auf die Nachwelt bringen
wollen? Besser wohl reiht man diesen schönen Pfennig den
übrigen von unsern Kaisern in Maesstricht geschlagenen an,
wie er denn auch, allerdings minder vollkommen, in Cappe's
Kaisermz. II, Tf. IV, 46 anzutreffen ist. Als besonders wichtig
sind ferner hervorzuheben Nr. 24 ein Groschen des Bischofs
Johann v. Arkel, der erste mit stehendem Bischof, zugleich
eine genaue Nachahmung der Deutzer Groschen seines Zeitgenossen, des Erzbischofs Engelbert v. Köln, und Nr. 26, ein
Goldgulden des Protektors Everhard v. d. Mark (1488, 1489),
der statt des Lütticher Schutzheiligen Lambert den heiligen
Hubert darstellt und nennt.

Georges Cumont, jeton de Jean Gelucwys ou Lucwis. maître
  particulier de la monnaie de Brabant, à Anvers 1478—1481.
  2de édition, Bruxelles 1900. 8vo S. 14.

Dieser Jetton lehrt uns, dafs die mit einem Thürmchen
statt der sonst üblichen Hand gezeichneten Antwerpener Ge-

präge Marias von Burgund aus den Jahren 1478—1480 den Johann Lucwis (oder Gelucwys) zum Urheber haben, der urkundlich am 14. 2. 1478 zum Münzmeister in Antwerpen bestellt worden ist. Denn auf demselben sehen wir seinen Wappenschild, umgeben von der Umschrift ✠ hⱭMS ⠆ LVⱭWIS ⠆ MVMTMΣST ⠆ VⱭ ⠆ BRⱭB', in einer Einfassung von 5 Bogen, in denen nebst der Jahreszahl 1480 sich ein Thürmchen, ganz wie auf der ged. Münze Marias befindet, die *Rf.* hat ✠ DΣV ⠆ TIMΣ ⠆ ΣT ⠆ MⱭMDⱭTⱭ ⠆ ΣIVS ⠆ OBSΣKVⱭ und die verschlungenen Initialen Maximilians und Marias. Bisher galt das fragl. Thürmchen gewöhnlich als Zeichen der Münzstätte Daelhem.

————————

Arthur Engel et Raymond Serrure: Traité de numismatique moderne et contemporaine. IIième partie, époque contemporaine (XVIII, XIX siècle) Paris 1899. 8vo S. 613—791. Mit 77 Textabbildungen.

Mit diesem Bande wäre das die mittelalterliche und neuere Münzprägung behandelnde, also einen Zeitraum von etwa anderthalb Jahrtausenden umfassende grofse und ungemein nützliche Werk vollendet, wenn nicht der dritte Theil der ersten Abtheilung, der die Groschenperiode zum Gegenstande hat, noch ausstände. Die vorliegende Arbeit schliesst sich dem ersten Theile des traité de numismatique moderne et contemporaine, über den Band XXI S. 335 d. Z. Rechenschaft gegeben ist, an, beschäftigt sich also im Wesentlichen mit dem jetzt sich seinem Ende zuneigenden 19. Jahrhundert, hebt aber schon mit der Einführung des Dezimalsystems in Frankreich (1793) an. Kaum giebt es wohl einen Abschnitt der Weltgeschichte, der nach Innen wie nach Aussen in der Entwickelung der Menschheit und im Völkerleben grössere Veränderungen hervorgebracht hätte als das gegenwärtige Jahrhundert, und diese Thatsache ist es denn auch, welche sich naturgemäss in diesen monnaies contemporaines wiederspiegelt und dieselben zu werthvollen Andenken an die vielfach denkwürdigen Ereignisse macht. die

wir und unsere Eltern miterlebt haben. Zwar ist es nicht zu
leugnen, dass die neueren Münzen überhaupt, und also auch
diese neuesten, an wissenschaftlichem Werth hinter den antiken
und mittelalterlichen zurückstehen[1]), denn sie lehren uns nichts
Neues, nichts, was uns nicht schon aus andern Quellen bekannt
wäre, und stehen auch unserm unmittelbaren Verständniss näher
als jene, aber als Zeugen einer in so hohem Masse bedeutsamen
Zeit nehmen sie doch unser ganz besonderes Interesse in Anspruch. Und dennoch, wie werden sie in Schatten gestellt durch
die Briefmarken-Sammelei, eine Liebhaberei, die in jeder Hinsicht viel geringere Berechtigung hat und nur durch eine schwer
begreifliche Mode getragen wird. Hier auf dem Gebiet der
neueren Münzen findet der Sammeleifer derjenigen sich zu be-
thätigen Gelegenheit, denen die Vorkenntnisse oder die Zeit
fehlen, welche das ernstere Studium der antiken und Mittelaltermünzen erfordert, und gleich den meisten Briefmarken, so
sind auch die meisten neueren Münzen leicht zu beschaffen,
während es doch auch anspruchsvolleren Sammlern neuer Gepräge, welche mit Seltenheiten und den dafür gezahlten hohen
Preisen zu prunken lieben, an Gelegenheit zu solchen Geld-
ausgaben keineswegs fehlt. Dürfen wir hoffen, dass das vorliegende Werk den Münzen neue Liebhaber zuführen möge!

---

1) so sagt auch A. de Belfort in seinem Programm für den Annuaire
de la société française de numismatique (Paris 1887): „Negligeant l'époque
contemporaine qui n'offre aucun intérêt scientifique" &c.

H. Dbg.

Register.

Lullus Erzb. v. Mainz, Gründer d. Abtei Hersfeld 192 fg. Hersf. Pf. 114 fg. 311.

Lund 284. 307.

Lupold, Erzb. v. Mainz 270.

Luschin v. Ebengreuth. Die Chronologie d. Wiener Pf. d. 13. u. 14. Jhrdt. angezeigt v. Dannenberg 222 fg.

Luteger 290.

Lycien 208. 252.

Lyon: contrem. Fundm. 44.

Lykomedes, Erbauer v. Megalopolis 8.

Lykus 247.

M.

Macdonald, G., Catalogue of greek coins in the Hunterian Collection: angezeigt von Dressel 203.

Maeciana Alexandria 203. 204

Maecilius, Tullus. III vir. contrem. M. 44.

Maestricht 161. 296.

Magdeburg 98 fg. 186 fg. 269. 306.

Magnidius, Münzm. 278.

Magnus d. Gute v. Norwegen 276.

Magnus II v. Norwegen 283.

Mainz 132 fg. 270 fg. 296. 298 fg.

Manileobo, Münzm. 289.

Manobio, Münzm. 277.

Marc, irischer Münzm. 282.

Margalai 4.

Maria v. Nemours 67.

Marienkirchen, St. Bartholomaeus-grube 75.

Maronea 255.

Marquard Abt v. Lorsch 146.

Matthaeus v. Crepy 285.

Maximian I u. II, Fundm. 42.

Megalopolis 7 fg.

Meinhard II Bisch. v. Würzburg 121. 123.

Meisloch, St. Annagrube 55.

Mende 247. 255.

Mercia 280.

Merowinger Münzen mit Münzmeister-namen 277 fg.

Metz 155. 278.

Metelles, Gottfr. Wilh. (Minden u. Königsberg) 73.

Miesko v. Polen 295.

Milet 255.

Milo 279.

MIMIGARDEPORTA 171 fg.

Minden (175). 269 fg.

Mizleta, prager Münzm. 286.

Molnenstern, H. Eisenschneider 64.

Müller, Hieron. augsburger Münzm. 294.

Münster 171 fg. 296. 304.

Münsterberg 294.

Münzer: Minden 269 fg.

Münzergesellschaft 278. Hausgenossen 293.

Münzfund in Aegypten 231. v. Naucratis 258. Myt-Rahineh 234. 239. 249. 254. Nildelta 241. 255. Santorin 247. — in d. Dörenschlucht 319. v. Kreuzlingen 40. Martigny 40. Schaffhausen 40. in d. Schweiz 40. v. Senfdamm 319. in Pannonien 199. v. Wittlage 319. Vindonissa 40. — Aschen 183. Cuerdale 313. Dietrichsfelde 273. Gera 117. Fulda 103 fg. 295 fg. Klein Roscharden 308. Ladinoje Pole 155. Piep 121. Prag 158 fg. in Russland 106 fg. v. Steckborn 152. Thourotte 163. Unterbibert 120. Usedom 266 fg. in Wursten 93 fg. — Mödesse 95. Schmölln 315. Trebbin 98. Weinheim 146. Zug 40.

Münzkosten: Ensisheim 51 fg.

Münzmeisternamen auf Münzen 277 fg.

Münzreformationen in Frankreich 67 fg.

Münzsammlung Kestner 25. Margaritis 12. Prokesch 246. Wiczay 20.

Münztarifirungen: Genf 68.

Münzwerkstätten in Rom 37.

Mytilene 247.

N.

Nabburg 286.

Nacub, prager Münzm. 286.

Namur 315.

Navalia: Med. d. Ant. Pius 32 fg.

Naxus 237. 255.

Neapolis 233. 255.

Nemeen 16 fg.

Nero, Fundm. 42. 318 fg. contrem. M. 45. M. m. Vestatempel 20.

Neuantes 288.

Neubauer, berl. Münzm. 72.

Neuburg 286.

Neuenburg 66 fg. 316 fg. Münzen 83 fg. Münzsystem 70. Wappen 82 fg.

Neustadt (?) 126. 309.

Nicole, Münzm. 315.

Niederlande 285.

Druck von W. Pormetter in Berlin

SITZUNGSBERICHTE

DER

NUMISMATISCHEN GESELLSCHAFT

ZU

BERLIN.

1899.

Sitzung vom 2. Januar 1899.

Herr Professor Ver w o r n aus Jena a. G. hielt einen Vortrag über die Verwendung von Punzen in der mittelalterlichen Münzprägung, auf die Luschin v. Ebengreuth 1882 zum ersten Male aufmerksam gemacht hat. Diese Technik ist offenbar nicht von der Herstellungsart der antiken Münzen übernommen, sondern hat ihren Ursprung im Gewerbe der Goldschmiede, die bekanntlich bei Anfertigung von Schmucksachen von jeher Punzen verwendet haben: so sind denn auch z. B. die bekannten nordischen Schmuckbrakteaten mit Hilfe von Punzen hergestellt worden. Die Beachtung der bei der Erzeugung der mittelalterlichen Münzstempel verwendeten Punzen erweist sich als ein wichtiges, bisher noch fast gar nicht verwerthetes Hilfsmittel für die Zutheilung anders nicht ausreichend bestimmter Münzen. Bisher war in diesem Falle die „Fabrik" ausschlaggebend, d. h. die mehr oder weniger grosse Ähnlichkeit mit anderen Stücken in der Art des Stempelschnitts, der Stilisirung, der Behandlung der Einzelheiten u. s. w. Hierin bleibt aber dem subjektiven Empfinden und Ermessen allzu viel Spielraum, während die Punzen ein objektives Merkmal bieten; denn es ist von vornherein mindestens unwahrscheinlich, dass eigenartige Punzen von der gleichen Grösse in ganz verschiedenen Stempelschneiderwerkstätten erzeugt bez. benutzt worden sein könnten. Man kann also mit Sicherheit annehmen, dass Münzen, auf denen sich mehrere übereinstimmende Punzenformen vorfinden, auch aus der gleichen Werkstätte hervorgegangen sind. Damit ist freilich nicht gesagt, dass diese Münzen auch demselben Münzherrn angehören müssen, da im Mittelalter so gut wie in neuerer Zeit angesehenere Werkstätten die Herstellung der Stempel für eine grössere Kundschaft von Münzhäusern verschiedener Herren besorgten. Aber nicht nur für die örtliche, sondern auch für die

1*

zeitliche Zutheilung ist das Studium der Punzen von Werth, da sich annehmen lässt, dass derselbe Punzen immer nur kurze Zeit in Gebrauch gewesen ist, sich bald abgenutzt hat und dann durch einen anderen ersetzt worden ist. Freilich erheischt die Benutzung dieses Hilfsmittels in allen Fällen die grösste Vorsicht und Sorgfalt, die Durchsicht eines grösseren Münzvorraths und scharf ausgeprägte Stücke. Als Beispiel für die Anwendung dieser Methode hatte der Vortragende die erfurter Stempel-schneiderwerkstatt des 12. Jahrhunderts gewählt und zeigte an den Punzen, wie sich die Brakteaten aus der ersten Regierungs-zeit Erzbischof Konrads und dem Anfang der Herrschaft Erz-bischof Christians — beide Kirchenfürsten regierten abwechselnd von 1160 bis 1200 — von den Geprägen ihrer späteren Zeit scharf trennen lassen, und wie in jener früheren Periode auch die Stempel zu den bekannten Brakteaten Kaiser Friedrichs I. mit den Bildern von zwei und drei Personen, ferner die beiden älteren Brakteaten des Landgrafen Ludwig und die orlamünder Brakteaten aus dem Funde von Milda in Erfurt geschnitten worden sein müssen. — In der Besprechung dieses Vortrages wurde allerseits anerkannt, dass in der Beachtung der Punzen ein, allerdings mit Vorsicht zu handhabendes, sehr wichtiges Hülfsmittel liege, wovon übrigens auch sonst schon in der Litte-ratur Gebrauch gemacht worden sei. Auch wurde erwähnt, dafs solche Punzen aus dem 13. Jahrhundert im Museum zu Köln, aus dem Ende des Mittelalters in dem zu Breslau sich erhalten haben.

Herr v. d. Heyden sprach über die Kunst der Medailleure der Renaissance im Vergleich zu der der heutigen Künstler und legte zum Belege seiner Ausführungen die herrliche Medaille Hagenauers mit dem Bilde der Anna Rechlinger und drei Me-daillen des Kardinals Albrecht von Mainz von 1526, 1537 und 1538, sowie das von demselben unbekannten Künstler herrührende Stück Georg des Bärtigen von Sachsen von 1537 vor, denen er eine Anzahl von Arbeiten des wiener Meisters Scharff gegenüber-stellte.

Im Anschluss an frühere Vorträge legte Baurath Fischer-Dick als eine besondere Art Hochzeitsmedaille die Medaille vor, die der französische Gesandte 1723 in Berlin zur Erinnerung an die Vermählung Ludwigs XV. hat prägen lassen, und wies Herr

Geh. Regierungsrath Friedensburg auf die von den römischen Kaisern Theodosius und Marcianus zur Erinnerung an die Vermählung der Prinzessinnen Eudoxia und Pulcheria geschlagenen Goldstücke mit der Inschrift „Feliciter nuptiis" hin. Herr Admiral Strauch endlich bemerkte, dass der Gebrauch, Geld und Münze im Sprüchwort zu verwenden, in der ganzen Welt verbreitet und selbst bei wilden Völkerschaften nachweislich sei; so gebe es in der im Togolande gesprochenen Ewe-Sprache folgende Redensarten: Kauris machen den Mann; von einer Kauri kann nichts verloren gehen; mit einer Kauri kann man keinen Marktgang machen.

Vorgelegt wurden noch von Herrn v. d. Heyden zwei seltene Medaillen des grossen Kurfürsten und die bekannte Medaille Friedrich Wilhelms I. auf die Parade von 1733, mit ihren 13,2 cm wohl die grösste aller geprägten Medaillen, von Geh. Regierungs-Rath Friedensburg eine ansehnliche Folge der kleinen Brakteaten, die das Geld der ersten schlesischen Herzöge bildeten, und von Referendar Giseke eine Reihe von Münzen des Königs Jerôme Napoleon, deren Monogramm HN der Volkswitz bekanntlich zu Hans Narr ergänzte.

Sitzung vom 6. Februar 1899.

Herr Referendar Giseke hielt einen durch die Vorlage von Münzen in Urstücken und Abgüssen erläuterten Vortrag über das Münzwesen unter Hieronymus Napoleon von Westfalen, 1807—1813. Der König liess nach französischem wie nach deutschem Münzfuss prägen. Nach ersterem wurden seit 1808 40-, 20-, 10- und 5-Frankstücke in Gold, 5-, 2-, 1- und $^1/_2$-Frankstücke in Silber, 20- und 10-Centimesstücke in Billon (gesottenem $3^1/_4$-löth. Silber) und 5-, 3-, 2- und 1-Centimestücke in Kupfer hergestellt, übrigens nicht alle Sorten in allen Jahren. Der Prägort dieser Münzen war Kassel, die Stempel wurden von P. J. Tiolier (geb. 1763, † 1816) in Paris geschnitten, das Gepräge zeigt bei den Gold- und Silbermünzen den Kopf des Königs, bei den übrigen das gekrönte — auch Hat Nichts gedeutete — Monogramm, auf der *Rf.* erscheint die Werthangabe. Die Franken sind vermuthlich nur als Proben angefertigt worden; jedenfalls sind sie sehr selten. Für die Prägung nach deutschem

Fusse bestanden die Münzstätten Kassel, Braunschweig und Clausthal, durch das F des Dietrich Heinrich Fulda (Wardein 1774,
Münzmeister 1783—1831) bezw. B und C bezeichnet. Goldmünzen wurden geprägt zu 10 und 5 Thalern, Silbermünzen zu
1, $^2/_3$, $^1/_6$, $^1/_{12}$, $^1/_{24}$ Thaler, 24 und 1 Mariengroschen und 4 Pfennigen, endlich Zwei- und Einpfennigstücke in Kupfer. Diese
Prägung begann bereits 1807 mit einem Stück zu $^1/_{24}$ Thaler.
Unter den Thalern sind die mansfelder Bergbauthaler von 1811
und 1813 und das bei Gelegenheit einer Harzreise Jerômes im
August 1811 ausgegebene Zweidrittelstück mit der Inschrift
„Glückauf Clausthal“ besonders bemerkenswerth. Das Gepräge
bilden abwechselnd der Königskopf und das vierfeldige Wappen,
umgeben von der Kette der Ehrenlegion und seit 1810 auch der
des „Ordens der westfälischen Krone“. Die Sorten nach französischem Fuss galten als westfälische Reichsmünzen, nach ihnen
wurde in allen öffentlichen Verhältnissen und bei allen Kassen
gerechnet; sie konnten sich aber nicht einbürgern. Die von der
Regierung 1812 und 1813 dieserhalb ergriffenen Zwangsmass-
regeln hatten keine Zeit mehr, ihre Wirksamkeit zu erproben.

Herr Admiral S t r a u c h sprach über die nach der sogen.
Native Coinage Act vom 28. März 1876 geprägten Münzen
indischer Eingeborenenstaaten, von denen er eine Anzahl vorlegte. Auf Grund des bezeichneten Gesetzes steht dem General-
gouverneur das Recht zu, diese Münzen zum gesetzlichen Zahlungs-
mittel in ganz Indien zu erklären, während die betreffenden
Staaten die indischen Münzen als gesetzliches Geld annehmen
müssen. Erstere müssen bis auf die Aufschrift der einen Seite
genau den indischen Münzen gleichen und in Bombay oder Kal-
kutta hergestellt sein. Bisher sind nach der N. C. A. für fünf
Eingeborenenstaaten Münzen geprägt worden: für Alwar (1 Rupie),
Bickanir (1 R., $^1/_4$, $^1/_8$ Anna), Dewar ält. Lin. ($^1/_4$, $^1/_{12}$ Anna),
Dewar jüng. Linie (ebenso), Dhar ($^1/_4$, $^1/_8$, $^1/_{12}$ Anna). Es rechnen
$^1/_8$ Anna = $^1/_2$ Pie, $^1/_{12}$ Anna = $^1/_3$ Pie. Die Erwartungen, die
man in Bezug auf die Übereinstimmung des Münzwesens der
Eingeborenenstaaten mit denjenigen Englisch-Indiens auf die
N. C. A. gesetzt hatte, haben sich nicht erfüllt.

Herr Landtagsabgeordneter v a n V l e u t e n a. G. besprach
einige Stücke seiner Sammlung: eine noch unbekannte, wie es

heisst, bei Jülich mit einem Denar Neros zusammen gefundene, barbarisirte Münze, die wahrscheinlich nach einer Mittelerzmünze des Augustus oder des Germanicus hergestellt, aber wesentlich kleiner als diese ausgefallen ist; eine Kupfermünze Justinians mit der seltenen *Rf.* $AG = 33$ und mit auffallend kleiner Schrift; ein Achthellerstück der Elisabeth Charlotte von Nassau-Holzapfel 1685 (aus dem Funde von Harfen); endlich einen Dukaten Clemens Augusts von Köln 1750 mit dem Kopf im Dreiviertelprofil, einer seltenen Darstellungsweise. — Herr Landgerichtsrath Kirsch a. G. zeigte zwei, offenbar derselben, leider nicht zu ermittelnden Münzstätte entstammende Nachprägungen niederrheinischer Zweialbusstücke in Kupfer. Die eine von 1671 ahmt eine kurkölnische, die andere von 1670 eine jülich-bergische Münze nach, beide haben auf der einen Seite SOLI DEO GLORIA und die ungedeuteten Buchstaben DSL. Während das eine Stück nur Moneta nova argentea hat, trägt das andere die Aufschrift: MO·NO·CIV·COL·B·V·I·E.

Vorgelegt und besprochen wurden ferner noch von Herrn Admiral Strauch die sämmtlichen Münzen der Straits-Settlements zu 50, 20, 10, 5 Cents in Silber, 1, $^1/_2$, $^1/_4$ Cent in Kupfer; von Herrn v. d. Heyden Porträt-Medaillen moderner Arbeit, ohne Bezeichnung des Medailleurs, dem Vernehmen nach aber von Mayer in Stuttgart — zwei auf die junge Königin Wilhelmine von Holland, darunter die eine mit Profilkopf von vortrefflicher Durchführung, und eine auf die Grossherzogin Luise von Baden zum 31. August 1898 — dazu eine Medaille Luthers von 1537, eine gleichzeitige, aber nicht sehr schöne Arbeit, mit dem Brustbilde in ungewöhnlicher Tracht und dem Wappen; von Herrn Assessor Dr. Pflug eine Reihe Thaler von Anhalt, Sachsen, Bayern, Pfalz, Württemberg, Braunschweig u. s. w.; von Herrn Hauptmann Brause 48 Tafeln seiner Federzeichnungen zur Fortsetzung seines Werkes über die Noth- und Belagerungsmünzen, die wie die Zeichnungen des 1. Bandes beredtes Zeugniss von der grossen Kunstfertigkeit des Zeichners ablegen.

Zum Schluss besprach Herr Dr. Bahrfeldt einige Urkunden, welche sich auf die preussische Münzpolitik im siebenjährigen Kriege, insbesondere auf die Massregeln Ephraims und seiner Geschäftstheilhaber, beziehen.

Sitzung vom 6. März 1899.

Unter den Mittheilungen, mit welchen der Vorsitzende die Sitzung eröffnete, ist ein Schreiben des Herrn Kultusministers hervorzuheben, wonach diesmal nicht, wie bei dem Wettbewerb um die Hochzeitsmedaille, eine Ausstellung von Taufmedaillen im Kgl. Münzkabinett stattfinden soll, weil die älteren Erzeugnisse dieser Art durchweg handwerksmässig und weder im Stil noch in der Darstellung geeignet sind, den heutigen Künstlern wertvolle Anregung zu bieten; eine Anschauung, die sich mit der von der N. G. auf Grund des Vortrages des Regierungsrathes v. Kühlewein in der Sitzung vom 1. November gewonnenen durchaus deckt. Dagegen sollen, entsprechend einem Ansuchen der N. G., Vorkehrungen getroffen werden, die Aufmerksamkeit künstlerischer Kreise in höherem Maasse als bisher auf die in den Kgl. Museen verwahrten herrlichen Schätze an Medaillen und Plaketten alter und neuer Zeit zu lenken, aus denen eine Fülle von Belehrung und Anregung gewonnen werden kann. Überhaupt beabsichtigt der Herr Minister, die Verbreitung der Kenntnisse auf dem Gebiete der Münz- und Medaillenkunde zu fördern, und lässt zu diesem Zwecke augenblicklich Versuche mit der Herstellung guter galvanischer Nachbildungen, aus denen Sammlungen zu Lehrzwecken zu bilden sein würden, anstellen. Eine weitere Mittheilung betraf das seit lange mit Spannung erwartete und in den nächsten Tagen bevorstehende Erscheinen der ersten Bände des „Corpus nummorum", des unter Leitung von Imhof-Blumer von der Königlichen Akademie der Wissenschaften herausgegebenen Verzeichnisses der griechischen Münzen. Die beiden ersten Bände, Dacien, Mösien, Thracien, hat Professor Pick in Gotha bearbeitet, ihm folgt Dr. Gaebler in Berlin mit Macedonien. Zu wünschen wäre, dass auch die deutschen Münzen, deren Lehrwerth nicht geringer ist als der der Griechen, einmal eine gleiche Bearbeitung finden, freilich sind bis dahin noch viele Vorarbeiten nöthig; immerhin ist dankend hervorzuheben, dass auch diese Studien sich wiederholt der Unterstützung der Königlichen Akademie zu erfreuen hatten. Endlich wurde noch bekannt gegeben, dafs Herr A. de Witte in Brüssel ein Preisausschreiben für einen französisch geschriebenen Aufsatz zur römischen Münz-

kunde, der dann in der „Revuc belge de numismatique" erscheinen soll, erlassen hat; die Bedingungen sind aus dieser
Zeitschrift zu entnehmen. In Deutschland hat man bisher von
einer ähnlichen Freigebigkeit eines Privatmannes noch nichts
gehört.

Herr Regierungsrath v. Kühlewein legte eine Medaille
von Manzel vor, die von dem Berliner Kassenverein an ver-
diente. Angestellte vertheilt wird. Das in jeder Beziehung sehr
wohl gelungene Stück, ein wahres Kunstwerk, zeigt einen Genius
mit dem Medaillonbild des um die Gründung des Vereins hochverdienten Joseph Mendelssohn und einen Kranich, der in der
einen Klaue einen Stein hält, das bekannte Symbol der Wach-
samkeit. Ausserdem besprach er eine lederne Medaille zur Ver-
höhnung der preussischen Niederlage bei Jena. Das sonst in
Eisen und Kupfer vorkommende Stück soll, was aber nicht wahrscheinlich ist, der Pariser Münze entstammen, der Abdruck in
Leder ist scharf und offenbar mit dem Medaillenstempel selbst
hergestellt. Eine zweite ebenfalls einseitige Ledermedaille zeigt
das Bildnuiss des Christoph von Schulenburg — Rath bei Heinrich dem Jüngeren von Braunschweig — und die Jahreszahl
1536, sie ist von der bekannten Firma Hulbe hergestellt, doch
hat sich nicht ermitteln lassen, wie diese gerade auf den Dargestellten gekommen ist, von dem bisher nur eine ganz abweichende Medaille mit seinem und seiner Gemahlin Bildniss bekannt ist. Wunderlicherweise ist nun dem Vortragenden eine
einseitige silberne Medaille, genau wie die lederne, zugekommen,
von der es nicht festzustellen ist, dass sie irgendwie mit dem
Hulbeschen Geschäft zusammenhinge, die aber offenbar eine
freie Erfindung der Neuzeit ist. An diese Vorlegungen schloss
sich eine Besprechung über die Verwendung des Leders zur
Herstellung von Münzen und Medaillen und die dabei ange-
wendete Technik.

Herr Hauptmann Brause legte eine grössere Anzahl von
neueren Goldmünzen unter Beifügung der geschichtlichen und
numismatischen Erklärungen vor. Bemerkenswerth waren darunter namentlich der Hirschdukaten Christians von Sachsen-
Weissenfels und ein Dukaten Friedrich Wilhelms von Mecklenburg von 1701 mit der Devise: Quo Deus et fortuna ducunt.

Herr Geh. Regierungsrath Friedensburg legte eine kleine Reihe von Medaillen vor, aus denen sich ergab, dass der Gebrauch der Hochzeits-, Tauf- und Neujahrsmedaillen in Südamerika, insbesondere in Peru, bereits sehr verbreitet ist. Diese Stücke sind durchaus handwerksmässig in der Ausführung, den Hauptwerth legen sie auf die Daten und Namen, wobei regelmässig auch die Padrinos (Pathen und Trauzeugen) genannt werden. Die bildlichen Darstellungen sind sehr dürftig, einige Male ist die bekannte Loos'sche Taufmedaille nachgeahmt, dagegen zeigt sich eine — man möchte sagen: üppige Phantasie in der Gestalt der Medaille, die nicht nur alle Formen der Klippen annimmt, sondern auch als Schild, als Blumenkorb, als Stiefmütterchen, als Visitenkarte mit umgebrochenem Rande(!) erscheint. Derselbe Vortragende legte auch die eben erschienene Arbeit von R. v. Höfcken über die Passauer Pfennige des Mittelalters vor, welche den schwierig zu behandelnden Stoff — nur eine Schriftmünze ist bekannt — mit grosser Sorgfalt und Umsicht zur Darstellung bringt und auch dem urkundlichen Material wie den einschlägigen geschichtlichen Verhältnissen durchaus gerecht wird.

Sitzung vom 10. April 1899.

Herr Regierungsrath v. Kühlewein brachte einen an verschiedene grössere gewerbliche Unternehmen gerichteten Erlass des Reichsschatzamtes vom 20. März d. J. zur Sprache, worin die Frage erörtert wird, wie den Klagen abzuhelfen sein möchte, die noch immer über die schwere Unterscheidbarkeit des Zehn- und des Fünfzigpfennigstücks geführt werden. Allerdings ist die Gefahr der Verwechselung wesentlich eingeschränkt worden, seit man beiden Münzsorten nicht mehr ein völlig gleiches Gepräge giebt, sondern — seit 1877 — auf den Fünfzigpfennigstücken den Adler in einen Eichenkranz einschliesst. Dagegen versagt ein anderes Unterscheidungsmittel, die Rändelung, vollständig, sobald die Münzen einige Jahre in Umlauf gewesen sind, weil sich dann die Rändelung allmälig verwischt; auch die verschiedene Dicke und das fettige Gefühl, das man bei Berührung der Nickelmünzen empfindet, sind nicht für jedermann und unter allen Umständen sichere Merkmale. Von den zur Abhilfe gemachten Vorschlägen dürften die Veränderung der Form (Prägung etwa von fünfeckigen Münzen) und die Durchlochung, abgesehen von den entgegenstehenden technischen Bedenken, mit Rücksicht auf die allgemeine Volksanschauung und das ästhetische Gefühl nicht durchführbar sein, wenngleich man in Amerika eckige und in China durchlochte Münzen gebraucht; auch werden eckige Münzen sich mit unseren Geldtaschen kaum vertragen. Vielleicht noch weniger angezeigt wäre die Prägung von Münzen mit vertieften Hoheitszeichen, Aufschriften u. s. w., wie man sie in Belgien hat, denn der eigenartige klebrige Schmutz, der sich an allen Geldstücken entwickelt bezw. ihnen anhaftet, würde Münzen mit vertiefter Prägung bald gänzlich unansehnlich machen. Das Reichsschatzamt denkt an die Einführung eines anderen Durchmessers des Fünfzigpfennigstückes, der aus technischen Gründen und, um das Stück von den übrigen Münzen zu unterscheiden, nur 19 mm (statt bisher 20) betragen könnte, aber dieses Merkmal setzt ein zu feines Tastgefühl voraus und empfiehlt sich daher ebenso wenig als die Wahl eines anderen Gepräges, dessen Erkennung wiederum ein gutes Auge oder wenigstens gute Beleuchtung fordert. In der lebhaften Besprechung des Erlasses fand denn auch keiner dieser Vorschläge Anerkennung. Dagegen machte Herr Oberbibliothekar Dr. Weil auf die im Alterthum öfters vorgenommene Einsägung des Randes der Münze, die insbesondere bei den nummi serrati der Römer allbekannt ist, aber auch bei den syrischen Kupfermünzen vorkommt, aufmerksam: in der That ein unter allen Umständen untrügliches Kennzeichen, das doch die Schönheit und Verkehrsfähigkeit der Münze nicht beeinträchtigt. Das Gleiche gilt von dem Vorschlag des Herrn Admiral Strauch, den Fünfzigpfennigstücken einen hervorstehenden wulstigen Rand zu geben, so dass das ganze Feld der Münze vertieft erscheint und die Münze selbst etwa wie ein flaches Näpfchen aussieht: in dieser Weise hat man in Nordamerika die Dime-Stücke kenntlich gemacht.

Derselbe Vortragende zeigte ausserdem noch zwei neuere Gussmedaillen: die eine unbezeichnete ist die Preismedaille der Kgl. Akademie der bildenden Künste zu Berlin für Fleiss und Fortschritt und sowohl wegen des namentlich in Bezug auf die Ähnlichkeit ganz verunglückten Kaiserbildes der *Hf.* als auch

wegen der konventionellen Allegorie der *Rf.* nur als unerfreulich
zu bezeichnen, die andere von Brütt, die flotte Ausgeburt einer
übermütigen Künstlerlaune, ist einem Herrn K. gewidmet, der
als moderner Paris schwankt, ob er der Göttin der Malerei, der
Kegelei oder des Wassersports den Apfel reichen soll.

Herr Geh. Regierungsrath Friedensburg legte die soeben
in zweiter Auflage — eine seltene Erscheinung bei Münzbüchern
— erschienenen Grundzüge der Münzwissenschaft von dem Ehren-
vorsitzenden der Gesellschaft Hermann Dannenberg vor und wies
darauf hin, wie das neue Werk die seither erschienenen Arbeiten
auf dem weiten Felde der Münzkunde sorgfältig berücksichtigt
und, entsprechend dem seiner Zeit allgemein geäusserten Wunsche
auch die mittelalterliche und neuere Numismatik ebenso eingehend
behandelt, wie die des Alterthums, sodass es nunmehr einen
gleich zuverlässigen Wegweiser durch alle diese Gebiete abgiebt.

Herr Hauptmann Brause hielt einen Vortrag über eine
interessante Episode aus der Geschichte der Numismatik der
Insel Korsika. Bekanntlich spielte in dem Unabhängigkeits-
kriege dieser Insel gegen die Republik Genua eine Zeitlang ein
westfälischer Abenteurer, der Edelmann Theodor v. Neuhof, eine
Rolle, der sich 1736 sogar zum „König“ dieser Insel aufschwang:
ein wunderliches Gegenstück zu dem Korsen Jérôme Bonaparte,
der siebzig Jahre später König von Westfalen wurde. Sein
Königthum war von kurzer Dauer, schon 1736 musste er flüchten
und soll, von zahlreichen Gläubigern verfolgt, in England im
Schuldgefängniss gestorben sein. Sechs Jahre später übernahm
die Leitung des wieder aufgelorderten Aufstandes der kriegs-
kundige Pasquale Paoli, dem es aber trotz seiner an die Antike
erinnernden Heldengrösse nicht gelang, seinem Vaterlande die
Freiheit zu retten, das 1768 von Genua an Frankreich abgetreten wurde. König Theodor hat einige sehr seltene Stücke
mit seinem Namen hinterlassen, während Paoli das Münzen in
grossem Umfange getrieben hat, wobei jedoch, wie es heisst, die
Unternehmer mehr für ihre Tasche als für das allgemeine Wohl
gesorgt haben. Den Vortrag begleitete die Vorlegung vortrefflicher Zeichnungen aller dieser Gepräge, welche demnächst in
des Vortragenden Werk über Nothmünzen (2. Theil) veröffentlicht werden sollen.

Herr Oberbibliothekar Dr. Weil legte den ersten, Italien, die Donauländer und Thessalien behandelnden Band des soeben erschienenen, von dem bekannten Numismatiker Georges Macdonald bearbeiteten Verzeichnisses der Hunterschen Sammlung vor und gab im Anschluss an diese auf drei Bände berechnete, mit echt englischem Luxus ausgestattete Veröffentlichung ein Lebensbild des Sammlers. Der Arzt William Hunter hat in den Jahren 1770 bis 1782 mit einem Aufwande von mehr als 22000 Pfund eine der glänzendsten Münzsammlungen zusammengebracht, die je ein Privatmann besessen hat. In London lebend und im Verkehr mit der vornehmen Welt hat Hunter, unterstützt durch vorzügliche Verbindungen nach der Levante, nach Italien und Spanien, wie sie damals nur in England möglich waren, in verhältnissmässig kurzer Zeit seine Sammlung auf etwa 30 000 Stück gebracht. Er besass vornehmlich antike Münzen: 12000 Griechen, fast ebenso viele Römer, den Rest bilden englische und päpstliche Gepräge. Mit feinem Kunstverständniss begabt und von den tüchtigsten Münzkennern Englands berathen, richtete Hunter sein Augenmerk stets darauf, Stücke von besonders guter Erhaltung zu erwerben, so dass sich seine Sammlung auch in dieser Beziehung auszeichnet. Kurz vor seinem Tode erschien das stattliche Prachtwerk, das sein Freund und Fachgenosse, der angesehene Frauenarzt Charles Combe, bearbeitet hatte, die Descriptio nummorum musei Hunteriani. Hunter vermachte seine Sammlung der Universität Glasgow, aber erst jetzt ist sie der Wissenschaft wieder zugänglich geworden, nachdem die Universität ein eigenes Hunterian-Museum eingerichtet hat.

Herr Dr. Bahrfeldt sprach über Ravensbergische Münzkunde, ein Thema, das von den Numismatikern bisher nur sehr spärlich behandelt worden ist, zumal, was das 17. Jahrhundert betrifft, aus dem man keine Urkunden kannte, die Aufschluss hätten geben können. Dem Vortragenden sind nun bei seinen archivalischen Studien verschiedentlich ravensbergische Akten durch die Hände gegangen, aus deren Inhalt er in der Sitzung Mittheilungen machte. Danach findet jetzt auch die ravensbergische Kupfermünzprägung von 1620 und 1621 ihre Erklärung. Die betreffenden Stücke zu 12, 6, 3, 2, 1 Pfennig sind weder kurfürstlichen Schlages, noch von der Stadt Bielefeld im Ravensbergischen ausgegangen, sondern ritterschaftliche, ständische Gepräge der Grafschaft Ravensberg, hergestellt in Bielefeld, mit Genehmigung des Kurfürsten Georg Wilhelm von Brandenburg. Die für 1622 ebenfalls beabsichtigte Prägung solcher Münzen, die der Münzmeister von Cleve, Anton Hoyer in Bielefeld, besorgen sollte, scheint nicht zu Stande gekommen zu sein. Die Kupfermünzen von 1655 (12, 6, 3 Pf.) dagegen hat Kurfürst Friedrich Wilhelm von Brandenburg herstellen lassen. Vorgesehen war die Prägung von 6000 Thalern, die als Werbegelder Verwendung finden sollten. Weitere Mittheilungen erstreckten sich auf Nachrichten über die ravensbergischen Münzmeister in Bielefeld Johann Stockdeich 1647, Jobst Koch 1625—1654, dessen Söhne Johann Sigismund Koch 1654—1660 und Jobst Dietrich Koch 1660—1667 († 1679), ihre Dienstführung, Ausmünzungen und dergl. Der Thätigkeit der landesherrlichen Münze in Bielefeld wurde durch kurfürstlichen Befehl vom 12. März 1667 ein Ziel gesetzt.

Sitzung vom 1. Mai 1899.

Herr Hauptmann Brause hielt einen Vortrag über die Kriegsmünzen König Jakobs II. von England. Bekanntlich führte Jakob, als er, von seinem Volke entthront, landflüchtig geworden war, den Krieg gegen seinen Nachfolger in der Königswürde, den Oranier Wilhelm, hauptsächlich von Irland aus, dessen katholische Bewohner seinen Fahnen willig zuströmten. Obwohl er von Frankreich unterstützt wurde, fehlte es ihm doch an Geld und, nachdem sein Kredit erschöpft war, sah er sich gezwungen, Nothmünzen mit Zwangskurs zu 30, 12 und 6 Schillingen auszugeben. Anfangs verfertigte man diese Münzen aus dem Metall unbrauchbar gewordener Kanonen, dann kam das kupferne Hausgeräth daran, und schliesslich sah man sich gezwungen, Zinn zu verwenden. An diesem Gelde, mit dem man nicht nur den Sold des Kriegsvolkes, sondern auch die Zwangslieferungen der Bevölkerung bezahlte, bewahrheitete sich das alte Wort: kupfern Geld kupferne Treue, und nach der Schlacht am Boynefluss, 30. Juli 1690, musste Jakob das Land verlassen, die Treulosigkeit seiner Iren anklagend. Der Vortragende legte 41 Abbildungen solcher Münzen, meist nach den Urstücken des Königlichen Münzkabinets gezeichnet, vor. Es sind fast durchgehends sorgfältig, ja hübsch gearbeitete Stücke, die zum Theil den Namen des Prägeorts und, was eine seltene Besonderheit ist, auch den Monat ihrer Entstehung nennen.

Herr Admiral Strauch besprach die neuen chinesischen Münzen, welche seit vorigem Jahre im „Arsenal" Pei-yang bei Tientsin-geschlagen werden. Sie entsprechen nach Stückelung, Feingehalt und Abmessungen den seit 1890 von der Münze zu Kantong ausgegebenen Stücken zu 7 Mace 3 Kandarins u. s. w., unterscheiden sich aber merkwürdiger Weise von ihnen ganz beträchtlich in den Aufschriften. Jene haben in englischer Sprache die Aufschrift Kwantung-Provinz und die Werthbezeichnung, hier folgen auf die Namen der Dynastie (Ta-Tsing) die Worte: Twenty fourth year of Kwang-Sü, letzteres die den Namen des Kaisers, der den Chinesen auszusprechen verboten ist, ersetzende allegorische Bezeichnung, sowie der Prägeort. Die Rückseite enthält in chinesischer und mandschurischer Schrift die Bezeichnung des Werthes, des Jahres und wiederum des Prägeortes; das Gepräge weist, wie sonst, den kaiserlichen fünfzehigen Drachen auf. Derselbe Vortragende legte auch die neuen nach dem Gesetz von 1895, wonach sich das Verhältniss des Silbers zum Golde wie $1:30^1/_2$ stellt, geprägten Münzen von Chile: Stücke zu 1 Peso, 10 und 5 Centavos in Silber, dazu $2^1/_2$ und 1 Centavo in Kupfer, vor. Das Gepräge dieser Münzen — auf den Silberstücken ein Kondor, auf dem Kupfer der Kopf der Liberdad — ist von Roty in Paris entworfen und macht einen wenig günstigen Eindruck; es ist höchst auffallend, dass der grosse Meister der Medaille mit den Münzen regelmässig Misserfolg hat.

Herr Oberbibliothekar Dr. Weil legte den neuesten, von Warwick Wroth bearbeiteten Band des Katalogs der Münzsammlung des britischen Museums, Galatien, Kappadocien und die syrischen Städte behandelnd, vor und besprach im Anschluss daran die merkwürdigen Tetradrachmen des Orophernes von Kappadocien. Dieser war ein von der kinderlosen Königin untergeschobener Sohn Ariarathes des IV. und musste später einem doch noch geborenen echten Sohne weichen, gelangte aber nach dessen Vertreibung auf den Thron. In der Voraussicht, dass er sich nicht lange würde halten können, hatte er eine Summe von 400 Talenten der Stadt Priene in Ionien in Verwahrung gegeben und als Zeichen seiner Erkenntlichkeit dafür den Athenetempel der Stadt neu geschmückt. Merkwürdigerweise fanden sich nun 1870 die ersten bekannt werdenden Stücke seiner Tetradrachme, sechs an der Zahl, in den Ruinen des Athenetempels von Priene, den die Gesellschaft der „Dilettanti" ausgegraben hatte, und zwar unter dem Postament des darin aufgestellt gewesenen Götterbildes. Man hat damals die Vermuthung ausgesprochen, diese sechs Stücke könnten ein Rest jenes Schatzes des Orophernes sein, der Vortragende aber führte aus, wie es viel näher liege, anzunehmen, dass Orophernes bei Errichtung des Tempelbildes ebenso Münzen seines Gepräges in das Fussgestell habe einschliessen lassen, wie wir Münzen in Grundsteinen, Kirchthurmknöpfen und dergleichen verwahren.

Herr Geh. Regierungsrath Friedensburg legte seine soeben erschienene, vom Verein für Geschichte und Alterthum Schlesiens herausgegebene „Neuere Münzgeschichte Schlesiens" vor. Nach einem eigenartigen Plane sind hier die von dem Vortragenden in mehr als zwanzigjähriger Arbeit gesammelten einschlägigen Nachrichten und Daten zu einem einheitlichen Werke verarbeitet, das in gleichem Maasse den Zwecken des Münzfreundes wie des Geschichtsforschers dienen will. Auf einen allgemeinen Theil, der die regelmässig wiederkehrenden, dem ganzen Lande gemeinsamen Erscheinungen behandelt — insbesondere das Münzrecht, die technische Seite des Münzbetriebes, die Rechnungswerthe und Münzsorten und die allgemeine Münzgeschichte — folgt die Darstellung der Münzgeschichte der einzelnen Fürstenthümer, denen die des Oberlehnsherrn vorangeht und die der wenigen Städte, die in neuerer Zeit noch geprägt haben, folgt. Eine Ergänzung dieser Arbeit wird ein bereits im Druck befindliches neues Verzeichniss aller bisher bekannt gewordenen schlesischen Münzen und Medaillen bilden, das auf Veranlassung des Museums der Stadt Breslau herausgegeben wird. In diesem Museum sind jetzt die beiden grössten Sammlungen schlesischer Münzen vereinigt: die der breslauer Stadtbibliothek und die des Museums schlesischer Alterthümer; ihre Verschmelzung hat Reihen von einem Reichthum und einer Vollzähligkeit ergeben, die selbst die Nächstbetheiligten überraschten. Schlesien wird auf diese Weise nicht nur die vollständige urkundenmässige Darstellung seiner gesammten, von den Tagen Boleslaus Chrobrys bis über die Freiheitskriege hinausreichenden Münzgeschichte, sondern auch die reichste Spezialsammlung, die je von einem so bedeutenden Münzgebiet vorhanden gewesen ist, besitzen. — Herr Dr. Bahrfeldt behandelte die neueste numismatische Zeitungs-Litteratur, die im laufenden Jahre einen lebhaften Aufschwung genommen hat: die „Berliner Münzblätter", die „Blätter für Münzfreunde", den „Münz- und Medaillenfreund", die „Frankfurter Münzblätter". Von seinen jüngsten Erwerbungen besprach er sodann einen bisher unbekannten Denar Herzog Burchards II. von Schwaben (954 bis 973) mit ✠ BVRCHARDVS, einen Arnstädter, einen Halberstädter mit Thor und Kopf und SCS STEPHANVS, beide letzteren bisher nur in einem schlecht erhaltenen Stücke vorhanden. Ferner zeigte er den Sterngroschen Friedrichs II. aus der Münze zu Brandenburg, ein Unikum der ehemals Bardtschen Sammlung, und den überaus seltenen Gemeinschaftsgroschen aus der Mitte des 15. Jahrhunderts von Friedrich dem Sanftmüthigen von Sachsen und Ludwig II. von Hessen. Endlich zeigte Herr Landtagsabgeordneter van Vleuten a. G. einige seiner neueren Erwerbungen, darunter einen Denar des Macrianus mit ungewöhnlichem Kopfe und einen trefflich erhaltenen Eberhard von Trier mit CIVitas BELGica.

Sitzung vom 5. Juni 1899.

Die Sitzung wurde zum grössten Theil durch einen mit Vorlegung zahlreicher einschlägiger Stücke verbundenen Vortrag des Herrn Regierungsraths v. Kühlewein über Weihnachts- und Neujahrsmedaillen in Anspruch genommen. Die Verbindung beider Gruppen von Münzdenkmälern ergiebt sich von selbst aus der Thatsache, dass ursprünglich der Anfang des Jahres auf Weihnachten fiel, und dass man sich in den verschiedenen Ländern entweder bei der einen oder der anderen Gelegenheit beschenkte. Einen Vorläufer haben die Neujahrsmedaillen schon im Alterthum: es giebt ein sog. Medaillon, welches offenbar als Neujahrsgeschenk für Kaiser Hadrian bestimmt war, da es die Aufschrift trägt S. P. Q. R. Annum Novum Faustum Felicem HADRIANO

2

AVG PP. Mit dem Aufschwung der Medailleneindustrie im 16. Jahrhundert treten, gleichzeitig mit den Tauf- und Hochzeitsmedaillen ohne individuelle Beziehung, auch die Weihnachts- und Neujahrsmedaillen auf, gleich jenen zu Geschenken im Freundeskreise dienend. Die Darstellungen und Inschriften sind durchgehends religiösen Inhalts: die Anbetung der Hirten, das Gloria der Engel, ein segnendes „Christkindel" u. a. Solche Stücke giebt es aus Nürnberg, Kremnitz und anderen Städten. Frühzeitig kommen auch Wunschformeln vor, z. B. schon 1544: „Zum seligen neuen Jahr", in Nürnberg lautet später der Gruss auf den mit Stadtansicht versehenen Stücken: „Prosit das neue Jahr". Öfters kehrt der von einer entsprechenden Darstellung begleitete Wunsch wieder, dass Gott im neuen Jahre den Lehr-, Wehr- und Nährstand erhalten möge, und 1642 vereinigt Paul Walther von Dresden den allgemeinen Neujahrswunsch mit dem seiner Zeit so naheliegenden Friedenswunsch auf einer Medaille, die ausdrücklich „pacem appetentibus" gewidmet war. Neben diese Arbeiten idealen Charakters stellen sich bald solche, die hauptsächlich einem praktischen Zweck zu dienen bestimmt sind, nämlich die Kalendermedaillen. Diese treten ebenfalls bereits im 16. Jahrhundert auf und geben theils einen immerwährenden, theils nur einen auf das nächste Jahr berechneten Kalender. Solche Medaillen hat noch in den zwanziger und dreissiger Jahren des laufenden Jahrhunderts die berliner Medaillenfabrik von Loos zahlreich ausgegeben. Ihre Erzeugnisse bringen neben allegorischen Darstellungen eine schier unendliche Fülle von Daten: Geburtstag des Königs, Erinnerungstage aus den Freiheitskriegen, Astronomisches u. a. m., dienen auch überdies noch als L'hombre- und Boston-Blocks. Sie wurden nach einiger Zeit durch die Erzeugnisse der berliner und gleiwitzer Eisengiesserei abgelöst, die gusseiserne, oft sehr zierliche Neujahrskarten, stets mit einer berliner Ansicht versehen, in den Handel brachte. Dieser hübsche Gebrauch schlief in den vierziger Jahren ein und ist in der allerletzten Zeit durch die Bemühungen des bekannten kunstsinnigen Grossindustriellen K. A. Bachofen von Echt in Wien wieder aufgenommen worden, der für 1898 und 1899 reizende Neujahrswunsch-Plaketten von F. X. Pawlick hat herstellen lassen. Eine besondere Gruppe bilden die Neujahrsmedaillen mit geschichtlicher Beziehung. Unter ihnen stehen die venetianischen „Osellen" obenan, die die Dogen alljährlich am Neujahrstage an Stelle eines früher üblich gewesenen Geschenkes in Vögeln (ucelli, daher der Name) an die Herren vom grossen Rath vertheilten, und die, oft zierliche Kunstwerke, in Bild und Aufschrift gern auf die augenblickliche Lage des Staates anspielten. Ein ähnlicher Gebrauch bestand in manchen Städten Deutschlands und Hollands, wo die Münzbeamten dem Rath alljährlich neue Rechenpfennige überreichten, die dann, um die Gabe ansehnlicher zu machen, oft in Edelmetall oder als Klippen ausgeprägt wurden. Ihnen reiht sich jenes sonderbare Schaustück des breslauer Eisenschneiders Matz Kauerhase an, der 1613 den ölser Herzog zum neuen Jahr beglückwünscht; ein unbezeichneter halber Dukat von 1609 mit dem Namensbuchstaben Kaiser Rudolfs und der Aufschrift ZVM NEVEN IAHR dient offenbar verwandten Zwecken. Im Jahre 1700 hat die Stadt Nürnberg mit dem Lamm bezeichnete Goldmünzen bis zum Zweiunddreissigstel des Dukatens, 1750 die Stadt Frankfurt einen Thaler, 1726 bis 1741 die Erzherzogin Elisabeth eine Folge von Jetons als Neujahrsgeschenke prägen lassen. Auf die bekannte, auch jetzt wieder in den Zeitungen erörterte Frage, mit welchem Jahre das neue Jahrhundert beginnt, bezieht sich eine Medaille von 1700, die einen Putto in einem von Jahreszahlen gebildeten Ringe zeigt nebst der Aufschrift: „Im Jahre 1700 wussten die Leute nicht, wie alt sie waren". Auch auf das Jahr 1800, als auf die Wende des Jahrhunderts, sind Medaillen geschlagen worden, und es steht zu erwarten, dass bald solche auf das 20. Jahrhundert erscheinen werden: möchten sie recht geschmackvoll und geistreich ausfallen! — Herr Admiral Strauch theilte mit, dass er wegen der bekannten, in Verzeichnissen und Zeitschriften öfters erwähnten Münzen der „Republik" Andorra, an deren „Suverän", den Bischof von Urgel, eine Anfrage gerichtet und den Bescheid erhalten habe, dass in und für Andorra niemals besondere Münzen geschlagen worden seien, man habe sich vielmehr dort von jeher des französischen und spanischen Geldes bedient. Danach sind die „Münzen von Andorra" vermuthlich ebenso Erzeugnisse gewinnsüchtigen Münzhandels, wie die Münzen des Staates Moresnet, der Königin Liliuokalani und andere.

2*

Herr Geh. Regierungsrath Friedensburg legte eine Reihe seltener Thaler und Medaillen des Domkapitels von Münster, der Abtei Corvey u. s. w., sowie eine Folge japanischer und chinesischer Marken, wie es scheint, Einlassmarken von Thee- und Spielhäusern, vor. Diese Stücke sind theils in sauberem Glasfluss nach Art von Münzen hergestellt und mit dem viereckigen Loch versehen, theils bestehen sie in dünnen Elfenbeinplättchen, denen das Loch meistens aufgemalt ist, oder aber es sind zum Theil sehr zierliche Bronzegüsse in symmetrischen oder Pflanzen und Thiere nachahmenden Formen.

Sitzung vom 3. Juli 1899.

Herr Geh. Regierungsrath Friedensburg besprach das Ergebniss des diesjährigen Medaillenwettbewerbs, die im Ausstellungspalast am Lehrter Bahnhof vorgeführten etwa 100 Entwürfe von Taufmedaillen und -Plaketten. Nach dem künstlerischen Misserfolg des Wettbewerbs um die Hochzeitsmedaille waren die Erwartungen dieses Mal um so weniger hochgespannt, als nach allgemeiner Ansicht die Taufmedaille eine minder starke Anregung für die Phantasie, dafür aber eine schwerere Aufgabe für die Gestaltungskraft des Künstlers zu bieten scheint. Daher bringt die diesjährige Ausstellung eine freudige Überraschung: es sind heuer bedeutend weniger grobe Versündigungen gegen den Charakter der Medaille zu bemerken — ausser dass zu wünschen wäre, die Künstler gäben auch den Plaketten eine geschmackvollere äussere Form, als dies vielfach geschieht — und die Darstellungen bieten eine Fülle hübscher und anmuthiger Gedanken. Neben den hergebrachten und naheliegenden Bildern, wie der Heiland im Verkehr mit Kindern, der Schutzengel, die junge Mutter, der Taufakt selbst u. a., die aber öfters eigenartig ausgestaltet sind, finden sich auch verhältnissmässig viel neue, auf älteren Medaillen dieser Art noch kaum beobachtete Darstellungen, z. B. Schilderungen, die das junge Leben mit einem Baum vergleichen, die Nornen und der Storch, der auffallenderweise nur einmal vorkommt. Den ersten Preis hat Rudolf Bosselt in Frankfurt a. M. erhalten und nach allgemeinem Urtheil auch wohl verdient für eine anmuthige Medaille mit einer Mutter auf der Hauptseite, die ihr Kindchen dem Heiland zuleitet, auf der Rückseite steht ein geschmackvolles, altnordisch stilisirtes Kreuz. Zwei zweite Preise sind an Adolf Amberg in Charlottenburg und Georg Morin in Berlin gegeben: ersterer zeigt auf seiner Medaille den taufenden Heiland und einen Schutzengel an der Wiege, letzterer giebt eine hässlich geformte Plakette mit sehr hübscher Darstellung des die junge Mutter begrüssenden Gatten. Die Arbeiten der drei Träger des dritten Preises — Emil Korff, Meinh. Jacoby und E. Gomanski, sämmtlich in Berlin — bestehen in Plaketten und werden wohl nicht allerseits so günstig beurtheilt werden, wie von den Preisrichtern: manchem Beschauer werden Bild und Aufschriften Jacobys ebenso unverständlich erscheinen, wie ihnen bei Gomanski die Einzwängung der Darstellung in einen zweiten inneren Rahmen missfallen wird. Jedenfalls ist die Ausstellung ein erfreulicher Beweis dafür, dass sich die Kunst des Medailleurs auch bei uns neu beleben lässt, wenn es freilich auch noch einige Zeit dauern wird, bis wir uns auch nur mit Wien messen können, das auf der Ausstellung mit drei Schaukästen voll Werken von Schwartz, Pawlik und Scharff vertreten ist, die der allgemeinen Beachtung und eingehenden Betrachtung nicht warm genug empfohlen werden können.

Herr Landgerichtsrath Dannenberg hielt einen Vortrag über die auf Münzen genannten Münzmeister und sonstigen Münzpersonen und gab dabei eine vollständige Übersicht über die seit ältester Zeit vorkommenden Namen dieser Art, von denen freilich oft dahingestellt bleiben muss, ob ihre Träger blosse Stempelschneider oder Münzpächter und höhere Finanzbeamte waren. Stempelschneider werden schon auf griechischen Münzen einige Male genannt, zuweilen mit dem Zusatz „ἐποίει", in Rom nennen sich nur die mit der Ausgabe des Geldes betrauten Triumviri. Sehr zahlreich sind Namen von Monetaren auf den merovingischen Münzen, doch sind diese offenbar mit der staatlichen Steuerverwaltung betraute Beamte gewesen, wie sich aus Aufschriften wie Racio fisei, racio ecclesiae u. a. ergiebt; zuweilen finden sich ihrer zwei gleichzeitig auf einer Münze, ein „Batto" nennt sich sogar Monetarius praecipuus. In England erscheinen die Namen der Münzbeamten von den ältesten Zeiten her auf den Münzen und verschwinden erst unter Edward I., auch in Schottland, Irland, Schweden, Norwegen, Dänemark werden sie häufig genannt; seltener treten sie in Italien, Polen, Russland und in den Niederlanden auf, in Böhmen verschwinden sie schon unter Jaromir. Wie es in Deutschland seit der Karolingerzeit in dieser Beziehung gehalten wurde, ist vielfach zweifelhaft. Sicher ist, dass die ältesten bayerischen Münzen eine grosse Anzahl von Münzmeisternamen nennen, ebenso finden sich solche auf den bekannten Brakteaten des „Furitigher Biter" von Saalfeld, der Münzmeister Herzog Bernhards, Helmoldus und Burchart Helt, des „Erth Velmar" u. a., ferner in Augsburg, Würzburg (der Jude Jechiel), in Schlesien (Johann Holu in Wohlau u. s. w.), in Österreich, für das jüngst Luschin von Ebengreuth in den Sitzungsberichten der Kais. Akademie der Wissenschaften, Band 140, auch eine Reihe von Pfennigen des 14. Jahrhunderts nachgewiesen hat, welche auf der einen Seite das Wappen von Münzmeistern oder Landschreibern (ebenfalls für die Güte der Münze haftbaren Beamten) führen. Demgegenüber giebt es eine grosse Reihe von Fällen, wo nicht mit Sicherheit zu entscheiden ist, ob ein Name auf einer Münze den Münzherrn oder den Münzbeamten bedeutet, namentlich ist es zweifelhaft, ob jene Personen, deren Namen der („redende") Pfennig mit dem Zusatz „me fecit" versieht, nur der letzteren Klasse oder beiden zuzuzählen sind. Ein gänzlich zweifelfreies Beispiel, dass von einem Münzherrn gesagt: wird „me fecit", ist noch nicht gefunden, und sprachliche Erwägungen sprechen mindestens nicht für diese Ausdrucksweise; dass sie gleichwohl angewendet worden sein mag, lässt sich aber ebenso wenig bestreiten. — Vorgelegt wurden endlich noch von Herrn Referendar Giseke einige sizilianische Münzen, von Herrn Landtagsabgeordneten van Vleuten sehr schön geprägte und erhaltene Erzmünzen der Livia, des Pupienus und der Aelia Flaccilla, endlich von Herrn von der Heyden zwei in Erfindung und Ausführung gleich vorzügliche Gussmedaillen von Chaplain auf den Maler Baudry und den Arzt Tillaux und die etwas weichliche Medaille Rotys auf Gambetta, Stücke, die schon jetzt auch in den Preisen den guten alten Arbeiten dieser Art nachzukommen beginnen.

Sitzung vom 4. September 1899.

Der Vorsitzende legte unter anderen neuen Eingängen auch die Abbildungen zweier aus Anlass der Goethefeier ausgegebenen Medaillen vor. Die eine, von einem Münzhändler vertriebene, rührt von Joseph Kowarzik her und hat die Form einer Plakette: sie kann nur als gänzlich misslungen bezeichnet werden. Es ist schwer verständlich, wie ein auf dem Gebiete der Medaille sonst so tüchtiger Künstler, wie Kowarzik, sich in der Darstellung so hat vergreifen können: das Bild der Hauptseite, ein Goethekopf in einer Landschaft, erinnert eher an einen Richtplatz, und, was der sitzende Goethe der Rückseite sinnt und dichtet, ist ohne die beigegebene Reklamenotiz nicht verständlich. Dagegen ist die offizielle — geprägte — Medaille der Stadt Frankfurt, von dem Bildhauer Hugo Kaufmann in München modelliert, ein höchst anmuthiges Werk. Die Hauptseite zeigt ein jugendliches Bild Goethes, die Rückseite im Hintergrunde die Stadt Frankfurt, davor die Idealgestalten von Wahrheit und Dichtung; sind diese letzteren auch vollkommen im Stile der Überlieferung gehalten, so bestechen sie doch durch den Reiz der Haltung und der Formen.

Herr A. v. d. Heyden hielt einen Vortrag über die Medaillen der Freimaurer in Berlin, aus deren Geschichte er die wichtigsten Daten mittheilte. Das Freimaurerwesen ist gegen Ende der ersten Hälfte des vorigen Jahrhunderts nach Deutschland gekommen: 1737 wurde die erste Loge in Hamburg gegründet, 1738 folgte Dresden, 1740 Berlin, Bayreuth, Breslau, Leipzig. Nachdem Friedrich der Grosse noch als Kronprinz — 1738 — sich auf einer Reise in Braunschweig heimlich hatte in die Bruderschaft aufnehmen lassen, verbreitete sie sich in Preussen in verschiedenen Logen; auch Kaiser Wilhelm I. ist 1840 mit Erlaubniss seines königlichen Bruders eingetreten und hat das Protektorat über alle Logen übernommen. Seinem Beispiel ist noch Kaiser Friedrich gefolgt. Von den vorgelegten Stücken ist das interessanteste eine kleine Silbermedaille auf die 1736 durch den Grafen Ernst Christoph von Manteuffel erfolgte Gründung der „Societas Alethophilorum", offenbar einer der freimaurerischen ähnlichen Gesellschaft; der Pallaskopf der Rückseite trägt einen Helm, in den zwei Köpfe eingezeichnet sind, in deren einem man das Bild des damaligen Kronprinzen erblicken möchte, während der andere auf Manteuffel zu beziehen sein dürfte. Die übrigen Stücke feiern das Andenken verdienter Brüder: Ellenberger, gen. v. Zinnendorf, Guionneau, Palmié, Henckel v. Donnersmarck, die Aufnahme des Prinzen Wilhelm u. a.

Herr Geh. Regierungsrath Friedensburg hielt im Anschluss an ein soeben von dem Amerikaner Benjamin Betts herausgegebenes Werk einen Vortrag über die kaiserlichen Münzen von Mexiko. Bekanntlich hat die romantische und abenteuerreiche Geschichte dieses Landes auch zwei Versuche der Errichtung eines Kaiserthrones aufzuweisen. 1822 schwang sich Don Augustin Iturbide, ein Offizier, der bis dahin die Seele des Aufstandes gegen Spanien gewesen war, zu dieser Würde empor, die er schon nach zehn Monaten niederlegen musste. Den Versuch der Wiedererlangung bezahlte er im Juli 1824 mit dem Leben. Noch in frischem Gedächtniss ist das Kaiserthum des edlen Maximilian von Österreich, der 1864 von Napoleon den Mexikanern aufgedrängt, dann von ihm im Stiche gelassen, durch Verrath in die Hände seiner Feinde fiel und gleich seinem Vorgänger auf dem Thron erschossen ward (19. Juni 1867). Von Don Augustin giebt es einige Proklamationsmedaillen verschiedener Städte, von denen einzelne auch das Bild seiner Gemahlin, Donna Anna. zeigen, und — meist nicht seltene — Münzen zu 1 und $\frac{1}{2}$ Onza in Gold, 1, $\frac{1}{4}$, $\frac{1}{8}$, $\frac{1}{16}$ Dollar in Silber, sämmtlich mit seinem Bilde und dem Adler auf der Nopalstaude, dem Wappenbilde Mexikos. Die Wahl Maximilians ist ebenfalls durch eine grosse Medaille verherrlicht worden, die sein und seiner Gemahlin, der unglücklichen Charlotte von Belgien, Bild trägt; andere Stücke sind von ihm selbst zur Belohnung des merito civil, militar und scientifico ausgegeben worden, auch auf seinen Tod giebt es mehrere kleine Medaillen. An Münzen hat er in den Jahren 1864 bis 1866 in den Münzstätten Guanaxato, Mexiko, Potosi und Zacatecas Stücke zu 20 Dollars in Gold, zu 1 Dollar, 50, 10 und 5 Cents in Silber und 1 Cent in Kupfer schlagen lassen, die sämmtlich bis auf den Dollar mehr oder minder selten vorkommen; übrigens ist keiner dieser Werthe jedes Jahr in allen Münzstätten ausgeprägt worden, der Cent z. B. nur 1864 in Mexiko. An die Gepräge Maximilians schliessen sich die Medaillen Napoleons zur Belohnung der mexikanischen Siege seines Heeres und zur Erinnerung an die Einrichtung einer ephemeren „commission scientifique du Mexique"; ferner diejenigen, welche in dem republikanisch gebliebenen Theile des Landes zu Ehren des Generals Benito Juarez, des Vorkämpfers für die Landesfreiheit, geschlagen wurden.

Sitzung vom 2. Oktober 1899.

Herr Landgerichtsrath Dannenberg hielt einen längeren Vortrag über den zwar viel besprochenen, aber geschichtlich so wenig bekannten Jakza von Köpenick, den Helden der bekannten Sage von „Schildhorn". Wir besitzen von ihm 7, zum Theil sehr schöne Brakteaten, von denen einige ihm die slavische Titulatur Knäs geben, einer ihn auch als echten Slaven mit langem, in Zöpfe geflochtenem Barte darstellt; sie gehören, wie die Vergleichung mit den Münzen benachbarter Gegenden ergiebt, einem längeren Zeitraume, etwa den Jahren 1145 bis 1175, an. Gegen die noch jetzt herrschende Ansicht, auf diesen Jakza seien die wenigen geschichtlichen Nachrichten über die Eroberung der Stadt Brandenburg nach dem Tode des letzten Hevellerfürsten Heinrich Pribislav, namentlich der einzig gleichzeitige Bericht des Heinrich von Antwerpen, zu beziehen, ist Einspruch erhoben worden, weil bei dem genannten Chronisten der Eroberer Jakza als „principans tunc in Polonia" bezeichnet werde, während der Jakza der Münzen sich „Cnes de Copnic" nenne, und Köpenick doch nicht zu Polen gehört habe. Der naheliegende Ausweg, das „Copnic" könnte ein anderer Ort gleichen oder ähnlichen Namens sein — und es giebt mehrere solche — verbietet sich aus numismatischen Gründen. Der Vortragende führte nun aus, wenn man das Polonia streng auslegen wolle, dann müsste man auch mit dem „principans" ebenso verfahren und käme damit zu der Annahme, dass der Eroberer dem polnischen Herrscherhause angehört habe, wie ja schon Boleslaus Chrobry auf seinen Münzen „Princeps Poloniae" heisse. Nun aber gebe es um die in Rede stehende Zeit keinen Piasten des Namens Jakza (Johann). Es bleibe also nur übrig, das

Polonia etwas weiter auszulegen, was um so eher zulässig erscheine, als damals noch das nur ein paar Meilen von Köpenick gelegene Land Lebus mit den Städten Fürstenwalde und Müncheberg zu Polen gehört habe und nicht feststehe, wie weit sich Jakzas Reich nach Osten ersteckt habe. Jedenfalls gäben die Münzen Jakzas das Bild eines reichen und mächtigen Fürsten von ausgesprochen slavischem Nationalbewusstsein; von einem solchen sei wohl zu erwarten, dass er beim Aussterben des Herrscherhauses in dem benachbarten und stammverwandten Hevellervolke versucht haben werde, den Übergang des Landes in die Hände der Deutschen zu hintertreiben.

Herr Geh. Regierungsrath Friedensburg besprach die jetzt erfolgte Vereinigung der beiden grossen breslauer Sammlungen schlesischer Münzen und die damit in Verbindung stehende Verzeichnung aller verlässlich bekannt gewordenen Münzen und Medaillen Schlesiens seit 1526, den Abschluss und die Krönung seiner mehr als zwanzigjährigen Arbeit auf diesem Gebiet. Das neue Verzeichniss, dessen Druck bereits begonnen hat, wird sich dem bekannten Werke des Freiherrn v. Saurma nur insofern anschliessen, als es ebenfalls keine Beschreibungen einzelner Münzen, sondern tabellarische Übersichten unter Verweisung auf abgebildete Leitstücke bringt, im übrigen wird es durch die dem Text selbst eingefügte Erklärung der Wappen, Umschriften und Münzzeichen, durchlaufende Numerirung u. a. m. die möglichste Deutlichkeit und leichteste Benutzbarkeit zu erzielen suchen. Die Abbildungen werden durchweg im Lichtdruck nach mit grösster Sorgfalt ausgewählten Stücken hergestellt. Der Reichthum der vereinigten, in dem neuen Museum der Stadt Breslau aufgestellten Sammlung dürfte wohl von keiner Spezialsammlung erreicht werden; die Stadt besitzt, soweit bis jetzt festgestellt, allein an schlesischen Münzen seit 1526 (ohne die Medaillen) über 6500 Stücke. Der Vortragende machte hierüber genaue Angaben im Einzelnen unter Hervorhebung einer Anzahl von besonderen Seltenheiten in den verschiedenen Reihen: es versteht sich von selbst, dass die Sammlung, deren Bestandtheile bis ins 16. Jahrhundert zurückreichen, auch an kostbaren Stücken jeder Art ausserordentlich reich ist.

Herr Oberbibliothekar Dr. Weil gab Mittheilungen über

berliner Münzsammler in der ersten Hälfte dieses Jahrhunderts und ihre Sammlungen. In jener glücklichen Zeit, wo man noch mit bescheidenen Mitteln Grosses zu Stande bringen konnte, war Benoni Friedlaender, der Vater des nachmaligen Direktors des Königl. Münzkabinets, einer der hervorragendsten Sammler. Bei seinem Tode 1858 hinterliess er eine, weniger mit dem Bestreben, irgend welche Vollständigkeit zu erzielen, als vielmehr nach Gesichtspunkten des Geschmacks und des geschichtlichen Interesses zusammengebrachte Sammlung von 17 000 Stücken, deren Glanzpunkt die italienischen Folgen, namentlich eine unübertreffliche Reihe von Medaillen aus der Blüthezeit dieses Kunstzweiges, einst der Besitz der Fürstin Elisa Bacciochi (Napoleons Schwester), bildeten. Die Sammlung wurde 1861 vom Kgl. Münzkabinet erworben. Herr Landgerichtsrath Dannenberg ergänzte diese Mittheilungen aus seinen eigenen Erinnerungen. — Vorgelegt wurde schliesslich noch die neueste „Bismarck-Medaille". Sie zeigt auf der Bildseite einen Apfelbaum, an dessen knorrigem Stamm man das Profil des verstorbenen Reichskanzlers erkennt, unten liegt ein Apfel. Auf der Schriftseite als Umschrift die Frage: „Wer wird der Mann des 20. Jahrhunderts sein?", in der Mitte die Antwort: „Ob süss der Apfel oder herb, nicht weit vom Stamm er fällt! Dies biedere Sprüchwort umgarnet keck die Welt". Der dunkle Sinn dieses Reims wird klar, wenn man nur die durch ihre Grösse hervorgehobenen Buchstaben liest, sie ergeben den Namen: Herbert Bismarck.

Sitzung vom 6. November 1899.

Herr Landgerichtsrath Dannenberg berichtete über einen in diesem Frühjahr auf der Insel Usedom gehobenen kleinen Schatz von Münzen des 11. Jahrhunderts: 108 ganze Münzen und eine grosse Anzahl von Bruchstücken, in der Mehrzahl deutschen Ursprungs, dazu einige Böhmen, Ungarn, Engländer und Skandinavier. Die Vergrabungszeit ist mit Rücksicht auf die mitgefundenen Münzen des Königs Ladislaus in die Zeit nach 1077 zu setzen, die Zusammensetzung bietet im Übrigen nichts besonders Bemerkenswerthes. Hervorzuheben ist nur ein in einem schönen Exemplar aufgetretener Pfennig von Minden aus der Reihe, die im Anschluss und Anklang an den Stadtnamen die Thätigkeit des Münzers, der seinem Genossen oder Vorgesetzten den fertiggestellten Pfennig zeigt. Auf dem vorliegenden, ungewöhnlich gut erhaltenen Denar lässt sich der sonst undeutliche Gegenstand zwischen den beiden Personen als ein E erkennen; es liegt nahe, diesen Buchstaben auf den Bischof Egilbert, 1055 bis 1080, zu beziehen; dann wäre der auf der Hauptseite genannte König Heinrich der vierte seines Namens, was bisher nicht sicher feststand. — Herr Regierungsrath v. Kühlewein gab eine geschichtliche Übersicht über die Entwickelung der deutschen Schauspielkunst seit Friedrich II. mit besonderer Berücksichtigung Berlins und legte zugleich eine grosse Anzahl von Medaillen und Schaustücken vor, die zu Ehren deutscher oder in Deutschland berühmt gewordener Bühnenkünstler ausgegeben worden sind und in ihrer stattlichen Gesammtheit eine glänzende Widerlegung des bekannten Dichterwortes, dass das Gedächtniss des Mimen nicht auf die Nachwelt kommt, bilden. Die Reihe beginnt mit den Abramsonschen Medaillen auf Brockmann (1778) und Fleck (1801), es folgen Iffland, Unzelmann, auch als Patriot ruhmwürdig, Henriette Sonntag, von ihren Zeitgenossen über das sonst in Deutschland übliche Maass gefeiert, Jenny Lind, Marie Taglioni d. ä. und andere bis auf Ludwig Barnay (1890) und Klara Meyer. Der Kunstwerth dieser Stücke ist natürlich sehr verschieden, das weitaus schönste unter den vorgelegten war eine Plakette Scharffs mit dem Bilde des in Berlin geborenen und von Iffland für die Bühne gewonnenen, später aber nach Wien übergesiedelten Laroche.

Herr Admiral Strauch besprach noch einige neue Prägungen des laufenden Jahres. Der Fürst von Liechtenstein hat sich einmal wieder seines Münzrechts erinnert und ein sehr schönes Zwanzigkronenstück — wie es heisst in nur 30 Exemplaren — prägen lassen. Die Republik San Marino hat Stücke zu 1 und 2 Franken von dem Gepräge ihrer Kupfermünzen und ein Fünffrankenstück mit dem heiligen Marinus ausgegeben. In Peru hat man ganz neue Werthe: 1 Libra (= 1 Lstr.) ¹/₅ Sole, 1 und 1¹/₂ Dinero nach einem Gesetz vom 24. Dezember 1897, dessen Zweck nicht ersichtlich ist, ausgeprägt. Dazu kommen noch siamesische Stücke zu 2¹/₂, 5, 10, 20 Stangs und einige

Araber: $^1/_{24}$, $^1/_{16}$, $^1/_8$ Ghersch von Tarim und ein Viertelanna von Maskat.

Herr Geheimer Regierungsrath Friedensburg hielt einen Vortrag über die Münzen und Medaillen Gustav Adolfs von Schweden, der einer der münzreichsten Fürsten neuerer Zeit gewesen ist. Seine Prägung beginnt, wie es scheint, erst 1613 und umfasst, soweit Schweden selbst in Betracht kommt, hauptsächlich ganze und halbe Salvatorthaler, Stücke zu 8, 4, 2, 1, $^1/_2$ Mark und 1 Oere in Silber, ferner eine grosse Anzahl von Kupfermünzen, namentlich aus den dalekarlischen Bergstädten. Dazu kommt eine Reihe von Münzen aus Städten, die zum Theil erst durch den siegreichen König selbst dem Reiche zugefügt wurden: Kalmar, Norrköping, Riga, Reval, Elbing u. s. w. In Deutschland ist gleichfalls eine grosse Anzahl von Münzen unter des Königs Namen und Bild geschlagen worden: man hat solche aus den Münzstätten Augsburg, Nürnberg, Fürth, Würzburg, Osnabrück, Frankfurt, Erfurt, Hildesheim. In den meisten Fällen dürfte es sich um Schaustücke mehr oder minder privaten Ursprungs handeln, aber es ist wohl nicht zu bezweifeln, dass der König sich der in den ihm huldigenden Städten vorgefundenen Münzstätten auch zu seinen eigenen Zwecken bedient haben wird. An Medaillen Gustav Adolfs führt das bekannte Werk Hildebrands nicht weniger als 317 Nummern auf, sie beziehen sich hauptsächlich auf die Vermählung des Königs mit Maria Eleonore von Brandenburg (1620), seine Kriegsthaten und seinen Tod, eine grosse Anzahl von ihnen entbehrt auch der besonderen geschichtlichen Beziehung. Die meisten dieser Stücke dürften in Deutschland entstanden sein, wo die Medailleure Dadler, Walther, Kitzkatz, Rieger, Schilling u. v. a. für den Nachruhm des königlichen Glaubensstreiters gesorgt haben. — Herr Dr. Bahrfeldt legte seine soeben in den Berliner Münzblättern erschienene Arbeit über die Münzen der Fürstenthümer Hohenzollern vor und gab unter Vorzeigung von Abgüssen und Abbildungen eine Übersicht über das Ergebniss seiner umfänglichen Forschungen auf diesem Gebiet. Dieses fürstliche Geschlecht tritt erst spät in die Münzgeschichte ein und hat darin nie eine auch nur einigermaassen bedeutende Rolle gespielt, seine Münzen sind nur in geringer Anzahl und durchgehends in wenigen

Exemplaren auf uns gekommen. Das erste Gepräge ist ein Schüsselheller aus dem Anfang des 16. Jahrhunderts, ihm folgen etwas später Kreuzer und Batzen, der erste Thaler erscheint 1544, dazu besitzen wir eine Medaille von Hans Schwarz auf Eitel Friedrich III. (1520) und eine von Hagenauer auf Christoph Friedrich (1528). Nach Karls I. Tode 1576 theilte sich das Haus in drei Linien: Hechingen, Sigmaringen und Heigerloch; die letztgenannte erlosch bald und blieb münzlos. Der Vortragende gab dann noch eine Darstellung der Münzgeschichte der ältesten Linie, in welcher sich Johann Georg, † 1623 durch eine verhältnissmässig stattliche Münzreihe auszeichnet, und deren letzter Fürst Friedrich Wilhelm Constantin noch auf Grund der süddeutschen Münzkonvention von 1837 grosse und kleine Sorten geprägt hat.

Sitzung vom 5. Dezember 1899.

Herr Dr. Bahrfeld beschloss seinen Vortrag über die hohenzollerschen Münzen durch Besprechung der Münzdenkmäler der Linie Sigmaringen. Der erste Fürst dieses Hauses, Karl II., hat uns eine schöne Medaille (von Valentin Maler) hinterlassen, sein Sohn Johann ein nicht minder prächtiges Stück von der Hand Alessandro Abbondios, letzterer auch einige seltene Kippermünzen, dann folgt eine Pause von mehr als 200 Jahren bis zur Regierung des Fürsten Karl, der sich gleich seinem hechinger Geschlechtsvetter an der süddeutschen Münzkonvention von 1837 betheiligte. Er hat die grossen Münzen zu $\frac{1}{2}$, 1, 2, $3\frac{1}{2}$ Gulden in Karlsruhe, die kleinen zu 6, 3 und 1 Kreuzer in Wiesbaden prägen lassen, auch giebt es zwei landwirthschaftliche Preismedaillen mit seinem Bilde. Sehr merkwürdig sind bisher unbekannt gebliebene Abschläge des Gulden- und Halbguldenstempels in vierfacher Dicke und des Sechs- und Dreikreuzerstücks in Gold, die der Fürst auf Bitten des Fürsten Karl Egon von Fürstenberg für dessen Münzsammlung herstellen liess. Karls Nachfolger Karl Anton hat wiederum Gulden und Doppelgulden — einige davon mit seinem und seines Vorgängers Bildniss — geschlagen, die Hauptseitenstempel sind 1850 noch einmal zu Geschenkmedaillen verwendet worden. Medaillen auf die goldene Hochzeit dieses Fürsten von 1884 und die silberne Hochzeit seines Sohnes Leopold 1886 sind die letzten Erzeugnisse dieses Fürstenhauses, das sein Land bereits am 7. Dezember 1849 an Preussen abgetreten hatte. Im Jahre 1852 hat die neue Regierung noch einmal hohenzollersches Geld prägen lassen. —

Herr Regierungsrath von Kühlewein legte eine Reihe neuester berliner Medaillen vor, u. a. einige schöne Prämienmedaillen von R. Otto des Deutschen Fischereivereins und der Rothe-Kreuz-Ausstellung von 1898, sowie Bildnissstücke der Bürgermeister Kirschner und Zelle, des Münzdirektors Conrad und des Unterstaatssekretärs Meinecke u. a. Ebenso Herr von der Heyden die seltene Medaille auf die Vermählung der Prinzessin Elisabeth Sophie, Tochter Johann Georgs von Brandenburg mit dem Fürsten Janusch Radziwill (1617) in einem silbernen und einem bleiernen Guss, und Herr Geheimer Regierungsrath Friedensburg einige ältere von französischen Seeversicherungsgesellschaften ausgegebene Medaillen (von Barré, Oudiné, Chaband, Stern u. a.), wegen der verschiedenen Behandlung desselben Vorwurfs von Interesse, sowie als „Allerneuestes" eine Medaille zur Verspottung der lügenhaften Siegesberichte der Engländer aus Transvaal. —

Herr Landgerichtsrath Dannenberg hielt einen längeren Vortrag, in dem er viele wichtige Ergänzungen zu Maders bekannter Abhandlung über die Titel der Münzherren auf Mittelaltermünzen gab. Insbesondere verbreitete er sich über den Titel Caesar, den einige unserer Kaiser auf ihren Münzen tragen, und wies nach, dass er nicht die spätrömische Bedeutung = Thronfolger hat, sondern mit Imperator gleichwerthig ist. Mit dem Kaisertitel schmückten sich auch Alfons VII. von Kastilien, Sancho III. von Navarra, sowie Stephan Duschan und sein Sohn Stephan Urosch von Serbien, auch die bulgarischen Zaren nannten sich so auf ihren mit lateinischen Aufschriften versehenen Münzen. Ausserordentlich reich ist die Ausbeute an neuen Titulaturen, die die Münzwissenschaft seit Mader zu Tage gefördert hat: z. B. miles (Ritter), domicellus (Junker), judex (in

Sardinien), protector (in Lüttich), mambour, superrex (der vorgenannte Alfons VII.) u. s. w. Die orientalischen Fürsten steuern zu dieser Reihe Merkwürdigkeiten bei wie tertiarius (Drittelfürst zu Negroponte), ἀμηρᾶς (Emir, auf Kupfermünzen der anatolischen Danischmende), δοῦλος σταυροῦ u. ä. (Edessa, Antiochia), δοῦλος τοῦ βασιλέως (Caesar Gavalla, Herr von Rhodus), sebastocrator (Johann II. Angelus Comnenus von Thessalien) u. a. Dazu endlich noch die Südslaven mit den ihnen eigenthümlichen Titeln Ban, Gospodar, Knäs, Krol, Zar und Zupan.

SITZUNGSBERICHTE

DER

NUMISMATISCHEN GESELLSCHAFT

ZU

BERLIN.

1900.

Sitzung vom 8. Januar 1900.

Herr Oberbibliothekar Dr. Weil besprach einen der so seltenen Fälle der Verwendung von Münzbildern für Steinbildwerke. Bei den von Dr. F. Hiller v. Gärtringen auf Thera unternommenen Ausgrabungen hat sich im Sommer 1899 das als grosses Medaillon in einen Felsen gemeisselte Bildniss des Artemidoros von Perge gefunden, des um das Wohl der Inselstadt hochverdienten Befehlshabers der ägyptischen Besatzung im 3. Jahrhundert. Dieses Bildniss ist den Köpfen auf den Münzen der Ptolemäer durchaus nachgeahmt und hat sein Gegenstück in einem gleich grossen Medaillon mit dem Adler, dem Wappen und Münzbild desselben Königshauses. Ausserdem besprach der Vortragende einige Münzen von Thera aus der Zeit Mark Aurels, auf denen sich ein — anderwärts in einen Säulentempel eingeschlossenes — alterthümliches Kultbild findet, das nur auf den Stadtgott von Thera, Apollon Karneios, gedeutet werden kann, während der leyerspielende Apollo anderer Münzen von Thera den Apollon Pythios vorstellt.

Herr Professor Verworn besprach einen im Jahre 1882 in der Nähe von Jena bei Schorbe gemachten Fund von 27 Stück stummen Brakteaten mit einem Gekrönten, der Krummstab und Kreuzstab hält, und führte aus, dass hier ein Versehen des Eisenschneiders vorliegen müsse, wie ein im Weimarer Museum befindlicher Brakteat der bekannten Nordhäuser Reihe mit den Bildern des Kaisers und der Kaiserin beweise, auf dem der Kaiserin ein Bischofsstab in die Hand gegeben sei. In der Besprechung des Vortrages wurde diese Ansicht mehrfach bekämpft: angesichts der beträchtlichen Anzahl von Fällen, wo ein Bischofsstab in Verbindung mit einem weltlichen Bildniss erscheine, könne von einem Versehen des

1*

Eisenschneiders nicht wohl die Rede sein, zumal ja der Bischofsstab ein allbekannter Gegenstand gewesen sei. Man werde das Gepräge der Münzen des Schorber Fundes vielmehr auf die Verpachtung oder Verpfändung der Münzstätte eines weltlichen Herrn an einen Geistlichen beziehen. das des Weimarer Brakteaten mit der Annahme der Nachahmung eines bekannten Münzbildes durch einen Prälaten deuten müssen.

Herr Geh. Regierungsrath Friedensburg theilte im Anschluss an seinen im Dezember 1898 gehaltenen Vortrag ein Spottgedicht mit, welches 1837 bei Verrufung der koburgischen Sechser erschien. Bekanntlich sind literarische Denkmäler dieser Art sehr selten, das vorliegende verdient noch deshalb besondere Beachtung, weil es wohl die letzte Nachbildung des uralten Liedes: „Ach du armer Judas" u. s. w. ist. — Ausserdem zeigte der Vortragende einen der wunderlichen Denkgroschen (Dukatenabschlag?) zur Erinnerung an die 1680 erfolgte Einweihung der Eintrachtskirche in Mannheim, bei der nacheinander ein kalvinischer, ein lutherischer und ein katholischer Geistlicher predigten und ein Jude, ein Türke und ein Mohr getauft wurden. Das seltene Stück trägt das Bild der Kirche und die Aufschrift: „Friedensburg — d. i. die Kirche — giebt mir, ich ihr Schutz, Stärck und Zier".

Herr Dr. Bahrfeldt besprach einen bei Winzig in Schlesien gemachten, etwa 1025 verscharrten Fund von — meist zerschnittenen — Münzen des X. und XI. Jahrhunderts. Die Zusammensetzung ist die gewöhnliche, bemerkenswerth eigentlich nur, und zwar der selten schönen Erhaltung wegen, ein Silberstück der Kaiser Basilius II. und Konstantin XI. — Derselbe Vortragende zeigte dann noch die jüngst erschienenen drei grossen Medaillenwerke von Marx, Dompierre de Chaufepié und A. R. v. Löhr mit sehr schönen Abbildungen der Meisterwerke französischer, niederländischer und österreichischer Künstler, denen wir Deutschen immer noch nichts Ebenbürtiges an die Seite zu stellen haben. Besonders lehrreich ist das Werk von Dompierre, das auch eine Anzahl von Entwürfen und Vorstudien bringt und so die Entstehung der Medaillen veranschaulicht. Möchten unsere Künstler recht viel aus dem hier Gebotenen lernen!

Herr Hauptmann Brause hielt einen längeren Vortrag über den als „sacco di Roma" bekannten Zug des deutsch-spanischen Heeres unter Karl von Bourbon und Georg von Frundsberg gegen Rom (1527) und legte seine schönen Zeichnungen der damals von Clemens VII. geprägten Nothmünzen, mit denen der Abzug dieser Schaaren, die schlimmer als die Barbaren des Alterthums in der ewigen Stadt gewüthet hatten, erkauft wurde, vor. Bekanntlich hat Benvenuto Cellini die Stempel zu diesen Stücken geschnitten, letztere selbst sind zum Theil aus goldhaltigem Kirchensilber geprägt und ihres Überwerths wegen bald wieder eingezogen worden, so dass sie heute zu den grössten Seltenheiten gehören

Vorgelegt wurden noch von Herrn Landgerichtsrath Dannenberg ein vollkommen schöner, bisher unbekannter Brakteat Kaiser Friedrichs I. von der sogenannten Odenwalder Art, deren Prägeort noch immer ungewiss ist, und von Herrn Regierungsrath v. Kühlewein einige seltnere Medaillen Kaiser Friedrichs, darunter die aus pergamenischem Kupfer geprägte mit dem Bilde Eumenes II., die an die um die Ausgrabungen verdienten Personen vertheilt wurde, sowie ein sehr schönes Stück aus der Stuttgarter Medaillenfabrik mit dem wohlgetroffenen Bilde des zweiten Vorsitzenden der Gesellschaft, Dr. Bahrfeldt.

Sitzung vom 5. Februar 1900.

Herr Regierungsrath v. Kühlewein erläuterte eingehend die neue Erfindung des Photographen und Bildhauers W. Selke in Berlin: Portrait-Skulpturen auf photographischem Wege nach dem Leben herzustellen, eine neue plastische Lichtmethode, die von dem Erfinder als Photoskulptur bezeichnet wird. Während bis jetzt die Herstellung eines plastischen Portraits Aufgabe des Bildhauers oder Stempelschneiders war, ist nach vielen vergeblichen Versuchen, besonders von Willème in Paris und Pötschke in Berlin, in der Photoskulptur ein Verfahren gefunden, unter Verwendung der Schnellphotographie plastische Gebilde zu erzielen. Die Herstellung eines solchen plastischen Portraits vollzieht sich in der Weise, dass die Aufnahmeperson einem Edisonschen Kinetoskop gegenüber Platz nimmt, das

Profil dem Apparate zugewendet. Sie wird von blauem elektrischen Bogenlichte, das sich am besten für lichttechnische Zwecke eignet, überfluthet und mit einem Schirm überwölbt, der einen scharfen Schlagschatten wirft, von grellen blauen Lichtlinien besäumt. Nun nimmt das Kinetoskop, während der Rahmen sich langsam vorwärts bewegt und immer neue Profilschnitte hervorruft, diese nach einander in seinem chemisch präparirten Streifen auf. So empfängt man in wenigen Sekunden 40—50 Profilschnitte vom halbirten Kopfe bis zum alleinstehenden Ohre. Diese Bilder werden nun photographisch vergrössert, aus Kartonpapier ausgeschnitten und in richtiger Folge aufeinander gefügt. Überzieht man die Zwischenräume mit einer plastischen Masse, dann erhält man das fertige Modell, von dem in üblicher Weise eine Form gefertigt wird, aus der Vervielfältigungen in Gips, Terrakotta oder Metall hergestellt werden können. Ob dies neue Verfahren der Medailleurkunst Abbruch thun wird, bleibt abzuwarten.

Herr Hauptmann Brause besprach eine reiche Anzahl deutscher Schützenfestthaler, Doppelthaler, Doppelgulden, Medaillen und Klippen, die er im Urstück vorlegte, darunter Stücke in künstlerischer Ausführung und von bleibendem Werthe. Daran knüpfte sich eine Besprechung der Denkschrift, die die Dresdner Numismatische Gesellschaft dem deutschen Reichstage überreicht hat, und zwar des Theiles, der den Antrag auf Wiederzulassung der seit Ende 1873 erloschenen Ausprägung staatlicher Denkmünzen behandelt. Die Berliner Numismatische Gesellschaft steht dem Antrage der Dresdner sympathisch gegenüber.

Herr Dr. Bahrfeldt hielt einen Vortrag über die Münzgeschichte der Stadt Sorau N./L. Die Herrschaft war von 1154—1280 im Besitze der Herren v. Döben (v. Dewin) und gehörte bis 1355 den Edelherren v. Pack. Von den Döben sind keine Münzen bekannt, die v. Pack dagegen haben in ihren sächsischen Besitzungen geprägt, so Ulrich v. P. einen Denar in Liebenwerda. Für die Sorauer Herrschaft wird man die Gepräge der Pack weniger unter den grossen schlesischen Brakteaten, als vielmehr den kleineren, wie sie die Funde von Wolkenberg, Finsterwalde, Gr.-Briesen, Lübben, Starzeddel gebracht, zu suchen haben. Man darf auf solche schliessen, die das Packsche Wappen, den Hirsch (oder Hirschkopf, Geweih, Hirschstange) tragen. Von 1355 bis 1551 hatten die Herren v. Biberstein die Herrschaft inne. Johann v. Biberstein prägte unter seinem Namen Heller mit Hirschstange (das B.sche Wappen war ein Hirschgeweih) und S in den Jahren zwischen 1415 bis 1465. Sein Münzmeister war ein gewisser Heinrich. Von den Promnitzen, die seit 1581 im Besitze der Herrschaft waren, prägte Frhr. Heinrich Anselm während der Kipperzeit 1621 gemeinsam mit der Stadt. 1622 und 1623 war die Sorauer Münze verpachtet. Man kennt einseitige Pfenninge von 1621 und 1622 mit $\frac{S}{W}$, zweiseitige Dreier mit dem promnitzischen Wappen (Pfeil zwischen zwei Sternen) und $\frac{S}{W}$ nur von 1622, Groschen (Dreikreuzer) von 1621 (?), 1622, 1623. Sie tragen den Reichsapfel und den promnitzischen Löwen (am seltensten) oder das promnitzische Wappen und Doppeladler, Reichsapfel, Brustbild des Kaisers. Sie kommen sämmtlich selten vor. Münzpächter war Friedrich Stierbitz aus Glogan, der 600 Thlr. Pacht die Woche zahlte und F—S zeichnete. Nur das Korn der Groschen (3 Loth) war bestimmt. Seit 1622 waren Sebaldus Lindelbach, Johann Merkel und Johann Jakob Huser seine „Consorten“. Huser münzte später falsches kaiserliches Geld in Sorau und musste 1623 flüchten, kam aber bald in Glogau, Neisse und Glatz wieder zu Ehren. Münzwardein war ein gewisser Krüger, Hans Jakob Zwickel aus Augsburg war Stempelschneider. 1623 schloss der Sorauer Münzenschlag. Eine reiche Folge Sorauer Münzen zeigte der Vortragende aus seiner Sammlung vor.

Herr Landtagsabgeordneter van Vleuten als Gast legte ein Kleinerz von Hadrian, ähnlich denen des Trajan, vor, das dadurch bemerkenswerth ist, dass der Kopf in den des Herkules übergeführt ist, ferner einen schön erhaltenen Quinar des Commodus und eine wohl gefälschte Noththalerklippe des Erzbischofs Gebhard von Köln von 1583. Herr v. d. Heyden zeigte eine vortreffliche Hagenauersche Bronzemedaille (1530) Georg des Bärtigen von Sachsen und eine Scharffsche Medaille auf Goethes 150. Geburtstag, die zu den schönsten bei dieser Gelegenheit hergestellten Stücken gehört, Herr Regierungsrath v. Kühlewein eine Medaille von Roty auf die silberne Hochzeit des Korvettenkapitäns Hildebrand, eine Plaquette von Mouchon und eine Silbermedaille aus der Loosschen Medaillen-Münze (Krüger in Berlin) auf die goldene Hochzeit des Louis Schröderschen Ehepaares 1899.

Sitzung vom 5. März 1900.

Herr Landgerichtsrath Dannenberg gab an der Hand von Chestret de Haneffes „notice sur Renier Chalon" (Bruxelles 1900) einige Nachrichten über diesen Forscher (1802—1889). Allgemein bekannt sind die grossen Verdienste, die er sich um die Münzkunde, besonders die belgische, erworben hat, bekannt auch sein scharfer Witz, den er nur zu gern an seinen Gegnern ausliess, weniger bekannt aber, bei uns wenigstens, in welcher Art er seiner Spottsucht durch Mystifikationen jeder Art Befriedigung verschafft hat. In dieser Beziehung steht obenan das Verzeichniss der Büchersammlung eines angeblichen Grafen de Fortsas, bestehend aus 38, aber nur in je einem Exemplare erhaltenen Druckwerken: nachdem er durch Ankündigung der Versteigerung dieser geradezu unerhörten Seltenheiten, welche jedoch ihr Dasein nur seiner Erfindung verdankten, auf den 10. April 1840 die Welt der Bücherfreunde in begreifliche Aufregung versetzt hatte, sagte er zwei Tage vor diesem Termin die Versteigerung ab und entging nur mit genauer Noth den Regressansprüchen der getäuschten und geschädigten Kauflustigen. Dafür aber hatte unser Spassvogel auch die Genugthuung, dass ein Bieter bei Einsendung des Auftrags erklärte, er besässe das betreffende Buch nur in einem unvollständigen Exemplare! Demselben Bedürfniss, auf Kosten seiner Mitmenschen sich zu belustigen, sind eine Reihe von satyrischen Jettons oder Medaillen und erfundenen Münzen entsprossen. Unter diesen ist besonders eine gallische Münze mit der Inschrift TOIAC an Stelle des gewöhnlichen AVAVCIA zu nennen: rückwärts gelesen giebt jenes Wort den Namen des Direktors des Museums zu Namur, Cajot. Noch mehr Unheil hat der antwerpener Denar des Grafen Gozelo an-

gerichtet, durch den sich viele Kenner haben täuschen lassen.
Dass Chalon auch der Verfasser einer unter dem Namen eines
Dr. Wallraf hier 1853 erschienenen „Numismatik des Ordens
der Agathopäden" ist, das erfahren wir erst aus der vorliegenden Broschüre. Danach wäre diese geheime Gesellschaft
im XVI. Jahrhundert gestiftet und nach dem Tode des letzten
Mitgliedes 1837 i. J. 1846 zu neuem Leben erweckt worden.
Jedes Mitglied nahm einen Thiernamen an, die Mutterloge zu
Brüssel hiess daher Menagerie. Einige Jettons dieser Neo-
agathopäden werden mitgetheilt, z. B.: um das gallische Schwein
„amis comme cochons" und „ordre des agathopèdes menagerie",
Rückseite: Le V. A. G. B. Schayes reélu pourceau g. m. le
22 Septembre an II. Auf diese Vereinigung wird auch, mit
einem Ausfall auf Madais Unwissenheit, der sog. Christfest-
Thaler mit DITANT VOTA MATERNA 1617 (Madai Th.
Kab. 527) bezogen, der nach allgemeiner Annahme vom Kurfürsten Johann Georg I. v. Sachsen zu Ehren seiner Mutter
geschlagen ist (vgl. Tentzel Sax. num. lin. Alb. S. 423). Da
diese Schrift über die Agathopäden unter die oeuvres facétieux
aufgenommen ist, und da in ihr alles zur Beurtheilung Wissens-
werthe in den Mantel des Ordensgeheimnisses gehüllt wird,
so ist es schwer, Wahrheit und Dichtung zu scheiden. Jedenfalls hat sich Chalon mit allen diesen Ausgeburten seiner
Laune und Phantasie unseren Dank nicht verdient, haben wir
doch ohnehin Mühe genug, unsere Wissenschaft von Irrthümern
rein zu halten.

Herr Hauptmann Brause gab im Anschlusse an seine
Ausführungen in der Februarsitzung d. J. einen Überblick über
die Schützen-Münzen und -Medaillen der Schweiz. Es sind
sogenannte Fünffrankenthaler und Stücke zu 4 schweizer, auch
zu 1 schweizer Franken. Unter den vorgelegten, die in Geschmack und Ausführung sehr verschieden ausgefallen, zum
Theil aber als künstlerisch schön anzusprechen sind, ragen
hervor solche von Basel, Bern, Chur, Freiburg, Lausanne,
Solothurn u. a. Trotz der Bezeichnung als Fünf- und Vier-
frankenthaler und, obschon sie im Verkehr als solche genommen
werden, sind diese theilweise offiziellen Prägungen als Münzen

nicht anzusehen, da sie gegen die Abmachungen der lateinischen Münzkonvention verstossen.

Herr Regierungsrath v. Kühlewein hatte die Medaillen auf den Tod Friedrichs des Grossen zum Gegenstand einer Besprechung gemacht. Die Künstler, die sich durch Entwürfe oder Ausführung der Stempel an diesen Medaillen betheiligt haben, sind: Holtzhey, Abramson, Ramler, Meil jun., Reich, König, Stieler, Loos, Jachtmann. Die verschiedenartigsten Auffassungen in der Darstellung sind vertreten; es befinden sich darunter Exemplare, die hier zum ersten Male bekannt gegeben werden, sowie solche, die bisher nur ganz vereinzelt existirten. Besonders interessant ist der Umstand, dass die vorgelegte Reihe von 17 Medaillen alles zu umfassen scheint, was von Denkmälern dieser Art auf das Hinscheiden des grossen Königs auf uns gekommen ist.

Herr Landtagsabgeordneter Kirsch als Gast machte interessante Mittheilungen über die dem Reichstage zugegangene Denkschrift der Numismatischen Gesellschaft zu Dresden, betreffend die Wiederaufnahme der staatlichen Ausprägung von Gedächtnissmünzen, sowie über die dem Landtage vorliegende Beschlussfassung bezüglich des Ankaufs der berühmten Imhof-Blumerschen Sammlung griechischer Münzen. Ausserdem zeigte er einen bisher unbekannten Sterling nach dem Muster der englischen Sterlinge mit dem gekrönten Königskopfe und Kreuz, ausgegangen von Bischof Thomas von Toul 1330—1353.

Herr Dr. Bahrfeldt trug über die Münzverhältnisse der Stadt Guben vor. Die ältesten urkundlichen Münznachrichten rühren aus den Jahren 1295, 1311, 1319, 1321, 1415, 1429 her. Im Jahre 1497 wird unter den Stadtrechten des Münzrechtes nicht mehr gedacht. Als älteste Stadtgepräge Gubens dürften, entsprechend den ältesten Gubener Siegeln (1312, 1346, 1371) mit drei Thürmen, die öfter in den Funden der Niederlausitz, Wolkenberg, Finsterwalde, Gross-Briesen, Lübben, Starzeddel, vorkommenden Brakteaten mit drei Thürmen, bis ins 14. Jahrhundert hineinreichend, anzusehen sein. Eine Urkunde von 1411 macht uns mit einem Heller bekannt — mit S (Sommerfeld) und drei Thürmen (Guben) —, dessen Zutheilung als Gemeinschaftsmünze dieser beiden Städte einer glücklichen Kombination Scheuners verdankt wird. Bis zur Kipperzeit ruht dann der Münzenschlag. 1621 erhielt die Stadt die Genehmiguug, Pfennige, Dreier und Groschen zu prägen. Davon wurden vorgelegt einseitige halbhohle Pfennige von 1621, glatte Pfennige von 1621 und 1622, ferner Groschen in vier ganz verschiedenen Typen von 1621 und 1622. Die Kupferstücke mit G und Werthangabe: II und III Pfennige gehören nach Göttingen, nicht nach Guben. Die Dreier der Urkunde fehlen bisher. 1623 sind auch zwei Typen von „Schaugroschen der Stadt Guben zu Ehren gemacht" entstanden, das sind Klippen in der Schwere von 1—2 Thalern mit einem ZL zeichnenden unbekannten Münzbeamten. 1751—1755 hat dann der König von Sachsen in Guben sächsisch-polnische Kupfer-Schillinge prägen lassen unter Leitung des Barons v. Stein. Eine 1752 angeregte Silbermünzen-Prägung unterblieb. Das Münzlokal war der sogen. Kupferhammer am schwarzen Fliess. Auf die Errichtung der Münze 1751 ist eine Silbermedaille geschlagen (von J. F. Stieler aus Dresden), die das Münzgebäude und eine entsprechende Inschrift zeigt. — Derselbe Vortragende legte eine von Herrn W. Mecklenburg eingesandte zeitgemässe Medaille auf den Präsidenten von Transvaal, Paul Krüger, vor, die auf Veranlassung des Herrn Bachofen v. Echt in Wien angefertigt und von Meister Scharff daselbst geschnitten ist. Den Erlös aus dem Verkaufe der Medaille hat Herr B. v. E. für die Hinterbliebeuen der im Kriege gefallenen Buren bestimmt.

Herr Referendar Giseke legte eine umfassende Auswahl Erinnerungsmedaillen aus seiner Korpsstudentenzeit vor, meist von dem Hamburger Medailleur Bergmann. Sie beziehen sich auf den Kösener Kongress 1894, die Alten-Herrenkommerse 1898, 1899, Hamburg 1895 gelegentlich Bismarcks 80. Geburtstag, auf die Enthüllung des bei der Rudelsburg errichteten Bismarckdenkmals u. a. m. Ferner erläuterte der Vortragende die bei der Einweihung der Schlosskirche zu Wittenberg 1892 vom Kaiser den bei der Feier betheiligt gewesenen Hallenser Studenten gestiftete Medaille — *Hf.* der Kaiser in Kürassier-Uniform, *Rf.* die Gestalt des Glaubens, im Hintergrunde die

Schlosskirche —, endlich noch die Medaille von Oertel auf das 200jährige Universitätsjubiläum von Halle (3. 8. 1894) mit opfernder Minerva und FAVE MINERVA XL LVSTRIS PERACTIS.

Sitzung vom 2. April 1900.

Herr Stadtrath Bratring setzte seine Vorträge über pommersche Münzgeschichte fort durch Besprechung des Münzwesens von Adolf Friedrich von Schweden aus dem Hause Holstein-Gottorp 1757—11. Nachdem unter Ulrike Eleonore und Friedrich für Pommern nicht besonders geprägt worden war, entfaltete Adolf Friedrich eine um so regere Münzthätigkeit, zunächst im Anschluss an die Prägung seines Schwagers König Friedrichs II. von Preussen, und wohl auch unter dem Einfluss von dessen „Münzjuden" Ephraim. Es giebt von ihm ebenso verdächtigrothe Zehn- und Fünfthalerstücke (mit der Jahreszahl 1759), wie man sie von Ephraim aus den preussischen und sächsischen Münzstätten hat, auch die Drittel- und Sechstelthaler und die Achtgroschenstücke erinnern lebhaft an die entsprechenden „Kriegsmünzen" von Friedrich II. Im Jahre 1763 erscheint wieder gutes Geld, hübsche Stücke zu ¹/₃ und ²/₃ Thalern mit dem Wappen, später auch kleine Sorten bis herab zum Dreipfennig. Die Münzstätte war Stralsund, an Beamten ist eine grosse Anzahl von Münzmeistern bekannt geworden. Dies ist die letzte ansehnlichere Münzreihe des Herzogthums Pommern, aus der Folgezeit giebt es nur noch kupferne Dreipfennige von 1776 (Gustav III.) und 1792 und 1806 (Gustav IV,).

Herr Geh. Regierungsrath Friedensburg besprach eine in Webers „Demokritos" enthaltene Nachricht, betreffend eine Spottmünze, auf welcher Friedrich II. den Münzjuden Ephraim liebkosend dargestellt sein soll mit der Aufschrift: „Das ist mein lieber Sohn". Das Stück hat sich trotz vieler Bemühungen nirgends antreffen lassen und ist wohl ebenso fabelhaft wie der angeblich in russischem Auftrag geprägte „Judenthaler", auf dem Friedrich II. mit jüdischem Bart erscheinen soll. Hiervon ausgehend erörterte der Vortragende den Einfluss Ephraims und seiner Geschäftstheilhaber auf das öffentliche

Leben Berlins und auf die damals beginnende sogenannte
Emanzipation der Juden, die auch für das Münzwesen und
die Münzgeschichte Preussens gegen Ende des 18. Jahrhunderts
eine nicht zu übersehende Bedeutung erlangt haben. So hat
sich z. B. Moses Mendelssohn für das Gepräge von Münzen
und Medaillen lebhaft interessirt. Er hat die Darstellungen
für eine von Lessing nachher als „zu gelehrt" getadelte Medaille auf den Frieden mit Russland 1762 erfunden und
Ephraim den Vorschlag gemacht, in den Geprägen der Ein-
und Zweigroschenstücke die Thaten Friedrichs II. zu verherr-
lichen: er, Ramler und Nicolai sollten die Darstellungen ent-
werfen, Meil sie zeichnen, Ramler die Aufschriften verfassen.
Der Plan scheiterte, ward aber nachmals von dem Münz-
medailleur Abraham Abrahamson' aufgenommen, der in einem
1801 erschienenen Büchelchen den Vorschlag machte, Kurant-
münzen mit geschichtlichen Darstellungen auszugeben. Dieser
Vorschlag verdient auch heut, wo man sich so viele Mühe
giebt, den künstlerischen Geschmack und den geschichtlichen
Sinn des Volkes zu fördern, wieder aufgenommen zu werden;
es giebt nichts Nüchterneres als unsere Münzen seit Einführung der Markwährung, und in weiten Kreisen wird das
Verschwinden der hübschen Gedenkmünzen — wie z. B. der
Sieges- und Krönungsthaler — lebhaft beklagt. Es ist damit
ein uralter Gebrauch — schon Römer und Griechen hatten
solche Gedenkmünzen — beseitigt, dessen Werth für die Volks-
erziehung das Vorgehen Badens mit der Ausgabe von Kreuzern,
also der kleinsten Münzsorte, mit geschichtlichen Geprägen
recht deutlich erkennbar macht. Die Medaillen schaffen keinen
Ersatz: nur den Begüterten zugänglich, verfallen sie doch über
lang oder kurz dem Schmelztiegel. Abrahamsons zwar von
verkehrten Ansichten und falschen Angaben wimmelndes
Werkchen hat insofern noch einen besonderen Werth, als es
den Verfertiger der bekannten Sterbemedaille mit dem Bilde
Friedrichs II. im Hut bezeugt und damit sicher stellt: es ist
Holtzhey, nicht Held, wie neuerlich v. Sallet angenommen
hatte. Von Abrahamson giebt es eine Anzahl Medaillen auf
berühmtere Persönlichkeiten unter der damaligen Judenschaft:
Moses Mendelssohn (zwischen 1767 und 74), Markus Herz und

Daniel Itzig, den Lippmann Meyer hat der Breslauer Medailleur König verewigt und zwar im Auftrage von „B F": in diesen Buchstaben verbirgt sich wohl die Gattin des Gefeierten, Blümchen Fränkel, wo nicht Benoni Friedlaender, auf den es eine spätere Medaille von Janda giebt, und dessen Sohn Julius Friedlaender, nachmals Direktor des kgl. Münzkabinets in Berlin, ebenfalls auf einer Medaille dargestellt ist. (Ein Theil dieser Mittheilungen wird der Freundlichkeit des Herrn Dr. Brann in Breslau verdankt.)

Herr Dr. Bahrfeldt hielt einen Vortrag über die Münzverhältnisse der Stadt Luckau in der Niederlausitz. Die Bedeutung dieser Stadt im Mittelalter geht aus der Erwähnung von luckauischem Silber (seit 1316), luckauischem Gewicht (seit 1296), Pfenningen (1321), Maass (1324), Währung (1371) in den Urkunden hervor. Die (landesherrlichen) Pfenninge von 1321 standen denen von Beeskow und Guben im Werthe gleich. Die Stadt erwarb das Münzrecht erst 1382 von König Wenzel von Böhmen. Vorgeschrieben war ein halber Löwe als Münzbild und das Schrot und Korn der Vinkenaugen, 18 auf einen böhmischen Groschen. Versuche, die landesherrlichen und städtischen Gepräge des Mittelalters nachzuweisen, sind bisher gescheitert. Erst die Kipperzeit (1621—1623) bringt sichere Erzeugnisse der städtischen Münzprägung. Ein Gesuch der Stadt um Genehmigung des Schlages von Hellern (auf Grund des Privilegs von 1382), von Dreiern (Gröschlein) und Groschen, auf den Mangel an kleinem Gelde sich stützend und vom Landvoigt der Niederlausitz Heinrich Anselm v. Promnitz sowie dem Landeshauptmann Hans v. Wiedebach befürwortet, wurde am 21. Dezember 1621 von Johann Georg von Sachsen als Vertreter des Kaisers genehmigt. Danach sind dann 1622 drei Sorten einseitiger Kupfermünzen mit dem halben Löwen entstanden und zwei Sorten Groschen mit einem Stier, dem Wappenthier der Niederlausitz, ohne Jahrzahl und von 1623. Städtischer Münzmeister war damals Hans Freidinger. Nach dieser Zeit hat der Hammer in Luckau geruht. — Redner zeigte die seltenen Belegstücke zu dem Vortrage aus seiner Sammlung vor.

Vorgelegt wurden von den Herren v. d. Heyden und

v. Kühlewein einige Plaketten von Chaplain, von letzterem Herrn auch noch eine interessante eiserne, von den Bildhauern Albert und Wilhelm Wolff 1854 ausgegebene Neujahrswunschmedaille und das sehr feine Wachsmodell zu einer Medaille mit dem Bilde Alexanders von Dohna von Posch.

Sitzung vom 7. Mai 1900.

Herr Wardein Brinkmann legte eine 1691 ohne Angabe des Ortes unter dem Titel: „Das entlarvte böse Müntzwesen" erschienene kleine Druckschrift vor, deren Verfasser sich „Filargirius" nennt und den in den Münzstätten damaliger Zeit üblichen Betrug als eigenes Erlebniss beim Besuch eines Münzhauses schildert. Das Schriftchen ist nicht ohne Laune geschrieben und ergötzlich zu lesen: es ist in der That geradezu wunderbar, mit welchem Scharfsinn die Münzbeamten den Landesherrn, das Publikum, die Lieferanten und sich selbst gegenseitig zu übervortheilen und ihr Amt trotz des hohen Schlagschatzes, den sie ihrem Münzherrn abliefern mussten, und trotz der theuren Edelmetallpreise noch zu einem nutzbringenden zu gestalten wussten.

Herr Geh. Regierungsrath Friedensburg besprach die soeben von der Baierischen Numismatischen Gesellschaft herausgegebenen Mittheilungen für 1899 und 1900, enthaltend eine Reihe lehrreicher und sorgfältiger Arbeiten, die im einzelnen besprochen wurden. Von allgemeinem Interesse siud zwei Aufsätze von Lockner, in deren einem der Nachweis geführt wird, dass die Würzburger Bischöfe Konrad von Thüngen und Konrad von Bibra nicht geprägt haben, und dass die vorhanhandenen Thaler mit ihren Namen aus Thalern des Bischofs Melchior Zobel gefälscht sind, während der andere den archivalischen Beweis erbringt, dass die bekannte Darstellung auf den ersten Münzen der Pfalzgrafen Ottheinrich und Philipp, der mit zwei Kindern spielende Löwe, nicht das Wappen der Stadt Neuburg sein kann. Merzbacher bespricht zwei dem berühmten Goldschmied Peter Flötner irrthümlich beigelegte Medaillen, und Kull bringt die erste Fortsetzung seines vortrefflichen Repertoriums zur baierischen Münzkunde.

Herr Landgerichtsrath Dannenberg besprach die auf

Münzen angegebenen Verwandtschaften. Am häufigsten, ja beinahe Regel sind solche Angaben auf russischen und arabischen Münzen, welche beide dem Namen des Regenten den seines Vaters beizufügen pflegen. Seltener zeigen sie sich auf griechischen Münzen, wo ausser der Bezeichnung als Sohn auch, jedoch nur sehr sparsam, die als Tochter, Bruder, Schwester, einmal die als Neffe vorkommt. Auf den Münzen der römischen Republik mit den Namen der Münzmeister ist deren nähere Bezeichnung durch den Namen des Vaters, zuweilen auch des Grossvaters, sehr gebräuchlich, und in der ersten Kaiserzeit wird der Stammbaum sogar einmal bis zum Urenkel fortgesetzt: C. Caesar Divi Aug. Pron(epos). Aug. Ein Seitenstück zu dieser Münze bildet ein Goldstück des Byzantiners Leo IV. (775—780), auf dem vier Geschlechter genannt sind: des Kaisers gleichnamiger Grossvater, sein Vater Konstantin, er selbst mit dem Zusatz υἱός, und sein junger Sohn Konstantin, als O NEOC bezeichnet. Seltener ist die Angabe der Kinder (liberi, bei Vespasian und Vitellius), der Mutter und der Schwester (Marciana und Constantia). Die Eltern (divis parentibus, seinen Adoptiveltern, weiht Hadrian eine Münze), die Schwiegermutter (Matidia des Hadrian), der Schwiegervater (des Maxentius) erscheinen nur in ganz vereinzelten Fällen, ebenso ungewöhnlich ist die Aufschrift imp. Maxentius divo Constantio adfini oder cognato. Das Wort Bruder wird nur im uneigentlichen Sinne gebraucht: Carausius et fratres sui geht auf des Carausius Mitkaiser Diocletian und Maximianus. Die Gemahlin, welche auf griechischen Münzen bisweilen, auf römischen sehr oft erscheint, wird weder hier noch dort mit dem entsprechenden Worte bezeichnet. Geringere Ausbeute liefert das Mittelalter und die Neuzeit. Einmal findet sich CONIUX (die böhmische Herzogin Biagota), der Vatersbruder (patruus, Lodovico Moro von Mailand), einige Male pater, und namentlich bei französischen Prinzen filius, auch fratres, Gebrüder, diese besonders in Sachsen und Schlesien, ebenso in Mansfeld, wo auch Vettern (patrueles) nicht selten sind. Besondere Erwähnung verdient ein Groschen Hermanns des Gelehrten von Hessen, der sich der adnepos, d. h. Enkel des Urenkels, beatae Elisabetae zu sein rühmt.

Herr Dr. Bahrfeldt berichtete über die Einziehung und Einschmelzung der Neu-Guinea-Münzen, hervorgerufen durch die Einführung von Münzen deutscher Reichswährung in Neu-Guinea, nachdem durch Vertrag vom 1. April 1899 die Landesoberhoheit auf das Deutsche Reich übergegangen ist. — Weiter legte der Genannte den illustrirten Katalog der Medaillen-Ausstellung in Wien vor und gab von einem Preisausschreiben Kenntniss, das die fürstlich Plesssche Zentralverwaltung zu Waldenburg in Schlesien für Entwürfe zur Herstellung einer Denkmünze oder Plakette aus Anlass der Feier der 300jährigen Benutzung der Heilquelle „Oberbrunnen" zu Bad Salzbrunn i. Schl. 1901 erlassen hat.

Vorgelegt wurden von Herrn Hauptmann Brause einige geschmackvolle schweizer Schützenmedaillen und von Herrn Friedensburg die Medaille Pfeuffers auf die erste Berliner Aufführung der sophokleischen Antigone im Jahre 1841.

Sitzung am 11. Juni 1900.

Herr Geh. Regierungsrath Friedensburg besprach im Anschluss an einen Aufsatz von Willers im letzten Hefte der „Wiener Numismatischen Zeitschrift" eine von Julius Pollux nach Hypereides überlieferte Anekdote, der man zu Unrecht eine numismatische Bedeutung beigelegt hat. Es wird erzählt, das Töchterchen einer Artemispriesterin zu Brauron habe von den im Tempel aufbewahrten Weihgeschenken entwendet, und die Richter hätten dem Kinde, um seine strafrechtliche Zurechnungsfähigkeit zu prüfen, eine „Κόρη" und ein Tetradrachmon vorgelegt; da es das letztere gewählt, hätten sie angenommen, dass es sich auf Geld und Geldeswerth verstehe und es verurtheilt. Seit der alexandrinischen Zeit bis heute hat man das Wort Κόρη für die volksthümliche Bezeichnung einer athenischen Münzsorte gehalten, ohne jedoch ein Geldstück, auf das dieser Name passte, nachweisen zu können. Willers führt nun aus — und zwar durchaus zutreffend —, dass es nur ein Püppchen bedeuten könne, da nur so die Wahl der kleinen Verbrecherin einen Schluss auf ihre Einsicht gestattet habe. Ein von Willers nicht berührtes Gegenstück zu dieser Anekdote bildet die mehrfach vorhandene deutsche Erzählung des 16. Jahrhunderts,

in der der Richter, um die Zurechnungsfähigkeit eines ange-
schuldigten Kindes zu prüfen, ihm die Wahl zwischen einem
Apfel und einem Goldgulden lässt. — Derselbe Vortragende
besprach alsdann das der Gesellschaft von dem Verfasser
geschenkweise übersandte Buch von Dr. Julien Simonis: L'Art
du médailleur en Belgique, Beiträge zur belgischen Medaillenkunde für die Zeit von Karl dem Kühnen bis gegen Ende des
16. Jahrhunderts enthaltend. Der Verfasser weist im ersten
Theil dieser sorgfältigen und schön ausgestatteten Arbeit die
bekannten Medaillen Karls des Kühnen und des Grossbastards
Anton an Andrea Guazaloti von Prato, was schon Friedländer
vermuthet hatte, und begründet die Zutheilung einiger späterer
Stücke, insbesondere der Vermählungsmedaillen von Maximilian I.,
an den Neapolitaner Johannes Candida eingehender, als es
bisher geschehen, insbesondere durch urkundliche Nachrichten.
Im zweiten Theile werden die Medailleure Quintin Messys,
Jean Second von Mecheln, Antoine Morillon von Löwen, der
Vlame Jakob Zagar und Philipp Winge, ein Neffe Morillons,
behandelt und der Nachweis versucht, dass die bekannte, bisher Messys zugetheilte Medaille mit dem Bilde des Erasmus
von Second herrührt.

Herr Oberbibliothekar Dr. Weil besprach im Anschluss an
einen Aufsatz von Wroth im „Numismatic Chronicle" einzelne
der vom Britischen Museum im Jahre 1899 erworbenen griechischen Münzen, darunter insbesondere ein einseitiges, wohl
etruskisches Stück mit einer noch ungedeuteten Darstellung,
deren Hauptstück ein Tintenfisch bildet, und ein auf einen
argivischen Triobol überprägtes Stück des Stempelschneiders
Pythodorus von Polyrhenium. Das Letztere ist wieder ein
neues Zeugniss für den weiten Abstand zwischen der für die
Herstellung des Münzstempels aufgebotenen künstlerischen Sorgfalt und der in der Technik des Ausmünzens bewiesenen Sorg-
losigkeit.

Herr Landgerichtsrath Dannenberg erörterte in Anlehnung an einen Aufsatz von E. Heuser im Pfälzischen
Museum einen Brakteatenfund, der bereits im November 1881
bei Kerzenheim in der nordöstlichen Pfalz gemacht wurde,
aber erst jetzt bekannt wird. Der Fund enthielt in 24 Arten

jene flachen, einseitigen (brakteatenartigen) Denare, die wir von Alzey, von Worms und von den Wormser Bischöfen Heinrich II. und Landolf (1217—34—47) kennen. Auch hier erscheint einige Male die Aufschrift Wormacia civitas, die meisten Gepräge sind schriftlos. Als Münzherren kommen ausser den Bischöfen von Worms und den deutschen Königen vielleicht die Grafen von Leiningen in Betracht.

Vorgelegt wurden von Herrn v. d. Heyden ein gutes, wenn auch vielleicht nicht ganz gleichzeitiges Exemplar der Medaille auf Melanchthon mit dem Spruch: Subditus esto deo et ora eum auf der Rückseite, die schöne Medaille des Herzogs Franz von Braunschweig 1522 und ein ungewöhnlich schönes Exemplar der Hussmedaille von Hieronymus Magdeburger, ferner von Herrn v. Kühlewein Plaketten auf Robert Dohme, Wilhelm Bode (v. Hildebrand), Anton v. Werner (v. Deitenbeck) und Helene Odilon (v. Tautenhayn d. j.), sowie der erste Versuch, die neue, „Photoskulpt" genannte Methode auch für die Medaille dienstbar zu machen: eine Wiedergabe der Hochzeitsmedaille von E. Torff.

Sitzungen vom 3. September und 1. Oktober 1900.

Herr Regierungsrath v. Kühlewein berichtete über einen Besuch, den er dem Musée monétaire in Paris abgestattet hat, wo sich bekanntlich die Stempel zu allen neueren officiellen Geprägen Frankreichs befinden. Er stellte bei dieser Gelegenheit u. a. fest, dass die in der Sitzung vom 6. März 1899 erwähnte Spottmedaille auf die Schlacht bei Jena nicht der pariser Münze entstammt, wie zuweilen behauptet wird. Das Stück ist wohl sächsischen Ursprungs. Ferner besprach der Vortragende die Vertretung der modernen Medaille auf der pariser Weltausstellung und zeigte eine noch wenig bekannte Plakette von S. E. Vernier auf die internationale Arbeiterschutzkonferenz in Berlin mit den Bildern der Vertreter Frankreichs bei diesen Verhandlungen. Endlich legte er die sehr seltene Medaille von Thomas Erasmus Reuss vor, die den Grossen Kurfürsten, seine Gemahlin und den früh verstorbenen Kurprinzen Karl Aemil zeigt; die fünf Hände der Rückseite bedeuten nicht die Stände Brandenburgs, wie man öfter liest,

2*

sondern die Alt-, Mittel-, Ucker-, Neumark und die Priegnitz. — Auch Herr v. d. Heyden konnte eine ausserordentliche brandenburgische Seltenheit zeigen: die einseitige Medaille von Tobias Wolff mit den lebendigen Hüftbildern der Kurfürsten Johann Georg von Brandenburg und August von Sachsen, die sich wohl auf die Einführung der sogenannten Konkordienformel (1577) bezieht.

Herr Landgerichtsrath Dannenberg besprach einige neuere litterarische Erscheinungen: Engel und Serrure Traité de numismatique contemporaine, Chestret de Haneffe Numismatique du principauté de Liège, Supplement, und eine Abhandlung von Cumont über einen merkwürdigen Raitpfennig (Jeton) des Antwerpener Münzmeisters Hans Gelucwys oder Lucwis von 1480 mit seinem Familienwappen, einem schräggestellten Pfeil und den verschlungenen Namensbuchstaben seiner Landesherren, Maximilians von Burgund und seiner Gemahlin Maria. Ein über dem Wappen erscheinendes Thürmchen wird durch dieses Stück als das Zeichen der Münzstätte Antwerpen während der Amtsführung des Gelucwys ausgewiesen.

Herr Oberbibliothekar Dr. Weil behandelte das Syrakusanische Tetradrachmon des Stempelschneiders Eukleidas mit der Darstellung des behelmten Athenekopfes von vorn. W. Lermann hat neuerdings gezeigt, dass die Darstellung im wesentlichen der Parthenos des Phidias entspricht, wie sie das einem griechischen Grabe in Kertsch entstammende grosse Gold medaillon in Petersburg zeigt. Es ist bisher noch nicht befriedigend erklärt worden, wie Syrakus dazu gekommen ist, den Athenakopf zu übernehmen; namentlich bei der üblichen Verlegung der Münze in die Zeit nach dem Siege über Athen mehren sich die Schwierigkeiten. Aus der Mitte der Gesellschaft wurde hierauf die Frage angeregt, ob der Kopf der Syrakusanischen Münze denn auch nothwendig die Athena vorstellen müsse, und ob es nicht möglich sei, ihn als das aus besonderen Gründen mit dem Helme geschmückte und der Athena nachgebildete Haupt einer Stadtgöttin anzusehen.

Herr Geheimer Regierungsrath Friedensburg besprach ein, wie es scheint, noch nie vorgekommenes Ereigniss: die Auffindung einer grösseren Anzahl schlesischer Denare. Die näheren Umstände stehen noch nicht genau genug fest, um ein abschliessendes Urtheil zu gestatten; immerhin und, obwohl bisher unbekannte Stücke nicht in dem Funde gewesen zu sein scheinen, wird sich unser Wissen über diese, wie bekannt, räthselvolle Münzgattung wieder ein wenig vervollkommnen. — Vorgelegt wurden schliefslich von Herrn Dr. Bahrfeldt eine wohl noch nicht veröffentlichte Goldmedaille von Ernst Bogislaus von Croy mit Brustbild und Wappen, und die bekannte Medaille Bogislaws von Radziwill, der unter dem Grossen Kurfürsten Statthalter von Preussen war, in drei verschiedenen Abschlägen in Gold und Silber, ferner von Herrn Geheimen Regierungsrath Friedensburg eine ungewöhnlich gut erhaltene getriebene Schraubmedaille auf die Aufnahme der um ihres Glaubens willen ausgewanderten Salzburger in Preussen: die Einlage stellt ausser den Kärtchen der alten und neuen Wohnsitze der Emigranten kindlich gezeichnete Scenen aus der Verfolgung in bunten Kupfern dar. Als Verfertiger nennt sich Abraham Remshard in Augsburg.

Sitzung vom 5. November 1900.

Herr Landgerichtsrath Dannenberg hielt einen Vortrag über die Sprache der mittelalterlichen Münzaufschriften. Da alle Völker West- und Mitteleuropas Bekenner der römischen Kirche waren und Gepräge und Inschriften der Münzen in jenen Zeiten unter starkem kirchlichen Einfluss standen, so erklärt es sich, dass diese Inschriften regelmässig lateinisch abgefasst sind und die Landes- oder eine Verkehrssprache nur in Ausnahmefällen auftritt. Immerhin ist die Reihe dieser Ausnahmen allmählich recht stattlich geworden. Aus unserem Vaterlande lassen sich — abgesehen von deutsch geschriebenen Orts- und Personennamen, wie Stratburg, Nivainpurk, Albreh u. a. — schon recht frühe Beispiele anführen: neben dem Worte „Got", dem das slavische „Boze" entspricht, auf Prager Münzen des 10. Jahrhunderts vor allem der braunschweigische „greve" Ekbert (um 1070) und das höchst merkwürdige: „Hir steid de Biskop" auf Pfennigen von Gittelde; ein Jahrhundert später folgt der brandenburgische „marggrave" Otto. Besonders viele Fälle des Gebrauches der Landessprache bieten Frankreich und im Zusammenhange mit ihm die zahlreichen Staaten, die französische Barone im Morgenlande gegründet haben. Dort haben namentlich die Könige von Cypern aus dem Hause Lusignan fast zwei Jahrhunderte hindurch ihre Muttersprache für die Münzaufschriften gebraucht. Einen breiten Raum nimmt daneben sowohl in den Reichen des lateinischen Orients, wie Antiochia und Edessa, als auch auf Sizilien und in Unteritalien das Griechische ein: in den ersteren aus Rücksichten des Verkehrs mit Byzanz und der griechisch redenden Einwohnerschaft, in Süditalien wegen der zahlreichen Einwanderung aus dem Osten und wohl auch namentlich in Anknüpfung an die alte Herrschaft Ost-Roms in diesen Ländern. Ähnliche Rücksichten haben später zur Verwendung des Arabischen auf Münzen von Spanien und Süditalien, und des Italienischen auf Münzen von Rhodus geführt. Im übrigen Europa sind Fälle dieser Art seltener, doch giebt es auch einige dänische, schwedische und englische Münzen mit Inschriften, die ganz oder zum Theil in der einheimischen oder in deutscher Sprache abgefasst sind. Ganz besondere Merkwürdigkeiten, für die aber noch keine ausreichende Erklärung gefunden wurde, bilden ein paar Denare des Kaisers Heinrich II. und ein Goldstück des Königs Offa von Mercia mit arabischen Inschriften.

Herr Dr. Bahrfeldt berichtete über eine Entdeckung, die ihm in den Münzakten des Grossen Kurfürsten im Königlichen Staatsarchiv in Königsberg i. Pr. gelungen ist. Sie besteht in der Feststellung, dass die mit drei Sternen in einem Schilde gezeichneten Münzen des Grossen Kurfürsten von 1657 bis 1659 von dem bisher unbekannten Königsbergischen Münzarrendator Johann Casimir Herren zu Eulenburg, Kriegs- und Landrath, Landvogt, Kämmerer und Obersten in brandenburgischen Diensten ausgegangen sind. Die drei Sterne sind das alte Ileburgische, ein Theil des heutigen Eulenburgischen Wappens. Johann Casimir zu Eulenburg zahlte 6300 Thaler Pachtgeld und hatte die Königsbergische Münze vom 23. Dezember 1653 bis zum 24. Februar 1660 inne.

Herr Regierungsrath von Kühlewein zeigte unter Mittheilung der einschlägigen geschichtlichen Nachrichten einige seltene Medaillen auf märkische Privatpersonen: Magister Kaspar Godemann, nachmals Pastor in Lüneburg, geboren 1529 in Wittstock, Advokat Friedrich Prüfer in Berlin († 1659), Oberst und Generalfeldzeugmeister Johann Ernst Graf von Sparr (1669).

Herr v. d. Heyden fügte dazu eine von demselben Künstler wie das letzte Stück herrührende Medaille auf den Grafen Wladislaus v. Sparr (1668) und zeigte dann einige interessante Münzen und Medaillen mit auf die Jagd bezüglichen Darstellungen und zum Theil etwas freien Aufschriften, wie sie von den Markgrafen von Brandenburg-Ansbach und den Landgrafen von Hessen an ihre Jagdgäste verschenkt zu werden pflegten. Als Neuigkeiten legte der Vortragende die etwas plumpe Medaille von Arnau auf Emilio Castelar und die sehr schöne und anmuthige von Prudhomme zur Erinnerung an die dritte Jahrhundertfeier des Ediktes von Nantes vor, endlich die einer englischen Zeitschrift entnommene Abbildung eines recht ungeschickten Machwerks zum Andenken an die englischen Soldaten, die in Südafrika ihr Leben „für die Königin und das Vaterland" gelassen haben. Auf der Rückseite steht eine an die Gestalten einer bekannten Operette erinnernde Dame, die den Degen einsteckt, während im Hintergrunde das Aufblühen der Minen dargestellt ist, so dass hier wenigstens der eigentliche Zweck des Krieges zugestanden wird.

Sitzung vom 3. Dezember 1900.

Herr Geheimer Regierungsrath Friedensburg unterzog den von ihm in der Oktober-Sitzung d. J. kurz erwähnten Fund von schlesischen Denaren einer eingehenden Besprechung. Es sind im Ganzen 8 Sorten dieser Münzart in zusammen 99 Stücken gefunden worden, sämmtlich bereits bekannt. Ein Drittel des Fundes bilden die schweidnitzer Pfennige mit S und geflügeltem Bolzen, drei weitere Stücke gehören nach Beuthen, wohin der Fund nun auch den im Stempelschnitt sehr ähnlichen unbestimmten Pfennig mit Fürstenbild und Rose zu legen gestattet, ferner sind vertreten der Pfennig von Tost mit dem mecklenburgischen Stierkopf, dem Familienwappen der Herzogin

Lukardis, und der Liegnitzer mit dem aufrechten Schlüssel.
Der übrig bleibende Pfennig mit Engel und Kreuz verräth
ebenfalls schweidnitzer Fabrik und die Zutheilung an diese
Stadt wird gesichert durch eine Urkunde von 1290, in welcher
der dortige Münzmeister Petermann als Treuhänder für das
den breslauer Kreuzherren gehörige Hospital zum Erzengel
Michael auftritt. Angesichts dessen lassen sich einmal zwei
weitere fabrikverwandte Pfennige an Schweidnitz geben, die
mit dem Wappen der schweidnitzer Familie Sachenkirch bezw.
den Schlüsseln des heiligen Petrus bezeichnet sind, andrerseits
kann nun auch an der brieger Heimath der allbekannten
Pfennige mit segnender Hand und T im Schilde, dem Zeichen
des heiligen Antonius, dem in Brieg ein Hospital gewidmet
war, nicht mehr gezweifelt werden. Fast noch wichtiger als
diese Ergebnisse in Bezug auf neue Zutheilungen sind die
Folgerungen, welche sich an einen nur in einem einzigen
Exemplar aufgetretenen Hohlpfennig mit dem Bilde des eben
erwähnten Denars, dem betenden Engel, knüpfen lassen. Wir
erfahren hier zum ersten Mal, dass auch während der Denar-
periode hohle Pfennige in Schlesien geschlagen wurden. Wie
die Vergleichung mit zwei weiteren, jetzt erst chronologisch
gesicherten Stücken dieser Art zeigt, hat man damals den
alten Brakteaten als Theilstück der neuen Dichtmünze, des
sogenannten „Denars“, weiter geprägt, und zwar ist der letztere
das Vierfache des ersteren gewesen, eine Feststellung, die die
Münzveränderung von 1290 erst in das rechte Licht setzt.
Der Fund wird in der Berliner Numismatischen Zeitschrift
eingehend besprochen werden. — Herr von der Heyden
hielt einen Vortrag über Medaillen auf Männer, die sich im
brandenburgischen Staatsdienst berühmt gemacht haben, unter
Vorlegung der durchgehends sehr seltenen Stücke seiner Sammlung. Es waren dies aufser den Abgüssen der Medaillen auf
den Kanzler Lamprecht Distelmeyer und den Alchymisten
Thurneisser die Urstücke des Hofpredigers Coelestin (ebenfalls
noch 16. Jahrhundert), ferner aus dem 17. Jahrhundert die des
Hofpredigers Blaspeil, die des Geheimen Raths Raban von
Canstein, der Statthalter Bogislaw Radziwill in Preussen
(4 Stück) und Ernst Boguslaw Croy in Pommern, der Generäle

Derfflinger (2 Stück), Mikrander (2 Stück) und Wartensleben, endlich des Kanzlers Grafen von Wartenberg und des Predigers an St. Nikolai in Berlin, Johann Kasper Schade. — Herr Regierungsrath von Kühlewein fügte hierzu noch eine Medaille auf den auch als Numismatiker rühmlich bekannten Geheimen Legationsrath Joh. Karl Konrad Oelrichs (von Abrahamson), der seine werthvolle Bibliothek und einige Münzen, darunter eigenthümliche Abgüsse (?) bisher noch nicht bekannter Abrahamsonscher Medaillen dem Joachimsthalschen Gymnasium vermacht hat, und zeigte eine etwas übel gerathene, aber seltene und als das wohl älteste Denkmal der Deutschen Flotte bemerkenswerthe Medaille auf die Ankunft des Prinzen Adalbert in Rio de Janeiro am 5. September 1842. — Vorgelegt wurden von Herrn Wardein Brinkmann eine Reihe ausserordentlich anmuthiger Plaketten symbolischen und allegorischen Inhalts von Dupré, Dupuis, Coudray und Mouchon, die in der pariser Münze mit unerreichtem technischen Geschick hergestellt — und zwar geprägt! — sind. Ferner von Herrn Ingenieur Lange a. G. eine sehr merkwürdige gravirte Medaille mit dem Bilde von Heinrich Rantzau 1594 und mehrere seltene brandenburgische Münzen und Medaillen. Endlich von Herrn Amtsgerichtsrath Kirsch a. G. ein tecklenburger Zweimariengroschenstück von 1656 und ein, wie es scheint, noch nicht bekannter Raderalbus von Bacherach, der statt des Bildes des heiligen Petrus das des schwerttragenden Pfalzgrafen Friedrich zeigt.

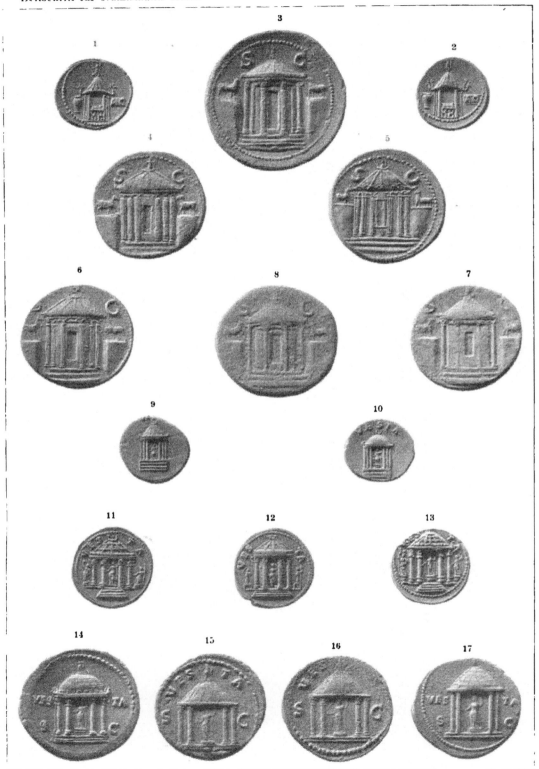

Weidmannsche Buchhandlung, Berlin.   Kunstanstalt A. Frisch, Berlin W.

1—9 VESTATEMPEL   10. 11 NAVALIA UND AVENTIN

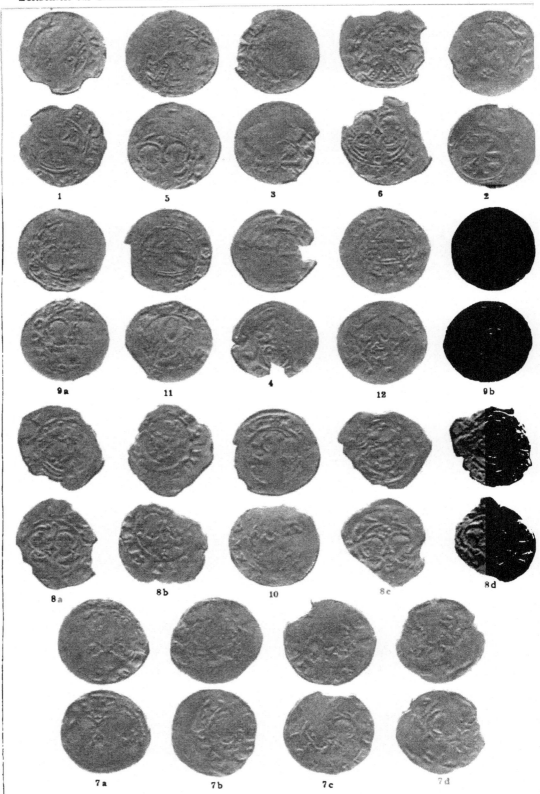

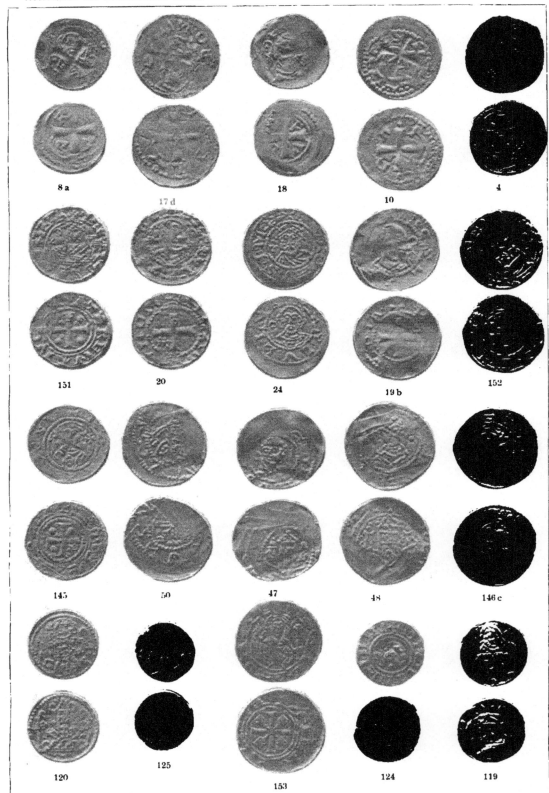

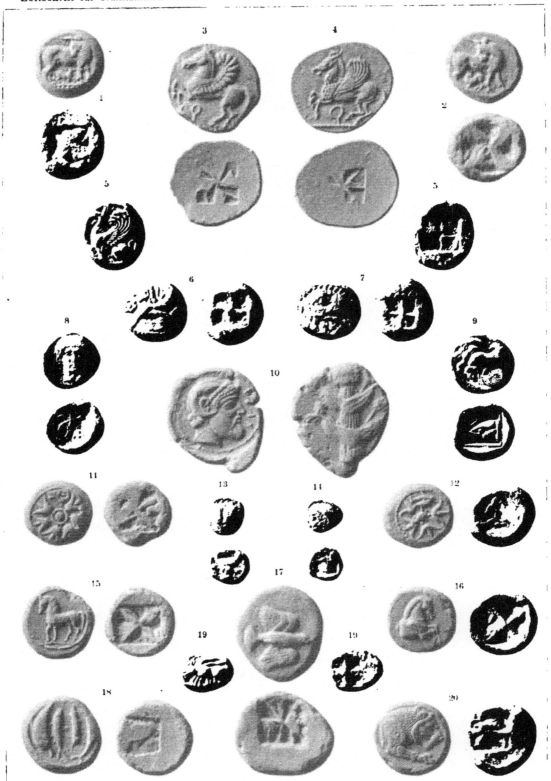

CPSIA information can be obtained at www.ICGtesting.com
Printed in the USA
BVOW09s1114121115

426852BV00004B/20/P